THE CRIME BOOK

“人类的思想”百科丛书
精品书目

更多精品图书陆续出版，
敬请期待！

DK

"人类的思想"百科丛书

THE CRIME BOOK

罪案百科

英国DK出版社 著
庄逸抒 姜宛如 译

電子工業出版社
Publishing House of Electronics Industry
北京 · BEIJING

版权贸易合同登记号　图字：01-2018-3254

图书在版编目（CIP）数据

罪案百科 / 英国 DK 出版社著；庄逸抒，姜宛如译 . —北京：电子工业出版社，2019.6
（“人类的思想”百科丛书）
书名原文：The Crime Book
ISBN 978-7-121-35570-7

Ⅰ . ①罪…　Ⅱ . ①英…　②庄…　③姜…　Ⅲ . ①犯罪学一通俗读物　Ⅳ . ① D917-49

中国版本图书馆 CIP 数据核字（2018）第 260722 号

策划编辑：郭景瑶（guojingyao@phei.com.cn）
责任编辑：郭景瑶
文字编辑：杜　皎
印　　刷：鸿博昊天科技有限公司
装　　订：鸿博昊天科技有限公司
出版发行：电子工业出版社
　　　　　北京市海淀区万寿路 173 信箱　邮编：100036
开　　本：850×1168　1/16　　印张：22　字数：666 千字
版　　次：2019 年 6 月第 1 版
印　　次：2022 年 3 月第 5 次印刷
定　　价：148.00 元

凡所购买电子工业出版社图书有缺损问题，请向购买书店调换。若书店售缺，请与本社发行部联系，联系及邮购电话：（010）88254888，88258888。

质量投诉请发邮件至 zlts@phei.com.cn，盗版侵权举报请发邮件至 dbqq@phei.com.cn。

本书咨询联系方式：（010）88254210，influence@phei.com.cn，微信号：yingxianglibook。

FOR THE CURIOUS
www.dk.com

混合产品
源自负责任的森林资源的纸张
FSC® C018179

扫码免费收听 DK“人类的思想”
百科丛书导读

“人类的思想”百科丛书

本丛书由著名的英国DK出版社授权电子工业出版社出版，是介绍全人类思想的百科丛书。本丛书以人类自古至今各领域的人物和事件为线索，全面解读各学科领域的经典思想，是了解人类文明发展历程的不二之选。

无论你还未涉足某类学科，或有志于踏足某领域并向深度和广度发展，还是已经成为专业人士，这套书都会给你以智慧上的引领和思想上的启发。读这套书就像与人类历史上的伟大灵魂对话，让你无不惊叹与感慨。

本丛书包罗万象的内容、科学严谨的结构、精准细致的解读，以及全彩的印刷、易读的文风、精美的插图、优质的装帧，无不带给你一种全新的阅读体验，是一套独具收藏价值的人文社科类经典读物。

“人类的思想”百科丛书适合10岁以上人群阅读。

《罪案百科》的主要贡献者有Shanna Hogan, Michael Kerrigan, Lee Mellor, Rebecca Morris, Cathy Scott等人。

目 录

10 前言

土匪、强盗和纵火犯

18 叛国罪第一人
托马斯·布拉德

19 一位彬彬有礼的强盗
约翰·尼维森

20 我绝不手软，否则就下地狱
“黑胡子”爱德华·蒂奇

22 屠夫伯克、窃贼黑尔、买牛肉的男孩诺克斯
伯克和黑尔

24 他们是勇敢的铮铮男儿
詹姆斯-杨格帮

26 我愿为爱付出生命
邦妮和克莱德

30 难以置信！他们竟偷了火车！
火车大盗

36 迷恋犯罪的快感
比尔·梅森

37 对我而言，这只是废金
世界杯奖杯失窃案

38 小姐，你最好看看那纸条
D.B.库珀

44 不使用武器和暴力，也不抱有任何仇恨
法国兴业银行抢劫案

45 我偷富人财物，所以过着富人生活
约翰·麦克莱恩

46 歌颂我的丰功伟绩，也请原谅我的失败
普兰·戴维

48 爱上纵火
约翰·伦纳德·奥尔

54 这是一场“完美的犯罪”
安特卫普钻石抢劫案

56 他是警报系统专家
切利尼盐盒失窃案

57 虽然听来不可思议，但这是真实案件
俄罗斯-爱沙尼亚伏特加酒走私案

58 老派的伦敦犯罪“绅士”
哈顿花园抢劫案

骗术大师

64 我被骗子蒙蔽……成了殉道者
钻石项链骗局

66 拍案惊奇
克劳福德遗产继承骗局

68 有史以来最狡猾的大骗子
埃菲尔铁塔出售案

70 这是场疯狂的大闹剧
哈利·多梅拉

74 只要挂的时间长，假的也能成真
埃尔米尔·德·霍里

78 这不是偷的，是他们给我的
多丽斯·佩恩

80 他们划着充气筏逃离小岛后销声匿迹
恶魔岛越狱案

86 在那时，我展现出的并非本性
弗兰克·阿巴纳尔

88 谎言之车越开越远，根本停不下来
克利福德·欧文

90 从模仿希特勒到成为“希特勒”
康拉德·库肖

94 如果不是那个“掉包者”，我就不会入狱
“细绒棉”赛马丑闻案

白领犯罪

100 金钱往往是万恶之源
密西西比计划

101 除了荣誉，没有什么好失去的
“黑色星期五”黄金丑闻案

102 拆东墙补西墙的老把戏
查尔斯·庞兹

108 金钱本无罪
茶壶山丑闻案

110 印度左、中、右部的国民正在死去
博帕尔灾难事件

114 全球最大公开抢劫案
伦敦金融城债券失窃案

116 这就是一个大骗局
伯尼·马多夫

122 我内心深信自己从未犯罪
安然公司丑闻案

124 他险些让银行倒闭
杰宏·柯维耶

126 行贿受到容忍甚至奖励
西门子丑闻案

128 不只是傻孩子在家中的恶作剧
利用间谍眼恶意软件盗窃数据案

130 违规行为让大众汽车名誉扫地
大众汽车排放丑闻案

有组织犯罪

136 最危险的交易——走私犯罪
霍克赫斯特团伙

138 西西里岛的盗贼窝
西西里黑手党

146 他们无恶不作
三合会

150 最邪恶凶残的黑帮
流寇帮

152 禁令没有什么用，只会造成麻烦
啤酒战

154 老大要说飞过的乌鸦是白的，那谁也不能反驳
极道

160 我们行善无人铭记，我们作恶无人忘却
地狱天使

164 这是我们生命中最好的年华
科雷帮和理查德森帮

166 每个帝国的建立都是一段血与火的征程
麦德林贩毒集团

168 一直都在做生意，从来没拉帮结派
“高速公路”里克·罗斯

绑架和勒索

176 他甚至认为她的价值比不上古剑
宝嘉康蒂绑架案

177 不可思议的真实传奇
泰和伯恩冒名案

178 安妮，他们偷走了我们的孩子！
林德伯格幼子绑架案

186 我从周一就落入了绑匪手中
约翰·保罗·盖蒂三世绑架案

188 我是个胆小鬼，不想死
帕蒂·赫斯特绑架案

190 我仍然开灯睡觉，也不敢乘坐地铁
乔奇拉绑架案

196 我总觉得自己像鸡窝里一只可怜的小鸡
娜塔莎·坎普希绑架案

谋杀案

202 像“冒烟的枪”一样证据确凿的案件
尼安德特人杀人案

203 用正义之剑犯罪
让·卡拉斯

204 因精神失常被判无罪
丹尼尔·马克诺顿

206 警告凯瑟琳离开
油脂杀手

208 莉兹·波登抄起斧头狂砍妈妈
莉兹·波登

212 事实证明，单靠指纹识别，既可靠又可行
斯特拉顿兄弟

216 谢天谢地，终于结束了，这悬念太大了
克里平医生

217 我受到一股力量驱使，无法控制自己
卡约夫人

218 她非常漂亮，有着迷人的黑色秀发
黑色大丽花遇害案

224 艺术家如此了解化学……真可怕
平泽贞通

226 我受到很多不寻常、不理智想法的支配
得克萨斯塔楼大屠杀

230 现在是天启的时候了
曼森家族

238 一条丁格犬叼走了我的孩子！
阿扎莉亚·张伯伦死亡案

240 我本是无名小卒，直到我杀了世界上最著名的人
约翰·列侬遇害案

241 谁让你反对我的？谁叫你这么做的？
罗伯特·卡尔维遇害案

242 我在死囚牢房，但我是无辜的
柯克·布鲁沃斯

244 无可比拟的恶行
詹姆斯·巴尔杰遇害案

246 我怕这个人有一天会杀了我
O. J. 辛普森

252 间谍用品店命案
克雷格·雅各布森

254 人们都很害怕，不想和我们说话
图帕克·夏库尔与华莱士遇害案

连环杀手

262 纯粹为了竞赛而杀人
刘彭离

263 艾丽斯夫人养了个魔鬼
艾丽斯·凯特尔勒

264 少女之血会让她永葆青春
伊丽莎白·巴托里

266 我会再给你们寄块内脏
开膛手杰克

274 他们宁死也不愿意跟我在一起
哈维·格拉特曼

276 我就是喜欢杀人
泰德·邦迪

284 精心设计、令人发指、冷血无情的谋杀
伊恩·布雷迪和迈拉·辛德利

286 可怕到无法用语言描述
弗雷德·韦斯特和罗斯玛丽·韦斯特

288 这是黄道十二宫在同你们讲话
黄道十二宫杀手

290 他自认为是医学之神
哈罗德·希普曼

292 天性使然
安德烈·奇卡提罗

293 我要么是病人，要么是恶人，或既是病人，又是恶人
杰夫瑞·达莫

294 对年轻女性的威胁
科林·皮奇福克

298 看看广告吧，我们来谈谈
约翰·爱德华·罗宾逊

行刺和政治阴谋

304 欲壑难填，贪得无厌
佩蒂纳克斯遇刺案

305 精心安排的谋杀
阿萨辛派

306 这就是暴君的下场！
亚伯拉罕·林肯遇刺案

310 德雷福斯是无辜的。我发誓！我用性命和荣誉发誓！
德雷福斯事件

312 如果沾了我的血，他们的手就会永远肮脏
拉斯普京遇刺案

316 一定另有隐情
约翰·肯尼迪遇刺案

322 我最后一次吻你
阿尔多·莫罗绑架案

324 我们身处暴行之中
英格丽德·贝当古绑架案

326 凶残无情
毒杀亚历山大·利特维年科

332 其他知名罪案
344 索引
351 引文出处
352 致谢

序 言

我的作家生涯归功于各类犯罪，这话的含义不止一层。1982年，在我的第一部小说《间谍惊悚录》出版后不久，我在布莱顿的家就被盗了。当时，年轻的侦探迈克・哈里斯（Mike Harris）来我家搜集指纹。在看到这本书后，他对我说，只要我的研究需要苏塞克斯的警察帮忙，尽管给他打电话。

迈克的妻子雷纳特（Renate）也是侦探。在他们婚后几年，我和前妻成了他们要好的朋友。迈克和雷纳特所有的朋友几乎都在警察部门工作，而且涉及应急事件处理和凶杀案件、交通案件、儿童保护案件、古董案件、欺诈案件等所有刑事犯罪领域。我和他们交流得越多，就越意识到，没有一份职业能像警察这样，能让你在30多年的职业生涯中看到形形色色不同人的生活——警察几乎可以看到人性的所有阴暗面。

所有经立案调查的犯罪案件都离不开三方主体：犯罪人、受害人和警察。即使我们最厌恶的罪行，如强奸、家暴、偷盗善款、虐待老人或儿童等，也可能像“光鲜”事物一样吸引着我们。有些罪行仅因其大胆的作案情节就足够令我们“着迷”——这些坏蛋的独特个性让我们暂时忘却了这些罪行给受害者造成的损失、绝望，甚至死亡。我其实一直暗自佩服骗子维克多・卢斯蒂格的“精明”，他竟然成功将埃菲尔铁塔卖给了废品商。我还有点儿佩服计划大胆周密，但又带有些伊灵喜剧性的哈顿花园珠宝抢劫案。

同样，1963年的火车大劫案成为举国关注的焦点——那是当时英格兰最大胆、最重大的抢劫案。

几年后，在火车大盗团伙的替补司机罗伊・约翰・詹姆斯（Roy John James）出狱后，我曾邀他共进午餐。詹姆斯当时正四处筹钱，想要重启自己的赛车生涯。詹姆斯是个有魅力的人，他悔恨地对我说，如果不是犯下打伤火车司机的错误，给对方留下了永久的伤害，整个团伙如今很可能仍旧被视为英雄。但这也是真正的犯罪行为必定会造成的后果——必定有受害者受难。邦妮和克莱德的传奇故事，则在历经了残酷的血雨腥风和无情的枪林弹雨后戛然而止。

但是，我们还是忍不住对这些真实存在抑或虚构的“魔鬼”十分好奇：从开膛手杰克到聪明绝顶的“万人迷”——泰德・邦迪，后者强奸并杀害了近100名年轻女大学生。我们对犯罪的好奇也是如此。但是，我们为什么会对罪案如此“着迷”？不论虚构的侦探小说里的章节、电视剧和电影里的犯罪情节，还是关于谋杀案的小报、广告和电视新闻，为何都令我们十分“痴迷”？

我相信这个问题不仅没有唯一答案，而且肯定有很多理由。但我认为其中最重要的一点是，每个人都有想要存活下去的基因，而通过这些罪案，我们可以观察受害者的命运，研究犯罪者如何伪装，从而更好地生存。

人性的一大特点在于本性难移。我曾和连环银行抢劫案的劫匪史蒂夫・图利（Steve Tulley）聊天。十几岁时，图利因犯抢劫罪第一次入狱，并在狱中结识了雷吉・科雷。图利成功说服科雷收自己为徒，向他学习所有的偷盗“本领”。58岁时，图利躺在布莱顿的一个病床上，我问他一次最多偷过多少钱，他告诉我，是5万英镑，在银行工作时偷的。我又问他把这些钱花哪了，他兴奋地回答，在布莱顿大都会酒店租了一间套房。用他的原话说就是：“（我）在那里住了六个月，玩得十分痛快，直到我把所有钱花了个精光！”

我问图利，如果有机会从头再来，他会不会选择不同的生活方式。“不，”他眼里闪烁着光芒，“我还会这么做。这才刺激，你懂得！”

彼得・詹姆斯（Peter James）

犯罪小说家

INTRODUCTION

前言

犯罪（指可被起诉并受法律惩处的违法行为）无处不在，不论相对轻微的罪行，还是令人发指的重罪。

那些犯下各种罪行的违法者也成了学者和广大公众长期以来的关注对象。人们曾尝试研究某些人是否比其他人更容易犯罪和犯罪分子是否具有某些共同特征。

古希腊人对面相“科学”（指通过某些面部特征来判断一个人性格或品质的研究）十分热衷。这样的想法如今听起来有点荒谬。面相学在古希腊被广泛接受，几百年间多次复兴，并在18世纪70年代因瑞士作家约翰·卡斯帕尔·拉瓦特（Johann Kaspar Lavater）而达到顶峰。

本书收录的所有罪案的共同点是，它们在某些方面足够“有名”。这些罪案所展现的惊险、投机、不择手段和种种恶劣行径，使其历经几个世纪仍然“盛名不衰”。大多数违法者都会招人厌恶和唾弃，但有些违法者即使犯罪行为极其恶劣，却因叛逆个性和敢于蔑视规则的行径而被刻画成传奇人物，如邦妮和克莱德、火车大盗、普兰·戴维等。

有些罪案甚至开创了立法的新局面，在一定程度上促使新的法律迅速通过，以保护公众，并预防有人再犯此类罪行。1932年，在调查公众高度关注的林德伯格幼儿绑架事件时，民众对此案的愤怒促使美国国会在一个月后就颁布了《联邦绑架法案》。该法也被称为《林德伯格法》，此法将绑架罪定为一项可判处死刑的联邦犯罪。

有些罪案则开创了前瞻性的合法辩护原则，如丹尼尔·马克诺顿在1843年犯下的罪案就是英国法律史上第一例此类案件。马克诺顿以精神错乱为由辩护而免于谋杀指控，最终被宣判无罪，并被送往国家刑事精神病院看护所度过余生。

> **法律就像蜘蛛网，可以捉住小苍蝇，但也会被黄蜂和马蜂捅破。**
>
> ——乔纳森·斯威夫特

重要历史阶段的罪案

纵观历史，每当处于重大的时间节点时，往往容易发生新的犯罪案件。例如，在19世纪末，随着城镇发展，不法行为也日益增多。造成这一现象的部分原因是官方警力不足，难以控制犯罪并将不法分子绳之以法。其中，最臭名昭著的有来自美国旧西部地区的杰西·詹姆斯和以其为首的詹姆斯-杨格帮，这是美国第一个在白天抢劫火车和银行的犯罪团伙。

在1920—1933年的美国禁酒令时期，有组织犯罪的数量激增。芝加哥的谢尔顿帮等黑帮团伙竞相成为该市西南部爱尔兰裔居住地区主要的非法酒精供应商。

在此时期，美国的犯罪数量激增，国际警察首长协会开始编制犯罪统计数据，并通过各州、县地方执法机构自愿合作，最终形成了1930年1月首次发布的《统一犯罪报告》。这份报告成为监测全美国

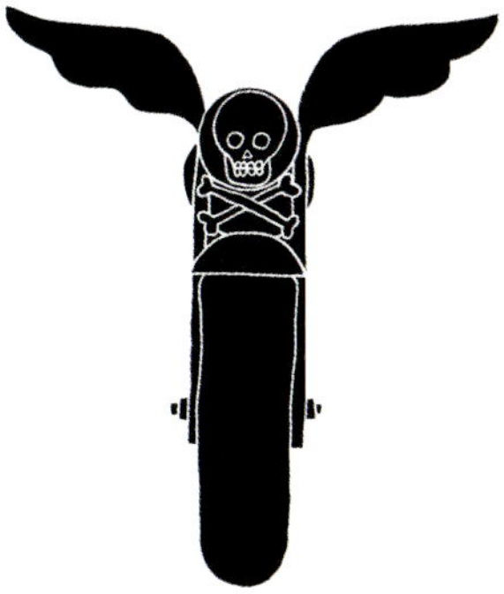

犯罪数量和类型的重要工具，也吸引了全球其他国家的执法机构纷纷效仿。

恶性犯罪

当人们谈到杀人时，总会感到残忍和不安。无论有组织的谋杀、激情犯罪，还是对陌生人的过失暴力行为，这些都是性质恶劣、后果严重的罪行。

据说历史上第一个杀人事件发生在43万年前。2015年，考古学家在西班牙阿塔普埃尔卡，将发掘的尼安德特人的颅骨拼凑在一起后，发现他（或她）是被重物击打后死亡，然后被弃在洞穴中的。

毋庸置疑，连环杀手一直极易吸引公众关注，尤其是那些至今仍未被捕归案的罪犯。伦敦的“开膛手杰克”和加利福尼亚州的“黄道十二宫杀手”连环杀人案都是当代进行推理分析的经典案例。有些杀人案件非常可怕，以至于人们会将罪犯的名字与难以名状的邪恶联系起来。20世纪70年代，泰德·邦迪在美国西北部地区犯下了谋杀数十名年轻女性的罪行就是一个例证。邦迪看起来很有魅力并受人尊敬，这也使公众更加震惊，因为他一点都不符合人们对一个可怕的连环杀手的刻板印象。

犯罪和科技

1962年，“恶魔岛”越狱案在国际上引起了不小的轰动。调查人员当时认为这些逃犯在试图穿越旧金山湾时死亡，但2015年发现的证据让人们对这一说法产生了怀疑。如果今天发生这样一起越狱事件，一场大规模的抓捕行动将在互联网上传播，犯罪分子也因此更难成功逃脱。

虽然侦查和破解犯罪案件的技术在不断改进，如DNA和指纹识别技术等，但犯罪分子的犯罪手段和逃避抓捕的方法也变得日益复杂。2011年，俄罗斯黑客亚历山大·帕宁从超过5000万台计算机中盗取了某些私密信息。2016年2月，黑客在未涉足孟加拉国的情况下，从该国中央银行偷走了8100万美元。虽然犯罪手段可能随着时间推移而演变，我们对犯罪和犯罪分子的好奇却丝毫不会减少。■

> **犯罪的人永远比受罪的人更悲惨。**
>
> ——柏拉图

BANDITS, ROBBERS, AND ARSONISTS

土匪、强盗和纵火犯

1671年
爱尔兰人托马斯·布拉德试图从伦敦塔上盗取英格兰皇冠珠宝。

1676年
在英格兰，拦路抢劫大盗约翰·尼维森一天内骑行320公里，只为制造不在场证据。

1716—1718年
“黑胡子”爱德华·蒂奇在加勒比海和美国东海岸劫掠船只。

1827—1828年
苏格兰盗尸人威廉·伯克和威廉·黑尔通过杀人后倒卖尸体给别人解剖的方式赚钱。

1866—1882年
以杰西·詹姆斯为首的“詹姆斯–杨格帮”在美国中西部地区抢劫火车和银行。

1930—1934年
邦妮和克莱德横跨美国诸州实施了系列犯罪。每当手头拮据时，他们就开始实施绑架和谋杀。

长期以来，广大民众都将土匪浪漫化，不仅赏识他们的勇气、胆量，还很敬佩其敢于挑战权威的精神。许多土匪被民众认为是敢于冒险的人，而非普通罪犯。公众对于美国20世纪30年代邦妮和克莱德违法行为的认知就是这样。这对“鸳鸯大盗”开着别克轿车四处旅行，并在抢劫和谋杀后藏匿在公寓和空厂房里。邦妮和克莱德的罪行令人发指，但他们却激发了公众的想象力，吸引了大量喜欢、关注他们最新罪行的支持者。

著名的火车大盗团伙也是一样。1963年，15个成员组成团伙，专门劫掠格拉斯哥到伦敦方向的邮政火车。他们戴着头盔、滑雪面具和手套，偷走了120个价值总计超过260万英镑的邮政包裹，同时重伤了火车司机杰克·米尔斯。然而，英国的部分公众却以火车大盗为荣，为他们能逃避法律制裁而高兴，但这些民众忽视了暴力行为的违法性。

像其他著名的抢劫团伙或犯罪团伙一样，著名的火车大盗团伙，以及邦妮和克莱德的故事已经被制作成电影，以迎合公众对于这些恶棍们由来已久的喜爱。

这些受人喜爱的恶棍传奇并非完全空穴来风。约翰·尼维森是17世纪70年代的英国强盗，以其绅士行为而闻名。他会骑在马背上让马车停下，先向受害人道歉，再拿他们的钱。奇怪的是，被尼维森抢劫成了一件令大众感到荣幸的事。为制造前一天抢劫行为的不在场证据，他曾一天之内从肯特县骑行320公里到约克郡。这件事奠定了他的传奇地位，也为其赢得了“敏捷大盗”的绰号。

高明的罪行

有时候，我们不禁佩服某些罪行的大胆和犯罪过程的惊险。1971年11月，在美国西北部上空发生的抢劫可谓现代最大胆的劫机事件。库珀劫持了一架波音727飞机，并用降落伞逃离犯罪现场，带走了总值20万美元、每张钞票面值20美元的赎金。

几年后，在法国尼斯城，一帮盗贼实施了一起史上最大的盗窃案。他们从城市的下水道系统挖了

1963年
臭名昭著的英国火车大盗在从格拉斯哥开往伦敦的邮政火车上偷走了价值超过260万英镑的财物。

1971年
在华盛顿州，一名男子化名库珀劫持一架飞机，在获取了20万美元的赎金后，乘降落伞逃脱。

1979—1983年
在印度北方邦，以“强盗女王”著称的普兰·戴维实施了数十起公路抢劫。

1984—1991年
专业火灾调查员约翰·伦纳德·奥尔实为秘密纵火者，他在加州南部制造了一系列致命火灾。

2003年
在比利时，盗贼闯入安特卫普钻石中心保险库，偷走价值1亿美元的钻石。

2015年
盗窃老手劫掠了伦敦市中心的哈顿花园安全储蓄公司，这成为英国史上最大的一起入室盗窃案。

一条隧道直通法国兴业银行。2003年，另一个盗窃团伙也显现了相同的野心——为了实施所谓的“完美犯罪”，他们钻通安特卫普钻石中心位于地下二层的坚固的保险库，偷走了价值约1亿美元的赃物。但是，这个团伙头目犯了一个致命的错误，他在犯罪现场附近留下了DNA证据。

盗窃艺术品很容易引起公众注意，但这些盗贼往往是些无耻的机会主义者，很少考虑这样做的后果。以2003年发生的艺术品盗窃案为例，窃贼罗伯特·芒爬上博物馆外侧的脚手架，打碎窗户钻了进去，盗走了意大利艺术家本韦努托·切利尼的一件价值数百万美元的作品。由于没有人愿意买这件小型雕刻作品，最后他被迫将赃物藏在了树林里。

暗处的罪行

并非所有劫匪和强盗都是因其罪行显著而引发部分公众小小的“敬佩”。例如，发生在19世纪初爱丁堡的一个可怕案件——盗尸人威廉·伯克和威廉·黑尔通过谋杀来为罗伯特·诺克斯博士在大学里的解剖课提供尸体。加利福尼亚的火灾调查员约翰·伦纳德·奥尔实施的一连串纵火案尤为神秘和令人不安。这个案子很难破解，因为大部分证据都在大火中被销毁了。最终导致奥尔入狱的是其在大火中残留的引火装置上的部分指纹。

不像邦妮、克莱德和火车大盗那样经媒体宣传成了传奇人物，奥尔创造了自己的传说，成为第一个秘密实施犯罪后又在现场调查的火灾调查员，从而为自己赢得了“声誉”。但是，奥尔作案的“无畏精神”和娴熟技巧与本章中介绍的土匪、强盗有共同之处。他们都由于所犯案件臭名昭著而被载入刑事犯罪史中，被广为流传。■

叛国罪第一人

托马斯·布拉德，1671年

背景介绍

地点

英国伦敦塔

主题

珠宝盗窃

此前

1303年 普迪科特的理查德（Richard of Pudlicott）是一位贫穷的英国羊毛商人，他在威斯敏斯特大教堂窃取了国王爱德华一世很多价值连城的财宝，如宝石、黄金和硬币等。

此后

1792年9月11日 小偷潜入巴黎的皇家仓库——皇冠卫队酒店，窃取了大量法国皇室珠宝。其中绝大部分珠宝后来被找回。

1994年8月11日 在法国戛纳的卡尔顿酒店举行的一场展览中，三名男子偷走了价值4800万英镑的珠宝。

英国内战期间（1642—1651年），爱尔兰人托马斯·布拉德（Thomas Blood，1618—1680年）为国会党而战，反抗查尔斯一世的统治。奥利弗·克伦威尔（Oliver Cromwell）还在布拉德的故乡为其颁发了勋章。他偷珠宝的计划不仅出于经济考虑，更是想象征性地暗示查尔斯二世也会遭遇查尔斯一世在1649年被砍头的命运。

1671年初，布拉德伪装成神职人员牧师“艾洛菲”（Ayloffe），让一名女同伙冒充他的妻子，邀请珠宝办公室主任老塔尔伯特·爱德华兹（Talbot Edwards）一同游玩。“艾洛菲太太”在旅途中假装生病，爱德华兹和妻子帮助了她。“艾洛菲”此后扮演了一位心怀感激的牧师，持续拜访爱德华兹，并获得了信任。5月5日，“艾洛菲”说服爱德华兹带出珠宝，随即让等候多时的同伙将珠宝打劫一空。这帮盗贼以众凌寡打倒爱德华兹，压扁皇冠，将权杖切成两半以便携带。他们试图骑马逃跑，但很快就被抓住了。

国王最终赦免了布拉德，这让全国的臣民十分困惑。一些人认为国王赏识布拉德的大胆，有些人则猜测国王任用布拉德为间谍。但无论如何，布拉德此后便成了皇室宫廷里的红人。■

> **不论多失败，这都是次勇敢尝试——这可是偷皇冠呀！**
>
> ——托马斯·布拉德

参见：法国兴业银行抢劫案 44页，安特卫普钻石抢劫案 54~55页，钻石项链骗局 64~65页。

一位彬彬有礼的强盗

约翰·尼维森，1676年

背景介绍

地点

英国肯特郡，盖茨山庄（罗切斯特附近）

主题

拦路抢劫

此前

1491—1518年 汉弗莱·基纳斯顿（Humphrey Kynaston）是出身高贵的英国拦路抢劫大盗，他抢劫什罗普郡的旅客，并将财物施舍给穷人。

此后

18世纪10年代 被称为“弹药桶”的路易斯·多米尼克·加特豪森（Louis Dominique Garthausen）在巴黎市和周边地区拦路抢劫。

1735—1737年 拦路抢劫大盗迪克·特平（Dick Turpin）在大伦敦区实施了一连串抢劫活动。1739年，迪克因盗窃马匹被捕，被执行死刑。

据说约翰·尼维森（John Nevison，1639—1684年）在其最有名的一次拦路抢劫作案被证实后，曾被国王查尔斯二世戏称为“敏捷大盗”。尼维森在肯特郡罗切斯特附近抢劫完一名旅行者后，为制造不在场证据而制订了一个狡猾的计划。他在一天之内穿越泰晤士河，骑马前往远在320公里外的约克郡，然后邀请约克市的市长面谈，用保龄球比赛打赌。尼维森确保市长知道他去的时间（晚上8点）。这个诡计的确得逞了，市长在尼维森被审判期间成了其不在场的证人。陪审团无法想象，一名男子能有体力在一天内骑行如此长的距离，所以判其无罪。

尼维森是参加1658年敦刻尔克战役的老兵，擅长骑马和使用各种兵器。他很礼貌优雅，自认为这是其高于普通盗贼之处。《纽盖特日历》（*The Newgate Calendar*）是一本详述知名罪犯作案过程的杂志，其评价尼维森因有礼貌、自成风格而“十分受女性喜爱”。这提高了他的知名度，被他抢劫成了一种荣耀。■

这幅画描绘1680年尼维森与查尔斯二世国王会面。尼维森衣着华丽，举手投足之间透着优雅。

参见：火车大盗 30~35页。

我绝不手软，否则就下地狱

“黑胡子”爱德华·蒂奇，1716—1718年

背景介绍

地点

加勒比和北美东海岸

主题

海盗

此前

1667—1683年 威尔士私掠者和后来的皇家海军上将亨利·摩根爵士（Sir Henry Morgan）因攻击西班牙人在加勒比的居民点而成名。

1689—1696年 威廉·基德船长（Captain William Kidd），一位声名显赫的苏格兰私掠者，在加勒比一带打家劫舍，抢劫过往船只。

此后

1717—1718年 绰号“绅士”的巴巴多斯海盗史蒂德·博内特（Stede Bonnet），在加勒比一带活动。

1719—1722年 威尔士海盗“黑色准男爵”巴沙洛缪·罗伯茨（Bartholomew “Black Bart” Roberts）在美洲和西非海域打劫了几百艘船。

“黑胡子”爱德华·蒂奇（Edward “Blackbeard” Teach）远非最成功的海盗，却是最臭名昭著的。安妮女王战争（1702—1713年）时期，他是英国的一名私掠者，战争结束时转行做了海盗。

1716年，“黑胡子”前往巴哈马纳梭（Nassau）的“海盗共和国”，他在那儿遇到本杰明·霍尼戈尔德（Benjamin Hornigold）船长。霍尼戈尔德让他指挥一艘小帆船。两人合伙劫掠船只，在古巴和百慕大海域，以及北美东海岸一带活动。

霍尼戈尔德和“黑胡子”很快遇到了巴巴多斯海盗——“绅士”史蒂德·博内特，他在和一艘西班牙军舰搏斗时受了重伤。博内特手下一半船员都死了，剩下的70人也对他的领导失去了信心。于是，三人开始联手，博内特暂时把他的单桅帆船“复仇号”交由“黑胡子”指挥。

掌权

1717年11月，在马提尼克岛附近，霍尼戈尔德抢到了一艘200吨的快速舰船，“南特的协和号”。霍尼戈尔德命“黑胡子”掌管这艘珍贵的船。“黑胡子”把它改名为“安妮女王复仇号”。

“黑胡子”吓人的外表让他名副其实，但有证据表明他不到万不得已是不会动武的。他那惊险的传奇经历在他死后被大肆渲染。

同年12月，国王乔治一世通过了《补偿法案》，凡公开宣布

参见：霍克赫斯特团伙 136~137页。

脱离海盗生涯的海盗将一律得到赦免。霍尼戈尔德反对随心所欲劫掠包括英国船只在内的所有船只，失去了船长的位子。他得到国王赦免，并与“黑胡子”分道扬镳。

博内特的手下最后也抛弃了他，转而拥戴“黑胡子”。“黑胡子”命人代管“安妮女王复仇号”，并将博内特作为“客人”留在船上。不久以后，“黑胡子”出海去北卡罗来纳，在那儿封锁了查尔斯顿港，捕获了九条船，并勒索了一名富商政客。

“安妮女王复仇号”一离开查尔斯顿港就搁浅了。博内特和“黑胡子”让船队停在托普赛水湾，然后上岸前往北卡罗来纳的巴斯，并于1718年6月得到州长查尔斯·艾登（Charles Eden）的赦免。然而，博内特留下来的时候，“黑胡子”却偷偷返回船队，把“安妮女王复仇号”和其他两艘船洗劫一空，并将赃物转移到自己的小帆船“冒险号”上。

> **让我们跳上船去把他们碎尸万段吧。**
>
> ——“黑胡子”爱德华·蒂奇

“黑胡子”违反了赦免条款，政府重金悬赏捉拿他。1718年11月22日，海军中尉罗伯特·梅纳德（Robert Maynard）率两艘皇家海军战舰在奥克拉库克湾与“黑胡子”的“冒险号”狭路相逢。

最后的抵抗

起初，“黑胡子”引诱皇家海军战舰到了沙洲。他没有逃走，而是两次用舷炮攻击梅纳德的帆船。待黑烟散去，只见中尉和几个船员还在甲板上，“黑胡子”命令手下23名海盗前去占领敌船。

海盗爬上船的时候，30名武装水手突然从甲板下方出现，一场血战开始了。梅纳德和“黑胡子”用各自的火枪指着对方并扣动扳机。“黑胡子”没打中，而梅纳德打中了对方的腹部。然而，“黑胡子”迅速恢复过来，用短弯刀狠狠地把梅纳德的剑断成两半。不过，还没等他继续进攻，梅纳德的一个手下就把一根长矛刺进了他的肩膀。由于在武器装备和人手上处于劣势，“黑胡子”的人都投降了，但他继续顽抗，最终身负5处枪伤和20处刀伤而死。

梅纳德下令把“黑胡子”的人头挂在船头斜桁上。后来，“黑胡子”的头被悬在汉普顿河附近一根柱子上，以儆效尤。■

这幅1754年的版画描绘了私掠者亨利·摩根爵士袭击并占领古巴太子港的情形。

“合法”海盗

社会学家早就认识到，犯罪和越轨行为是在特定情境下产生的，会随着时间推移和地点变更而变化。海盗就是一个典型例子。

13世纪中期，英格兰国王亨利三世开始颁发一种叫“私掠委任状”的执照，允许水手攻击并劫掠外国船只。1295年以后，这种执照被称为“私掠许可证”。16—18世纪，私掠者的数量极大增长，一些人甚至未经皇家许可就干起了私掠行当，如袭击西班牙船只的弗朗西斯·德雷克（Francis Drake）。在安妮女王战争中，英国私掠者经常劫掠法国和西班牙船只。然而，等到国家间的战争结束，原先那些合法的职业私掠者突然发现自己成了不法分子。由此可见，判断一种行为是否犯罪要看社会结构如何变化，而社会结构正是由更大的政治和经济现实决定的。

屠夫伯克、窃贼黑尔、买牛肉的男孩诺克斯

伯克和黑尔，1827—1828年

背景介绍

地点

英国苏格兰爱丁堡

主题

盗尸案和多重谋杀

此前

1825年11月 盗尸贼托马斯·图特（Thomas Tuite）在爱尔兰都柏林被一名哨兵捕获。被捕时，他刚偷了5具尸体，口袋里揣满了牙齿。

此后

1876年11月7日 一个犯罪团伙闯入位于伊利诺伊州斯普林菲尔德的橡树岭公墓，打算窃取亚伯拉罕·林肯的遗体，并勒索赎金。美国特工处派一名特工假扮该团伙成员，最终成功挫败了这一计划。

在19世纪的苏格兰，这对表面看起来不坏的爱尔兰移民被内心的贪婪吞噬，最终成为强盗和杀手。

威廉·伯克（William Burke）和威廉·黑尔（William Hare）都在爱丁堡做劳工。1827年，当伯克和他的同伴海伦·麦克杜格尔（Helen McDougal）搬到由黑尔和妻子玛格丽特（Margaret）经营的爱尔兰旅馆后，二人相识。

当时有一位老年租客死后欠下房租，伯克和黑尔便潜入墓地，挖出棺材，用茶箱将偷来的尸体运往爱丁堡大学医学院。著名的解剖学讲师罗伯特·诺克斯（Robert Knox）博士急需使用这些尸体讲授课程，便当即支付了他们7英镑10先令。

在爱丁堡大学日益成为欧洲领先的解剖研究中心之际，黑尔（左）和伯克（右）发现并利用了这个“商机”——解剖所需的尸体供不应求。

独特的商业想法

伯克和黑尔就这样轻松地获得了一笔不菲收入。正是由于这次成功倒卖尸体的启发，二人一再作案，撬开新入土的棺材，倒卖尸体给诺克斯。但是，他们很快厌倦了在深夜挖掘坟墓。1827年11月，趁一名房客病倒时，伯克捂住他的口鼻，加速了他的死亡。这种窒息方法后来被称作“伯克窒息法”。

第一次谋杀成功为二人后来的连环杀人埋下了伏笔。他们瞄准了爱丁堡街头的流浪汉和妓女：等受害者喝酒睡着后，伯克用独特的方法令其窒息，然后把尸体装入茶

参见：开膛手杰克 266~273页。

罗伯特·诺克斯是一位卓越的苏格兰解剖学家，但因与伯克和黑尔盗尸案件有关联，最终断送了职业生涯。

箱，连夜运往诺克斯博士的实验室。每具尸体售价7~10英镑。

伯克和黑尔连续作案11个月，从未受到谋杀罪指控，直到住在黑尔旅馆中的房客安（Ann）和詹姆斯·格雷（James Gray）发现了名为玛格丽特·多切蒂（Margaret Docherty）的爱尔兰女人的尸体，并向警方报案。经调查，警方发现诺克斯博士与此案有关联。而此时，多切蒂的尸体已经被运到爱丁堡大学大讲堂——诺克斯博士进行解剖实验讲解的场所。

当一家报纸曝光了伯克和黑尔的恶劣行径后，广大公众都呼吁起诉二人。不久，警方逮捕了威廉·伯克、威廉·黑尔、海伦·麦克杜格尔、玛格丽特·黑尔并指控其犯下谋杀罪。诺克斯博士虽然受到了警方质询，但由于他并未触犯法律，最终没有入狱。

每个人都是利己的

为了获取更多证据，法庭的大法官决定从四人中挑选一人进行无罪坦白，最终选定了黑尔。黑尔只要坦白并证明伯克所犯的所有谋杀罪就可以被无罪释放。伯克随后陆续坦白了3起谋杀案，并于1829年1月28日被当众绞死，前来观看的群众热烈欢呼，据说多达25000人花了1英镑购买较好的观看位置。

伯克的尸体而后被诺克斯博士的竞争对手门罗博士（Dr Monro）在爱丁堡大学老学区解剖讲堂当众解剖。这场解剖吸引了众多观众，甚至因人数过多而发生了小骚乱。随后，伯克的骨骼被捐赠给了爱丁堡大学医学院。黑尔坦白了所犯罪行，但最终被无罪释放，逃往英格兰。诺克斯博士因此声名狼藉，搬去了伦敦，打算重新开始医学事业。

伯克和黑尔总共杀害了16人，后来被称为“西港谋杀案”。这起连环杀人案也促进了1832年解剖法的通过。这部法案将48小时后仍无人认领的尸体作为解剖的合法来源，从而增加了尸体的合法供应，有助于减少盗尸案件的发生。■

> 我敢保证……这类案件在我国历史上绝无仅有。
>
> ——梅多班克勋爵（Lord Meadowbank）

精神病诊断

黑尔精神病测试表[以加拿大心理学家罗伯特·黑尔（Robert Hare）命名]是一种用于识别一个人是否有精神病的诊断工具。此测试最初旨在评估被指控犯罪的人，通过面对面的问答来评估20项人格特征。研究人员会根据受试者对测试中每项特征的反应打分。这些特征包括缺乏悔恨和同情、不能为所作行为负责、撒谎成性等。

当精神病人实施犯罪时，他们的行为很可能是有目的的。精神病杀手的犯罪动机往往涉及获得权力或施虐后的快感。并非所有实施暴力犯罪的人都是精神病人，但美国联邦调查局研究发现，精神病罪犯的犯罪记录往往更为严重，更可能长期存有暴力倾向。

他们是勇敢的铮铮男儿

詹姆斯-杨格帮，1866—1882年

背景介绍

地点

美国密苏里州、堪萨斯州、肯塔基州、阿肯色州、得克萨斯州、艾奥瓦州和西弗吉尼亚州

主题

武装抢劫

此前

1790—1802年 “狼人”塞缪尔·梅森（Samuel “Wolfman” Mason）和他的一帮同伙在美国俄亥俄州和密西西比河上抢劫旅客。

1863—1864年 绰号“血腥比尔”的威廉·安德森（William “Bloody Bill” Anderson）是美国内战期间的南部联盟游击队领导人，他带领一帮不法分子在美国密苏里州和堪萨斯州对抗联邦士兵。

此后

1897年 艾尔·詹宁斯（Al Jennings）原本是一名诉讼律师，后来成了一名不法分子。他组建团伙，在美国俄克拉荷马州抢劫列车。

1866年2月到1876年9月，詹姆斯-杨格帮共劫掠了12家银行、5列火车、5辆马车和1个博览会售票处。詹姆斯兄弟（杰西和弗兰克，Jesse and Frank）与杨格兄弟（科尔、吉姆、约翰和鲍勃；Cole, Jim, John, Bob）在美国内战后联手，共同开启了犯罪生涯。他们都曾在美国内战期间加入南部联盟丛林游击队，攻击北方联邦成员。战争结束后，杰西·詹姆斯将这个组织变成了银行盗窃团伙。

1866年，詹姆斯-杨格帮抢劫了美国密苏里州利柏提市的克莱县储蓄协会，一些历史学家认为这是美国第一起在光天化日下发生的持械抢劫案。这个团伙实施了多次火车抢劫案，但只有两次抢劫了火车上的乘客，因为当时人们的收入特别低。他们每隔几个月实施一次抢劫，平时则以工作为掩护躲避法律制裁。有人资助他们，并为其提供藏身之所。这个团伙还会使用地图和指南针，避开行人众多的道路来躲避警方追踪。

此后，这个团伙不断壮大，在密苏里州、堪萨斯州、肯塔基州、阿肯色州、艾奥瓦州、得克萨斯州和西弗吉尼亚州等地流窜作案，主要抢劫银行、火车和长途汽车。1871年6月3日，他们抢劫了位于艾奥瓦州科里登的一家银行，但仅被确定为犯罪嫌疑人。自此，这个团伙得名“詹姆斯-杨格帮”。

杰西·詹姆斯（左）与两位杨格兄弟的合影。杰西被人浪漫地比作美国的“罗宾汉”，但并无证据表明他把抢来的赃款分给了穷人。

参见：邦妮和克莱德 26~29页，流寇帮 150~151页。

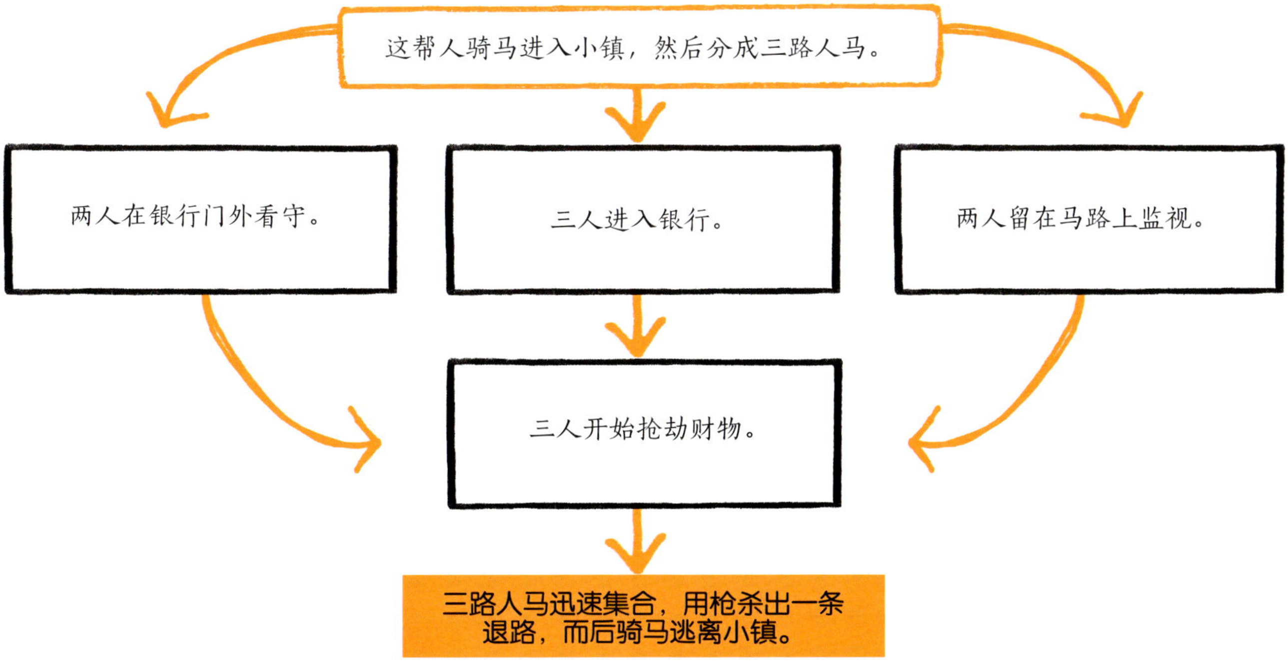

追踪犯罪团伙

1874年，在密苏里州发生火车抢劫案后，损失最大的亚当斯快递公司雇用了平克顿侦探社以追踪该团伙。

1874年3月，平克顿侦探社创始人艾伦·平克顿（Allan Pinkerton）派出侦探约瑟夫·威彻尔（Joseph Whicher）追捕詹姆斯，但其在抵达后第二天就死了。这惹怒了平克顿，他在1875年1月派出大批侦探继续追踪这个团伙，因使用引火装置而误杀了杰西八岁半的弟弟，误伤了杰西的母亲。平克顿备受谴责，撤回了侦探团队，詹姆斯-杨格帮因此更加嚣张。

1876年，杨格兄弟在企图抢劫明尼苏达州的诺斯菲尔德第一国民银行时被捕，詹姆斯-杨格帮因此解散。詹姆斯兄弟的腿部都受伤了，但成功逃脱，此后一直保持低调。直到三年后，杰西才又成立了另一个犯罪团伙。1882年，为领取1万美元的奖金，罗伯特·福特（Robert Ford）背叛了杰西，并在位于密苏里州圣约瑟夫的詹姆斯家中从背后射中他的头部，标志着这一团伙彻底结束。■

对违法之徒的浪漫化

尽管这些在旧西部地区作案的违法之徒大多是冷酷杀手，但他们所犯下的罪行往往被夸大和浪漫化。人们对罪犯的好奇似乎是基于这样一种既爱又恨的复杂情感：觉得他们既有魅力，又十分可恶。

这些违法之徒通过违抗法律来标榜对自由的追求，就像我们曾经历过的叛逆的青春期。他们还会因为一些令人意想不到的善举而被歌颂，如彬彬有礼的拦路抢劫大盗，以及包括罗宾汉在内的大盗都是因其慷慨助人而声名远播。

1882年，罗伯特·福特谋杀杰西·詹姆斯后举国轰动，而公众的反应就是一个例证。美国各地报纸（包括《纽约时报》）都刊登了这一消息。大量民众从各地赶来，只为一睹传说中的强盗遗体，而这也印证了詹姆斯的魅力。

我愿为爱付出生命

邦妮和克莱德，1930—1934年

背景介绍

地点

美国中部

主题

黑帮团伙

此前

1889年2月3日 梅拉·梅贝尔·斯塔尔（Myra Maybelle Starr）在俄克拉荷马州金克里克附近被枪杀。其别名贝尔·斯塔尔（Belle Starr）广为人知。

此后

1934年7月22日 美国大萧条时期著名的黑帮成员和银行劫匪约翰·迪林杰（John Dillinger）在逃避抓捕时被射杀。

1934年11月27日 银行劫匪和黑帮成员“娃娃脸”乔治·纳尔逊（George “Baby Face” Nelson），被称为“一号公敌”，他被美国联邦调查局特工击毙。

1933年4月13日深夜，两辆警车停在了位于密苏里州乔普林城橡树岭大道上的一座公寓旁。由五名臭名昭著的不法分子组成的“巴罗团伙”就窝藏在这座公寓内，邦妮·帕克（Bonnie Parker）和克莱德·巴罗（Clyde Barrow）也在其中。该团伙在密苏里州和相邻各州实施了数起武装抢劫和绑架案后，一直藏在此处达12天之久。

当警察让屋里的住户出来时，克莱德抓起他最喜欢的武器——M1918勃朗宁自动步枪，从一扇破窗户朝外开火。为了给情人做掩护，邦妮卧倒开枪射击，子弹

参见: 詹姆斯-杨格帮 24~25页，流寇帮 150~151页。

1932年，邦妮穿着标志性的高跟鞋，半开玩笑地用枪指着克莱德。后来在一场车祸中，邦妮的腿被严重烧伤，她几乎无法走路。

将周围的树都打开了花。在枪林弹雨中，该团伙杀害了密苏里州的两名警察——探长哈里·麦克金尼斯（Harry McGinnis）和警员J. W. 哈里曼（J. W. Harryman）。

邦妮和克莱德逃走了，留下了武器弹药库、邦妮手写的诗集和未开封的胶卷。这些物品将这对年轻恋人变成了民间传说，并最终使他们走向了穷途末路。

在照片中，这对恋人站在盗来的车前，把玩着自动武器。其中有张照片是邦妮叼着一支雪茄，手里握着一支手枪。不久，这对“亡命鸳鸯”的故事就占据了全国各大报纸头条。

> 除了送葬者外，永远没有人能带走我……我要掌控自己的生活。
>
> ——克莱德·巴罗

犯罪明星

在四年间，他们一直抢银行和杀警察，不断刺激着美国公众的神经。但是，“巴罗团伙”并不像传说中那么神奇，他们每次犯罪时都险象环生，手法拙劣，并且损失惨重。

1931–1935年，联邦调查局刚成立，无权处理跨州银行抢劫和绑架案件。这段时期被称为“公敌时代”，一些高调的罪犯给美国社会造成了重大损失，即便国家正处于经济大萧条时期。

1930年，邦妮与克莱德第一次见面便相互吸引，而后成为忠实伴侣。他们的浪漫日子没过多久，克莱德便因入室盗窃被捕，被送往得克萨斯州的伊斯特姆监狱。在监狱里，克莱德用铅管打死了一名殴打他的囚犯，这也是他第一次杀人。邦妮在监狱里偷走了一把枪，帮助克莱德成功逃脱，但随后又被抓回。

犯罪狂欢的开始

1932年2月，克莱德被假释。在监狱里遭受的虐待使他的犯罪欲望更为强烈，想以此寻求报复。他在与邦妮重逢后，组建了一个以他们二人为核心的犯罪团伙。每当穷困潦倒时，他们便抢劫偏远地区的加油站和绑架杀人。

据称，该团伙在1932年至1934年间杀害了好几位无辜平民和至少9名警察。1932年4月，克莱德第一次被官方指控犯有谋杀罪，因为他在一次抢劫后开枪打死了店主。几个月后，克莱德和另一名团伙成员在俄克拉荷马州的一场乡村舞会上，杀死了一位代理警官，打伤了一名警长。这是克莱德团伙成员第一次杀死司法官员。

1933年4月，克莱德的兄弟巴克（Buck）刑满释放。巴克和新娘布兰奇（Blanche）在密苏里州的乔普林公寓里加入了这个犯罪团伙，在此举办了12天喧闹的宿醉派对，引起了警方注意。枪战发生后，这个团伙的“名气”越来越大，以至于很难逃避抓捕——他们不仅被警方追捕和新闻界追踪，还时刻被看热闹的公众关注。

在接下来的三个月里，这个团伙从得克萨斯州逃到了明尼苏达州和印第安纳州，睡在野营地里。他们利用联邦调查局之前无法追捕跨州逃犯的“州界规则”，专挑两州边界实施犯罪行为。

公众舆论转变

后来，他们的杀人罪行变得越来越残酷，公众对二人的态度逐渐从原先的崇拜转为憎恨。得克萨斯州惩教署（The Texas Department of Corrections）委派前得克萨斯州突击队上尉弗兰克·A. 哈默（Frank A. Hamer）执行拿下巴罗团伙的任务。哈默组建了一支由得克萨斯州和路易斯安那州警察特别合作成立的武装部队。这也成为美国历史上最广为人知和激烈的抓捕行动之一。

The Dallas Morning News

Section One General News

49TH YEAR NO. 236 DALLAS, TEXAS, THURSDAY, MAY 24, 1934—TWENTY PAGES 5c PER COPY

Posse Kills Clyde Barrow and Bonnie Parker

Manchukuan Farm Villages Wrecked By Japanese Bombs

Chinese Sources Claim 1,000 Dead as Planes Drop Explosives on Twenty Towns

Fires Still Raging

Refusal of Settlers to Give Up Arms Alleged Cause of Reprisals

Salutatorian at Rusk Not Only Gets Diploma, But Check for $11,600

Dillinger's Girl And Doctor Aiding Him Get 2 Years

Another Woman in Conspiracy Also Convicted and Third Acquitted

Church Must Aid New Deal Because Taught by Christ

Praise for Program of Roosevelt Government

Leading Principals in Slaying of Outlaws

Dallas Deputy Tells Of Ending Long Chase

Elusive Dallas Desperadoes Shot to Death in Louisiana

Failure of Clyde To Pay for Guns' Delivery Is Fatal

Henchman, Caught by Officers, Gives Valuable Information

Long Hunt Over Three States Is Ended as Six Officers Ambush Pair in Speeding Auto

Comrades Praise Men That Trapped Barrow and Parker

Job Done, Message Sent by Ex-Rangers, Now on Highway Patrol

《达拉斯晨报》（The Dallas Morning News）报道了邦妮和克莱德的死讯，当日共售出了50万份报纸。一群报童而后在帕克的葬礼献上了最大的一束花致敬。

1933年夏天，这个团伙开始分裂。6月10日，克莱德在得克萨斯州惠灵顿附近开车时发生意外，车翻到了山沟中。邦妮在此次事故中右腿被烧伤，伤势非常严重，达到了三级，几乎不能走路，克莱德只能常常背着她。

一个月后，7月19日，巴克在密苏里州与警察枪战中被子弹击中头部。布兰奇也受伤了，一只眼睛失明。尽管受了重伤，巴克依然清醒，和其他成员一起成功脱逃。

结束追踪

几天后，7月24日，巴克在另一场枪战中被从背后射中，他和布兰奇都被抓获。巴克被送往医院，在接受手术后患上了肺炎。为了让其更好地回答警方问题，医生为他注射了兴奋剂。7月29日，巴克在医院死亡。

在路易斯安那州赛勒斯南部

> “他们一起共赴黄泉好过被活捉。”
>
> ——布兰奇·巴罗

的松树森林，154号州际公路贯穿其中，对克莱德和邦妮的追踪也终结于此。在哈默的带领下，武装部队研究了这对恋人的行踪，发现该团伙窝藏在州界附近。

根据克莱德和邦妮可能住在该地的情报，哈默预测了二人的行为模式，在路易斯安那州公路边的农村建立了一个伏击点。1934年5月23日上午9点15分左右，6名隐藏在灌木丛中的警察看到克莱德驾驶被盗的福特V8正在以高速接近。他们向该车扫射，共打出了130多发子弹。克莱德和邦妮分别中枪数十次，身负多处致命伤。

当被子弹打穿的福特车被拖到城里时，这对恋人的尸体还在里面，一群好奇的旁观者围住了这辆车。围观者将邦妮的沾血衣服和头发作为纪念品，有人甚至试图切下克莱德扣手枪扳机的那根手指。武装部队的成员收集了这对恋人的其他物品，包括被盗枪支和一支萨克斯，并将其作为纪念品出售。

至今，这次伏击行动仍然非常有争议，因为根本没有留下任何活捉这对恋人的可能。路易斯安那州的普伦蒂斯·奥克利（Prentiss Oakley）是第一个开枪的警官，其后对没有为这些违法之徒提供投降机会表示了懊悔。

邦妮和克莱德的悲惨结局标志着20世纪30年代“公敌时代”的结束。1934年的夏天，联邦政府将绑架罪和抢劫银行罪纳入了联邦法律。这是美国法律上的一大突破，使联邦调查局特工得以跨州逮捕劫匪。■

邦妮和克莱德的“死亡车”成为一个有趣话题，市面上甚至出现了冒牌货。当地警官试图保留这辆车，却被车主起诉。这辆车如今在内华达州的一家赌场内展示。

1967年，沃伦·比蒂和费·唐纳薇主演了根据这对情侣的犯罪案件改编的电影。影片中的这对情侣极具魅力，优雅时尚。

犯罪明星

邦妮和克莱德是美国经济大萧条时代的首对犯罪明星，部分缘于报纸和广播对其罪行的密切追踪和报道。

像“娃娃脸”乔治·纳尔逊和“漂亮男孩”弗洛伊德（“Pretty Boy” Floyd）这样的违法之徒也成了传奇人物，因为其亡命故事常常出现在全国各大报纸的头条。这个时期的美国面临大量失业和经济困窘，公众倍感失望和愤怒。因此，报纸、杂志和广播节目对黑帮团伙犯罪事迹的追踪报道，反而使民众对这些人十分推崇。

1967年，根据邦妮和克莱德的犯罪传奇改编的影片《邦妮和克莱德》获得奥斯卡奖。这部影片将这对情侣的犯罪历程展现给了新一代。它用轻松的方式呈现性与暴力，突破了以往影片的禁忌。但是，这样美化犯罪也引发了一些担忧，因为有好几对夫妇尝试实施类似犯罪，并声称是受了这些有名的不法之徒的启发。

难以置信！
他们竟偷了火车！

火车大盗，1963年8月8日

背景介绍

地点

英国白金汉郡莱德本村

主题

火车抢劫

此前

1855年5月15日 在从英国伦敦桥通往福克斯通市这条东南走向的铁路上，一辆行驶火车上的保险箱里失窃了重约91公斤的黄金。

1924年6月12日 牛顿帮（Newton Gang）在美国伊利诺伊州的朗道特附近对一辆邮政火车实施了抢劫，盗走总价值约30万美元的邮政包裹，成为当时最大的火车抢劫案。

此后

1976年3月31日 在萨林斯村附近，爱尔兰共和社会党成员抢劫了从科克开往爱尔兰都柏林的火车。

20世纪60年代初，许多伦敦居民的生活十分贫困和单调。而英国严格的战后配给制度在六年前才刚结束。

绰号“破坏者”的罗纳德·克里斯托弗·爱德华兹（Ronald Christopher “Buster” Edwards）利用在香肠工厂工作的便利出售黑市肉，尝到了赚取不义之财的甜头。此后，他开始与朋友戈登·古迪（Gordon Goody）谋划抢劫。这一违法勾当让他们与在律师事务所工作的布赖恩·菲尔德（Brian Field）有了接触。菲尔德并未限于为他们实施的犯罪提供辩护。为了分赃更多，菲尔德将律所的客户信息交给二人，作为潜在抢劫目标。

1963年，菲尔德介绍了一位陌生的“北爱尔兰人”给二人认识。据说这个神秘人名为帕特里克·麦肯纳（Patrick McKenna），出生在贝尔法斯特，是一个腐败的曼彻斯特邮政职员。他给这个犯罪团伙提供了一个重要的内幕消息：从苏格兰格拉斯哥出发的邮政火车将连夜装载大量现金回伦敦。这对古迪和爱德华兹来说极具诱惑力，因为犯罪所得将远远高于二人薪资。二人将这些信息告知了伦敦南部的惯犯布鲁斯·理查德·雷诺兹（Bruce Richard Reynolds）。在接下来的几个月中，雷诺兹开始组建专为实施此案的犯罪团伙。

> **我是否是为数不多的会钦佩这场著名火车抢劫案中所展现出的勇气和犯罪技巧的人?**
>
> ——格雷厄姆·格林

完美而简洁的犯罪计划

这是个完美而简洁的犯罪计

龙尼·比格斯

1929年，龙尼·比格斯（Ronnie Biggs）出生于伦敦南部的斯托克韦尔，在旺兹沃思监狱遇到布鲁斯·雷诺兹时，他还是个有点倒霉的小偷。比格斯拒绝在团伙里做“小喽啰”，但在这次火车抢劫案中的确算不上重要人物。本案是他第一次，也是唯一参与的抢劫案。他的主要职责是招募替补火车司机“斯坦·阿加特”，但由于这个司机不熟悉这种机车类型，根本没能开动火车。

警方在该犯罪团伙藏身之处的番茄酱瓶子上发现了比格斯的指纹，三周后将其逮捕。1965年7月8日，比格斯通过一架绳梯从旺兹沃思监狱逃跑。他先逃往布鲁塞尔，而后前往澳大利亚。1970年，比格斯在巴西定居，因为巴西未与英国签订引渡条约。后来，比格斯乘坐飞机返回英国，《太阳报》为获取报道其故事的独家权而包揽了全部行程费用。2001年5月7日，比格斯在飞机降落英国皇家空军诺霍特机场后很快被捕。

参见：詹姆斯-杨格帮 24~25页，流寇帮 150~151页。

火车在布里德戈桥前停下，犯罪团伙从堤岸往下排成了一列纵队以接力搬运赃物。他们把抢劫来的物品都装上一辆卡车，即图中那辆黑色的车。

划。该团伙将在白金汉郡靠近莱德本村的西尔斯路口拦截火车，因为此处位于开阔的乡村地带，信号不好。虽然这是个拦截火车的理想场所，但高高的堤坝不利于卸载赃物。因此，他们计划将火车开往附近的布里德戈桥。这辆邮政火车十分长，车上载有80名邮政工作人员，专门负责在路上分拣邮件。犯罪团伙发现高价包裹车厢就位于火车第二节，所以计划仅保留前两节车厢。一旦火车抵达布里德戈桥，他们就可以利用从坝堤排到人行道的人力队伍，以接龙方式将大袋挂号邮件卸到停在路边的卡车上。

如果被劫持的司机拒绝按照要求行事，雷诺兹还打算安排一个团伙成员花几个月时间学习开火车，以确保计划万无一失。他假装教师，说服一名郊区路线上的司机载他一程，通过仔细观察，学会一些基本的驾驶技巧。雷诺兹还招募了一位经验丰富的司机，以防万一。与此同时，菲尔德通过协商，成功购买了距西尔斯路口大约50公里的已经荒废的莱瑟斯莱德农场，将此作为抢劫后的藏身之所。

信号灯"功不可没"

这列火车于1963年8月7日星期三晚上7点前驶离了格拉斯哥，由经验丰富的司机杰克·米尔斯（Jack Mills）驾驶，副驾驶大卫·惠特比（David Whitby）坐在旁边。案发前正值周末，银行没有营业。火车的高价包裹车厢中装载的现金包裹高达260多万英镑，而非犯罪团伙预估的30多万英镑。

火车到达西尔斯路口时，犯罪团伙成员修改了信号灯。他们用手套套住绿灯，遮住它的光，将红灯接到一块单独的电池上。米尔斯很惊讶，将火车停了下来，惠特比下车查看。惠特比试图用轨道旁的电话报告这一异常情况，发现电线已经被切断。

惠特比想回到火车，却被一个戴着摩托车头盔和滑雪面罩的男子扔下了陡峭的堤坝。与此同时，戴着面具和手套的犯罪分子爬进驾驶室，用铁棍将米尔斯打晕。其他成员将高价包裹车厢与后面的车厢断开，强行用手铐铐住了车上的邮政工作人员。

这个团伙很快发现人称"斯坦·阿加特"（Stan Agate）的替补退休司机没法操控这辆先进的用柴油和电力驱动的40级火车。米尔斯已经被打晕，劫匪们必须

> **你现在所看到的"传奇"都是由英国媒体创造的，所以我或许该问问你们我是谁。**
>
> ——龙尼·比格斯

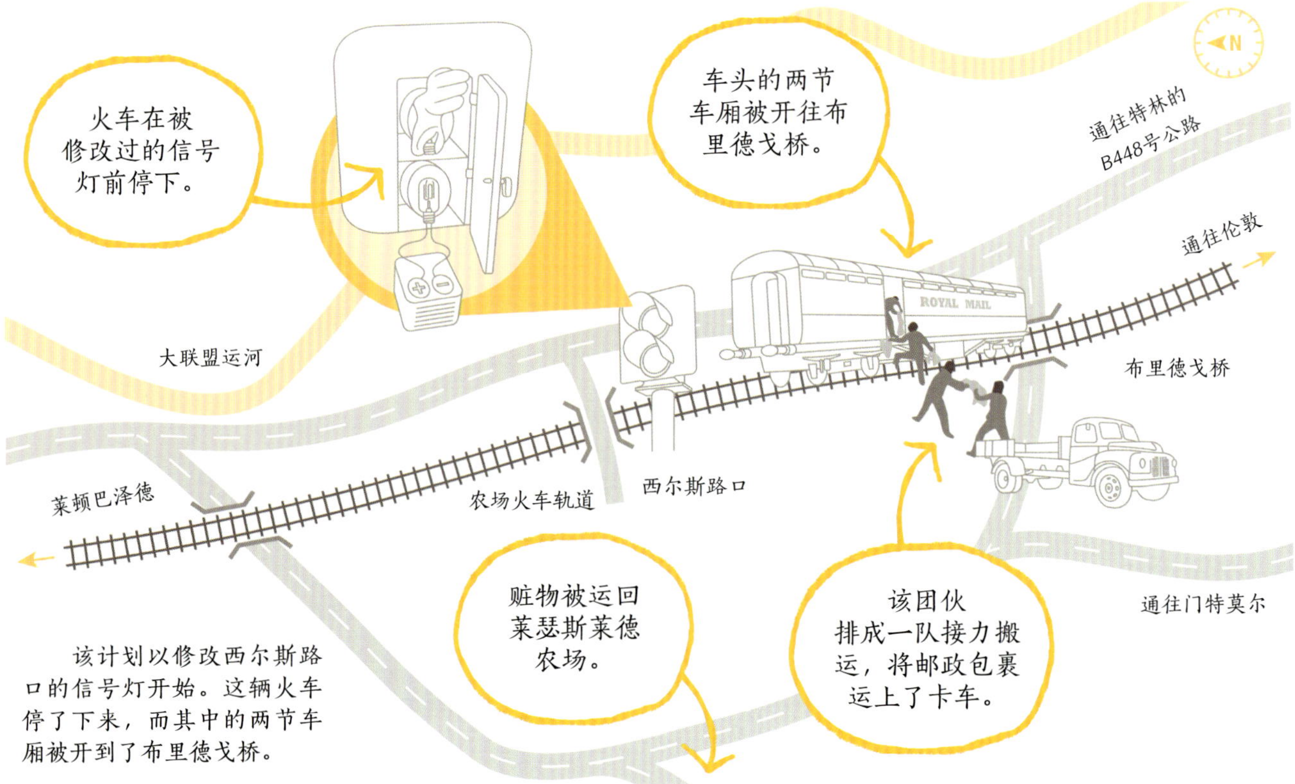

让他重新清醒，这样才能顺利抵达布里德戈桥。

这个犯罪团伙在堤坝下排成一队接力搬运，很快卸载了车厢里的邮政包裹，将它们都运上了卡车。他们警告高价包裹车厢里被铐住的邮政工作人员半小时内不能打电话报警，成功逃回了他们在莱瑟斯莱德农场的藏身之所。

难以避免的漏洞

这的确是一起“了不起的火车抢劫案”。这个故事听起来和电影中描述的很像，那是因为近几十年来，电影制作者比罪犯更加痴迷于这种精心策划的抢劫案件。

这种犯罪不仅很冒险，而且极其耗费劳力。共有17名男子参与了这次抢劫案，至今仍有少数参与者身份不明。团伙成员平均分配赃物，以免引发矛盾。

然而，团伙人数过多带来了风险，有团伙成员轻率处理抢来的赃物，或是和别人说起如何抢劫。

> **你做了小偷，显然这首先是因为你喜欢钱，其次则是偷窃所带来的兴奋感。**
>
> ——“破坏者”爱德华兹

最后，调查人员在监狱里单独会见犯罪团伙中的主要犯罪分子（希望达成辩诉交易），顺藤摸瓜，得到了一些重要线索。

成功破案

与此同时，劫匪窝藏的农场里气氛紧张，他们失去了成功藏匿的信心。尽管犯案后一周内，该犯罪计划一直未被发现，但警察很快通过系统排查周围乡村成功逼近窝藏地点。探长注意到劫匪对火车工作人员发出的“30分钟内不要报警”的警告，这暗示了犯罪团伙的藏身范围不出半小时车程。在村民举报农场有异常活动后，警方开始搜查莱瑟斯莱德农场。劫匪逃跑了，但却在玩大富翁游戏时用的现

莱瑟斯莱德农场后来被媒体戏称为“劫匪之家”。警方在农场工人约翰·马里斯（John Maris）举报后进行搜查，确认劫匪藏身此处。

金和番茄酱瓶上留下了指纹。阴谋败露的突然和混乱不亚于谋划时的精心。警方很快在伦敦南部一举拿下了11名劫匪。

被捕的11人中大多数都被判处了非杀人案件的重刑——监禁30年。然而，这样的刑罚竟让人们对这帮劫匪产生同情。团伙中有两人成功越狱：1964年8月，团伙成员查理·威尔逊的朋友闯入伯明翰威森格林监狱，带走了他。1965年7月，龙尼·比格斯从伦敦旺兹沃思监狱翻墙逃跑。

被神话的罪行

人们只看到这起抢劫案的胆大妄为，却很容易忽视它给火车工作人员留下的长期创伤。米尔斯在余生一直饱受创伤后头痛的折磨，从未痊愈。几年后，惠特比死于心脏病，年仅34岁。这起案件造成的悲剧不仅在于只追回被窃的260多万英镑的一小部分，还在于对犯罪行为日益浪漫化使人们忽略了这些悲剧事实。这起抢劫案件发生在对旧权威公然不敬成为狂热趋势的时代，是艺术家安迪·沃霍尔（Andy Warhol）说的“人人都可能出名一小会儿”的时代。性手枪乐队（Sex Pistols）和比格斯一同录制音乐，由摇滚歌手菲尔·柯林斯（Phil Collins）扮演的爱德华兹成为电影《破坏者》（*Buster*，1988年）的主人公。此案发生后第三年，《大乌龙女校之火车抢劫案》（*The Great St Trinian's Train Robbery*）上映，将这起严重的刑事犯罪案件改编成了情景喜剧。■

展现同情心的释放

2009年8月6日，已经80岁高龄的龙尼·比格斯因肺炎病情严重恶化，被以“展现同情心”的理由释放。这种情况很罕见，根据英国《第6000号监狱服刑令》，囚犯只能因“家境悲惨”或罹患只剩几个月寿命的绝症时才能获释，而比格斯直到2013年12月才去世。但是，此举并未引起太大争议。相反，在比格斯被释放两周后，因1988年美国泛美航空103号班机爆炸案而入狱的阿卜杜勒巴赛特·阿里·迈格拉希（Abdelbaset al-Megrahi），也因“展现同情心”获释，而英美媒体则对苏格兰司法部长的这项决定表示了谴责。

迈格拉希被诊断为前列腺癌晚期，因此获释，但此举引发了公众的强烈抗议。因为迈格拉希不仅乘坐卡扎菲上校派遣的私人飞机回国，还获得了“利比亚英雄”的美誉。

三名男子因涉嫌此案被警方带走，他们的头上都盖着毯子。从图片的左上方可以看出媒体对此案有着浓厚兴趣。

迷恋犯罪的快感

比尔·梅森，20世纪60—80年代

背景介绍

地点

美国佛罗里达州南部，阿尔芒·哈默博士的公寓

主题

珠宝盗窃

此前

1950—1998年 北爱尔兰著名飞贼彼得·斯科特（Peter Scott）曾在1952年被捕之前，犯下了约150起盗窃案。1960年，他偷走了女演员索菲亚·罗兰（Sophia Loren）价值26万美元的项链。

此后

2004—2006年 锒铛入狱的西班牙小偷伊格纳西奥·德尔·里奥（Ignacio del Rio）坦白，他在两年内在洛杉矶犯下近1000起入室盗窃案，共窃得价值200万美元的珠宝和一幅德加的价值1000万美元的画作。

比尔·梅森（Bill Mason）白天是个普通的物业经理，晚上便成了一个臭名昭著的飞贼。他趁业主熟睡时，攀上墙壁，蹑手蹑脚地在矮墙上穿行，然后爬到阳台上，挤进半掩着的窗户。

在一个湿润有风的夜晚，梅森实施了制订数周的计划。他用尽全身力气，爬了整整15层楼，来到了石油大亨阿尔芒·哈默博士（Dr Armand Hammer）的公寓外。他发现阳台门没锁，进去掏空了哈默太太的珠宝盒，将价值几百万美元的珠宝装进一个枕套里。

讽刺的是，梅森出去时发现公寓前门其实只用了一个非常容易开的单锁扣着。而后，梅森从三楼一扇开着的窗户，沿着抓钩挂绳降到地面后成功逃脱。梅森小心翼翼地抹除了留下的每处踪迹，使警方无法确定任何犯罪嫌疑人。20多年来，梅森一直将富人和名人作为盗窃目标，其中就包括游泳运动员、绰号“泰山”的演员约翰尼·魏斯米勒（Johnny “Tarzan” Weissmuller）的奥运金牌。梅森共偷走了价值约1.2亿英镑的珠宝。这种盗窃时的刺激感，以及偷偷与明星接触的方式都深深吸引着梅森。

> **这些（被偷的）住户十分吃惊，觉得他们的珠宝像是人间蒸发了一样。**
>
> ——比尔·梅森

最终，梅森因落入警方设好的圈套而被捕。后来，梅森写了自传《珠宝盗窃大师的自白》（*Confessions of a Master Jewel Thief*），2003年出版。■

参见： 约翰·麦克莱恩 45页，安特卫普钻石抢劫案 54~55页，多丽斯·佩恩 78~79页。

对我而言，这只是废金

世界杯奖杯失窃案，1966年3月

背景介绍

地点

英国伦敦威斯敏斯特中央大厅

主题

无价奖杯失窃案

此前

1964年10月9日 冲浪冠军杰克·罗兰·墨菲（Jack Roland Murphy）闯入美国自然历史博物馆的宝石矿物大厅，盗取了约翰·皮尔庞特·摩根（John Pierpont Morgan）的珠宝收藏品。

此后

1983年12月19日 馆藏于里约热内卢的巴西足球联合会的儒勒斯·雷米特奖杯再次失窃，至今仍然没有找到。

2014年12月4日 60座F1大赛奖杯被一个由7名男子组成的犯罪团伙偷走，罪犯驾驶一辆面包车穿过了红牛车队英格兰总部的大门。

对于英格兰球迷来说，1966年是难忘的一年，因为这是英格兰队唯一赢得世界杯的一年。但在比赛前四个月，著名的儒勒斯·雷米特奖杯（Jules Rimet Trophy）被盗，这意味着英格兰足球队长鲍比·摩尔（Bobby Moore）不得不拿一个仿制奖杯庆祝。

当奖杯在伦敦威斯敏斯特中央大厅展出时，有众多保安守卫。小偷利用巡逻队换班的空隙偷偷潜入，撬开了玻璃箱。大都会警察事后开展了全面调查，却毫无进展。最后，警方收到一张字条，被要求以1.5万欧元赎回奖杯。

警方试图从送字条的人入手，抓到了小贼爱德华·贝切利（Edward Betchley），但没能找到奖杯。直到大卫·科贝特（David Corbett）带着牧羊犬皮克尔斯散步时，在位于伦敦南部上诺伍德的一所房子外的树篱下发现了一个包裹，这才找到了失窃的奖杯。这起案件影响巨大，被偷物品具有极高的知名度，反而使其丧失了被盗的价值。犯罪团伙唯一的处理方式就是熔化奖杯，但这样得到的钱根本不值一提。因为奖杯的象征意义是无价的。后来，人们制作了一个复制品放在老地方，在1997年拍卖出25.4万英镑的高价。■

牧羊犬皮克尔斯为主人赢得了*5000*英镑的奖励，科贝特用这笔钱在萨里买了套房。后来，英国国家犬类保护联盟授予皮克尔斯一枚银牌。

参见：托马斯·布拉德 18页，切利尼盐盒失窃案 56页。

小姐，你最好看看那纸条

D. B. 库珀，1971年11月24日

背景介绍

地点

美国俄勒冈州波特兰和华盛顿州西雅图之间

主题

飞机劫持案

此前

1969年10月31日 拉斐尔·米尼基耶洛（Raffaele Minichiello），在洛杉矶劫持了一架环球航空公司的飞机，之后在意大利罗马被捕。

此后

1972年11月10日 三名男子劫持了南方航空公司的49号航班，要求1000万美元赎金。他们最终在古巴哈瓦那被捕。

1972年6月3日 威利·罗杰·霍尔德（Willie Roger Holder）劫持了从洛杉矶飞往西雅图的西部航空公司701航班，要求50万美元赎金和释放被囚禁的黑人活动家安吉拉·戴维斯（Angela Davis）。

1971年11月24日下午，一名40多岁的男子身穿深色西装，背着一个黑色公文包，从飞机上跃下，从此便成了刑案中的传奇。该男子后来被媒体称为D. B. 库珀（D. B. Cooper），他从俄勒冈州的波特兰登上了西北东方航空公司的305航班，飞往华盛顿州西雅图。在飞行期间，他递给空姐佛罗伦萨·沙夫纳（Florence Schaffner）一张纸条，称他的箱子中有一枚炸弹。在向空姐展示了爆炸装

1968年，D. B. 库伯在俄勒冈州波特兰机场劫持的西北东方航空公司的波音727飞机，其后舱舷梯就位于机身正下方。

置后，他提出以下要求：四个降落伞；一辆在西雅图塔科马机场等待飞机降落的加油卡车；面值20美元、总价值为20万美元的现金钞票。如不同意他的要求，他就炸毁飞机。那天夜里究竟发生了什么，至今仍是美国犯罪史上最令人费解的谜题之一。

跳伞逃跑

当飞机降落在西雅图时，库珀让所有乘客下了飞机，但留下了三名乘务员中的一名。官员交给他赎金和降落伞。库珀命令飞行员以最高不超过3000米的高度和尽可能低的速度将飞机开往墨西哥城。在飞机向南航行约45分钟后，他将乘务员送到驾驶舱并背上了降落伞。他在波特兰以北的某个地方放下飞机的后舱舷梯，从波音727上跳了下去，消失在雨夜里，只留下两个降落伞和一条领带。

联邦调查局发起了一场大规模的搜捕行动，调用了军队和警力，派出直升机和一千人的步兵团进行搜索。他们预测库珀可能降落的地区，逐一排查。军用间谍飞机甚至拍下了波音727的整个飞行路线，但没能发现任何线索。

> **在60年代末和70年代初，劫机事件并不罕见。当时的理念是“合作，遵照他的要求来，等飞机降落后我们再处理”。**
>
> ——拉里·卡尔（Larry Carr）

所有官方机构只好统一口径，说这个身份不明的人是以丹（Dan）或戴尔·库珀（Dale Cooper）这个名字买的飞机票。因为当警方询问出售飞机票的工作人员，当时是否有任何乘客看起来很可疑时，这名工作人员毫不犹豫地回答说：“有，名叫戴尔·库珀。”警方随后告诉记者犯罪嫌疑人的姓名是“D.库珀”。然而，记者并没有听清楚这个名字，问道：“D还是B？”警察回答：“对的。”于是，“D.B.库珀”这个名字就诞生了。

库珀的画像

沙夫纳向警方描述了劫机者的外貌特征——40岁左右，身高在1.7～2米之间，体重77～81公斤，眼睛为棕色，眼间距较窄。她告诉警方，这名劫机者谈吐文雅，礼貌冷静。他点了一杯波旁酒，并按饮品上的价格标签付费，甚至试图给她小费。沙夫纳还透露，劫机者问她在西雅图停留期间机组人员是否想要食物。他曾说过，麦科德空军基地距西雅图塔科马机场有20分钟车程，而这是大多数平民不会知道的细节。而他选择的飞机型号——波音727–100，也是逃生的理想选择。所有因素综合表明，他很可能是一名训练有素的空军老兵。

然而，由于没有穿戴任何安全设备、保温服或头盔，这名劫匪几乎不可能抵抗-57°C的严寒，这也使人们对他是一名军人的说法产生了怀疑。联邦调查局的调查人员在事后一直坚称，这个人根本无法在跳伞后幸存。

发现部分赎金

1980年2月，即8年后，布莱恩·英格拉姆（Brian Ingram）和家人在靠近华盛顿州温哥华市的哥伦比亚河边野餐。当这家人清理生篝火的地方时，8岁的布莱恩在河边的沙滩中挖出了一包钱。这个包裹里装的都是面值20美元的钞票，共计5800美元，与官方在西雅图机场交给库珀的纸币编号一致。布莱恩因这一发现而被奖励了2850美元。

随后，联邦调查局搜查了这个海滩，还对河流进行清淤，但仍旧一无所获。然而，这场搜捕让公众重新燃起了对D. B. 库珀和仍未追回的总计144200美元赎金的兴趣。

D. B. 库珀劫机案拥有传奇故事的所有要素：罪犯成功逃脱；没有人受伤；罪犯下落不明。时不时传出的联邦调查局仍在寻找D.B.库珀之类的消息，每次都会再次激起公众对此案的兴趣。

> **我不太相信调查已经结束，或者说这件事就这么过去了。**
>
> ——杰夫·格雷（Geoff Gray）

1972年，联邦调查局根据飞机乘务员和同行乘客的回忆，画出了一张D. B. 库珀的肖像。

罪犯画像

为罪犯画像是一个确定什么样的人最可能犯下某种特定罪行的过程。调查人员会综合考虑犯罪行为、人格特征和各种人口学变量因素，如年龄、种族、犯罪地点等，以便刻画犯罪嫌疑人的心理画像。

在D.B.库珀劫机案中，库珀对航空业和波音727飞机的了解表明他可能在空军工作过。但是，他缺乏跳伞技巧，这表明他可能是一名辅助工作人员，例如飞机的货物装卸工。因此，他很可能是在1970年至1971年航空业低迷时失去了工作，这也解释了他在经济上的犯罪动机。

事实上，联邦调查局在案发后发现，该地区的本地人口数量没有任何减少。因此，不排除D. B. 库珀是当地人，而且在周一早上又像往常一样开始工作。

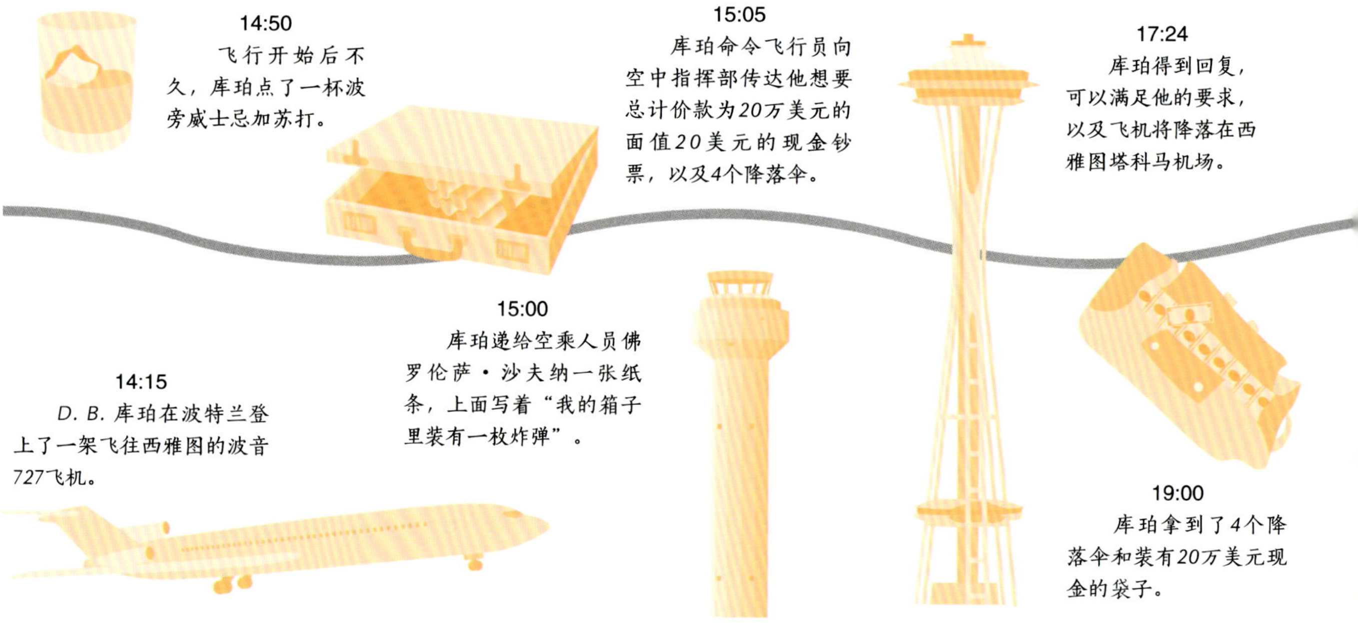

联邦调查局曾一度想将此案当作银行抢劫案对待，并向公众悬赏征求相关线索。他们公开了此前未曾透露的案件事实，包括库珀戴过的夹式领带，这又引发了一阵“库珀热”。

漫画理论

2008年，西雅图的特工拉里·卡尔（Larry Carr）接手联邦调查局的调查任务，他透露收到了很多人的请求，让他不要破案。对有些美国民众来说，D. B. 库珀似乎已经成为一位民间英雄。

尽管如此，卡尔还是忠于职守。他认为劫机者很有可能取名自一本法裔加拿大画家的漫画书。这部虚构漫画作品从未被翻译成英文，主要叙述一个加拿大皇家空军试飞员丹·库珀在外层空间的冒险经历，以及当时发生的历史事件。在劫机发生前后出版的那一集漫画中，封面上就画着丹·库珀跳伞的画面。据此，卡尔怀疑劫机者是一名空军人员，曾在海外待过一段时间，可以阅读到这本漫画书。

由于DNA技术的发展，联邦调查局特工得以重新检验库珀留在飞机上的夹式领带。他们在领带上发现了部分DNA样本，但与任何已知犯罪嫌疑人都不匹配。

一条重要线索

越南老兵 L. D. 库珀是最有可能作案的一个犯罪嫌疑人。2011年，他的侄女玛拉·库珀（Marla Cooper）联系联邦调查局，声称她有一个隐藏了40年的家族秘密——她的叔叔林恩·多伊尔·库珀（Lynn Doyle Cooper）就是D. B. 库珀。她说，在1971年感恩节后一两天，她的叔叔曾伤痕累累地回到家中，声称自己是因车祸受伤。那时她才8岁，听到叔叔告诉家人：“我们再也不用为钱所困。”库珀在侄女去美国联邦调查局举报的时候已经去世，他生前是一名工程测量师，很可能接触到跳伞逃生所必需的训练和该地区最安全的跳伞地点信息。

玛拉·库珀借给联邦调查局一条她认为可能包含库珀DNA的吉他背带，但背带上并没有DNA。她帮助联邦调查人员联系上了叔叔的女儿，但该女子的DNA与夹式领带上提取的样本并不匹配——也有可能领带上的DNA并非来自D. B. 库珀。尽管调查人员永远无法确定L. D. 库珀是否就是劫持者，但联邦调查局仍将此称作“一条重要线

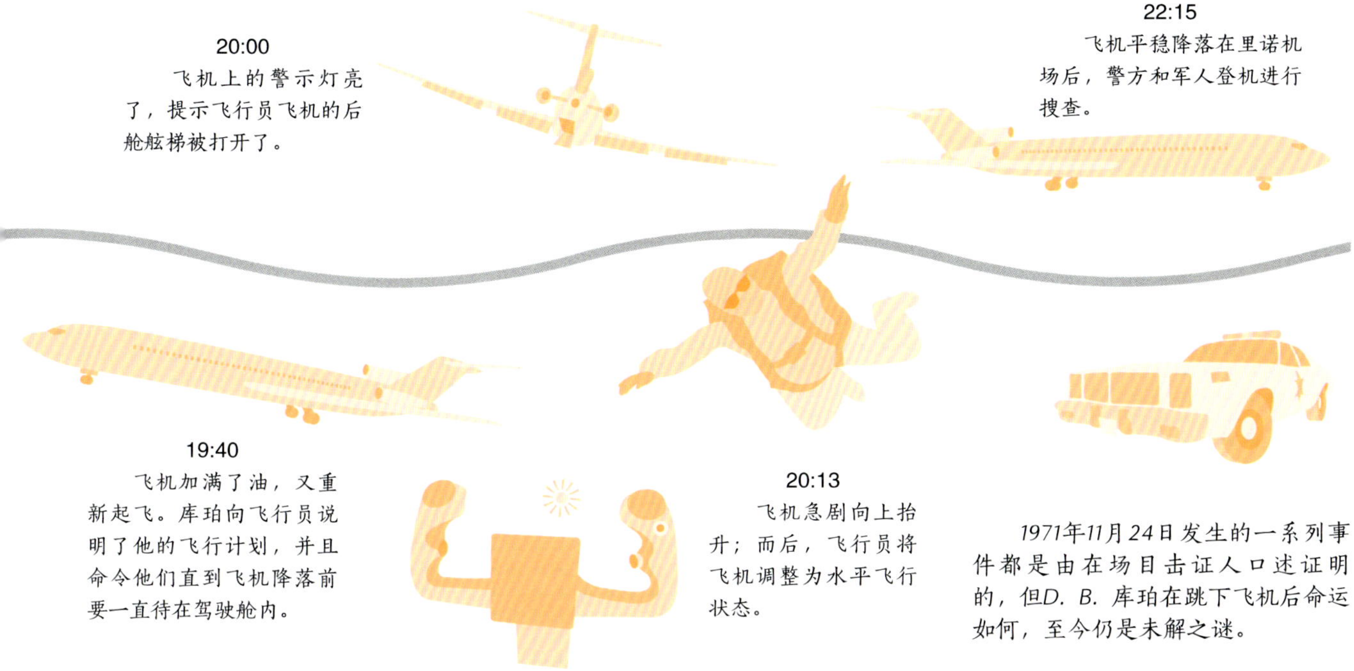

1971年11月24日发生的一系列事件都是由在场目击证人口述证明的，但D. B. 库珀在跳下飞机后命运如何，至今仍是未解之谜。

索”。最后，联邦调查局还曾试图匹配劫机者在波音727上留下的指纹。

永久的遗产

D. B. 库珀劫机案发后两年，发生了大量模仿此案的犯罪案件。仅1972年就发生了15起类似的劫机事件，所有罪犯都被抓获。1961—1973年，美国领空共有约160架飞机被劫持。此后，机场加强了安保措施，开始对乘客及其行李进行安检。

无论D. B. 库珀跳伞后是否幸存，他的事迹都将通过一个以其名字命名的飞机部件被铭记。1972年，美国联邦航空管理局要求所有波音727飞机都安装一个后来被命名为“库珀叶状锁”（Cooper Vane）的气动机械锁，以防止后舱舷梯在飞行过程中被打开。

神秘的D. B. 库珀案是世界上唯一仍未查明的劫机事件。在历经长达45年的调查，搜寻了数以千计的线索后，联邦调查局于2016年7月宣布结束对该案的积极调查，但该案仍然随时可以进行调查。与此同时，D. B. 库珀的传奇故事一直流传，成为音乐、电影和小说的题材，并令无数侦探为之着迷。■

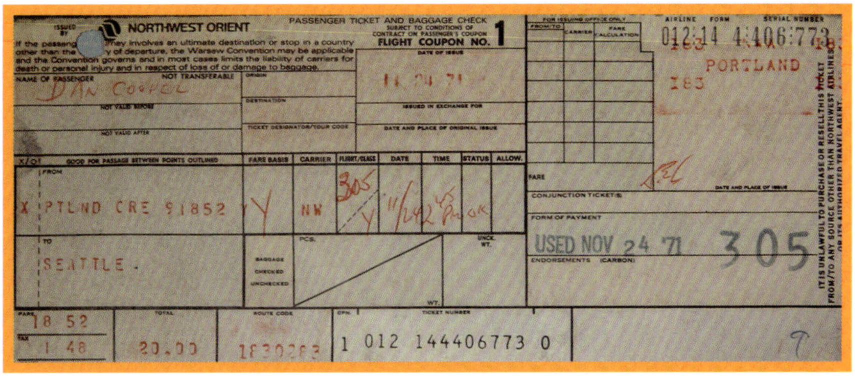

丹·库珀是这位身份不明的男子对机场售票员说的名字。除了1980年追回的部分赎金和飞机上留存的领带外，这张机票是这个人真实存在的唯一证据。

不使用武器和暴力，也不抱有任何仇恨

法国兴业银行抢劫案，1976年7月16—20日

背景介绍

地点

法国尼斯

主题

抢劫银行金库

此前

1976年1月 位于黎巴嫩贝鲁特的英国中东银行遭到游击队的洗劫，保险箱中共计2200万英镑的现金被抢走。

此后

2004年12月19—20日 在北爱尔兰的贝尔法斯特，一个武装团伙抢劫了北部银行多尼戈尔广场分行的金库，盗走总计2650万英镑的现金。

2005年8月6日 在巴西的福塔雷萨市，盗贼挖地道闯入该国中央银行分行的金库，偷走了超过6500万美元的现金。

在1976年法国巴士底节的周末，一个由法国摄影师和前伞兵艾伯特·斯帕贾里（Albert Spaggiari）组建的20人犯罪团伙抢劫了法国兴业银行。他们花了两个月时间，从下水道打通了一条直通银行金库的长约7.5米的秘密通道。

进入金库后，该团伙花了四天时间撬开400多个保险箱。其间，他们不仅在金库里做饭、喝酒，还用里面的古董银制器皿做厕所。这个“下水道团伙”在盗窃了价值总计800万～1000万美元的黄金、现金、珠宝后成功逃脱。逃跑前，斯帕贾里用法语在金库的墙上留下一行潦草的大字——“不使用武器和暴力，也不抱有任何仇恨”，以此标榜自己是一名高级罪犯。

> 因谎言而生的自由快乐远不能弥补内心所受的巨大煎熬。
>
> ——“阿米戈”（Amigo），斯帕贾里犯罪团伙成员

此案被媒体称为“世纪抢劫案”，是当时史上最大的一起银行抢劫案。1976年10月底，斯帕贾里被逮捕，对其罪行供认不讳。在审讯期间，他竟分散法官的注意力，大胆地从窗户跳下，骑上一辆早已在外等候的摩托车，成功逃跑。

后来，法院对斯帕贾里进行了缺席审判，判处其终身监禁。但是，直到1989年去世前，斯帕贾里都没再露面。该团伙中另有六人被捕，三人被无罪释放，剩余成员则被判处五至七年有期徒刑。但是，警方未能追回该团伙抢劫的财物。■

参见：安特卫普钻石抢劫案 54~55页，哈顿花园抢劫案 58~59页。

我偷富人财物，所以过着富人生活

约翰·麦克莱恩，20世纪70年代

背景介绍

地点

美国佛罗里达州

主题

飞贼入室行窃

此前

1850—1878年 英国窃贼查尔斯·皮斯（Charles Peace）在曼彻斯特、赫尔、唐卡斯特和伦敦东南部的布莱克希思等地多次实施入室盗窃。

此后

2006—2009年 一伙窃贼盗窃了住在可以俯瞰洛杉矶日落大道的希尔赛德坡上的150户富裕居民，并因此得名“希尔赛德盗窃团伙”。

1983—2011年 锒铛入狱的印度小偷马德胡卡尔·莫汉达斯·普拉巴卡尔（Madhukar Mohandas Prabhakar）坦白，他在印度孟买富人区犯下至少50起入室盗窃案，积累了巨额财富。

20世纪70年代，约翰（杰克）·麦克莱恩［John（Jack）MacLean］犯下了约2000起入室盗窃案，因此得名“超级大盗”。他专挑富人下手，共盗得总价超过1亿美元的赃物。1979年，他从强生公司女继承人的豪宅中盗走价值100万美元的珠宝，这也是他犯下的最著名的一起盗窃案。虽然偷富人的财物，麦克莱恩却不像罗宾汉那样为了劫富济贫。他用偷来的钱购买了直升机、快艇、海上飞机和避暑别墅，享受着富人的生活。

1979年，一台镶嵌着水晶的步话机将他与劳德代尔堡抢劫案联系起来，麦克莱恩因此锒铛入狱。他在监狱里写了自传《超级大盗的秘密》（*Secrets of a Superthief*），1983年出版。

在麦克莱恩被监禁时，调查人员发现当时接连发生的强奸和性暴力案件都戛然而止了。侦探认为这些案件都由一个能敏捷打开门锁和避开报警器的男子所为。1981年，麦克莱恩被控犯下两项罪名，但后来都被法院驳回。然而，在DNA检验技术有了进一步发展后，麦克莱恩被控犯有几十年前发生的数百起强奸案中的两起，并于2012年10月被捕。■

这是1979年约翰·麦克莱恩因劳德代尔堡抢劫案被捕后留下的照片。他后来还在自传中夸耀了此事。

参见： 比尔·梅森 36页，多丽斯·佩恩 78~79页。

歌颂我的丰功伟绩，也请原谅我的失败

普兰·戴维，1979—1983年2月

背景介绍

地点

印度北方邦

主题

土匪成患

此前

19世纪90年代 中国北方农民组建自卫组织“大刀会”，以防范土匪。

1868年 维吉兰特人闯入印第安纳州的新奥尔巴尼监狱，杀死了里诺火车抢劫团伙的三名成员。

此后

20世纪80年代 索布拉·内格拉（Sombra Negra，黑影）犯罪团伙在萨尔瓦多成立，其成员多由杀人犯和黑帮人士组成。

2013年 自诩“巴士司机杀手”的戴安娜（Diana）在墨西哥华雷斯城杀死了两名男子，以报复该市被指控犯下谋杀和强奸罪的巴士司机。

普兰·戴维选择步枪作为武器，同伙维克拉姆（Vikram Mallah）教会她如何使用。最终，她在欢呼的支持者面前放下了步枪。

1981年的情人节这天，印度北方邦贝麦的村民都准备参加一场婚礼。此时，18岁的普兰·戴维（Phoolan Devi）策划了一场复仇行动。

戴维是低种姓的青少年团伙成员。七个月前，她曾被其团伙在贝麦的对手——一个高种姓团伙——绑架。戴维被关了三周，其间被多次强奸。她在两名团伙成员和一位低种姓村民的帮助下逃跑，而后集结了其余团伙成员返回村庄。

她的团伙围捕了贝麦的22名男性村民，其中包括两名强奸犯。戴维命令手下将他们全部枪杀，这就是著名的“贝麦大屠杀”。这是印度当时最大规模的

参见： 詹姆斯-杨格帮 24~25页，流寇帮 150~151页。

> 只有我知道自己遭受了什么，只有我自己知道向死而生的感觉。
>
> ——普兰·戴维

屠杀案，也因此引发了一场巨大规模的抓捕行动。“土匪女王”的传奇就这样诞生了。

罗宾汉式的人物

戴维成了印度底层人民的女英雄，其罪行被赞誉为对印度农村妇女所受压迫的正当报复。

1963年8月10日，戴维出生在北方邦乡下的一个低种姓家庭，自幼生活贫困。11岁时，为了换取一头牛，父母强迫她嫁给一个年长她三倍的男人。1979年，她逃离了长期虐待她的丈夫后，却被父母拒之门外，因为他们认为这是耻辱。

16岁时，走投无路的戴维成了当地犯罪团伙中唯一的女土匪（武装强盗）。她很快成为团队头目，领导了数十次突袭行动和公路抢劫，包括袭击高种姓村庄，通过绑架富人来获得赎金。在最有名的一次犯罪中，她领导团伙劫掠了一个小镇，将赃物分给穷人，这进一步深化了她的罗宾汉式的形象。

被捕和出狱

戴维躲了两年，一直藏在她曾以死相护的村民家里。1983年2月，为获大幅减刑，戴维就其本人和帮派成员向政府投降进行谈判。

戴维在无数群众的欢呼声中被捕，其后被控作案48起，其中包括30起抢劫罪和绑架罪。尽管如此，她仍是穷人和受压迫者心中的一座希望灯塔。戴维在狱中待了11年，等待审判结果，直到1994年所有犯罪指控均被撤销后才获得假释。

《土匪女王》（*Bandit Queen*）是一部以戴维为原型的电影，于1994年上映。因印度检方认为内容涉及煽动颠覆政权和宣扬强奸暴行，这部影片曾遭禁。

戴维踏入政坛，成功当选为国会议员。2001年7月25日下午，戴维遭三名蒙面男子伏击枪杀。其中一个杀手声称，他暗杀普兰·戴维是为了给在贝麦大屠杀期间被杀害的高种姓男子报仇。■

犯罪和参政

在有些国家，犯下特定种类罪行的罪犯不得竞选公职，因为严重的犯罪行为与公民义务不相称。如果一个人不符合公民身份，也就无权任职。此外还有证据表明，选民普遍认为，为一己私利而违反法律的人远比那些为公共利益而违反法律的人危险。

尽管普兰·戴维被指控多次实施绑架、抢劫等严重的暴力犯罪，但这都没有阻挡其竞选公职之路。作为低种姓出身的成功者和受压迫的女性的英雄，戴维有大群的追随者。然而，她并没有受到普遍的尊崇，尤其是那些高种姓出身的人对她被允许竞选非常愤怒。在1996年印度大选中，戴维以3.7万票的多数票获胜，成功当选为议员。第二年，戴维失去了议员席位，但在2001年又重新获得了席位。

爱上纵火

约翰·伦纳德·奥尔，1984—1991年

背景介绍

地点

美国加利福尼亚州南部

主题

连环纵火案

此前

1979—1980年 布鲁斯·李（Bruce Lee）原名彼得·丁斯代尔（Peter Dinsdale），他在家乡英国约克郡赫尔附近实施了11起纵火案。

此后

1985—2005年 美国纵火惯犯托马斯·斯威特（Thomas Sweatt）实施了近400起纵火案，其中大部分都发生在华盛顿特区。

1992—1993年 保罗·肯尼斯·凯勒（Paul Kenneth Keller）是一名来自华盛顿州的连环纵火犯。他曾在6个月内接连在西雅图市和周边地区纵火76起。

加利福尼亚州气候干燥、平原广阔，是纵火者犯案的好去处。但是，至今没人能像约翰·伦纳德·奥尔（John Leonard Orr）那样造成如此大的破坏。20世纪80年代初，洛杉矶地区频繁发生火灾，有时甚至会多达一天三起。在其中一起火灾事件中，有65户家庭被烧成灰烬。直到1984年10月10日，大火才完全熄灭。

晚间7点，位于南帕萨迪纳奥莱家庭中心的公共播报系统发出火警警报。收银员吉姆·奥布丹（Jim Obdan）在看到五金部门冒出浓烟后，急忙帮助顾客逃离商店，自己却被严重烧伤。幸运的是，他最终活下来，并讲述了这个故事。然而，他的同事吉米·塞蒂纳（Jimmy Cetina）、卡罗琳·克劳斯（Carolyn Kraus）和顾客——一位慈祥的祖母埃达·迪尔（Ada Deal）和两岁的孙子马修·特罗伊德尔（Matthew Troidl）——都不幸身亡。

次日清晨，纵火案调查小组前往灾后现场寻找着火点。但是，这里只剩一片被烧焦的废墟，无法准确定位，因此他们认定这是一起电力事故。马文·凯西（Marvin Casey）队长是贝克斯菲尔德市消防部门的一名经验丰富的火灾调查员，他确信这起火灾由一堆人为置放的易燃垫子引起。

1987年1月，贝克斯菲尔德市的帕萨迪纳北部发生了一连串可疑火灾事件。马文·凯西在一家工艺品店的干花桶中发现了一种引火装置。这个引火装置虽然制作简陋，但很有效——用橡皮筋将三根火柴绑在香烟中间，藏在一小卷黄色格子纸里。点燃香烟后，在香烟烧到足以点燃火柴引发火灾前，罪犯有充足的时间离开现场。

当天晚些时候，在贝克斯菲尔德市的汉考克纺织店里，一个装有枕头和泡沫橡胶的垃圾桶发生爆炸，引发了第二起火灾。此后，纵火事件接二连三地不断发生——图莱雷发生火灾后不久，弗雷斯诺又发生了另一起火灾。凯西认为，除

> **约翰·奥尔一直想当洛杉矶的警察。他曾在1981年提出申请，并通过了除心理测试以外的其他所有测试。**
>
> ——约瑟夫·万鲍

恋火者

绝大多数纵火犯都是为了骗取保险费或吸引公众注意，但有少数人有独特的纵火癖——指对火焰十分着迷，情不自禁地想纵火。但是，比纵火癖还少见的是恋火者——希腊人将其称为“火焰恋人”，指喜欢通过火焰、烟雾的气味、极高的温度，（有时）甚至是在警报声中扑灭大火来获得性快感的人。奥尔的自传《纵火点》中的诸多描述表明，小说主人公亚伦·斯蒂尔斯（即奥尔自己）有这种危险的恋火症状。

约瑟夫·万鲍（Joseph Wambaugh）在成为畅销书作家之前，曾在洛杉矶警察局当过侦探。他在《火焰恋人》（*Fire Lover*）一书中记载了奥尔的生平。万鲍写道，在奥尔的手稿中火与性有着密切关联，这是他的主要犯罪动机。此书还记录了调查员马文·凯西的大胆猜测。

1990年6月，“枕头纵火狂”在加利福尼亚州的格伦代尔纵火，火势迅速蔓延，最终酿成火灾。这起火灾事故共造成67处房屋被毁，图中的房屋就是其中之一。

了贝克斯菲尔德的工艺品店外，每场火灾都是由一堆枕头引燃的。

大胆推测

这种独特的犯罪伎俩并没有逃脱凯西的法眼。他发现这一连串纵火袭击案都是在从洛杉矶北部往弗雷斯诺方向的99号公路沿途发生的，而且刚好发生在弗雷斯诺一年一度的火灾调查员会议前后。

凯西提出了一个颇具争议的推断：这些火灾是由出席弗雷斯诺研讨会的三百多名火灾调查员中的一人实施的。他拿到了与会者名单，将犯罪嫌疑人缩减至沿99号公路独自前往贝克斯菲尔德市的55人。

毫无疑问，当凯西与其他火灾调查员说明这个猜测时，他们的态度不是不予理睬，就是十分反感。然而，凯西坚持说服了美国酒精、烟草和火器局对从工艺品店回收的黄纸进行科学测试。酒精、烟草和火器局的实验室将茚三酮（一种用来检测氨的化学试剂）滴在黄纸上，看是否有希望检测到指纹上的氨基酸。令他们惊喜的是，纸张上的确显示出了部分指纹。技术人员使用特殊的相机过滤器，加深了对比度，凸显出纹路细节，而后将指纹打印了出来。这一指纹被录入自动指纹识别系统（AFIS），与全国各地的罪犯指纹进行对比，但未能成功找到匹配对象。

凯西进而要求对其名单中列出的55名嫌疑人进行指纹匹配，但这一请求被拒绝。

此后两年，该案一直没有取得进展。1989年3月，101号公路上再次发生连环纵火案。这条公路正通往一年一度的火灾调查员研讨会

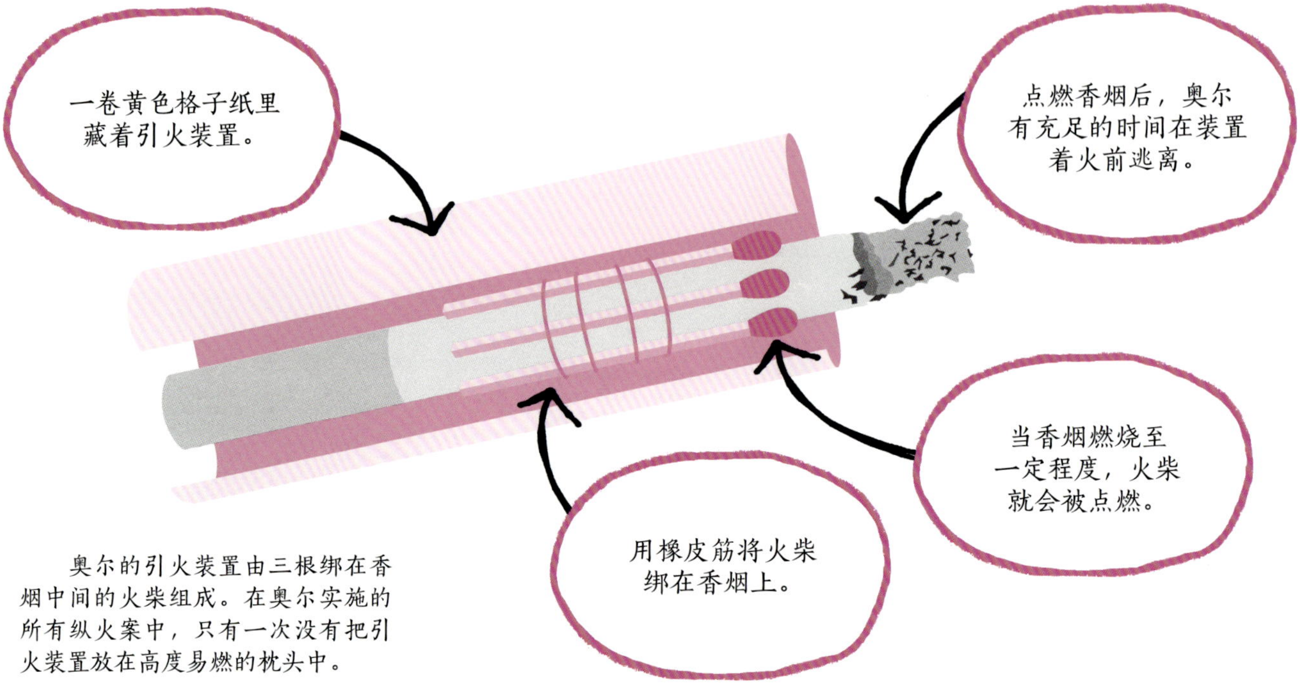

奥尔的引火装置由三根绑在香烟中间的火柴组成。在奥尔实施的所有纵火案中，只有一次没有把引火装置放在高度易燃的枕头中。

地点——帕西菲克格罗夫。凯西将帕西菲克格罗夫研讨会与会者名单与之前的弗雷斯诺研讨会做对比，据此将名单上的嫌疑人缩减为10人。凯西确信纵火犯就在其中，并成功说服了弗雷斯诺酒精、烟草和火器局的特工们收集了这十人的指纹，用来与此前获得的指纹样本做对比。但令凯西意想不到的是，结果显示都不匹配。

找到突破点

1990年末，洛杉矶发生连环纵火案，根据罪犯的作案特点取名的“枕头纵火狂专项调查组”因此成立。与此前一样，这次连环火灾都发生在零售店营业的时候。

1991年3月，调查组负责人汤姆·坎普萨诺（Tom Campuzano）向火灾调查员反击小组（Fire Investigators Reaction Strike Team，FIRST）寄送了一份介绍本案罪犯作案特点的宣传单。这个组织是一个美国的消防部门协会，但火灾调查员不可以作为其长期聘用员工。读完这本小册子后，加利福尼亚州消防局长办公室的斯科特·贝克（Scott Baker）向坎普萨诺介绍了马文·凯西和其备受争议的推测——纵火犯是内部人员。

> **我认为他在近30年里纵火超过2000起。**
>
> ——迈克尔·J.卡布拉尔

由此，凯西得到了对本案有重要影响力的火灾调查员坎普萨诺的支持。凯西和坎普萨诺会面讨论此案，并将此前搜集的部分指纹的复制样本交给了调查组。他们将此样本与数据库中所有申请过洛杉矶警察局工作的人员的指纹进行比对，并有了重大发现——部分指纹样本与约翰·伦纳德·奥尔指纹的左侧部分完全吻合，而此人就在马文·凯西的十人名单之列。不知是技术检测出了问题，还是纯粹由于运气，1989年那次检查时奥尔的指纹并未匹配成功。

奥尔是一位41岁的火灾调查组组长，拥有多年的火灾调查经验。他不仅非常有魅力，很招人喜欢，并因为总能第一个赶到事故现场而获得了传奇声誉。凯西的这一发现让奥尔受到了警方的严密监视，并在他的汽车保险杠上秘密安

1998年6月，在奥尔谋杀案的审判结束后，法院出具了对奥尔的判决书。奥尔的辩护律师称，奥莱火灾应该归咎于电线事故，但陪审团最终认定奥尔有罪。

装了监控设备。但是，奥尔很快发现并移除了这个设备，警方只好趁奥尔汽车送去保养时在仪表盘下重新装了一个。

1991年11月22日下午，热播电视剧《华生一家》（*The Waltons*）的取景地点伯班克被一场大火吞噬。远程监控记录显示奥尔凌晨3点30分从火灾现场驾车回家，以接收调度报告。尽管调度员报告搞错了火灾地址，奥尔仍然成功到达了正确的火灾地点。

虽然调查组缺乏逮捕奥尔的确凿证据，但他们知道，只要奥尔一天没有落入法网，就会有无数生命处于危险之中。因此，他们急忙申请了搜查令前去搜查奥尔的家。调查人员在其公文包里发现了一大堆香烟、火柴和橡皮筋，他的车上还塞满了成卷的黄色格子纸。更确凿的证据则是1990年3月14日奥尔在帕萨迪纳山坡住宅区拍摄的一段视频，以及1992年10月2日火灾发生后在同一房屋处发现的足迹。奥尔还写了一篇名为《纵火点》（*Points of Origin*）的小说手稿，主人公亚伦·斯蒂尔斯[Aaron Stiles，暗指“我实施了洛杉矶纵火案”（I Set LA Arson）]有火灾调查员和纵火者双重身份。此外，奥尔笔下的斯蒂尔斯不仅使用和“枕头纵火狂”相同的引火装置，还在前往火灾研讨会的途中放火烧毁了一家五金店，烧死了一个名叫马修的小男孩。

可怕的真相

1991年12月4日，约翰·伦纳德·奥尔被捕，被指控犯下五起纵火案件。但是，直到1998年6月25日，加利福尼亚州法院才出具正式判决，判定他因1984年奥莱大火案而犯有四项一级谋杀罪，并判处其终身监禁，不得假释。

奥尔的个人魅力后来被归因于精神病，因为他具有十分显著的精神病态特征，如强烈的操控欲、虚荣心和缺乏悔恨感。尽管奥尔一直坚称自己无辜，但自他被捕后该地的大型火灾数量从年均67次下降到了年均1次。奥尔是秘密纵火犯，所以他对火灾地点总有“第六感”，因为这些火灾就是他本人制造的。这也促使地方副检察官迈克尔·J. 卡布拉尔（Michael J.Cabral）怀疑奥尔在30年内至少制造了2000多起火灾，使他成为美国历史上犯案最多的纵火犯。

《纵火点》一书最后有个令人毛骨悚然的场景——亚伦·斯蒂尔斯在一辆汽车里先奸后杀了一名年轻女孩，然后烧毁了所有证据。调查人员声称确有类似案件发生，但缺乏奥尔参与的确凿证据。《纵火点》还描述了另外两起与纵火相关的谋杀案，但至今仍未查明是否属实。如果书中这些可怕的故事被证实，那么奥尔不仅是一个纵火犯和谋杀犯，还是一个有着性犯罪动机的连环杀手。■

这是一场“完美的犯罪”

安特卫普钻石抢劫案，2003年2月15—16日

背景介绍

地点

比利时安特卫普钻石中心

主题

金库抢劫

此前

1990年3月18日 两名盗贼伪装成警察，潜入马萨诸塞州波士顿的伊莎贝拉•斯图尔特•加德纳博物馆，成功骗走安全人员并盗取了13件无价艺术品。

此后

2013年2月18日 在比利时布鲁塞尔飞机场，8名蒙面武装人员冒充警察，从一辆装甲车上偷走了价值总计3300万英镑的钻石。

几百年来，比利时的安特卫普储藏过全世界大多数价值数十亿美元的钻石原石，因此成为世界上最大的钻石之都，也成为无数窃贼梦寐以求的偷盗目标。

成功的抢劫取决于出色的犯罪计划。2003年发生的安特卫普钻石中心失窃案，仅制订犯罪计划就花费了好几年，其被称为“完美的犯罪”是有充足理由的。

莱昂纳多•诺塔巴尔托洛（Leonardo Notarbartolo）来自西西里岛的巴勒莫，是个以犯罪为生的小偷，尤其擅长迷惑受害者。在抢劫案发生前两年，诺塔巴尔托洛就假扮成钻石商，在安特卫普钻石中心租了一间办公室。这样，他24小时都能进入这栋大楼，并将自己的保险箱放在中心的金库内。

不留踪迹

2003年2月16日夜间，诺塔巴尔托洛和由五名盗贼组成的“都灵学院”犯罪团伙一起闯入了钻石中心的金库。尽管金库有包括摄像监控、红外线热传感器、动作传感器等在内的9道安全保障措施，该团伙还是成功盗走了金库里的123个保险箱（共有160个），并且没有触发任何报警装置或留下任何强行进入的痕迹。钻石中心的工作人员直到2月17日才发现金库已经被盗，而安保摄像机里的录像带也神秘失踪。调查人员在彻底清查金库后发现，这批被盗的钻石、黄金和珠宝总估价高达6000万英镑。

安特卫普是名副其实的世界钻石中心，每年不仅有85%的钻石原石运往这座城市，还会售出超过160亿美元的切割钻石。

参见：法国兴业银行抢劫案 44页，哈顿花园抢劫案 58~59页。

安特卫普金库的9道安全保障

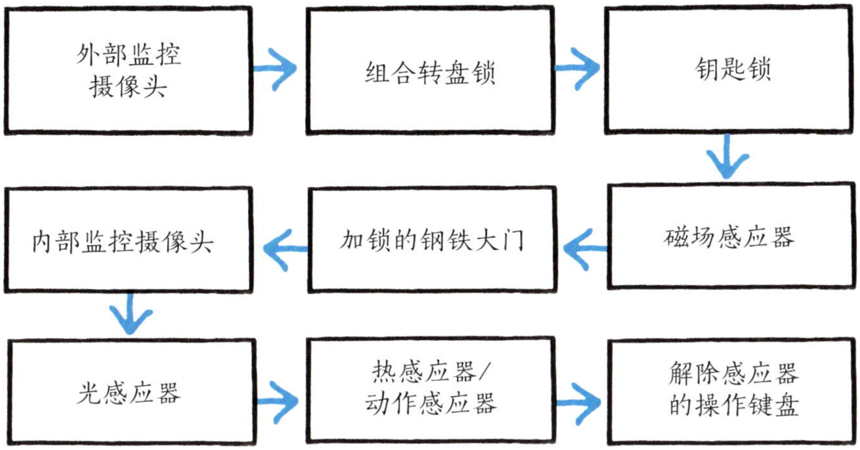

没吃完的三明治

该团伙的犯罪计划实施得非常顺利，但在逃跑时却十分大意。一个外号叫“快手”（Speedy）的团伙成员[后经警方查实真名为彼得罗·塔沃诺（Pietro Tavano）]在布鲁塞尔以北的E19机动车道上，往沿路的森林中扔了一包垃圾。

一位当地农民捡到了这个包后向警方报警，包里装有安特卫普钻石中心的信封、一盘录像带和一个没吃完的意大利腊肠三明治。警方在这个三明治里发现了诺塔巴尔托洛的DNA。随后，诺塔巴尔托洛和包括“快手”在内的三名同伙一起被捕。警方搜查了诺塔巴尔托洛的公寓，在他家的保险箱中发现了金库失窃的17颗钻石，而在一张卷起来的地毯里则发现了更多被藏起来的钻石。2005年，诺塔巴尔托洛被判处10年有期徒刑；其他同伙则都被判刑5年。

> **虽然我是小偷、骗子，但我要和你说个真实故事。**
>
> ——莱昂纳多·诺塔巴尔托洛

其余珠宝神秘丢失

2009年，诺塔巴尔托洛在接受美国《连线》（*Wired*）杂志采访时声称，一名钻石商人雇用“都灵学院”团伙实施了这起抢劫案，这次抢劫实为一起保险欺诈案的一部分。美国官方对这一说法表示怀疑，没有进行调查。除了被追回的少量钻石外，其他失窃珠宝从未被发现。而该犯罪团伙中绰号为“钥匙之王”的第五位成员，至今仍旧身份不明。■

钻石保卫队

2000年，比利时司法部成立了一支特种警察部队，专门负责防范和调查在安特卫普钻石区发生的犯罪事件。这支部队共6人，都是熟知钻石业务的检查员。“钻石保卫队”的首领阿吉姆·德布鲁克（Agim De Bruycker）曾负责对安特卫普钻石抢劫案的调查，并成功逮捕了诺塔巴尔托洛。

但是，2015年3月，德布鲁克因涉嫌洗钱被捕。据查，他的家中藏有总价值达36.5万英镑的钻石。据德布鲁克的同事称，他离婚不久就购买了一栋昂贵别墅和一辆全新路虎揽胜汽车，这引起了警方怀疑。随后，德布鲁克被停职，接受调查。

德布鲁克被捕并不是钻石保卫队发生的唯一丑闻。2004年，在一起欺诈调查案中，警方扣留的价值高达160万欧元的钻石竟不翼而飞，至今仍未追回。

他是警报系统专家

切利尼盐盒失窃案，2003年5月11日

背景介绍

地点

奥地利维也纳艺术史博物馆

主题

艺术品盗窃

此前

1911年8月21日 达·芬奇的名画《蒙娜丽莎》在巴黎卢浮宫博物馆被盗，当两年后盗贼试图卖掉时被追回。

此后

2012年10月16日 一个罗马尼亚犯罪团伙闯入荷兰艺术博物馆，盗取了7幅画作，价值总计1900万英镑。

一个业余的艺术品窃贼蹑手蹑脚地躲过高科技运动感应器和全天在岗的保安巡逻队，通过维也纳艺术史博物馆外的脚手架，爬进一扇破损的二层窗户，而后打碎陈列柜，成功盗走了一件世界闻名的文艺复兴时期的艺术品。

2003年5月11日清晨，一个价值约5200万英镑的金制盐盒失窃。这起盗窃案震惊了整个奥地利。这件25厘米高的雕塑是15世纪意大利著名雕塑家本韦努托·切利尼（Benvenuto Cellini）的杰作，生动地刻画了手持三叉戟的海神形象。

尽管价值数百万美元，但这件文物根本卖不出去，没有合法艺术品经销商会铤而走险。2006年1月，在两次典当失败后，50岁的罗伯特·芒（Robert Mang）最终落网。此人不仅是狂热的雕塑品收藏家，还是一位安全警报专家。被捕后，芒很快承认了罪行，坦言这起盗窃案件是他临时起意实施的。

芒带警方找到了这件文艺复兴时期的珍宝。他将雕塑藏在距维也纳90公里的东北林区，用亚麻布和塑料包裹，放在铅盒中，以防止受损。2006年9月，芒被判处4年有期徒刑，2009年提前获释。■

1543年，切利尼创作完成这件盐盒，并将其赠送给法国国王弗朗西斯一世（King Francis I of France）。这也是这位意大利雕塑家现存的唯一一件用贵金属制作的作品。

参见： 比尔·梅森 36页，世界杯奖杯失窃案 37页，约翰·麦克莱恩 45页。

虽然听来不可思议，但这是真实案件

俄罗斯–爱沙尼亚伏特加酒走私案，2004年

背景介绍

地点

爱沙尼亚纳尔瓦

主题

走私犯罪

此前

1916年 美国密歇根州开始禁止酒精销售，朗姆酒走私犯乘船将酒从加拿大安大略省温莎市边境偷运至密歇根州底特律市。

1998年8月12日 立陶宛警方发现一条将酒从拉脱维亚跨境走私至立陶宛的秘密管道。

此后

2014年1月6日 美国费城警方逮捕了一名当地律师，此人从自家地下室非法售卖高档葡萄酒。警方共没收了2500瓶酒，价值总计15万~20万美元。

2004年8月到11月，一群有着“开拓”精神的走私犯在吉尔吉斯斯坦河底铺设了一条长达2公里的管道，将大量伏特加酒从俄罗斯运往原为苏联加盟共和国的爱沙尼亚，以此逃税。

2004年5月1日，爱沙尼亚加入欧盟，欧盟伏特加酒的价格远高于俄罗斯。然而，在首都塔林，走私犯找不到任何一个敢单独购买这批非法走私的伏特加酒的买家。最终，他们在爱沙尼亚第二大城市塔尔图卖出了这批酒。

边界小镇纳尔瓦的工人在挖坑种树时偶然发现了这一秘密输送管道，它就位于水库底部。海关人员查获了1400升酒精，关闭了管道。后来，他们还在塔林的一辆卡车上查获了大量未缴税的酒。

海关官员估计，这一由11名俄罗斯人和爱沙尼亚人组成的走私团伙落网前，已经从俄罗斯向爱沙尼亚运送了7450升的伏特加酒。

> 调查显示，走私犯们曾试图在塔林卖掉一些酒……但酒的质量实在太差了。
>
> ——玛丽·卢克

两年后，爱沙尼亚警方在同一条河流下发现了另一条走私管道，并在犯罪团伙非法走私酒到欧盟前关闭了这一通道。■

参见：霍克赫斯特团伙 136~137页，啤酒战 152~153页。

老派的伦敦犯罪“绅士”

哈顿花园抢劫案，2015年4月

背景介绍

地点

英国伦敦

主题

金库抢劫

此前

1971年9月11日 包括布赖恩·里德在内的一帮窃贼闯入伦敦劳埃德银行贝克街支行的金库，窃取了总价值约300万英镑的财物。

1987年7月12日 小偷假扮成伦敦骑士桥安全储蓄中心的潜在客户，在获得通行权后挟持工作人员，抢走了价值总计约6000万英镑的现金和珠宝。

此后

2016年2月4日至5日 计算机黑客试图从孟加拉国中央银行窃取6.73亿英镑。

2015年初春，犯罪老手布赖恩·里德（Brian Reader）已经76岁高龄，他已经花了三年时间筹划干上“最后一票”。里德有着光辉的犯罪史，曾参与过1971年的贝克街抢劫案。这次，他还叫上了老朋友——74岁的昵称“肯尼”的约翰·柯林斯（John “Kenny” Collins）、67岁的特里·珀金斯（Terry Perkins）和60岁的丹尼·琼斯（Danny Jones）等人。

2015年4月的第一个周末，恰逢同时庆祝复活节和逾越节，哈顿花园安全储蓄公司将在周四晚关门歇业，直到下周二才会重新开始营业。这个伦敦著名的珠宝区将因长长的假期而空无一人。

> 他们像是一群在数字化世界里作案的虚拟罪犯。
> ——伦敦警察厅

在抢劫案发生前4个月，盗贼从附近的拆除工地偷来金刚石打孔钻机，在钢筋混凝土墙上钻了三个相互重叠的孔。

罪犯顺利逃脱

哈顿花园安全储蓄公司的最后一名员工在晚间8点20分左右离开了大楼。5分钟后，安保摄像头拍摄到了犯罪团伙通过电梯井道前往金库的镜头。

在视频中，这个团伙由一个帽子下隐约可见姜红色头发的男人领头，媒体因此给他取了个外号“姜先生”，但他在团伙中的绰号

参见：火车大盗 30~35页，法国兴业银行抢劫案 44页，安特卫普钻石抢劫案 54~55页。

这个被媒体称为“钻石大盗”的犯罪团伙受到从宽处罚，总共仅被判处有期徒刑34年。珀金斯和琼斯在被带离法庭时还向法官致谢。

是“巴兹尔”（Basil）。其他三个人也都清晰可见，他们每人推着一个大型商用滚轮垃圾桶：这帮劫匪显然都预期此行可以收获满满。然而，公司内此时没有人看到这个镜头，伦敦警察厅也没有对金库发出的警报做任何反应。

该警报还向金库的安保视频监控公司发出了通知。监控公司致电告知了安全储蓄中心联合董事的儿子阿洛克·巴维士（Alok Bavishi），因为他临时负责整个公司。虽然巴维士被告知警方已经在现场的错误消息，他还是打电话通知了一名保安人员检查大楼。保安查看了公司大门后，没有发现任何异常，因此这个团伙幸运地躲过一劫。特别是负责望风的柯林斯，他还睡着了。

在此期间，巴兹尔和同伙跑了两趟金库。周日早上6点45分，他们逃走，共偷盗72个保险箱，窃得价值总计1400万英镑的赃物。

追踪犯罪团伙

然而，这个团伙还是不太明智地留下了电子线索。他们试图关闭安保摄像头和金库警报，但没有完全成功。他们大意地使用手机也为警方提供了线索。警方获取的电话记录和车辆追踪数据表明，团伙成员珀金斯、柯林斯和琼斯曾经常常在伦敦北部伊斯灵顿的城堡酒吧会面策划此案。后来，警方秘密监视，记录下了里德、柯林斯和珀金斯在城堡酒吧里吹嘘如何进入金库的情形。

神秘主谋

最终，犯罪团伙有7人落网，并因哈顿花园抢劫案被定罪，但巴兹尔成功逃过了这次抓捕。根据丹尼·琼斯的证词，巴兹尔曾是一名警察，他是此案背后的策划者。巴兹尔显然是该团伙中最专业的成员，在进入在外等候的货车时还小心地用袋子遮住了自己的脸。因此，有人认为他可能是内部人员，先用一套钥匙进入大楼，绕过了层层安保设施。巴兹尔和价值超过1000万英镑的珠宝、黄金和钻石最后都消失不见了。■

最后一票

英国媒体和公众都被哈顿花园抢劫案团伙成员的高龄震惊了。不得不说，这些曝光的案件细节很有意思：里德使用老年证乘坐公共汽车到达哈顿花园；负责望风的柯林斯打起了盹；而珀金斯还不忘带上自己的糖尿病治疗药物。

从外表看，团伙成员都是年龄大到可以做祖父的人。然而，他们中的很多人是危险的职业罪犯，因为深厚的友谊、共同的犯罪技巧和对过去冒险经历的怀念而重聚在一起。

多年来，里德为逃避法律制裁，一直坚持“安全第一”。当处在风口浪尖时，他绝不会进行高风险的抢劫，而是会长期偃旗息鼓。他似乎无法抵挡这次机会带来的诱惑，将自己多年实践总结的经验抛到脑后，干了这最后一票。

CON ARTISTS

骗术大师

1785年

在法国，让娜·德·拉·莫特为获得钻石项链，欺骗了一位富有的红衣主教。

1879年

富有的法国名流特蕾斯·亨伯特利用虚构的继承遗嘱做担保，骗取了巨额借款。

1925年

维克多·卢斯蒂格在捷克出生，他曾假扮法国政府官员，将埃菲尔铁塔作为废铁出售。

1946年

巴黎艺术家埃尔米尔·德·霍里开始伪造名画，出售给富人和画廊。

1952年

多丽斯·佩恩伪造身份，利用自身的天生丽质，做起了职业珠宝大盗。

信任圈套是世界上最古老的犯罪手段之一，罪犯之所以得逞是因为他们骗取了人们的信任，抓住了人性的特点，即大多数人都倾向于无缘由地相信他人。受害者通常在吃亏后才能明白，如果一个事物看起来好得不真实，那它很可能就是假的。

骗术大师是一个操控者，通过说服别人相信某些不真实的东西进行欺诈。他们可以通过撒谎、欺诈和愚弄等手段，轻易地从受害者那里获得金钱或其他利益。这些诈骗行为的法律后果往往取决于案件的具体情况和当地的法律规定。

在英语中，骗术大师还有许多别名，比如“耍把戏骗钱的人”“骗子”和“诡计多端的人”；受害者则被称为“目标”“倒霉鬼”或“易受骗的人”。这些受害者究竟是如何被骗的，其实并没有看起来那么难以琢磨。有些骗子故意将目标锁定为老人、独处的人或性格脆弱的人，但几乎所有人都可以成为他们的目标，特别是当人们被“快速发财”的骗局蒙蔽时更容易上当。这种诈骗犯罪可能造成十分大的社会影响，比如18世纪的法国，在上流社会善于钻营的大骗子让娜·德·拉·莫特设计了一桩钻石项链骗局，此案使人们更加厌恶君主制，成了法国大革命的导火索，最终导致了旧体制的彻底坍塌。

骗术高手

在有些诈骗案中，骗术大师们展现出了超乎常人的自信。20世纪60年代，“冒充大师”弗兰克·阿巴纳尔假扮了6名不同专业领域的人士，却逍遥法外多年，其中不乏飞行员、医生、律师和联邦调查局特工等角色。在法国，维克多·卢斯蒂格成功地将埃菲尔铁塔当废铁卖给了一位粗心大意的商人。

有些案件则以其简单或大胆的诈骗特性令人印象深刻。例如，在澳大利亚的“细绒棉”赛马丑闻案中，骗子将冠军马刷上一抹白色涂料来假扮初赛马，但这个诡计很快被识破。而从恶魔岛越狱的犯罪计划则设计得很精巧，越狱罪犯将用水泥做的人头放在床上，让狱警误以为他们正在睡觉，而不是在挖越狱通道。

1962年

三名美国囚犯成功骗过狱警，实施了史上最著名的越狱行动——恶魔岛越狱案。

1964年

骗术大师弗兰克·阿巴纳尔冒充飞行员环游世界，享受奢华生活。

1972年

克利福德·欧文谎称霍华德·休斯请他帮忙撰写个人传记，从出版社高管处骗取了一大笔钱。

1978年

德国的康拉德·库肖用伪造的日记愚弄了全世界，让人们相信这是希特勒的亲笔日记。

1984年

在澳大利亚的“细绒棉”赛马丑闻案中，犯罪团伙用冠军马替换了初赛马。

在大多数诈骗案中，受害者只有一个人或组织，但艺术品伪造高手埃尔米尔·德·霍里却用赝品骗了无数人——他向世界各地的私人收藏家和画廊卖出了一千多件伪造的毕加索、马蒂斯和莫迪利亚尼的作品。

伪造高手康拉德·库肖伪造希特勒的日记，欺骗了全世界——历史学家认定了这些日记的真实性，报纸刊登了这些日记的摘要，出版公司则争夺这些日记的独家出版权。落入骗子圈套的人往往不愿意相信自己被骗了。“希特勒日记”摘录和霍华德·休斯传记的出版商在谎言被揭穿后很长一段时间内，仍坚信自己没有受骗，继续刊载这些“独家报道”。很多被骗的人在意识到自己上当后，也会因为怕被嘲笑而不愿向警方报案。维克多·卢斯蒂格在出售埃菲尔铁塔的大胆骗局中便利用了这一点——他成功预测了受害者被欺骗后的羞愧心理，因此可以得逞。

暗藏的心理学原理

骗术大师们都有超强的说服力。最成功的骗子往往会有以下三种性格特征——精神病态、自恋和信奉马基雅维利主义，这些特征能使他们心安理得地作案。然而，并不是所有诈骗犯都以骗钱为主要目标。心理学家发现，诈骗犯会从设计和实施骗局中获得极大的满足感，而不在乎他们最终骗得钱财的多少。

在数字技术还不发达的时候，许多骗术大师十分善用各种伪装来逃避司法机构的追捕。警方也不太愿意追究此类案件，因为在某些司法管辖区，盗窃财产仅被认定为民事案件，而非刑事案件。相反，警方通常更关注逮捕暴力罪犯和恐怖分子，而非这些诈骗犯。此外，诈骗案件通常很难举证，所以诈骗犯很少被起诉。■

我被骗子蒙蔽……成了殉道者

钻石项链骗局，1785年

背景介绍

地点

法国巴黎

主题

珠宝诈骗

此前

17世纪90年代 威廉·查洛纳（William Chaloner）在英国伯明翰和伦敦成功组织了一个假币制造团伙。1699年，他因得罪皇家造币厂，被判叛国罪后绞死。

此后

1923年 露·布朗杰（Lou Blonger）终于在一次著名的审判中被定罪，因为其同伙企图贿赂陪审团成员。布朗杰是骗子中的佼佼者，在超过25年的时间里，他经常在科罗拉多州丹佛市一带作案。

1785年，法国王后玛丽·安托瓦内特（Marie Antoinette）因著名的钻石项链骗局而涉诉。大骗子让娜·德·拉·莫特（Jeanne de la Motte）冒充王后骗取了一位富有的红衣主教的信任。这件诈骗案在无形中产生了深远影响，引发了后来的法国大革命。

王室的委托

1772年，法国国王路易十五委托珠宝商伯默尔（Boehmer）和巴桑日（Bassenge）为情妇杜巴里夫人（Madame du Barry）定做一条精美的项链。珠宝商费时数载，制作了一条镶有647颗钻石的项链，重约2800克拉，价值高达200万里弗。当这条钻石项链完工时，路易十五已经死于天花，杜巴里夫人则被新国王路易十六赶出了王宫。珠宝商想把这条项链卖给新王后玛丽·安托瓦内特，遭到拒绝。

狡猾的骗局

让娜·德·瓦卢瓦·圣雷米（Jeanne de Valois-Saint-Rémy）是国王亨利二世私生子的后代。1780年，她嫁给了宪兵军官尼古拉斯·德·拉·莫特（Nicolas de la Motte），夫妻获封伯爵和伯爵夫人。他们获得了国王发的补贴金，但这点钱根本不够让娜维持想要的奢华生活，也不足以彰显她想要的社会地位。

这条饰有花彩、吊坠和流苏的钻石项链是一件精美的艺术品。在没有得到明确购买承诺的情况下，珠宝商冒着破产的风险制造了它。

因此，当让娜得知珠宝商试

参见：克劳福德遗产继承骗局 66~67页，弗兰克·阿巴纳尔 86~87页，克利福德·欧文 88~89页。

原来我一直被骗得团团转。

——红衣主教路易斯·德·罗汉

图寻找项链的新买家后，把这当成提升自身财力和社会地位的好机会，精心设计骗局以获取这条项链。让娜认识红衣主教路易斯·德·罗汉（Louis de Rohan），这位主教极度渴望获得新王后的恩宠。1784年，主教相信让娜深受王后恩宠，被哄骗写信给王后。德·拉·莫特的同伙雷多·德·维莱特（Rétaux de Villette）用镶金边的信纸伪造了“王后”的回信。信件内容后来渐渐变得暧昧，德·罗汉甚至以为他在和王后恋爱。德·罗汉请求骗子夫妇安排他与王后会面，让娜便雇了一名妓女来假扮王后，并在凡尔赛宫的花园举办了一场宴会。在骗取主教信任后，让娜告诉德·罗汉，其实王后很想拥有这条钻石项链，但因为当下很多巴黎人正在挨饿，所以不能在明面上直接购买。德·罗汉听后，同意以分期付款的方式向珠宝商购买这条项链。

让娜·德·拉·莫特通过精心谋划，最终女扮男装逃离了监狱。她逃往伦敦，还写了有关钻石项链骗局的回忆录来为自己辩护。

骗局被拆穿

因德·罗汉付不起首付款，珠宝商向王后抗议，王后否认了她想要这条项链。德·罗汉被带到国王和王后面前对质，骗局因此被拆穿。妓女和德·拉·莫特夫妇被定罪，维莱特被放逐，但罗汉未被定罪。让娜·德·拉·莫特被判处公开鞭刑和烙上“V”字（意指强盗），但她在被囚禁10个月后成功逃脱。这起案件彻底毁掉了王后本就不太好的声誉，使她成了该国经济困境的替罪羊。8年后，玛丽王后在法国大革命期间被处死，而这条钻石项链却从未被找到。■

这幅画描绘了红衣主教德·罗汉向让娜·德·拉·莫特提供项链的场景，用来讽刺他的轻信和虚伪。

抓住脆弱心理

让娜·德·拉·莫特设了一个近乎完美的圈套，成功套牢了红衣主教德·罗汉——先引他上钩，再抓住他绝望、脆弱、虚荣的心理，等骗得信任后，进一步向他索取想要的东西。

然而，让娜犯了一个致命错误，在信件上模仿王后笔迹签下了“法国的玛丽·安托瓦内特”这一全称。法国王后仅以教名署名是一个惯例，主教却没有觉察到这点。这有点解释不通，因为主教此前曾担任法国驻维也纳宫廷大使，应该熟悉这些外交惯例。这位红衣主教极有可能是被让娜·德·拉·莫特的超强说服力所蒙蔽了。国王很愤怒，因为这样一位高级官员居然会被有如此明显漏洞的骗局愚弄。尽管他像个傻瓜似的被骗得团团转，却仍然获得了民众支持。群众认为，面对不得人心的王室，对他的无罪判决宣示着反抗的胜利。

拍案惊奇

克劳福德遗产继承骗局，1879—1902年

背景介绍

地点

法国巴黎

主题

遗产继承骗局

此前

1821—1837年 骗子格雷戈尔·麦格雷戈将军（General Gregor MacGregor）是一位苏格兰士兵。他虚构一块美洲中部的地产，骗取了想要前往该地的英国和法国投资者的钱财。

此后

19世纪80年代 美国女骗子伯莎·海曼（Bertha Heyman）又名“大伯莎”，她向数十名有钱人借钱，谎称自己将有巨额遗产。

1897—1904年 加拿大伪造高手和骗术大师卡西·L. 查德威克（Cassie L. Chadwick）谎称自己是钢铁大亨安德鲁·卡内基的私生女和继承人，从银行骗取了数百万美元。

1898年，法国银行家吉拉德（Girard）在濒临破产之际，联系了他委托进行投资的受托人，想要回他的投资款。他的投资人，富有的社交名媛特蕾斯·亨伯特（Thérèse Humbert）拒绝了他的请求。吉拉德绝望地扣下手枪扳机，饮弹自尽。亨伯特20年的职业诈骗生涯就此结束，她共骗得法国上流社会精英近1亿法郎资金。

继承骗局

特蕾斯·德奥里尼亚克（Thérèse Daurignac）出生在一个贫穷的法国农民家庭。她家境不好，没受过教育，但十分美貌，擅长撒谎和操控别人。她谎称自己有高贵血统，成功骗过她的大表哥弗雷德里克·亨伯特（Frédéric Humbert），并嫁给了这位法国市长的儿子。两人随后搬去了巴黎，特蕾斯仰仗公公的关系在法国上流社会获得了较高的声望和影响力。

1879年，特蕾斯编造了一个传奇的遗产故事，声称她在一辆火车上救了美国百万富翁罗伯特·克劳福德（Robert Crawford）一命。作为报答，克劳福德让特蕾斯成为他的遗嘱受益人，并规定这笔财产要一直存放在保险箱里，直到特蕾斯妹妹的年龄达到能够与克劳福德的侄子结婚为止。其实并没有罗伯特·克劳福德这个人，继承遗嘱自然也是假的。

这桩丑闻案件引起了欧洲各大媒体的关注。这幅描绘亨伯特夫妇在马德里被捕的画被刊登在意大利报刊《周日信使报》（*La Domenica del Corriere*）上。

参见：钻石项链骗局 64~65页，查尔斯·庞兹 102~107页，伯尼·马多夫 116~121页。

> **她说服我借钱给她，起初只是一点点，然后越借越多，直到我所有的财产都进了她的腰包。**
>
> ——特蕾斯·亨伯特的受害者

特蕾斯用虚构的遗产做抵押，向她的富人朋友们借钱。她的丈夫起初也可能被蒙在鼓里，后来却成了特蕾斯的帮凶。这对夫妇大肆挥霍借来的资金，不仅买了好几套乡村别墅，还购置了一艘蒸汽游艇和很多奢华服饰。他们依靠“神秘的继承遗嘱”借了价值总计5000万法郎的资金。

但是，特蕾斯并不满足已骗得的大量资金。1893年，她创立了一家专门从事诈骗的名为“毕生租”的保险公司。这家公司专挑小商人为目标客户，承诺用小投资带来大回报。夫妻二人又骗得了4000多万法郎，用这笔新受害者的资金作为付给老客户的投资收益。

“好景”不长

在吉拉德自杀后，法国警方开始调查亨伯特的财务状况。最终是亨伯特的债权人，而非法国警方拆穿了这起诈骗案件。19世纪90年代末，亨伯特的债权人聚在一起后得出结论，即使所谓“遗产”数额巨大，也不足以偿还所有借款。

1901年，因为债权人的一纸诉讼，这场骗局最终被拆穿。巴黎法院法官下令开启保险箱，箱子里除了砖头和半个英国便士外，空无一物。此时，亨伯特夫妇已经逃往国外。1902年12月，他们在马德里被捕，被引渡回巴黎。

亨伯特夫妇分别被判处5年劳役。特蕾斯后来移居美国，1918年在芝加哥穷困潦倒地死去。■

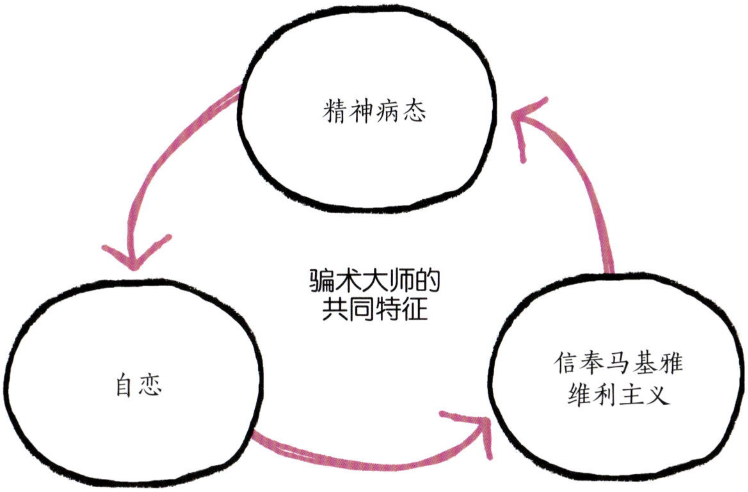

说服力

骗术大师们善于利用说服力来欺骗受害者。在确定受害目标后，骗子们会通过仔细研究或谈话交流来搜集对方的行为特征，从而发现目标的弱点。然后，他们会用阿谀奉承、威胁或利诱等方式获取受害者的信任和依赖，诱使对方一步步走进他们设好的骗局。通常来说，每个骗局里会有很多事实真相来分散受害者的注意力，以使“圈套”更加可信。如果受害人觉察出异样，骗子们可能会玩一些情绪上的小伎俩来博得同情，他们的最终目标是用空头承诺来欺骗和愚弄对方。

许多成功的骗子往往有以下三种性格特征——精神病态、自恋和信奉马基雅维利主义，它们被统称为“黑暗三性格”。这些特征使骗子们能够心安理得地作案。

有史以来最狡猾的大骗子

埃菲尔铁塔出售案，1925年

背景介绍

地点

法国巴黎

主题

地标出售骗局

此前

1901年 来自新泽西州的诈骗犯威廉•麦克劳迪（William McCloundy）将布鲁克林大桥卖给了一个外国游客。最终，他因大额盗窃案件入狱。

此后

1947年 美国诈骗犯乔治•C. 帕克（George C. Parker）多次向有钱的外国游客"出售"包括布鲁克林大桥在内的纽约公共地标。

2010年 身无分文的约克郡卡车司机安东尼•李（Anthony Lee）试图以2.5亿英镑的价格出售伦敦的丽兹酒店，并在被警方逮捕前成功骗取了100万英镑的押金。

维克多・卢斯蒂格（Victor Lustig）是个编故事的好手，没有任何人能超越他将埃菲尔铁塔作为废铁出售时所编的谎言。

1890年，卢斯蒂格出生在今捷克共和国境内的小镇霍斯廷内。卢斯蒂格不仅熟练掌握好几门欧洲语言，还搬到了法国。此后，他专门在跨大西洋的邮轮上诈骗富裕的旅行者。

卢斯蒂格曾以一个所谓印钞机"发明"获利颇丰，他谎称机器可以完美印出100美元钞票。他给受害者展示了两张面值100美元的钞票，使其上当，相信这些钞票是由机器通过几小时的"化学处理"打印出来的。事实上，这两张钞票是在受害者不知情的情况下悄悄塞进机器里的。

受害者们对这样的结果印象深刻，并花3万美元购买了很多机器。往往好几个小时以后，这些受害者才发现自己上当受骗，此时卢斯蒂格早就消失不见了。

诈骗卡彭

卢斯蒂格是位"才华横溢"的行骗高手，但也会铤而走险，比如重回犯罪现场，试图再次出售埃菲尔铁塔。

但是，卢斯蒂格在此案中展现出的大胆，与其在20世纪20年代后期实施的艾尔•卡彭（Al Capone）受骗案相比，简直是小菜一碟。卢斯蒂格曾说服芝加哥的黑帮老大卡彭投资5万美元炒股，并承诺他会将资金翻倍。卡彭并不知道，卢斯蒂格只是将钱放进了保险箱。卢斯蒂格在两个月后将钱还给了他，谎称原来的投资计划落空了。卡彭因此十分欣赏卢斯蒂格的诚信，并奖励他5000美元。这就是卢斯蒂格非常希望得到的结果，而他与卡彭周旋时，的确冒了很大的风险。这起诈骗案也为卢斯蒂格赢得了"史上最勇敢的行骗高手"的称号。

参见: 克劳福德遗产继承骗局 66~67页，弗兰克·阿巴纳尔 86~87页。

维克多·卢斯蒂格不仅是位非凡的“推销员”，也是一位极富魅力、十分聪明的行骗高手。他总能巧妙地逃脱追捕。

假装执行公务

1925年，卢斯蒂格在巴黎的报纸上看到了一篇关于埃菲尔铁塔正面临生锈和维护问题的报道。埃菲尔铁塔是在1889年专为巴黎博览会建造的，并打算在1909年拆除后搬到另一个地方。

卢斯蒂格觉得这是个作案机会，便给五位商人寄送了假造的政府公务信件。在信中，他声称自己是邮电总局的副局长，邀请这些商人在豪华的克利翁酒店举行会议，共同商讨合同事宜。五位商人都相信这个商机是真实的，出席了会议，见到了穿戴整齐、彬彬有礼的卢斯蒂格。卢斯蒂格在会议上透露，政府打算把埃菲尔铁塔作为废铁出售，目前正在为拆塔事宜招标。此外，他还不忘吹捧对方，声称与会的五人都是因诚实的声誉而被推荐参会的。

卢斯蒂格租了豪华轿车，邀请商人们参观铁塔。此行让卢斯蒂格锁定了目标——安德烈·珀松（Andre Poisson）。因为社会地位不高，加之经济困窘，珀松拼命想进入巴黎商业精英的行列，他把此次招标当作一个难得的机会。

行骗成功

此次交易过于秘密和仓促，珀松的妻子产生怀疑，向丈夫说明了疑虑。于是，卢斯蒂格单独约见珀松，“坦陈”他是想要收受贿赂，所以才秘密招标。再三确认后，珀松不仅买下了7000吨重的钢铁，还给了这个骗子一大笔贿款。

卢斯蒂格准确地预测，珀松因耻于被骗而不会报案。六个月后，卢斯蒂格故技重施，不仅失败，还险些被捕。后来，卢斯蒂格移居美国，继续行骗。■

> 我无法理解那些老实人，他们的生活简直无聊透顶。
>
> ——维克多·卢斯蒂格

卢斯蒂格给骗子的十条心得。

- 耐心倾听。
- 不要看上去很不耐烦。
- 等对方表达政治意见，并表示同意。
- 等对方谈论宗教见解，并表示同意。
- 暗示敏感问题，在对方表现出兴趣前不要深入。
- 除非有必要，不要讨论疾病。
- 不要主动打探（因为他们最终都会告诉你）。
- 不要自夸，在静默中显现自身价值。
- 穿戴整洁。
- 不要喝醉。

这是场疯狂的大闹剧

哈利·多梅拉，1926年

背景介绍

地点

德国中部

主题

连环冒名骗局

此前

1817年 鞋匠的女儿玛丽·贝克（Mary Baker）为满足自己进入上层社会的虚荣心，虚构了爪哇苏岛，谎称自己是该岛的卡拉布公主。

1830年 德国骗子卡尔·威廉·农道夫（Karl Wilhelm Naundorff）将自己送上末路，因为他坚称自己是法国的合法国王路易十七。

此后

2004年 法国出生的克里斯托弗·罗坎考特（Christophe Rocancourt）为骗取投资，长期冒名他人，最终被判5年徒刑。他有很多别名，甚至谎称是洛克菲勒家族的高卢亲戚。

行骗高手哈利·多梅拉（Harry Domela）是美国“咆哮的二十年代”时期的风云人物，他一生都在假扮其他人。1918年，15岁的多梅拉在家乡拉脱维亚加入了一支独立的亲德部队——“自由军团”（Freikorps），并被派往柏林镇压一场暴乱。暴乱平定后，他所在的部队也被就地遣散，多梅拉在德国开始了身无分文的漂泊生活。此后，他没有获批德国护照，因此也没法找到工作。

多梅拉决心进入上流社会，改变自己的窘迫境地。于是，他

参见: 弗兰克·阿巴纳尔 86~87页,泰和伯恩冒名案 177页。

尽管哈利·多梅拉(图中左侧)出身卑微、生活窘困,却设法让那些海德堡的维护君主专制的贵族们相信,他就是皇帝的孙子(图中右侧)。

开始伪造身份,使用贵族姓名和头衔。1926年,多梅拉假扮的多个角色终于有一个被揭穿,而他的生活也因此发生了重大变化。这起案件让我们看到那个时代的德国,人们对王室的盲目崇拜,以及富有的特权精英阶层的轻信和大意。

魅力四射的投机者

多梅拉在20岁时搬到了德国汉堡,并靠打牌赚了些钱。他用这些钱游历了历史悠久的大学城海德堡,并信心十足地假扮了数周波兰利芬王子(Prince Lieven),这位王子担任第四帝国骑兵团中尉。多梅拉对学生社团里一个排外而又势利的成员十分友好,二人很快熟络起来。多梅拉十分享受这段旅程,他不仅受到高规格礼遇,还可尽情享用各类美酒、美食。

但是,多梅拉知道他的伪装可能随时露馅。为避免被揭穿,他随后搬到了埃尔福特市。他在那儿挑了一家最好的酒店,订了顶级套房,还在入住时把姓名登记成科尔夫男爵(Baron Korff)。酒店经理发现这位出手阔绰的新住客与德国末代皇帝威廉的孙子小威廉·霍亨索伦(Wilhelm of Hohenzollern)惊人地相似。二人不仅年纪相仿,而且体型和长相都十分相似。因此,酒店经理推测,王子可能是使用了科尔夫男爵的假名来悄悄旅行。这一谣言开始在埃尔福特内传开。虽然德国1918年废除了君主制政体,但许多德国贵族仍然效忠被废的霍亨索伦皇室家族。虽然多梅拉坚称他不是王子,但也不愿意打破这种谣言,尤其是这能使他不用支付酒店费用。

多梅拉前往柏林旅行,但很快就回到了埃尔福特。当他回到酒店时,所有工作人员都称他为"殿下",因为这个称呼已经传开了。有一天,市长前来拜访,并请多梅拉在一本书上签名。多梅拉终于忍不住在书上签下"普鲁士王子威廉"。在接下来的几周内,多梅

真实的哈利·多梅拉

1904年(或1905年),哈利·多梅拉出生于库尔兰的一个贫困却受人尊敬的家庭。1795年,库尔兰被割让给俄罗斯,今属拉脱维亚。多梅拉的父母是少数民族,即波罗的海德裔。多梅拉的父亲在他出生后不久就去世了。多梅拉后来和母亲变得十分疏远,而他的兄弟则在第一次世界大战中死亡。15岁时,多梅拉参加了与拉脱维亚人作战的德国志愿军。后来,他因此丧失了拉脱维亚国籍,并和大多数人一样,在战后支离破碎的德国底层谋生。

尽管没有任何纸质证明,多梅拉还是谋得了一份微薄生计,但很快又成了失业的流浪汉。当偶然在街头看到一大批没落贵族时(当时德国正在废除贵族们的头衔和地位),多梅拉发掘了一项自己所需的技能,并打算假扮成一名贵族。

1929年，哈利·多梅拉被人群簇拥着，在他自己开的柏林电影院前，为其自传体电影宣传。后来，他起诉了改编其电影的竞争对手制片人，但没有胜诉。

拉完全适应了这一王室成员角色，成了威廉王子和塞西莉王妃的“儿子”。多梅拉还被邀请到该市的其他城镇做客，各地贵族名流竞相举办宴会和狩猎活动欢迎他。当他走在街上时，女士们会停下来行屈膝礼，先生们会朝他鞠躬，而军人们则在公众面前向他敬礼。虽然在各地“巡游”期间收受了许多礼物，如皇家歌剧院的门票，但多梅拉从未收过钱。他十分享受这场大骗局所带来的益处，尤其是免费食宿，但很快就开始对那些阿谀奉承感到厌恶，因为德国现在已经是一个共和国了。他也清楚，自己不可能永远靠假扮王储生活。

命运转折

1927年初，当地媒体报道了王子访问海德堡的新闻。一些评论家批判了这种对前皇室的过度关注。多梅拉担心这些报道传播开后会揭穿他的假身份，决定前往法国并加入外国志愿军。在他准备踏上火车时，却被警方逮捕了。

此后的七个多月里，多梅拉被关押在德国科隆的一座监狱，等待犯下诈骗罪的受审判决。他在监狱期间写了一本自传，名为《冒牌王子——1927年1月至6月哈利·多梅拉在科隆监狱自著的生平冒险经历》（*A Sham Prince: The Life and Adventures of Harry Domela as Written by Himself in Prison at Cologne, January to June 1927*）。当从出版商处收到第一笔预付款后，多梅拉在监狱里给他的“母亲”塞西莉王妃寄了一束鲜花和一封感人的信。

在审判中，法院认为，尽管多梅拉伪造了社会名人的身份，但他的骗局是无害的，应被无罪释放。多梅拉获释后不久，竟然出现在皇宫里，因为塞西莉王妃邀请他去喝茶。

多梅拉通过自传取得了正道上的成功——这本书共卖出了约12万本。有两部戏剧描述了多梅拉的一生，他甚至还在其中一部里饰演自己。多梅拉出售了这本书的电影创作权，并出演了电影《冒牌王子》。

1929年，多梅拉在柏林开了一家小型电影院，以放映电影《冒牌王子》为开业仪式。但是，电影院的经营并不成功。多梅拉的人生序幕就在电影院连连亏损下结束了。迫于经济困窘和柏林市内不断高涨的法西斯情绪，多梅拉开始寻找新机会。1933年，他离开德国，前往荷兰，换了个新身份，化名维克多·萨迦（Victor Szakja）。

新的开始

在阿姆斯特丹，多梅拉经常参加支持苏联的共产主义集会，并

> **塞西莉王妃，我为能被人当作您的儿子而倍感荣幸。**
>
> ——哈利·多梅拉

认识了荷兰左翼作家杰夫·拉斯特（Jef Last）。拉斯特将多梅拉介绍给了法国作家安德烈·纪德。两人开始变得关系密切，经常熬夜讨论尼采和荷尔德林。

1936年，纳粹政权控制了德国，而作为一名同性恋者，多梅拉显然不会选择回到这个国家。当时正值西班牙内战，由于他和拉斯特都是反法西斯人士，因此加入了西班牙共和军。1939年，内战结束，多梅拉回到了法国。但是，和当时欧洲无数被压迫的反法西斯主义者一样，他深受左翼煽动言论和监禁的折磨。

多梅拉没有护照或任何证件，是个无国籍者。他其实是个“外人”，终生都在逃亡，一直害怕被发现或逮捕。

法国维希政权将他短暂拘留在集中营里，直到安德烈·纪德利用关系才获释。随后，多梅拉前往比利时，而作为一名非法移民，他只能靠包括拉斯特和纪德在内的朋友救济生活。当他回到法国南部后，再次被拘禁，并在牢狱之中待了18个月。1942年，他在获得墨西哥签证后离开了欧洲。

默默无闻地死去

在前往南美洲途中，多梅拉在牙买加被英国人以非法入境的罪名拘留，被监禁了两年半。出狱后，他前往古巴，在那里遭遇车祸，身受重伤。后来，他一直运气不佳，想要重整旗鼓，没有成功。

第二次世界大战结束后，多梅拉搬到委内瑞拉，在那里找了份可口可乐工厂的工作，并隐姓埋名过起了新生活。20世纪60年代，他用伪造的身份成为一名马拉开波（Maracaibo）的艺术史教师。

为避免被怀疑，多梅拉几十年来一直用各种别名辗转全球各地。尽管如此，在1966年，他伪造的身份还是再次受到了质疑。一名西班牙同事怀疑多梅拉是数千名前纳粹党成员之一，这些人在第二次世界大战结束后逃离德国，前往南美避难。多梅拉的老朋友杰夫·拉斯特为控诉者出具了一份关于其真实身份的宣誓书，这才挽回了多梅拉的名声，但他还是丢了学校的工作。

据说多梅拉的余生都在东躲西藏。1979年10月4日，多梅拉去世，死时身无分文。■

> 当威廉王子和我听了他的故事后，都情不自禁地大笑起来，所以我邀请他来喝茶。他是个举止优雅、魅力四射的年轻人。
>
> ——塞西莉王妃

冒充皇室

纵观整个历史，野心勃勃的骗子们都曾冒充过国王、王后、王子、公主和其他王室成员。其中有些骗子扮演在世的或已经去世的真实存在的君主；而有些骗子则虚构这些头衔，甚至编造了一个国家。他们的犯罪动机因人而异。有些骗子想通过这样的骗局获得政治权力、钱财或仅仅是体验皇室成员那样的生活。一位被多次模仿的皇室成员是俄罗斯公主阿纳斯塔西娅·罗曼诺夫（Anastasia Romanov）。1918年，这位公主和家人被布尔什维克革命者杀害。由于她的尸体一直未被找到，所以有传言称她还活着。曾有数十名女性谎称自己是阿纳斯塔西娅，还有些女性谎称自己是她的姐姐玛丽亚、塔蒂亚娜和奥尔加。1991年，在叶卡捷琳堡附近树林里发现的骨骼DNA测试证明，罗曼诺夫家族全部遇害。

只要挂的时间长，假的也能成真

埃尔米尔·德·霍里，1946—1968年

背景介绍

地点

欧洲、北美洲和南美洲

主题

艺术品伪造

此前

1932—1945年 荷兰肖像画家汉·凡·米格伦（Han van Meegeren）伪造了数百幅著名艺术家的作品，从中牟利3000多万美元。

此后

1978—1988年 英国艺术品伪造者埃里克·赫伯恩（Eric Hebborn）出售数百件伪造的油画、素描和雕塑作品。他后来写了《艺术品伪造大师手册》（*The Art Forger's Handbook*），在1996年去世前发表。

1981—1994年 荷兰画家杰尔特·杨·杨森（Geert Jan Jansen）是个艺术品伪造者，他曾制作了超过1600幅艺术伪造品。

埃尔米尔·德·霍里（Elmyr de Hory）从事艺术品伪造长达23年，而这一切始于1946年4月的一个下午——他的朋友马尔科姆·坎贝尔夫人（Malcolm Campbell）拜访了他在巴黎的小型艺术创作室。马尔科姆·坎贝尔夫人十分富有，是赛车选手马尔科姆·坎贝尔的遗孀。在霍里创作的一批后印象主义风格的画作中，坎贝尔发现了一幅既无签名也无画框的画，上面抽象地绘有一位年轻女孩。坎贝尔误以为那是巴勃罗·毕加索的作品，便问德·霍里是否愿意出售，并花100美元买下了这幅画。

参见: 克利福德·欧文 88~89页,康拉德·库肖 90~93页。

即使明知是赝品,德·霍里的假画仍然备受追捧,因为质量上乘。2000年,这幅仿毕加索的作品在菲利普斯拍卖行拍卖。

在卖出这幅毕加索的假画前,德·霍里只是个年近四十、受过传统绘画教育的艺术家,他的作品平淡无奇,根本卖不出去。他曾前往巴黎,希望在那里收获名利,却发现当下时兴的是抽象派绘画风格,他的印象派画作已经过气。

在意外售出这幅伪造的毕加索画作后,德·霍里又制作了毕加索其他作品的假画,想要卖给艺术画廊。他谎称自己是战后移居法国的匈牙利贵族,这些画作都是家族遗留下来的艺术珍藏。巴黎艺术画廊的老板成了德·霍里的下一个受害者,他花200美元购买了三幅伪造的毕加索画作。

犯罪同伙

不久,德·霍里找到了同伙雅克·钱伯林(Jacques Chamberlin),钱伯林成了他的假画经销商、同谋和密友。两人一起周游欧洲,贩卖假画。二人约好平分利润,钱伯林却私自扣下了大部分利润。当德·霍里发现钱伯林骗了他

鉴别假画

最常见的鉴别艺术品真伪的方法是查验这件艺术品所有权的历史记录。但这也有可能被伪造,所以艺术品鉴定专家会辅以其他技术手段。

艺术史专家会评估画作的整体风格和笔法,以判断这幅作品是否符合这个艺术家的风格和所处时代。此外,他们还要分析画作中使用的色彩,因为并不是所有时期都有现在这么丰富的绘画颜色可用。这项鉴定技术因发现了一幅伪造的弗兰斯·哈尔斯(Frans Hals)创作于17世纪的名画而闻名。鉴定表明,画作中的衣领处含有氧化锌,而这种材料直到1728年才被用于制作颜料。

科学家会检测画作所使用的画布,观察其是否被人为老化。紫外线和光学显微镜都可检验出画布上的细微裂缝是否真实,是否随着时间推移而自然出现的。

X光鉴定技术可用于检测画布是否被多次使用,因为真正的艺术大师通常都会这么做。

埃尔米尔·德·霍里一生经历了很多大起大落，既有画廊给其带来的名利，也不乏警方后来对其的调查追捕。

后，便终止合作。在巴西里约热内卢简单安顿好后，德·霍里又开始靠出售假画和自己的原创作品过活。但是，他靠卖自己的作品挣的钱远远不及销售假画骗来的钱。

1947年8月，德·霍里移居美国，他凭借个人魅力和美国艺术界人士有了交情，有了将自己制作的假画卖给数百家画廊的机会。为此，他还扩大了仿冒的名家作品范围，涵盖了如马蒂斯、莫迪利亚尼和雷诺阿等大师的作品。

> **谁会想到这么好的作品竟是赝品？**
>
> ——埃尔米尔·德·霍里

安全第一

德·霍里采取了防范措施，以避免引起警方注意。他十分低调，编造理由解释自己为何要打折出售这些艺术品给收藏家和经销商。他也非常谨慎，从不将假画卖给普通大众，而仅限于艺术圈内人士。

1955年，艺术品经销商约瑟夫·福克纳（Joseph Faulkner）曝光了德·霍里卖给他的一幅假画，并向联邦调查局举报。德·霍里害怕被捕，逃到了墨西哥。他很快被捕入狱，但不是因为欺诈，而是涉嫌一桩谋杀案。德·霍里给了警方一大笔钱后才得以获释。

抑郁时光

1955年末，德·霍里回到美国，藏身洛杉矶，试图售卖自己的画作，不久又搬去了纽约。但是，没有人对他的艺术作品感兴趣，他因此郁郁寡欢。1959年，德·霍里在52岁时曾试图自杀。

费尔南德·莱格罗斯（Fernand Legros）曾在纽约参加过德·霍里的乔迁派对，二人因此结识，他驾车带着德·霍里到佛罗里达州疗养。两人很快花完了钱。于是，德·霍里创作了三幅版画，让莱格罗斯穿上他的旧西服，想卖掉这些假画。这个计划成功了，莱格罗斯很快就说服了德·霍里聘用自己为艺术品经销商，并从中收取40%的佣金。二人就这样开始了长达8年的犯罪同伙关系。

德·霍里和莱格罗斯搬到了

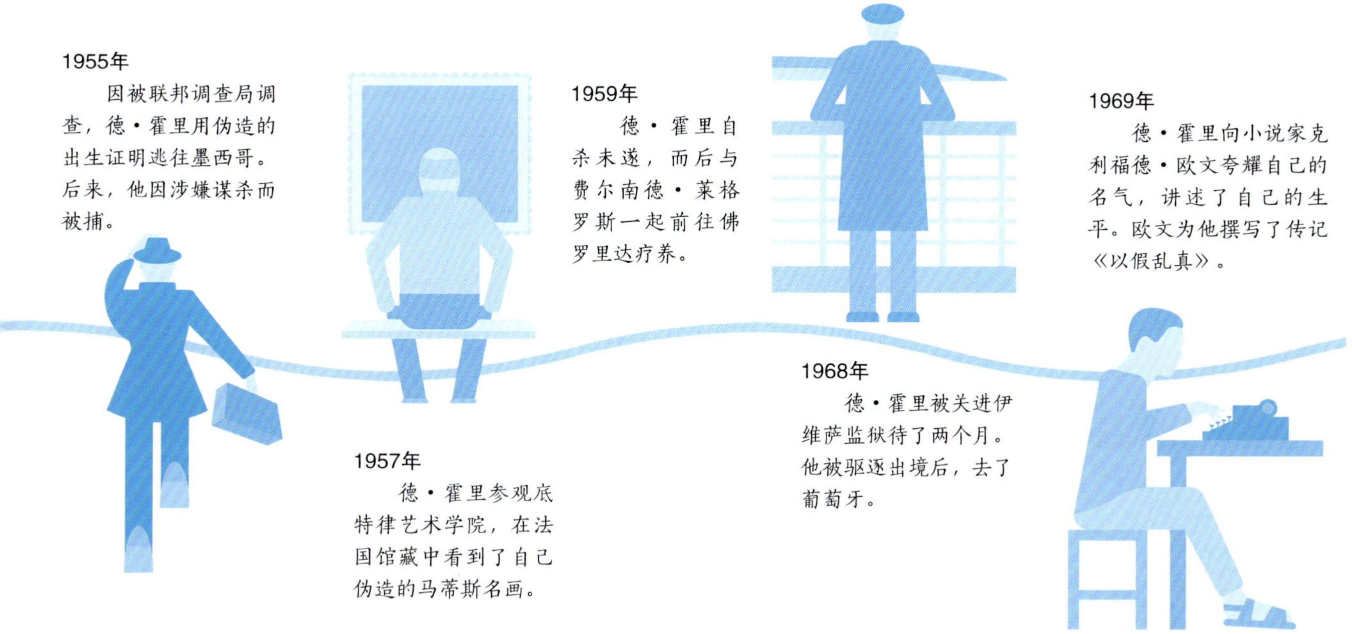

西班牙自治市伊维萨。他们安居在一栋漂亮房子里，可以俯瞰整个地中海。他们从伊维萨岛向世界各地的经销商出售伪造的艺术品。

再次起疑

1964年，德·霍里制作的假画质量开始下降，引起艺术品经销商和艺术专家的怀疑。几位从德·霍里处购买到假画的画廊老板向国际刑警组织和联邦调查局报了案。

1967年，大量德·霍里的假画被曝光，他的伪造生涯也就此中止。1964—1966年，莱格罗斯曾向得克萨斯州的石油大亨阿尔戈·梅多斯（Algur Meadows）出售了46件德·霍里创作的假画。发现这些画全是赝品后，梅多斯报了警。

莱格罗斯被全球通缉，在瑞士被拘留。德·霍里逃走了。1967年11月，他回到西班牙伊维萨岛，因为觉得那里是安全的。

永久的遗产

西班牙警方开始调查德·霍里，指控他犯了一系列罪行，包括同性恋。1968年8月至10月，德·霍里被关押在伊维萨岛。他在监狱里过得很舒坦，不仅有书和躺椅，还可以穿自己的衣服，并享有其他各种舒适设施。出狱后，德·霍里被驱逐出伊维萨岛，为期一年。德·霍里搬去葡萄牙，最后还是回到了伊维萨岛。

同时，法国警方也对德·霍里立案，打算以交易艺术仿冒品的罪名引渡他。1976年12月11日，德·霍里预料到自己即将被引渡后，服用过量安眠药结束了自己的生命。莱格罗斯由于不满足瑞士的缓刑条件，一直躲在巴西。同年，莱格罗斯被从巴西引渡到法国，并被指控犯有艺术品仿冒罪和诈骗罪。他被囚禁了两年，在1983年去世。

德·霍里是史上最高明的艺术品伪造大师，他一生共制作了1000多幅假画。他的传奇故事吸引了作家克利福德·欧文（Clifford Irving），为其撰写传记《以假乱真》（*Fake*，1969），十分畅销。奥逊·威尔斯（Orson Welles）也制作了纪录片《赝品》（*F for Fake*，1973），专门讲述德·霍里的生平事迹。

有些艺术品鉴定专家认为，世界各地的画廊中可能还挂有许多仍未发现的德·霍里制作的赝品。■

这不是偷的，是他们给我的

多丽斯·佩恩，1952—2015年

背景介绍

地点

美国、法国、英国、希腊、瑞士

主题

珠宝盗窃

此前

1883—1885年 传奇的俄罗斯骗子索菲亚·伊万诺夫娜·布莱乌斯坦（Sofia Ivanovna Blyuvshtein）犯下多起酒店客房盗窃案。她最终被捕入狱，并被判处劳役。

此后

1991年 叶继欢（Yip Kai Foon）在香港接连实施了5起持械抢劫金店案，抢走了价值总计110万英镑的珠宝。1996年5月，他在一场枪战中背部中枪，而后被捕。

1993年 号称“粉红豹”（Pink Panthers）的国际珠宝盗窃团伙抢劫了价值总计超过3亿英镑的黄金和珠宝。

多丽斯·佩恩（Doris Marie Payne）如今已是耄耋老人，1952年前却还是一名国际珠宝大盗。佩恩最初的梦想是成为芭蕾舞演员。13岁时，她在一家店里试戴手表，受到了白人老板的歧视。她转身离开店铺，走到门口时才意识到手上还戴着那只表。她把手表还了回去，却就此发现了这种盗窃手法。

1930年10月10日，多丽斯·佩恩出生于西弗吉尼亚州南部斯拉布福克的煤矿工营地。她的父亲是非裔美国人，母亲是印第安苏族人。那时的美国实行种族隔离制度，佩恩是六个孩子中的老小，高中时辍学。她去了一家社区养老院打工，这也是她唯一的正式工作。

手法娴熟的小偷

1952年，这位20岁出头的单身母亲将盗窃珠宝作为维持生计的好办法。佩恩的犯罪手法很巧妙，即不停地试戴各种昂贵的戒指，同时利用自身美貌分散店员注意力，

2015年10月，85岁高龄的多丽斯·佩恩再次被捕。监控录像显示，她从亚特兰大市的萨克斯百货商城偷走了一对迪奥圣诞系列耳环。

趁机迅速偷走珠宝。

她会试戴很多戒指，不停地一个个手指换着戴，使商店柜员记不清她到底试了多少。她还会不断询问钻石的净度、重量和切工，进一步分散柜员的注意力。

佩恩非常注重着装打扮，显得高雅端庄。她会戴上环形耳环，头巾和利落的短发完美搭配，穿一身优雅的连衣裙和名牌鞋子。她很会讲故事，能深深地

参见：比尔·梅森 36页，安特卫普钻石抢劫案 54~55页，钻石项链骗局 64~65页。

吸引受害者，让他们放松下来，还能巧妙地转移注意力，使对方忘记正在销售的珠宝。

迅速逃离

佩恩订阅了《城市与乡村》（*Town & Country*）杂志，研读珠宝广告，以确定盗窃目标。她从俄亥俄州的克利夫兰前往特定商店盗窃看中的珠宝。她故技重施，告诉店员自己会在午餐后考虑购买事宜，然后戴着偷来的珠宝，若无其事地离开。

店员往往过好一阵子才能发现珠宝失窃，而这给了佩恩充足的时间坐出租车逃跑。佩恩回到俄亥俄州后，将犯罪所得卖给一个在克利夫兰专门购买和出售赃物的人。

狱中时光

佩恩用过20个别名和9张不同的护照在世界各地作案。发生在1974年的盗窃案最为有名，她从蒙特卡洛的卡地亚偷走了一颗重10.5克拉的祖母绿切割钻石，价值50万美元。

佩恩还善于逃避抓捕。她曾三次成功逃脱：第一次是从受监视的蒙特卡洛酒店房间逃脱，第二次是装病从得州医院逃跑，最后一次是成功逃离巴黎监狱。佩恩在科罗拉多州监狱服刑时间最长，有5年之久，因为她曾在1998年从尼曼商店偷走了价值5.7亿美元的钻戒。她在假释期间从丹佛逃跑了。然而，佩恩并非总能成功逃跑，时不时要在监狱里短期服刑。

高龄罪犯

2013年，已经83岁高龄的佩恩被捕。她骗了一家棕榈泉商店的员工，说自己收到了2.5万美元的保险赔偿金，想要在此地疗养。然后，她戴着偷来的价值超过2.2万美元的钻戒离开了这家商店。法官判令她服刑数月，在获释后不得进入珠宝店。佩恩并没有遵守禁令，2015年10月再次被捕入狱。

在2014年上映的纪录片《生与罪——多丽斯·佩恩》（*The Life and Crimes of Doris Payne*）中，佩恩被塑造成了一个敢于反抗种族歧视和努力追寻美国梦的人物。■

佩恩盛装打扮，像个贵妇优雅地走进商店。

↓

开始浏览钻石戒指。

↓

与柜员攀谈，要求试戴各类饰品。

↓

用美色分散柜员注意力，让他忘记拿出了多少件饰品。

↓

戴着偷来的饰品走出商店。

职业罪犯

几乎没有罪犯能像佩恩这样在80多岁高龄仍然频频作案，尤其是当她已经有60多年的盗窃史，成为一个家喻户晓的“名偷”之后。

多丽斯·佩恩曾回忆，她很小便对爸爸说她想环游世界，并用一小堆盐和面粉在世界地图上标注出想去的地方。而她选择的这个“职业”能帮她实现梦想，把她带去法国、英国、瑞士和希腊。

75岁时，佩恩曾发誓要金盆洗手。2010年，她“重操旧业”，偷了一件大衣，次年又偷了一枚钻戒。

佩恩的部分犯罪动机肯定是因为盗窃可以让她享受奢侈的生活。除此之外，她似乎还十分喜欢这种愚弄店主和逃避抓捕所带来的兴奋感。佩恩承认，她在被捕入狱期间十分后悔，但还是没有完全“退休”的计划。

他们划着充气筏逃离小岛后销声匿迹

恶魔岛越狱案，1962年6月11日

背景介绍

地点

美国加利福尼亚州旧金山

主题

越狱

此前

1935年3月2日 6名囚犯乘船从法属圭亚那的刑事监狱逃跑，后来只抓住了巴黎本地长大的逃犯勒内·贝尔纳诺（René Belbenoît）。

此后

1977年6月10日 詹姆斯·厄尔·雷（James Earl Ray）因谋杀民权领袖马丁·路德·金入狱后，与其他6名囚犯一起从位于田纳西州布什山的国家监狱中逃跑。三天后，他们就全部被抓回。

1983年9月25日 关押在安特里姆郡迷宫监狱的两名爱尔兰囚犯，手持走私枪挟持了看守的狱警，同爱尔兰共和军（IRA）的另外36名成员一齐逃跑。这成为英国历史上最大的一起越狱案件。

1984年5月31日 6名关押在弗吉尼亚州梅克伦堡监狱的死刑犯控制狱警，换上了他们的制服，在面包车的掩护下成功逃脱。

“岩石岛”（*The Rock*）是一座占地19公顷的海岛，距离海岸2公里。独特的地理位置使它成了建设军事基地和戒备森严的重刑犯监狱的理想选择。

1962年6月11日晚，3名囚犯因从号称安保级别最高、罪犯插翅难飞的恶魔岛联邦监狱里成功逃脱而成为犯罪界传奇。据称，三人最终划着简易制作的充气筏逃离了恶魔岛。这也成为美国历史上最令人称奇的罪案之一。

这个越狱计划精心策划了好几年，共有4名犯人参与其中——克拉伦斯·安格林（Clarence Anglin）、约翰·安格林（John Anglin）兄弟和弗兰克·莫里斯（Frank Morris）、艾伦·韦斯特（Allen West），最终只有三人成功逃出。这三人挖通厚达9米的墙壁，而后爬上屋顶，再通过一根15米长的管子滑下地面。此外，他们还穿过了两个3.5米高的铁丝网围栏。最后，他们拿出此前一直拖着的临时制作的充气筏，将其充满气后驶入了冰冷的海洋。

> **我回到牢房时，听到大家都在喊：“他们逃走了！他们逃走了！他们逃走了！”**
>
> ——达尔文·库恩，
> 恶魔岛监狱的一名囚犯

越狱“任务”艰巨

恶魔岛向来被认为是一个让罪犯“插翅难飞”的监狱，这里不仅守卫森严，而且位置偏远，十分荒凉，周围只有旧金山湾冰冷的海水和汹涌的海浪。1934—1963年，自恶魔岛成为美国联邦监狱以来，只有一名犯人——约翰·保罗·斯科特（John Paul Scott）——曾活着从岛上逃离。1962年12月，在从

参见: 火车大盗 30~35页, D. B. 库珀 38~43页。

这些照片分别拍摄于1960年和1961年，当时克拉伦斯·安格林（图左）和他的兄弟约翰·安格林（图中），以及弗兰克·李·莫里斯（图右）刚被关押至恶魔岛监狱。

恶魔岛越狱"逃离"6个月后，斯科特爬过厨房下面的储藏室窗户，游上了岸。警方在金门大桥上发现并立即逮捕了斯科特，当时他严重昏迷，而且伴有体温过低的症状。

恶魔岛发生过14起越狱事件，涉及逃犯36人。其中23人被捕，6人在逃跑时被射杀，2人溺水身亡，剩下的5人则被列入"推定淹死"的名单：安格林兄弟两人、莫里斯、西奥多·科尔（Theodore Cole）和拉尔夫·罗伊（Ralph Roe）。1937年12月16日，科尔和罗伊从一个铁窗缝隙里钻了出去，然后跳进海里。那天夜里狂风暴雨，这样做特别危险，他们几乎不可能活着上岸。

发现漏洞

1961年12月，莫里斯发现和他的牢房相邻的韦斯特也是盎格鲁人，二人因此成了朋友。据韦斯特供认，同月，他在走廊发现了废弃的锯片，然后有了越狱的想法。他们发现厚实的狱房墙壁上也有较易凿开的薄弱点，即洗脸池后的通风口。

四人开始夜以继日地挖墙，并分工轮流放哨，用自制望远镜窥视狱警动态。他们用了各种自制工具来钻空牢房墙壁，包括一把削尖的勺子和用坏的吸尘器电机制作的钻头。此外，他们充分利用每天的"音乐时间"来挖越狱隧道，因为此时囚犯可以演奏乐器，能够很好地掩盖四人挖墙的噪声。

这条越狱隧道通往监狱楼中一个无人看守的地下管廊。他们从那里沿着排气管和下水管道爬上楼顶，然后拆除了通风扇。四人在楼顶悄悄搭建了一个临时工作间，为越狱计划的下一阶段"逃离恶魔岛"做准备。

越狱逃犯

20世纪50年代，安格林兄弟开始抢劫银行。1956年，二人被捕后被判处15~20年监禁，并在联邦监狱服刑。二人在其他监狱多次试图逃跑，因而被送到恶魔岛监狱。约翰和克拉伦斯分别于1960年末和1961年初到达此地。

兄弟俩与银行劫匪弗兰克·莫里斯在同一个监狱里。莫里斯是一个在寄养家庭长大的孤儿，13岁时便开始作案，在青少年时期就留有众多犯罪记录，包括持械抢劫。

莫里斯因抢劫银行被关进了路易斯安那州监狱，在服刑10年后成功逃脱。一年后，他因入室盗窃再次被捕，1960年被送到恶魔岛监狱。莫里斯的智商非常高，被认为是越狱事件的策划者，尽管艾伦·韦斯特称自己是这个大胆计划的始作俑者。

准备工具

为使夜间行踪不被发现，以便继续挖墙，他们用水泥做了四个假人头，涂上肉色颜料，还装上了从监狱理发店地板上搜集来的头发。

这四个囚犯将假人头放在枕头上，然后在被子下面塞上衣服、毛巾假装身体，以防夜间查寝。由于牢房里光线昏暗，伪装后的床铺乍一看就像他们本人正在睡觉。而此时，四人其实在工作间里组装各

越狱计划的五个关键物品

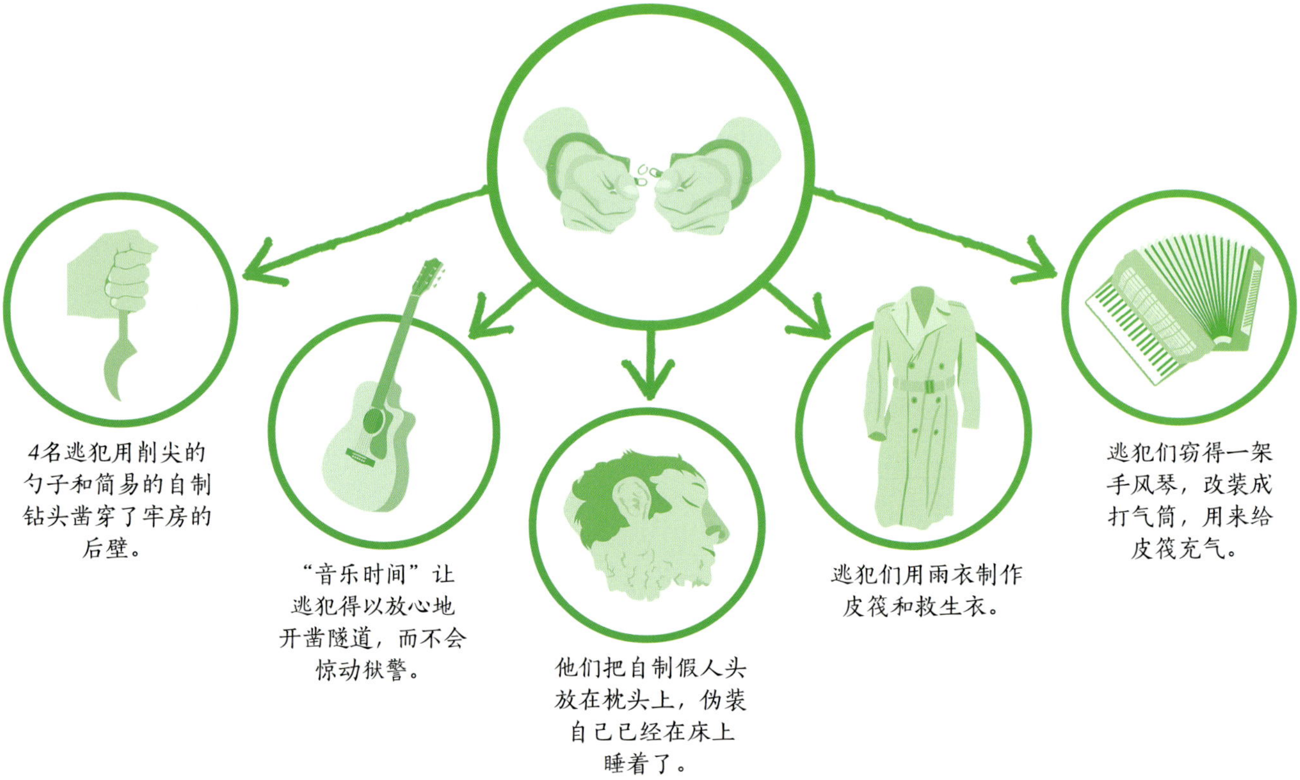

种盗来的物品，包括50多件用来制作皮筏和救生衣的橡胶雨衣。他们将这些雨衣缝在一起，然后用蒸汽管道的高温热气将其粘牢密封，以防漏水。他们还从一名犯人处偷得一架手风琴，将其改造为打气筒，用来给皮筏充气。此外，他们还自制了简易木桨。

一人越狱失败

一切准备工作就绪后，越狱四人组打算在1962年6月11日晚上出逃。但是，此时出了问题，韦斯特这边的越狱隧道入口变得清晰可见，他用水泥混合物进行了临时修补。当材料变干后，洞却缩小了，韦斯特无法钻入。当他好不容易凿大入口时，其他三人早已弃他而去。

三人从通风井爬到屋顶时，不小心弄出一声巨响，引起了狱警注意。因为后面又没有了声响，狱警便没有继续调查。三人爬过铁丝网栅栏后，给皮筏充气。调查人员后来推断，他们应该是晚间10点离开该岛，然后往北边3公里的天使岛驶去。第二天早上，狱警发现了假人头，这才识破了诡计。当这起著名的越狱事件传开后，囚犯们开始高声欢呼："他们逃走了！他们逃走了！"

展开追捕

在接下来的10天里，警方从海、陆、空展开了全方位的追捕行动。6月14日，海岸警卫队在距天使岛南岸约180米处发现了一支船桨。一名船夫还发现了一个用塑料包裹的钱包，里面装有安格林一家人的照片。6月21日，海滩上出现了皮筏上残留的雨衣材料碎片。第二天，搜捕船捞起了一件自制的救生衣。

警方从未发现这三名逃犯的遗骸或任何其他能证明三人生死的

恶魔岛监狱的狱警正拿着逃犯从地下管廊的墙上凿下的一小块墙体。囚犯就是通过这个管廊爬上了牢房的屋顶。

实物证据。联邦调查局调查人员得出结论，尽管理论上可能有一名或多名犯人抵达了天使岛，但海湾的水温和湍急的水流使这一可能性变得微乎其微。

当越狱计划被发现后，韦斯特立马和调查人员合作，并提出条件，要求免除其在越狱案中的罪责。他详细叙述了他们的越狱计划，并告诉调查人员，他们计划一旦上岸，就会先偷衣服和一辆汽车。联邦调查局经调查确认，在事发后几天内并没有发生车辆失窃或服装店盗窃案。这让警方更加确信，三名逃犯已经死在了冰冷的海水之中。

发现新线索

1979年12月31日，经过长达17年的追踪后，联邦调查局终结了对此案的调查。官方解释为，囚犯很可能在抵达天使岛前，淹死在了海湾附近的冰冷海水之中。他们将案件转交给美国法警局（US Marshal Service），由后者继续展开调查。

> 我坚信他们三个成功逃跑了，我也坚信他们仍然活着。
>
> ——玛丽•维德纳（Marie Widner）

2015年10月，安格林家族又让此案重新得到了关注。他们制作了圣诞贺卡，声称这是由安格林兄弟在越狱三年后寄给他们母亲的。经调查，贺卡字迹的确与两兄弟的字迹吻合，但无法确定贺卡的真实日期。安格林家族还公开了一张照片，据悉是两兄弟1975年在巴西农场所拍。一位后来在《历史频道》（*History Channel*）栏目从事调查工作的法医专家，据此认为安格林兄弟1975年仍然活着。

2015年10月，联邦调查局发布了解密文件，资料显示，联邦调查局局长埃德加•胡佛（Edgar Hoover）1965年得知安格林兄弟可能藏身在巴西。这恰恰与官方此前公开的说法相反。胡佛曾在1965年秘密命令调查人员到巴西搜捕二人，却没有发现他们的踪迹。不论这些逃犯的命运究竟如何，这个案子看起来远未结束。■

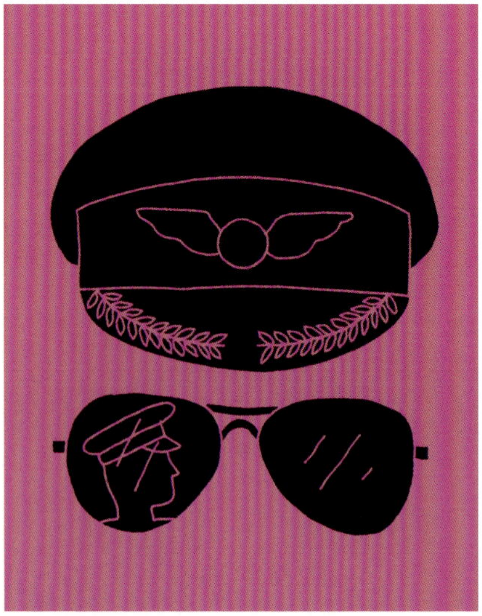

在那时，我展现出的并非本性

弗兰克·阿巴纳尔，1964—1969年

背景介绍

地点

美国纽约州、犹他州、路易斯安那州、佐治亚州

主题

冒名者和支票伪造犯

此前

1874年 詹姆斯·雷维斯（James Reavis）用虚假文件在亚利桑那州和新墨西哥州骗取大块土地，靠出售房地产获得了超过500万美元的赃款。

此后

1992年 宾夕法尼亚州的迈克尔·萨博（Michael Sabo）因伪造支票、欺诈银行、大额盗窃和伪造身份而被警方控诉。

1998年 美国前银行高管约翰·鲁福（John Ruffo）骗取了多家银行高达3.5亿美元的钱财。他被警方逮捕，判处有期徒刑17年，但在入狱当天突然消失不见了。

16岁时，弗兰克·威廉·阿巴纳尔（Frank William Abagnale）知道父母要离婚后，带上支票簿，收拾一小包行李，前往纽约中央车站，离家出走了。在接下来的6年里，他成为冒名高手，甚至将联邦调查局的侦探骗得团团转。

刚满20岁，身高1.8米的阿巴纳尔修改驾照上的数字，将年龄改成26岁，以便做送货员。由于收入不高，他伪造支票来骗取现金。当地警方将他列入缉捕名单，阿巴纳尔逃往了迈阿密。

冒牌飞行员

在经过城里的一家旅馆时，阿巴纳尔看到一名飞机机组人员，萌生了假冒飞行员的想法。这样可以环游世界，也不用再去伪造支票骗兑了。第二天，他打电话给泛美航空公司，要求转接采购部门，谎称在酒店丢了制服。航空公司总部安排他去纽约的供应商处，为他定制了一套新制服。

赎罪

后来，弗兰克·阿巴纳尔一直在为其犯下的罪行赎罪。自从被联邦调查局有条件释放起，直到后来的42年内，他一直与联邦调查局有联系，为政府工作，不收取任何报酬。阿巴纳尔还拒绝了三位总统的赦免令，坚持认为“一纸令状无法赦免我的罪过，我只有靠行动才能弥补犯下的过错”。

阿巴纳尔凭借独特技能，成为防范个人和公司身份信息被盗、打击欺诈行为，以及保障安全方面的知名专家。1976年，阿巴纳尔成立了一家安保公司，为全球1.4万家企业、执法机构和金融机构制订了防欺诈计划。

阿巴纳尔与曾经负责调查他的联邦特工约瑟夫·谢依（Joseph Shea）成了好友。直到2005年谢依去世，两人一直保持着密切往来。

参见：埃菲尔铁塔出售案 68~69页，克利福德·欧文 88~89页。

出狱后，弗兰克·阿巴纳尔变成了一位备受尊敬的研究预防欺诈、伪造和贪污行为的权威专家。

阿巴纳尔用从泛美航空公司飞机模型上撕下来的标志伪造了飞行员执照。他发现可以用这张假执照免费去世界各地旅游，因为按惯例，各家航空公司会为其他航空公司的飞行员提供免费乘机服务。

弗兰克·阿巴纳尔的"职业"

更换职业

在做了两年冒牌飞行员后，阿巴纳尔搬到犹他州，改名弗兰克·亚当斯（Frank Adams）。他伪造文凭，获聘杨百翰大学社会学教授，讲授了一学期课程。而后，尽管从未学过法律，他却在第三次报考后通过了路易斯安那州的律师资格考试，被路易斯安那州总检察长办公室聘为公司法部门法律助理。一年后，阿巴纳尔的从业资质遭到一名律师怀疑，因此辞职。随后，他变成弗兰克·威廉斯博士（Dr Frank Williams），在佐治亚州一家医院冒充儿科医生。一直以来，他都通过假支票和伪造的银行存款单交易，而这为联邦调查局留下了线索。

乘机有风险

1969年，阿巴纳尔在法国被捕。他被引渡到美国，却更换航班，潜逃至加拿大。而后，他在蒙特利尔被捕。但是，阿巴纳尔假扮监狱局卧底特工，再次逃往华盛顿特区。他在华盛顿冒充联邦调查局特工，侥幸逃过抓捕。后来，他从一辆警车旁走过时，被车上的两名纽约警察发现，将其逮捕。阿巴纳尔被判处12年有期徒刑，服刑4年后，同意在剩余刑期为联邦调查局工作而被释放。

后来，阿巴纳尔创建了一家安保公司，专门为银行就避免和打击欺诈行为提供咨询。1980年，他出版了个人传记《逍遥法外》（*Catch Me If You Can*）；2002年，史蒂文·斯皮尔伯格将这部传记拍摄成了电影。■

谎言之车越开越远，根本停不下来

克利福德·欧文，1972年

背景介绍

地点

美国纽约市

主题

文坛骗局

此前

1844年 据《纽约太阳报》报道，爱尔兰探险家托马斯·蒙克·梅森（Thomas Monck Mason）乘热气球飞越了大西洋。后来，这被证明是埃德加·爱伦·坡笔下的恶作剧。

此后

1998年 威廉·博伊德（William Boyd）出版了虚构的美国艺术家纳特·达特（Nat Tate）的传记，蒙骗了纽约艺术界。在大卫·鲍伊（David Bowie）帮助下，他还在"发布会"上宣读了这本书的片段。

2015年 劳拉·哈内尔（Laura Harner）的《重返故乡得州》（*Coming Home Texas*）被下架，因为剽窃了《纽约时报》畅销书作家贝基·麦格劳（Becky McGraw）的作品。

1972年，一起文学造假事件登上了新闻头条。文坛骗子克利福德·欧文（Clifford Irving）说服了美国麦格劳-希尔出版社（McGraw-Hill），使其相信美国最神秘的富商霍华德·休斯（Howard Hughes）邀请自己撰写自传。

欧文杜撰了一封休斯写的信，信中的"休斯"向出版商称赞了欧文写的一本书。欧文还向出版商谎称，休斯曾给他寄了录音带和手稿。此外，这个骗子作家特地补充，休斯自1958年以来一直深居简出，不想引起媒体或警察注意，但绝不会阻止这部自传出版。

达成交易

麦格劳-希尔出版社的编辑邀请克利福德·欧文前往纽约办公室，为欧文和休斯准备了两份合同。出版商分别为欧文和休斯准备了10万美元和40万美元的预付款。然而，在完稿交付前，欧文又将预付款总额提至了76.5万美元。欧文的朋友，儿童文学作家理查德·萨斯金德（Richard Suskind）也是这起案件的同谋，他在合同上伪造休斯的签名，成功骗过了麦格劳-希尔出版社。

20世纪30年代，霍华德·休斯取得巨大成功后备受心理问题困扰。

出版商向欧文交付了两张支票，分别用以支付他和休斯的预付款。欧文当时的妻子伊迪斯（Edith）将给休斯的支票存在了以"H. R. 休斯"（Helga R. Hughes）的名义新近开设的瑞

参见：钻石项链骗局 64~65页，埃菲尔铁塔出售案 68~69页，埃尔米尔·德·霍里 74~77页。

> 欧文的骗局之所以奏效，是因为他阐述的大部分信息都是真实的。
>
> ——《时代周刊》

士银行账户中。

两次侥幸逃脱

为了研究休斯的生平，欧文和萨斯金德拿到了一篇作家詹姆斯·费兰（James Phelan）写的尚未完成的有关休斯前商业经理的手稿。欧文剽窃了这篇手稿中的大部分内容，费兰对此并不知情。

1971年末，欧文向麦格劳-希尔出版社的编辑交付了完整的书稿，并计划次年出版。得知这一消息后，休斯的律师介入，向出版商质疑这本自传的真实性。麦格劳-希尔出版社在经笔迹鉴定公司确认字迹吻合后，表示继续支持欧文，并坚称这些自传是真实的。

玩命一搏

1972年3月，在此书计划发布的两个月前，休斯终于出面，通过电话公开举行了记者发布会，谴责这本书是假的。麦格劳-希尔出版社因此解除了合同。1972年，《时代周刊》在2月的一期杂志中，将欧文称作“年度最大骗子”。

警方对欧文展开调查，并召集大陪审团来审判此案中的邮件欺诈罪、伪证罪和伪造罪。欧文因“通过邮件进行诈骗”被起诉，并因自认有罪而没有被审讯。最终，欧文被责令退回所有预付款，并被判处罚金1万美元，以及两年半有期徒刑。同年，欧文申请破产。伊迪斯被判处两个月监禁，萨斯金德因盗窃罪和欺诈罪被判六个月监禁。

1977年，欧文出版了他的传奇经历，2006年被改编成一部电影。■

欧文和他用来写休斯自传的打字机。欧文的故事后来被改编成电影《骗局》（*Hoax*，*1981*）。欧文还被聘为电影顾问，但由于不喜欢电影结局，他删去了自己在片头的署名。

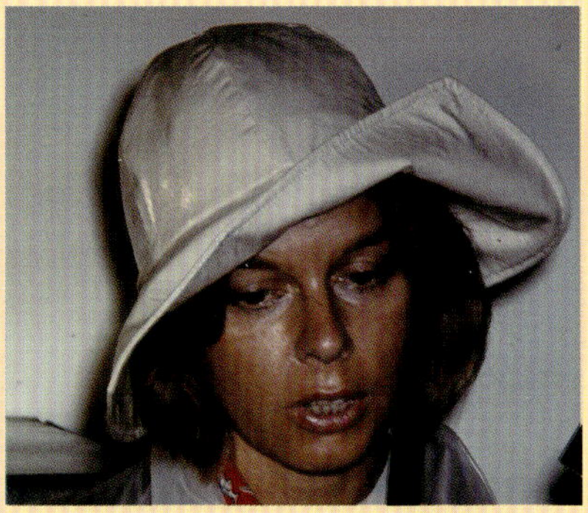

伊迪斯·欧文在这场骗局中发挥了至关重要的作用。她将休斯的支票存入了她隐瞒真实身份开设的银行账户。

高明骗局

骗子们往往会挖空心思构造一个看起来十分合理的骗局。克利福德·欧文在书中对休斯的访谈并非凭空捏造的。他和萨斯金德一起模拟访谈，让他扮演自己，自己则扮演休斯。

欧文从詹姆斯·费兰的手稿中选取的素材也是合理的，因为这些材料是真实的，是基于熟悉休斯的人的真实经历。毋庸置疑，这些也离不开欧文的文学造诣——1969年，他曾因给仿冒高手埃尔米尔·德·霍里（参见74~77页）撰写的自传大卖而声名大噪。而这本假自传的出版时间也很合适，因为当时国际社会对休斯这位有些古怪、突然隐遁的亿万富翁感到十分好奇。

欧文后来承认，他陷入了自己一手编造的骗局之中。他最大的失误在于错误预判了休斯，因为休斯最终打破沉默，拆穿了他的骗局。

从模仿希特勒到成为“希特勒”

康拉德·库肖，1978—1984年

背景介绍

地点

德国斯图加特

主题

文件伪造

此前

1796年4月2日 爱尔兰伪造者威廉·亨利（William Henry）出售了一部剧本，谎称是莎士比亚遗失作品的真迹。

此后

1987年1月23日 美国伪造者马克·霍夫曼（Mark Hofmann）在伪造摩门教历史文件和杀害了两名目击证人后认罪，被判处终身监禁。

2007年2月 意大利参议员马塞洛·德里厄提（Marcello Dell'Urti）声称找到了法西斯头目墨索里尼1935—1939年写的日记。后来，据意大利历史学家揭露，这些“日记”都是伪造的。

在一间位于德国斯图加特的商店储藏室内，康拉德·库肖（Konrad Kujau）在纯黑色封皮的笔记本上孜孜不倦地书写着，用古老的哥特体文字伪造出了一本本冗长的日记。

每写完一本日记，库肖都要在上面倒上茶水，再把纸张揉成一团，让它们看起来皱巴巴的。最后，他会在笔记本上盖上刻有帝国鹰的红色印章，然后绑上从真正的纳粹文件上解下的黑丝带，再写上哥特体金色字母。经过近三年“勤奋创作”，库肖共制作了61卷谎称由纳粹首领阿道夫·希特勒亲笔书

参见：埃尔米尔·德·霍里 74~77页，克利福德·欧文 88~89页。

1984年，康拉德·库肖在汉堡首次尝试，伪造了一篇希特勒日记。

写的日记。这就是历史上臭名昭著的希特勒日记伪造事件。

职业伪造家

库肖出生于德国的一个贫困家庭，长期对纳粹政权有强烈兴趣。青少年时期，他就开始了职业伪造生涯，出售东德政治家的假签名。

1967年，库肖在斯图加特开了一家商店，专门伪造和销售纳粹纪念品。库肖不仅伪造了希特勒自传《我的奋斗》续集的前言，还在开头编造了希特勒写的歌剧和诗歌。

如果不是因为一位德国新闻观察杂志《亮点》（*Stern*）的记者，库肖可能仍是一个不知名的小贼和业余伪造犯。在入职杂志社20年后，格尔德·海德曼（Gerd Heidemann）的职业生涯也进入了瓶颈期。他对希特勒和第三帝国，包括收藏纳粹纪念品的兴趣，指引他找到了库肖。

纸上功夫

1978年，库肖在模仿了数周希特勒笔迹后，参照历史文献、报纸、医疗记录和各种书籍资料，伪造出了第一本日记。他从柏林购买了廉价笔记本，将蓝黑色墨水混合后加水稀释，因为这样用现代钢笔书写起来更为流畅。当时没人注意到，其实库肖犯了个大错误，他在日记封面上写错了希特勒名字的首字母。他不小心将“A”写成了“F”，因为这两个字母在哥特体文字中看起来十分相似。

同年，库肖将第一本题为《1935年1月至6月的政治和私人日记》的“希特勒日记”卖给了一位

> 很遗憾，原本的独家新闻报道因为历史文件的验证结果而流产了。
>
> ——休·特雷弗-罗珀

验证历史文件

每份历史手稿都是独一无二的，无论它是信件、日记或其他手写形式。为了验证这些未注明日期的历史文件的真实性和作者身份，调查人员会从历史、科学、文体等角度综合分析。为了确定手稿的年代，专家会查验信件使用的打印方法、地址和邮戳。

许多伪造品都是因为含有当时不可能存在的材料而被发现的，只要通过对纸张进行科学分析就很容易检测出来。研究人员在检测时会使用许多工具，如用分子光谱分析仪进行放大，观察随着时间的推移有多少油墨残留，从而推断手稿创建的时间。

通过检测书写历史文件时使用的墨水，也可以推断出所使用的书写工具（通常是钢笔、羽毛笔或铅笔），这也会揭示更多关于历史文件创建时间的信息。

收藏家。他编造了一个离奇却又合理的故事，即这些日记是从一架1945年坠毁的纳粹飞机残骸里找到并修复的，数十年来一直藏在一个谷仓里。

达成交易

1979年底，日记的消息在希特勒纪念品收藏家之间传开了。为了获取独家报道，海德曼找到了库肖，库肖告诉他东德藏着更多日记。海德曼向《亮点》杂志社报告了这一消息，出版商随即支付给他一笔钱，用来买断这些消息。

海德曼向库肖承诺，用250万德国马克购买“其余”日记。库肖又伪造了60多卷日记。1981年2月底，《亮点》杂志社为购买这些日记已经花费了近100万马克。但是，这些钱库肖只得了不到一半，海德曼瞒着杂志社和库肖，将大部分钱据为己有。交付12本日记后，海德曼和《亮点》杂志社吵着要涨价，谎称从东德走私这些日记越来越难。

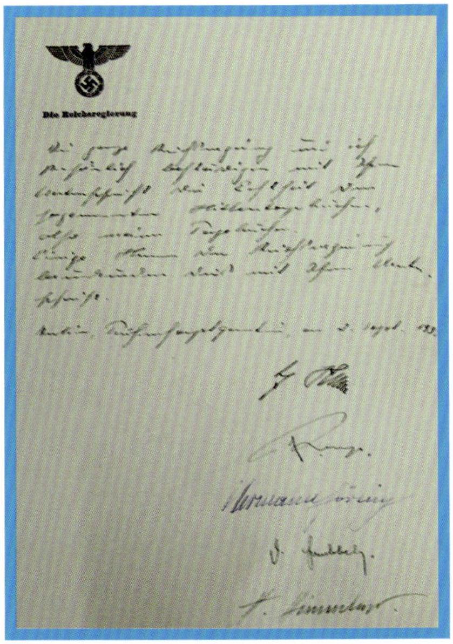

2004年，由库肖伪造的最后一本希特勒日记在柏林杰斯克、格雷夫和霍夫拍卖行以6500欧元的价格成交。

1981年，海德曼一直在购买日记，时不时地向《亮点》杂志社提价。最终，海德曼从《亮点》杂志社共收取了930万马克，但库肖只拿到其中的不到三分之一。海德曼用这笔钱过上了奢侈的生活，不仅购买了公寓、名车，还从库肖处购买了更多的纳粹纪念品。

1982年4月，《亮点》杂志社管理层向笔迹鉴定专家提供了希特勒的笔迹样本，用以查验日记的真实性。专家们不知道的是，这些笔迹样本均来自海德曼收集的纳粹纪念品，也都是由库肖伪造的。因此，专家们鉴定后宣布这些日记是真实的。第一位鉴定这些日记的历史学家休·特雷弗-罗珀（Hugh Trevor-Roper）教授也坚称它们是真实的，这无疑为杂志社管理层增添了信心，但后来却损害了历史学家的声誉。

1983年4月下旬，《亮点》杂志社曝光了这些日记，成为世界各地的头条新闻。《亮点》杂志还称，根据日记记载，希特勒的最终计划是驱逐犹太人，而非消灭他们。一些评论员据此评论第三帝国的历史将被重写。

疑点重重

然而，日记中有些篇章内容过于平淡无奇，这引起了一些历史学家的怀疑，他们认为这些文件很可能是伪造的。怀疑的呼声越来越高，《亮点》杂志社委托德国联邦档案馆的专家对日记重新鉴定。

与此同时，《亮点》杂志社在4月28日发布的刊物中第一次向公众展示了日记的部分内容。次日，海德曼会见库肖，购买了最后四本日记。一周后，《亮点》杂志社管理层从鉴定专家处得知日记是伪造的，因为它们全部是用战后

康拉德·库肖

1938年，康拉德·库肖出生在德国勒鲍镇的一个贫苦人家，家中共有五个孩子。1933年，库肖的父母加入纳粹党，因此他从小就视希特勒为偶像。无论希特勒自杀，还是第二次世界大战中纳粹德国战败，库肖一直保持着对纳粹的关注。

20世纪60年代，库肖还是一个有伪造、盗窃和酒吧斗殴记录的小贼。1970年，在探望东德的家人时，他发现那里许多人持有违禁的纳粹纪念品。库肖以此为商机，在黑市上购买纳粹用品，然后运回西德出售。

1974年，妻子伊迪丝（Edith）抱怨家中积攒了一大堆纳粹纪念品，于是库肖在斯图加特租了一家商店专门存放这些物品。那时，他开始通过增加细节来使这些物品增值。后来，他变得更加胆大妄为，开始伪造希特勒的日记手稿。

的墨水、纸张和胶水制作装订而成的。利用紫外线从纸上检测出了1945年还未被使用的荧光增白剂。其中有一本日记的装订线中还含有聚酯纤维，而该纤维直到1953年才被应用。

在《亮点》杂志社就调查结果发表声明前，德国政府宣布这些日记属于伪造。《亮点》杂志社管理层要求海德曼披露给他提供日记的人的身份。

揭穿骗局

这时，库肖和妻子已经逃往奥地利。得知海德曼已经供出他的名字后，这名伪造者向警方投案自首。得知海德曼私吞了大部分钱财后，受到打击的库肖指称海德曼明知这些日记是假的。

1984年8月21日，法院对海德曼和库肖从《亮点》杂志社处骗取930万马克一案进行了审理。二人在法庭上相互指责。1985年7月，海德曼获刑四年八个月，库肖则获刑四年六个月。

1987年，库肖获释，坦然面对过去。他做起绘画和销售名画复制品的生意，还接受电视台采访，开始小有名气。2000年，库肖因癌症去世，享年62岁。1987年，海德曼获释，再未担任记者。这桩丑闻给《亮点》杂志社造成了很大的不利影响，因为一个不负责任的新闻会给久负盛名的杂志蒙羞。■

发现日记伪造的6条线索

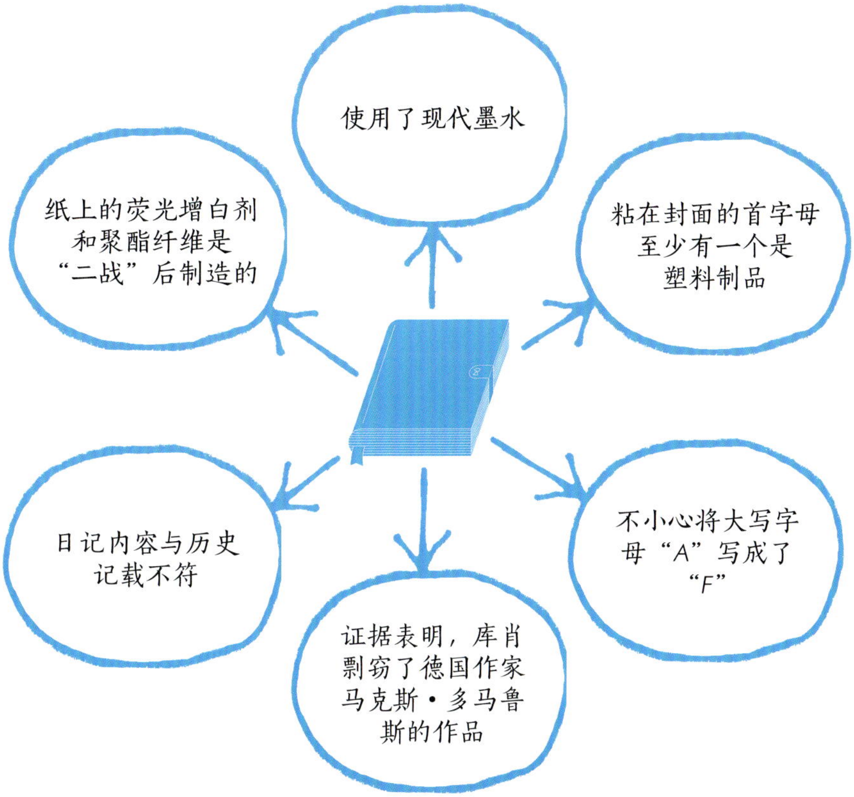

出狱后，库肖成了一名杰出的画家，开始模仿其他艺术家的风格创作作品并出售。他称自己的作品为“真库肖卖的仿冒货”。

如果不是那个“掉包者”，我就不会入狱

“细绒棉”赛马丑闻案，1984年8月18日

背景介绍

地点

澳大利亚昆士兰州布里斯班

主题

赌博丑闻

此前

1844年　叶森打吡大赛（The Epsom Derby）是为三岁马举办的比赛，最终却被一匹伪装的四岁赛马马加比（Maccabeus）摘得桂冠。这起案件的罪魁祸首列维·戈德曼（Levi Goldman）逃往了法国。

1953年7月16日　在英国巴斯举行的温泉斯佩林赛马锦标赛（Spa Spelling Stakes）中，两匹拥有相同标记的法国马被偷梁换柱。四名罪犯分别被判刑九个月到三年不等。

此后

2007年3月1日　澳大利亚赛马骑手克里斯·芒斯（Chris Munce）因收受贿赂、操纵比赛结果，被判处二十个月监禁。

1984年8月18日，在布里斯班老鹰农庄赛马场举办的商业新马障碍赛开赛前一天晚上，马术教练海登·海特那（Hayden Haitana）和商人约翰·吉莱斯皮（John Gillespie）将已经7岁的冠军马涂上了白色和棕色颜料。因为不是新马，冠军马没有参赛资格，海特那、吉莱斯皮和商人罗伯特·诺思（Robert North）等犯罪团伙成员却密谋用它取代新马参赛。这是一种违法行为，被称为“掉包者”（ring-in）。

比赛开始，这匹赛马“细绒棉”的替代者起速较慢，但很快开始加速，飞快地在一个个弯道超越，并在最后一个标志杆处淘汰了赛场上的明星赛马。赛后，赛道管理员注意到了“细绒棉”双腿上滴落的白色涂料。因此，在越过终点线不到半小时后，它就被取消了比赛资格，押在这匹马上的所有赌注都赔了。

紧急替补

“细绒棉”比赛时间不到90秒，这些人却从几个月前就开始策划这起阴谋。约翰·吉莱斯皮是监狱常客，有非法赌马记录。他和海特那的一位亲戚商讨出了这个“掉包者”骗局。出狱后，吉莱斯皮从悉尼用1万澳元买下了一匹快马，起名“飞龙纸牌”。而后，他开始在赛马场上寻找和这匹马外形相似的慢马。他选中了“细绒

海登·海特那与真正的“细绒棉”合影。他被禁止参加这项运动，直到2013年才恢复参赛资格。

参见: 泰和伯恩冒名案 177页。

上图左侧的马冒充“细绒棉”，在终点前超越了赛场上的明星马。

> 我以为他们在为我喝彩，因为我骑得很猛，一定能超过那匹明星赛马。
>
> ——格斯·菲尔波特

棉”，以2000美元买了下来，并聘请海登·海特那担任驯马师。

比赛前几天，出了意外，“飞龙纸牌”受伤了。此时，吉莱斯皮已经为这个计划投入了大量资金，迫切希望得到回报。于是，他赶紧用一张可以之后兑付的2万美元支票购买了“勇猛骑士”。但是，“勇猛骑士”毛色较浅，前额上还有白色印记，外形不像“细绒棉”。因此，比赛前一天晚上，吉莱斯皮和海特那偷偷用染发剂和涂料将“勇猛骑士”染色，让它看起来更像“细绒棉”。

低赔率

冒牌“细绒棉”上场后，赌注筹码可疑地提升。开始，比赛赔率是33–1，但随后飞速上升，达到7–2。冒牌“细绒棉”险胜后，监赛人员很快发现破绽，取消了该马的参赛资格。警方很快展开调查，海特那早已逃离。不过，海特那很快被捕入狱，被判处6个月监禁，终身禁赛。包括吉莱斯皮在内的其余六人也被禁赛。无辜的骑师格斯·菲尔波特（Gus Philpot）则被解雇。

“掉包者”案成了赛马运动史上最臭名昭著的骗局之一。为了预防类似骗局，现在通过微芯片识别技术辨别每匹赛马。■

在“国王的运动”中作弊

骗子并非仅仅使用“掉包者”这种非法手段在马术比赛中骗钱。

最著名的骗局往往是通过策略性地加大赌注来获取高赔率。如今，赛马博彩公司都会密切监控投注模式，以防有任何可疑的诈骗活动发生。有的骗子甚至伪造获胜彩票骗钱，但随着科技进步，这些粗糙的老骗术很难再取得成功。

大部分作弊行为都发生在赛马人员内部，如没有职业操守的教练、骑师、马主和兽医等人合谋，企图使用类固醇和止痛药麻醉马匹，以此来操纵比赛结果。然而，定期药物测检降低了这种作弊手段的成功率。据称，还有驯马师和骑师会使用“蜂鸣器”等非法设备，通过电流刺激马匹，促使它们跑得更快。

WHITE COLLAR CRIMES

白领犯罪

1720年

在法国，正在重组法国国债的密西西比公司的估值暴跌，引发了一场严重的金融危机。

1869年

投机者詹姆斯·菲斯克和杰伊·古尔德操纵美国黄金市场，危及全国经济。

1920年

在美国，查尔斯·庞兹精心设计的投资骗局被拆穿，数百名投资者失去了全部积蓄。

1921—1922年

在茶壶山丑闻案中，美国内政部长艾伯特·培根·福尔出租国有储备油田，中饱私囊，换取贿款。

1984年

在印度博帕尔，美国联合碳化物公司工厂发生毒气泄漏，导致数千人死亡。该公司首席执行官被指控犯有谋杀罪。

1990年

在伦敦，小偷用刀挟持货币经纪人的信差约翰·戈达德，共抢走价值2.92亿英镑的债券。

白领犯罪与其他类型犯罪有着本质区别。会计师可能秘密盗取雇主财物，然后通过做假账来掩饰自己的犯罪行为。这些犯罪人员往往是技法娴熟的内部专业人士，深受公司信任。总之，白领犯罪包括各种欺诈、内幕交易和贪污受贿行为，而且往往出于获取财物的动机。

白领犯罪往往需要经过数月甚至数年时间才能发现。如果一个人被当众杀害、盗窃或勒索，所有实施这类犯罪行为的犯罪分子都被归类为“蓝领犯罪”。因为这类犯罪分子多从事需要体力劳动的职业，收入较低，而且其犯罪行为通常会被立即察觉。然而，一个用电脑密码开锁盗窃的人根本不会触发任何警报，因为这不符合社会上对罪犯的刻板印象。

白领犯罪通常很难发现，因为这些案件往往十分复杂，令人难以捉摸。如果没有专业背景，即使经验丰富的调查人员也很难觉察出任何异样。白领犯罪涉及的范围也很难预估，因此，其可能比蓝领犯罪更为普遍。

社会影响

白领犯罪可能给个人、公司甚至国家经济带来灾难性的破坏。骗子伯尼·马多夫就曾给美国各界人士带来了巨大的经济损失。更重要的是，除了金钱损失，这些犯罪还会造成十分严重的经济危机。据牛津大学的一项研究显示，2008年金融危机后，美国和欧洲约有1万人自杀；而造成这场经济危机的部分原因就是抵押贷款欺诈、投资诈骗、贿赂等不道德的商业行为。时至今日，美国和许多欧洲国家的经济仍未完全从这场经济危机中恢复过来。

罗伯特·黑尔（Robert Hare）博士是一位著名的犯罪心理学专家，曾发明了后来被命名为“黑尔精神病测试表”的精神病诊断工具。黑尔博士曾说，他应该在华尔街，而不是在监狱里进行研究。当被问及连环杀手的社会影响时，他说连环杀手毁了一个家庭，而白领犯罪分子则毁了整个社会。尽管如此，对白领犯罪的刑事惩罚往往比暴力犯罪更为宽松。

2001年

美国能源公司安然爆出大型系统结算欺诈事件。

2007—2008年

在法国，骗子交易员杰宏·柯维耶在法国兴业银行未经授权进行交易，差点导致银行倒闭。

2008年

德国工程巨头西门子公司利用行贿手段获得订立海外工程合同机会，遭美国当局罚款。

2008年

华尔街投资顾问伯尼·马多夫的庞氏骗局被拆穿，致使成千上万人破产。

2013年

俄罗斯恶意软件开发商亚历山大·帕宁因涉嫌入侵上百万个网上银行账户而被捕。

2015年

美国环境保护署披露，德国汽车制造商大众公司在汽车尾气排放方面存有欺诈行为。

区分定罪

犯罪学家将“白领犯罪”区分为两大类：“个人”犯罪和“公司”犯罪（也称为“组织”犯罪）。

个人白领犯罪，是指政府部门或私营组织内的一名或多名工作人员，在该组织不知情的情况下利用自己的职务便利，通过非法活动牟利的行为。这些人可能与组织内的其他成员、供应商或客户勾结，此时犯罪的仍是一小部分腐败员工，而非整个组织。典型案件，如发生在1922年的“茶壶山丑闻”案，其中美国内政部长艾伯特·培根·福尔在任职期间犯下了欺诈罪和受贿罪。

更为严重的是像安然丑闻、西门子丑闻和博帕尔灾难事件这样组织层面的犯罪行为。在这些案件中，计划、实施犯罪行为的是整个组织。虽然个人也可能从组织的不法行为中受益，但他们只是整个组织犯罪计划中的小棋子。组织犯罪通常由高管层经过成本效益分析后发起。例如，如果非法活动或获得的收益大于可能的罚款成本，那么一些无耻的高管层就会把违法行为当作一种理性的商业决策。

如果几乎每个人都参与了公司的非法活动，或默许公司的这种犯罪行为，那就很难在“排除合理怀疑”的条件下认定该犯罪行为中的个人责任，尤其是当公司有财力聘请著名的辩护律师时。

在像杰宏·柯维耶这样的案件中，官方解释称，除了这名违法员工，整个公司一直遵纪守法。这样的说法遭到了广泛的批评和质疑。批评者认为，一个组织中的高层人士应该知道其内部发生的犯罪事件，因为在实践中，丝毫不知道这种系统性的组织内部犯罪是不可能的。■

金钱往往是万恶之源

密西西比计划，1716—1720年

背景介绍

地点

法国

主题

泡沫经济

此前

17世纪30年代 荷兰掀起了一阵"郁金香热"，投机者用巨额资金倒卖郁金香花苞，不料整个市场却在一夜之间萎靡不振。

1720年 为获得在西属美洲殖民地的经营特权，英国南海公司认购了英国国债。这家公司后来破产，股票崩盘，数千万人因此倾家荡产。

此后

1849年 威廉·汤普森（William Thompson）在纽约街头对陌生人进行连环诈骗。一名报社记者称其为"善于骗取信任的人"，简称"诈骗高手"。

1705年，苏格兰经济学家约翰·劳（John Law）提议对苏格兰银行体系进行重大改革，以减少公共债务和刺激经济。其中一项改革举措包括用纸币而非黄金作为流通货币。但是，劳的提议被否决了。1716年，奥尔良公爵以年轻的法国国王路易十五之名，邀请劳到几近破产的法国实践此项提议。

劳成立了一家国家银行，专门储蓄黄金、白银和发行纸币。1717年，他在密西西比河流域创立了一家公司，这家公司享有法国在美国所有领土的独家开发权利。1719年，该公司控制了法国所有的殖民地贸易。

此后，劳对法国债务进行了彻底重组。他制订了"密西西比计划"，通过出售其创立的公司股份换取国家发行的公共证券。他极大地夸大了公司价值，投资者纷纷购买股票，公司股价因此大涨，以每股500里弗尔的价格发行。一年后，公司股价上升了20倍，这些证券的价值也随之大涨。这一计划引发了疯狂的投机行为，整个欧洲的股市进入牛市。法国当局只能疯狂印钞，最终导致了严重的通货膨胀，以及货币和股票价值的损失。1720年，密西西比公司的股价暴跌，整个金融体系随之崩塌。劳逃往威尼斯，此后一直过着贫困潦倒的生活，9年后逝世。■

> **有理由相信，人们尚未正确理解货币的本质。**
>
> ——约翰·劳

参见：查尔斯·庞兹 102~107页，伯尼·马多夫 116~121页。

除了荣誉，没有什么好失去的

“黑色星期五”黄金丑闻案，1869年

背景介绍

地点

美国纽约市

主题

操纵股票市场

此前

1821—1837年 苏格兰骗子格雷戈尔·麦格雷戈发现了一块位于中美洲的“发达殖民地”，哄骗投资者购买此地的股票。受害者找到这里时，却看到一片未开垦的丛林。

此后

1986年 华尔街交易员伊万·伯斯基（Ivan Boesky）在美国法庭上坦白，他通过非法操纵股票市场和内幕交易谋取了2亿美元的私利。

1992年 哈萨德·梅塔（Harshad Mehta）用伪造的银行收据做担保，从孟买证券交易所骗取了7.4亿美元借款。为避免被起诉，他还贿赂了政客。

19世纪后期，美国金融市场还未受到严格监管，有人从事黑幕交易捞取巨额财富，这些人被称为“强盗大亨”。1869年，金融家詹姆斯·菲斯克（James Fisk）和杰伊·古尔德（Jay Gould）秘密囤积了大量黄金，伪造“钱荒”现象。他们打算推高黄金价格，然后出售，以获取暴利。但是，他们的计划却受阻了，因为当时正值美国内战期间（1861—1865年），联邦政府发行了大量没有黄金储备的纸币来支持财政。1869年，尤利塞斯·S. 格兰特政府为这笔国债提供了足量的黄金储备。财政部据此掌控了黄金价值：当它出售黄金时，金价下跌；当它持有黄金时，金价上涨。如果投机者想借机操纵黄金市场，政府就以用同样的方法来应对。

菲斯克和古尔德必须确保政府的黄金储备远离市场，他们通过行贿实现了这点。他们购入了大量黄金，金价因此飙升。格兰特总统发现了这一阴谋，抛售了400万美元的储备黄金。1869年9月24日（后来称作“黑色星期五”），此前高涨的金价暴跌，股市崩盘。古尔德却早在金价下跌之前就暗自卖出了持有的所有黄金。■

詹姆斯·菲斯克没有像杰伊·古尔德那样，在“黑色星期五”之前卖出黄金，损失了大笔投资。

参见：查尔斯·庞兹 102~107页，杰宏·柯维耶 124~125页。

拆东墙补西墙的老把戏

查尔斯·庞兹，1903—1920年

背景介绍

地点

美国马萨诸塞州波士顿

主题

庞氏骗局

此前

1899年 绰号“520%”的威廉·米勒（William “520 Percent” Miller）曾在纽约实施了一个“金字塔”式理财骗局。他通过承诺每周可获得10%的收益，共骗得100万美元。

1910年 一名自称吕西安·里维尔（Lucien Rivier）的男子在巴黎设立一家银行，诈骗了6000名投资者，骗取高达200万法郎的现金。

此后

2010年 一名员工检举了明尼苏达州商人汤姆·彼得斯（Tom Petters）的36.5亿美元的理财骗局。

1991—2009年 得克萨斯的艾伦·斯坦福（Allen Stanford）用20年时间，通过其在安提瓜的银行，骗取了70亿美元。

1920年7月，查尔斯·庞兹（Charles Ponzi）的巨额理财骗局被拆穿。随着警方的调查，恐慌的投资者堵在其位于波士顿的办公室门外，要求退钱。这起骗局的细节成为波士顿各大报纸的头条。

庞兹却像往常一样自信而有魅力，似乎没有受到影响。他身穿名牌西装，面带微笑地接待愤怒的投资人。在接下来的三天里，庞兹发放了总计约200万美元的现金，

1909年，庞兹在加拿大蒙特利尔因伪造支票被捕，留下了这张档案照。他当时使用的是别名查尔斯·P. 比安奇（Charles P. Bianchi）。

成功地安抚了投资者。除了直接发放钞票外，庞兹还会给投资人准备咖啡和甜甜圈，让他们放心。然而，庞兹大张旗鼓的圈钱行径还是引起了马萨诸塞州检方的注意。检方对其财务状况进行审计，揭开了美国史上最著名的理财骗局。

热心的企业家

庞兹比手下骗子高明处在于，从不会在骗局开始表露出任何恶意。1903年，这位21岁的意大利移民，怀揣2.5美元来到了波士顿。

虽然庞兹破产了，却仍然保有企业家精神，渴望成名。他很快学会了英语，去美国东海岸旅行，做了很多如服务员和翻译这样的临时工。1907年，他搬到蒙特利尔，在扎罗西银行找了份工作，还晋升到经理职位。

早期犯罪

庞兹工作的银行倒闭了，失去工作的他很绝望。他伪造了一张支票，希望骗取足够资金回到美国，没想到因此被捕，在蒙特利尔郊区一所昏暗的监狱里服刑三年。他出狱后回到美国，其后又因偷渡意大利移民到美国再次入狱，在亚特兰大监狱服刑两年。不知是外部环境还是自身性格使然，庞兹似乎骨子里就隐藏着做骗子的天性。

出狱后，庞兹回到波士顿，在这里认识了速记员罗斯·玛丽亚·涅科（Rose Maria Gnecco），二人于1918年结婚。婚后数月，庞兹尝试了各种工作，其中包括为岳父工作，同时一直在为做生意的梦想筹划。

庞兹进行了一次新的商业冒险，开办了一家贸易杂志。到了1919年，这个商业计划似乎也行不通了。庞兹再次陷入困境，甚至无法支付下个月的办公室租金。

此时，庞兹收到了从西班牙

> **我来美国时兜里只有2.5美元，但却怀揣着100万美元的梦想，而且从未放弃。**
>
> ——查尔斯·庞兹

参见：伯尼•马多夫 116~121页，杰宏•柯维耶 124~125页。

> 他是美国历史上最会分散精力的罪犯之一。
>
> ——《华盛顿邮报》

寄来的一封信，里面装有一份特殊文件。和其他已经垫付邮资、可按来信地址回邮的信件一样，这张国际邮政优惠券（IRC）看起来像货币，实际上是一套用来预付国际邮资的支付体系。这张优惠券可在世界各地流通和赎回，而且因为价格固定，并不会受战后货币急剧贬值的影响。庞兹发现，如果在意大利购买价格相对便宜的优惠券，在美国将其兑换成更贵的邮票，就可以利用其中的差价获利。

虽然庞兹没有将那张优惠券兑换成现金的计划，但是他计算过，这样每投资1美元所获得的利润高达2.3美元。庞兹发现了这个潜在的商业机会后，申请了一笔贷款，并将这笔钱寄给意大利的家人。他让家人帮忙购买邮政优惠券，寄到美国给他。据称，他的销售利润高达400%。

获取投资

庞兹以较低价格购入资产，以高价在另一个市场卖出，这一行为并不违法。但是，他并不知道如何将这些优惠券兑换成现金。与此同时，庞兹却告诉朋友和投资人，他可以在90天内将他们的投资额翻番。他自信地解释，国际邮政优惠券的回报丰厚，获利十分简单。

许多投资人的投资收益都按约定兑现了，1250美元的初期投资可获得750美元的利息。但是，这些利息并非来自优惠券的交易所得。庞兹其实是将新投资人的钱支付给了早先的投资人，而所有投资人都被蒙在鼓里。为了给这一交易披上合法外衣，庞兹还创立了自己的公司——安全交易公司。庞兹所承诺的高回报率迅速传开，他的投资人也从一小拨人扩展到了波士顿的精英阶层。

整起案件最初就是一个骗局，还是庞兹在知道如何将优惠券兑换成现金后，真的会支付给这些投资人，这些尚不清楚。可以肯定的是，他自始至终没有打算合法挣钱。最终，他不再购买那些内部回复优惠券，私吞了所有投资款。直至1920年6月，庞兹共从约7800名投资人处赚得250万美元。庞兹的书桌抽屉塞满了现金，他甚至把钱放在垃圾桶里。由于对庞兹的投资天分深信不疑，这些投资人甚至会用房屋抵押贷款，将所有储蓄都交给他打理。为了让财富继续增值，大多数人在约定到期时没有取出投资回报，而是选择继续投资。1920年2月，庞兹向客户承诺，投资后

国际邮政优惠券可以用来兑换邮票，这也是庞氏骗局的缘起。1906年，全球邮政联盟设计出了这一特殊的支付体系。

“金字塔”式理财骗局承诺为投资者带来高回报，前轮投资人获取的回报实际上是后轮投资人的投资款。所有“金字塔”理财骗局都一样，从数学计算上看无法长久运行，因为每一轮融资都要比前一轮增加至少一倍的投资人，查尔斯·庞兹的骗局也不例外。

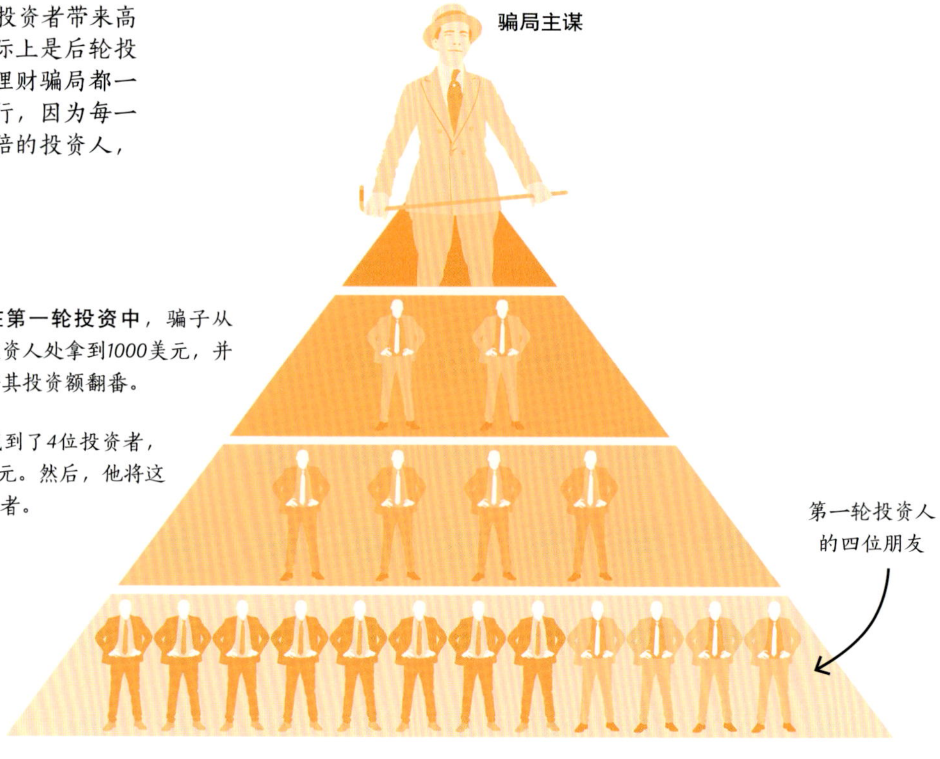

45天内能获得50%的利润。但是，庞兹承诺的利润回报率很快上升到了100%，这吸引了更多人投资。

庞兹将钱存入了波士顿的汉诺威信托银行，他还买下了这家银行的控股权。随着现金不断涌入，庞兹开始沉迷于纸醉金迷的新生活：他在列克星敦买了一栋有温泉泳池的豪宅，和钻石富商一起抽雪茄，还买了数十个镶有黄金手柄的手杖，以便在镇上出行时使用。

受到质疑

在赚钱的同时，庞兹也遭受着巨大损失，因为他要用从新投资人那里筹措的资金向早期投资者支付此前承诺的回报。这种“拆东墙补西墙”的投资骗局就是后来以查尔斯·庞兹本名命名的“庞氏骗局”。

1920年年中，庞兹每天能赚约25万美元。此时，一位家具交易商突然公开声称庞兹的支票被退回，当地报社开始关注此事。《波士顿邮报》随后刊登了一系列文章，针对庞兹公司的商业模式提出了很多尖锐问题，还指出其本人并未投资自己的公司。

与此同时，马萨诸塞州官方开始介入调查。虽然庞兹受到官员的询问，却转移了警方注意力，成功逃过账簿检查。调查期间，庞兹拒绝了新投资人加入，这十分有助于消除警方的怀疑。当马萨诸塞州检察官真的查看账簿时，只看到了一盒载有投资人姓名的索引卡片集。

同年7月，庞兹的公司再次遭受重创：经美国邮政局证实，庞兹不可能在国际邮政优惠券上取得他所称的回报，因为目前并没有那么多数量正在流通的优惠券。《波士顿邮报》也报道了这一消息，庞兹却因此将报社告上法庭。而后，庞兹又继续编造他是如何从意大利购买优惠券，然后再在欧洲进行销售的故事，但这次没有说服任何人。1920年8月2日，各大报纸刊登了庞兹无力偿债的消息。

投资人纷纷撤资，庞兹开始到处找钱支付本就属于投资人的钱。8月9日，庞兹的主要银行账户已经透支，地方法院冻结了这个账户。1920年8月12日，得知即将被捕，庞兹向联邦当局自首。他被控诉共实施了86起邮件欺诈案件。

最后的日子

庞兹共计花掉投资人约2000万美元的资金。虽然其中有些人得到偿付，但庞兹还是有700万美元的债务无法偿还。庞兹被捕入狱还导致包括汉诺威信托银行在内的6家大型国有银行倒闭。许多投资人深陷财务危机，他们投资的一美元只能获得30美分的偿付。

走投无路的庞兹在保释期间逃往佛罗里达，在那里成立了一个“卡戎土地集团”（Charpon Land Syndicate）。这也是一个“庞氏骗局”，通过承诺丰厚回报，吸引投资者购买沼泽地。庞兹因欺诈被捕，被判处一年监禁，但在上诉时被判无罪。

庞兹在试图从新奥尔良乘船逃往意大利时被抓获，尽管当时他剃了头，还特意蓄起胡子来伪装自己。庞兹被转送至波士顿监狱继续服刑。1934年，他被驱逐回意大利，在意大利实施了几次骗局，但都没有成功。之后，他移居巴西，1948年在那里去世。■

《波士顿邮报》刊登了一些质疑查尔斯·庞兹商业模式的文章后，一大群人聚集在其波士顿办公室的门外。

庞氏骗局对美国经济的影响

庞氏骗局将金钱从投资生产和合法经营的业务中转移出去，对投资者和整个社会经济造成严重影响。骗局越大，造成的损害就越大，尤其是在一些大银行也卷入其中的时候。骗局被拆穿后，投资者很可能会对这些机构失去信心，不愿再投资这些机构。

庞氏骗局很难被识破，因为通常骗子和骗局本身都不受监管。即使有机构监管，骗子也可能使用一些技术性语言来隐藏其真实性质。

庞氏骗局违反了一系列金融法律，受到多家监管机构调查，因此很难开展集中的大规模的调查。从财政角度看，监管机构也不愿进行调查，因为认为很多参与投资该骗局的机构规模太大，根本不能倒闭。

金钱本无罪

茶壶山丑闻案，1921—1922年

背景介绍

地点

美国华盛顿特区

主题

政坛腐败

此前

1789—1966年 纽约的坦慕尼协会是一个有着极大影响力的民主党政治选举机器，但协会里的领导层十分腐败，允许市长候选人通过行贿获得支持和影响力。

1912年 英国自由党政府的高级官员获取内幕消息后，计划向马可尼公司签发合同，从中谋取私利。

此后

1975年 美国参议院发布消息，洛克希德航天公司贿赂外国政府成员，以确保与其订立军用飞机合同的机会。

在1974年发生著名的非法窃听案“水门事件”，使理查德·尼克松总统引咎辞职之前，美国的政治丑闻一直以20世纪20年代初的茶壶山丑闻案为典型。这起案件与茶或茶壶没有任何关系，它指的是一场足以污染整个政府的贪腐案件。

20世纪初，美国海军从用煤转为使用燃油。为确保充足的燃料供应和储备，威廉·霍华德·塔夫脱总统指定了若干联邦石油生产区作为海军石油储备，其中就有位于怀俄明州的被称为“茶壶山”（Teapot Dome）的油田。

政治和石油

1921年，沃伦·盖玛利尔·哈定继任总统。哈定总统提名了很多能干的政治家和老朋友来组建内阁，其中就有后来担任美国内政部长的艾伯特·培根·福尔（Albert Bacon Fall）。1921年，在福尔施压下，哈定总统发布了一项行政

贿赂

贿赂是指一方通过给另一方提供某种好处，以非法取得某种利益，而此种利益一般只有通过公平中立的程序才可获取。行贿不仅可以发生在公司层面，也可能出现在政府层面。

时至今日，即使在反贿赂法体系十分健全的国家，也很难完全杜绝非法获利行为的发生，即某人会通过非法给予某些利益来获取特定回报。有争议认为，游说者向政治家“捐赠”大量现金进行游说宣传活动，也很容易滋生贪污腐败行为。说客们希望这样可以对政府决策产生影响，但事实证明政策的变化是不可能与捐赠金额的多少直接挂钩的。

贿赂案的调查倾向于通过窃听录音或警方精心设置的圈套，以确定双方在谈话中明确承诺打算交换的利益。

参见：密西西比计划 100页。

"茶壶山"成了一个政治术语，意指高级政府官员的腐败。在1924年的总统大选期间，它还被印在了竞选宣传海报上（见左图）。

命令，将茶壶山油田和位于加利福尼亚的两块油田从海军部转至内政部名下。随后，福尔在没有进行公开招标的情况下，私自将茶壶山油田的专属开发权授予了猛犸石油公司的哈里•F.辛克莱（Harry F. Sinclair）。福尔还与泛美石油运输公司的爱德华•多尔尼（Edward Doheny）达成了类似交易，私下出让了位于加州圣华金河谷的麋鹿山油田的专属开发权。作为回报，福尔从这些公司获取了数十万美元的无息贷款。尽管这些租赁转让合同是合法的，但福尔收受现金却是违法的。福尔一方面想通过行政手段来悄悄隐匿违法勾当，另一方面又大方投资了他的新墨西哥牧场和其他商业机构。福尔突然变得出手如此阔绰，引起了周围人的怀疑。

丑闻爆发

1922年，美国参议院对福尔谈判签署的租赁和转让合同展开调查，揭露了他不诚实的行为。哈定总统被勒令解除这些合同，油田开发也随之停止。哈定总统并没有亲自参与福尔的非法交易，但随着丑闻爆发，他的健康状况开始逐渐恶化。1923年，在有关福尔不法行为的细节全部公开前，哈定总统因心脏病发作去世。

福尔因麋鹿山油田和茶壶山油田交易而被判犯有受贿罪，被判处一年有期徒刑，罚金10万美元。他因此成为第一位因犯重罪而被判刑的内阁成员。福尔服刑9个月后，因身体状况不佳被提前释放。因为身无分文，他的罚款也被豁免了。猛犸石油公司和泛美石油公司的负责人虽然被控犯有行贿罪，最终均被无罪释放。

哈定总统的继任者卡尔文•柯立芝发起的调查显示，茶壶山丑闻案只是哈定任职期间众多的政府腐败案之一。这也成了哈定永远的污点。■

> 我能在战斗中时刻提防敌人，但没想到竟是我的朋友，这帮所谓的朋友，他们给我挖了坑！
>
> ——沃伦•G.哈定总统

哈定总统将其好友任命为高级政府官员。

↓

哈定总统的好友背叛了他，收受贿赂并挪用政府公款。

↓

内政部长艾伯特•福尔为谋取私利，将包括茶壶山在内的公共石油储备区出租给私营企业。

↓

参议院对艾伯特•福尔贿赂案展开调查，但总统哈定在调查结果公布前去世。

↓

国会在哈定总统死后对其展开调查，发现他手下的官员腐败现象十分严重。

印度左、中、右部的国民正在死去

博帕尔灾难事件，1984年

背景介绍

地点

印度中央邦博帕尔

主题

工业事故

此前

1906年 法国库里埃雷斯矿业公司的一处煤矿发生爆炸和火灾，造成1099名矿工死亡。

1932—1968年 日本窒素株式会社化工厂向水俣湾排放含甲基汞的废水，不仅污染了水里的贝类，也毒害了当地居民。

此后

2014年7月31日至8月1日 由于煤气管道维护不善，中国台湾高雄发生了一系列爆炸事件，共32人丧生。

1984年12月2日凌晨，位于印度中央邦博帕尔的美国联合碳化物公司（UCC）下属子公司的农药厂发生泄漏，共释放了40吨的致命毒气异氰酸甲酯。

约50万棚户区居民被笼罩在工厂周围飘荡的毒气之中。各方报道的伤亡人数有很大差异，据中央邦政府公布的官方数据，共有数千人在吸入毒气后立即死亡，更有数千人因此永久致残。这是历史上最严重的一起工业事故。博帕尔这一地名也成了因企业和政府疏忽和处理不当而导致大规模死伤案件的代

参见: 西门子丑闻案 126~127页, 大众汽车排放丑闻案 130~131页。

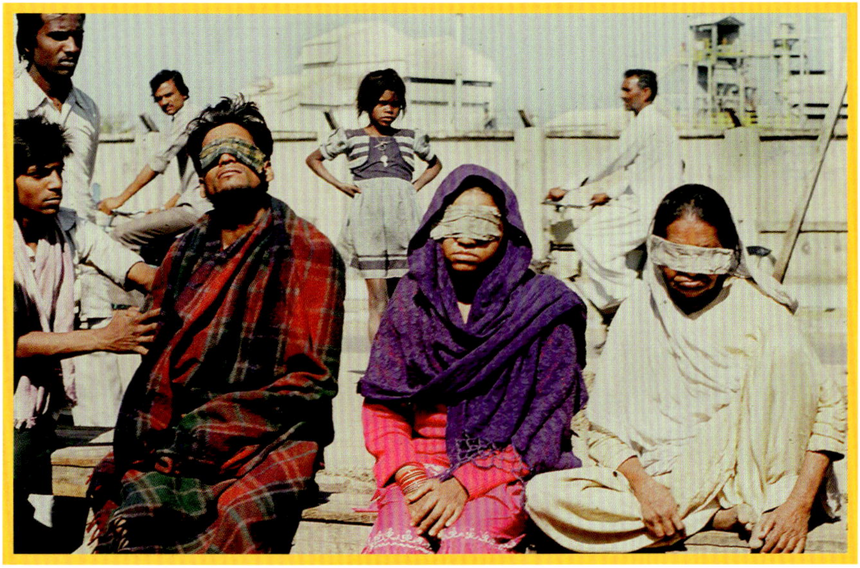

成千上万人因这场事故受伤，这些人中有的眼睛被毒雾灼伤，正聚集在街头等待救护。当地医院和太平间很快就不堪重负。

名词。

警示信号

1969年，化学品生产商联合碳化物公司向印度中央邦政府租借了一处土地，建造化工厂，用以生产面向全亚洲销售的杀虫剂西维因（Sevin）。印度政府拥有该工厂49.1%的股份。

其实整起事件从一开始就有问题。虽然博帕尔市有良好的交通基础设施，但这里的土地主要用于轻工业和商业建设，而不能用于建造生产危险品的工厂。因此，该工厂生产农药时应使用从其他地方生产后运来的化学品。但是，为了降低成本，获得市场竞争优势，它也开始制造化学原料，而这比制造农药更加危险。

20世纪80年代初期，印度次大陆出现了大范围的庄稼歉收和饥荒现象，农民没钱购买农药，市场需求也相应下降。博帕尔工厂减少了农药产量，联合碳化物公司则开始寻找新的买家。与此同时，该工厂的生产设施仍在继续运行，但安全设备和要求都远远低于美国工厂的标准。印度政府注意到这一安全隐患，但又担心关闭工厂会造成数千名当地工人失业。

> **这些化合物在水箱中遇水后发生化学反应，产生巨大的热量和压力，然后迅速变成致命毒气，泄漏到了凉爽的夜间空气中。**
>
> ——美国联合碳化物公司

1984年12月2日至3日，一场可怕的安全事故发生了。当地的强风迅速将工厂内的有毒气体吹向整座城市。这些气体贴近地面，只要人体接触到它，喉咙和眼睛就会受到严重伤害。许多人因严重呕吐或口吐白沫而死。成千上万恐慌的人们想要逃离这座城市，因此引发了骚乱。中央邦的首长阿尔琼·辛格（Arjun Singh）被指控逃往了位于博帕尔市外的住所，对他的市民不管不顾。

展开调查

这场事故的消息很快传到了美国联合碳化物公司总部，首席执行官沃伦·安德森（Warren Anderson）带着技术团队飞往印度，协助政府处理善后事宜。当安德森到达时，却被软禁了起来。随后，技术人员开始检查毒气泄漏的原因，并为当地社区提供医药用品和医疗设备。他们看到的景象触目惊心，街上到处都是人畜尸体。

安德森后来被释放，他承诺一旦被传唤就立即回印度受审。事故发生后的第十天，安德森在美国国会做了报告，为公司安全做出了承诺。他承诺，将采取行动确保类似事件“不再发生”。在接下来的几个月里，联合碳化物公司为受到这起灾难事故影响的员工设立了12万美元的救济基金，但这远远不够。到1985年4月，公司已经将基金总额增加至700万美元。

为正义而战

博帕尔事故原因的调查持续了数年，调查人员最终发现是阀门故障，使1吨本应用于清洁内部管道的水与40吨异氰酸甲酯混合，从而产生了化学反应，阀门被强烈的热流推开，导致了气体泄漏。调查人员认为这是人为破坏的结果，即一定有员工动过水箱。

起初，联合碳化物公司想逃避此起事故的法律责任。1989年，该公司与印度政府达成庭外和解，并支付了4.7亿美元的损失赔偿金。然而，有评论认为，该公司严重低估了毒气对健康的长远影响和此次事故的受害人数。印度政府和联合碳化物公司支付了受害者在一家2001年开业的医院接受治疗的全部费用，并设立了医疗保险基金以支付近10万人的医疗开支。然而，事故发生20多年后，很多长期受疾病折磨的幸存者和他们的家人仍在等待赔偿。一些集体诉讼也仍在进行中。

> **医学专家报告称，人体接触这种毒气后，不仅容易诱发肺癌，对胎儿产生不良影响，还会引发各类呼吸道、免疫系统、精神和眼科等方面的疾病。**
>
> ——约翰·艾略特（John Elliott）

没有任何个人因这起事故被控诉，所有民事和刑事诉讼案件的被告都是联合碳化物公司，而这些官司都已经持续了多年。2010年，联合碳化物公司的7名前任印度高管都被判过失致人死亡罪，每人均被判处两年监禁和罚金2000美元。和毒气泄漏造成的破坏相比，这样的刑罚似乎很轻，但这已经是印度法律对此罪能够判处的最高刑罚。

博帕尔事故给印度的公共安全敲响了警钟。自该起事故发生数年以来，印度正经历快速工业化阶段，激进派人士担心，政府对行业监管较少，可能会危害公民健康。博帕尔毒气泄漏事故表明，亟待采取安全措施、可操作性强的国际环境安全标准和工业事故应急机制来避免类似事故再次发生。

事故引发的“后遗症”

博帕尔事故发生数十年后，各方预估的实际死亡人数差异较大，从3800人到16000人不等。最终，印度政府官方公布的死亡人数为15000人，这一数字包括那些因接触毒气致病而死的人数。尽管有数以千计的幸存者，但他们余生都要与各类癌症、失明或其他神经和免疫系统疾病做斗争。在工厂发生事故后出生的婴儿大多伴有精神残疾和身体畸形。

事故发生后，联合碳化物公司的首席执行官沃伦·安德森被博帕尔政府指控犯有过失致人死亡罪，但美国拒绝将其引渡至印度受审。

幸存者联盟和其他当地的激进人士经常举行抗议活动，要求更严厉地惩罚应对此事故负责的人，并要求为受害者提供更多赔偿。

人权组织称，自1969年该工厂开业以来，该地区就已经开始出现出生缺陷现象，原因是工厂向周边地区倾倒有毒废物导致地下水污染。但是，印度政府尚未确认或经过长期研究证明，该地的新生儿出生缺陷与有毒饮用水之间有直接关联。

政府的不作为

虽然联合碳化物公司占地27公顷的工厂在事故发生后被立即关闭，但直到20世纪90年代初，公司才被允许对该场地进行净化处理。因为在刑事案件进行诉讼的过程中，该地含有的异氰酸甲酯是重要的定罪“证据”。2001年，陶氏化学公司收购了联合碳化物公司，该公司坚决表示，拒绝承担博帕尔事故的责任。陶氏公司称，这起事故已于1989年经法律手段得以解决，而印度中央邦政府已于1998年接管了该地。因此，后续的净化处理、为受害者提供持续的医疗救助和处理新的索赔请求的责任都应由中央邦政府承担。这么多年来，印度政府从未打破这一僵局。尽管当地激进人士知道废弃工厂的有毒废物严重威胁附近居民健康，但他们却反对政府出于安全原因移除和烧毁这一工厂。2015年，政府选取该地的少量废弃物进行试点燃烧，结果显示产生的毒气排放量并未超标。■

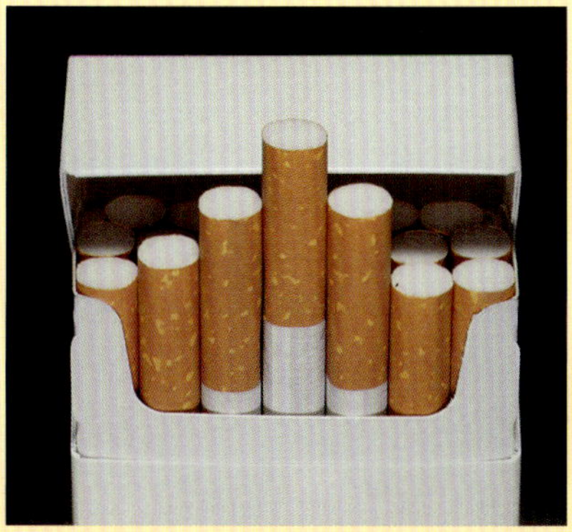

在罗宾逊诉雷诺兹一案中，陪审团发现，尽管烟草巨头明知吸烟对人体有害，但在销售时仍然宣传香烟无害。

公司存有过错

一般来说，当公司违约给第三方造成损害，就存有过错。无论出于何种目的，公司都可能因过错或未采取防范措施而被追究责任。对于子公司的过错，即使母公司没有参与不法行为，也可能要为其承担责任。其中，79岁的斯特拉•里贝克（Stella Liebeck）诉麦当劳餐厅案具有里程碑意义。1994年，里贝克不小心将从麦当劳购买的咖啡洒到腿上，被严重烫伤。她起诉麦当劳，成功获赔286万美元。

2014年，在辛西娅•罗宾逊（Cynthia Robinson）诉烟草制造商雷诺兹一案中，美国陪审团判决雷诺兹支付236亿美元的惩罚性赔偿金，因为辛西娅的丈夫1996年因吸烟过多导致肺癌死亡。辛西娅认为，该烟草公司没有告知消费者其产品容易令人上瘾、对健康有害，因此存有过错。

全球最大公开抢劫案

伦敦金融城债券失窃案，1990年5月2日

背景介绍

地点

英国伦敦

主题

债券失窃

此前

1983年 在伦敦，一个武装犯罪团伙从安全快车的车厢里窃取了600万英镑的现金。罗尼·奈特（Ronnie Knight）和约翰·奈特（John Knight）兄弟后来被判抢劫罪。

此后

2006年 7名蒙面男子手举枪支，冲进英国肯特郡塞科利达现金管理有限公司大楼。他们绑架了14名员工，在短短一个多小时内抢走了5300万英镑现金，成为英国史上金额最大的抢劫案。

2007年 伊拉克巴格达一家私营银行的保安从金库里盗走了2.82亿美元的现金。

1990年5月2日，对于约翰·戈达德（John Goddard）来说，这一天的伦敦金融区并没有什么特别之处。他此时已经58岁，是货币经纪人谢帕德（Sheppards）的信差。他拿着一个装满无记名债券的公文包离开英格兰银行，准备送到附近的一家金融机构。当天早上9点30分，当他沿着一条安静的街道向前走时，一名20多岁的男子突然靠近，用刀抵住他的喉咙，抢走公文包和钱包，然后逃走了。

> 卧底警察的生活是这样的，你时刻徘徊在死亡或崩溃的边缘。
>
> ——英国警方

大胆的抢劫犯

这名劫匪一路狂奔，很快消失在拥挤的地铁隧道中。他共抢走了301张无记名债券，其中包含170张国债和131张银行和建设行业的存折，每张价值约100万英镑。因此，抢劫犯抢劫的票面总金额高达2.92亿英镑。

英格兰银行发布了全球通告，告知各大金融机构该笔债券的序列号。第二天，媒体报道称，这起抢劫案件由一名业余盗窃犯实施，只要没有人脉关系，就无法兑现债券。但是，伦敦金融城的侦探们很快发现，这是一起跨国诈骗洗钱犯罪案件，由美国的一个犯罪集团实施。

英国警方派出一支40人的队伍追击抢劫犯，并与美国联邦调查局合作，派卧底打入犯罪集团内部。因为收到英格兰银行通知，该团伙可能有办法将债券兑换成现金，双方加快了办案进程。

7月31日，在抢劫案发生两个月后，案件有了重大突破。得克萨斯州商人马克·李·奥斯本（Mark Lee Osborne）试图向一个纽约毒枭出售价值1000万英镑的

参见：火车大盗 30~35页，D.B.库珀 38~43页，安特卫普钻石抢劫案 54~55页。

失窃债券。然而，这个潜在买家其实就是联邦调查局的特工大卫·马尼科斯（David Maniquis）。

顺藤摸瓜

奥斯本与联邦调查局合作，帮助抓获案件共犯，包括英国骗子凯斯·切思曼（Keith Cheeseman）。联邦调查局特工通过代号为“纸币行动”的抓捕行动将其捕获。切斯曼承认洗了债券后被监禁。

奥斯本成为警方线人后，成了犯罪团伙的目标，这些人不会让告密者有好下场。1990年8月，尽管联邦调查局对奥斯本严加保护，他还是头部中了两枪，被打死。

警方在全球追踪失窃债券。伦敦警方在希思罗机场追回了一个塞满尚未兑现的债券的袋子，又在塞浦路斯查获了更多失窃债券。直至1990年夏天，还剩两个债券包裹没有被追回。警方共逮捕了25人，但只成功将切斯曼一人移送法庭。

抢劫案发生后，为预防类似犯罪再次发生，英格兰银行（见上图）开通了英镑电子证券转账业务。

据称，28岁的帕特里克·托马斯（Patrick Thomas）是这起案件中的抢劫犯。他是一名伦敦的小贼，在案件发生当年12月自杀身亡。

信差约翰·戈达德直到事发后才知道那个公文包的巨额价值。在伦敦金融城，当时这种价值数十亿美元的货币证券通常由信差送出，但他们并不知道包裹的真实价值。后来，这种高风险的交付方式逐渐被淘汰了。■

警方卧底皮斯托尼伪装得很好，在抓捕行动结束前，他甚至快被提名为黑手党博纳诺家族的成员了。

卧底警察

为搜集有关团体和个人正在进行或准备实施的非法活动的证据和情报，警方会派出经过专门训练的卧底。

卧底警察的任务可能短到几小时，也可能长达数年，需要深入犯罪团伙内部进行长期调查。这样做有极高的个人风险，但收获也很巨大，可以将犯罪团伙一网打尽。

联邦调查局特工乔·D.皮斯托尼（Joe D. Pistone），1976年化身珠宝大盗唐尼·布拉斯科（Donnie Brasco），潜入纽约五大犯罪集团之一的博纳诺家族。皮斯托尼在犯罪集团里面工作了6年，共收集了100多名歹徒的定罪证据。黑手党后来悬赏追杀皮斯托尼。因此，皮斯托尼现在活在一个秘密身份之下，还出了一本书介绍自己的卧底生涯。这本书在1997年时被翻拍成电影《忠奸人》（*Donnie Brasco*）。

这就是一个大骗局

伯尼·马多夫，20世纪90年代—2008年

背景介绍

地点

美国纽约市

主题

庞氏骗局

此前

2007年4月6日 人称“双倍沙阿”（Double Shah）的赛义德·西伯特·哈桑（Syed Sibtul Hassan），被一位调查记者曝光在巴基斯坦设下庞氏骗局，承诺在15天内给客户100%的投资回报。

2008年5月21日 美国唱片制作人兼乐队经纪人卢·派尔曼（Lou Pearlman）因实施了涉案金额超过3亿美元的庞氏骗局被判25年有期徒刑。

此后

2011年6月7日 内文·夏皮罗（Nevin Shapiro）因在迈阿密实施巨额庞氏骗局，被判入狱20年和8200万美元罚金。

伯尼·马多夫（Bernie Madoff）精心设计了一个庞氏骗局，并成功避开美国的金融监管达数十年之久。这场骗局曾给来自五大洲的成千上万的投资者带来了巨额收益，最终却让他们血本无归。马多夫身上有各种各样的标签，如“魔鬼”“骗子”“叛徒”等。如今，他被判处150年监禁，将在监狱中度过余生。

这一骗局和其他骗局的开头类似，即通过承诺异常高的回报来诱骗投资者。大多数庞氏骗局通过高回报率吸引投资者后，很快就会“流产”，但马多夫设计的骗局每年都能保证稳定的投资回报。

可以获得奇迹般投资回报的消息迅速传开，诱人又稳定的高回报成了骗局得以维持的关键因素。马多夫会给那些想拼命加入的富有投资者评分，据此选择投资人。

2009年3月10日，马多夫在纽约落网，被押送法庭。他被控犯有11项重罪，包括证券诈骗、邮件欺诈、电信诈骗、洗钱和做伪证等。

不起眼的开始

1960年，马多夫大学毕业后在华尔街成立了一家公司——伯纳德·L.马多夫投资证券公司。他通过担任救生员和喷水装置安装工攒下了5000美元。此外，他的会计师岳父撒乌耳·阿尔伯恩（Saul Alpern）借给他5万美元来开办和运营公司。

该公司最初的业务是在纽约证券交易所（NYSE）和美国证券交易所（AMEX）以外进行小额股票交易，这样可以省掉巨额佣金。随后，马多夫迎来了第一位重磅投资人——一家成功的女装公司老板卡尔·夏皮罗（Carl Shapiro）。他在1960年向马多夫投资了10万美元，二人建立了商业伙伴关系，并结下了友谊。这也成了马多夫能利用的第一个机会。在随后的50年中，夏皮罗一直像儿子一样经常看望马多夫，还带他进入了富有投资者的圈子。但是，夏皮罗最终因在马多夫公司投资损失了5亿多美元。

马多夫公司的主要客户是一些富有的投资者，看起来数量少得可怜，因此成功躲过了美国证券交易委员会（SEC）的审查。最初，撒乌耳·阿尔伯恩帮马多夫招徕客户，以获取佣金，后来他将其他投资人的钱直接归入个人名下，然后再投资公司。这样，马多夫从表面看就没有那么多投资人了。

参见: 查尔斯·庞兹 102~107页, 杰宏·柯维耶 124~125页。

家族企业

马多夫的公司发展迅速，2008年已经成了一个价值数十亿美元的家族企业。他的侄女在公司担任风控官。他的两个儿子安德鲁（Andrew）和马克（Mark）则在私人投资部门负责公司对外的投资运营。这个部门在公司内部十分神秘，主要从事严重违法的勾当——将客户的投资款存入马多夫的私人账户，而非对外投资。

当投资者要求收回投资款时，马多夫公司不仅连本带利返还，还会给他们一份根据真实数据伪造的投资清单，而这笔钱实际上是其他投资者的投资款。或许奇迹般的投资回报给他带来了保护光环，大多数人没有对这样高利润的回报产生怀疑。马多夫为投资者投资的一只基金重仓了标准普尔100指数的股票。这只基金17年来的年收益率为10.5%，即便2008年美国股市崩盘的时候，该基金也在上涨。

> **我当然不会投资股票市场，我连信都不信。**
>
> ——伯尼·马多夫

多年来，人们一直相信马多夫的品行，不仅那些富人，还有成千上万的工薪阶层将一生积蓄托付给他。马多夫的公司看起来是合法的，他本人从表面上看也是一个很有信誉的商人。马多夫不仅曾在证券交易所顾问委员会任职，还担任全球第二大证券交易所的非执行主席。

马多夫投资骗局被揭穿后，波及了成千上万的受害者，其中包括好莱坞明星凯文·贝肯、约翰·马尔科维奇、史蒂文·斯皮尔伯格，法国贵族和金融家勒内·蒂埃里·马贡·德·拉·维尔胡谢特（René-Thierry Magon de la Villehuchet）和英国退役老兵威廉·福克斯顿（William Foxton）。其中，德·拉·维尔胡谢特和福克斯顿因不堪破产压力而自杀身亡。

展开调查

马多夫到底从何时开始实施庞氏骗局的尚不清楚。2008年，他自首时坚称，欺诈案始于20世纪90年代初，但联邦调查人员认为骗局很可能在20世纪70年代或80年代中期就已经开始了。实际上，马多夫的投资行为很可能一直都是非法的。他对财务运作高度保密，即使他的兄弟彼得，和他一起工作了40年，一直担任公司主管的合伙人，也没有识破骗局。

早在20世纪90年代，就有

2013年，爱德华·斯诺登泄露机密信息，披露了由美国主导的全球秘密监视计划的实施细节。

告密者

告密者是侦查案件时重要却备受争议的一环，因为仅靠官员办案很难水落石出。尽管告密者经常受到骚扰和恐吓，但他们受到法律保护。

在马多夫一案中，美国证券交易委员会在对告密者进行尽职调查后，成立了一个告密者专项基金，旨在鼓励金融家们提供关于金融犯罪的重要信息。

不仅如此，告密者在其他领域也扮演着重要角色。教育、医疗等行业都会鼓励员工举报失职和不当行为。但就国家层面而言，告密者可能引起极大争议。美国中央情报局前员工爱德华·斯诺登（Edward Snowden）既被称赞为爱国者，又被斥为叛徒。前美国陆军士兵切尔西·曼宁（Chelsea Manning）为谴责美国的外交政策而泄露了机密文件，最终被判处监禁。

人怀疑苗头不对，但投资人却认为这种说法是出于嫉妒，不以为意。2000年，金融分析师兼欺诈案件独立调查员哈里·马克波洛斯（Harry Markopolos）告知美国证券交易委员会，他可以证明，马多夫声称的收益无论在法律还是数学上都不可能实现。多年来，他的发现一直不受重视，但也有其他人得出了相同结论。除了马多夫的私人银行J. P. 摩根，没有一家大型华尔街公司会与马多夫进行投资交易，因为它们怀疑其投资数据的真实性。J. P. 摩根因涉及此案而受罚。2014年，J. P. 摩根被罚款20亿美元，用以赔偿受害者。

美国证券交易委员会曾在2008年前调查过马多夫，但没有发现这是一起大规模欺诈案件。1992年，美国证券交易委员会曾调查并关闭了马多夫的一只“联接基金”——阿韦利诺和比恩斯。他们没有发现这只不良基金仅用于吸引潜在投资者，是马多夫大骗局中的一枚小棋子。

> **数学十分具有说服力……除非你能改变数学定律，否则我的结论肯定是对的。**
>
> ——哈里·马克波洛斯

由于美国证券交易委员会的无能、缺乏专业财务知识和各部门之间沟通不畅，其对马多夫公司随后的调查连连受阻。美国证券交易委员会与马多夫公司的合规官之间虽然交流频繁，却毫无进展。马多夫的侄女甚至与调查马多夫基金的美国证券交易委员会律师埃里克·斯旺森（Eric Swanson）结了婚。

多年来，美国证券交易委员会的调查毫无进展。2008年晚秋，马多夫知道他要破产，这场骗局进行不下去了。他的投资人突然要求总计70亿美元的投资回报，而马多夫只剩下2亿～3亿美元。

真相大白

2008年12月10日，马多夫与儿子会面，想要发给他们总计数百万美元的年终奖。马多夫解释说，想提前发放奖金。他的儿子质疑这笔钱的来源，马多夫坦白这笔钱并不是来自公司的投资业务，还坦白了自己精心设计的庞氏骗局。马多夫的儿子们没有接受这笔钱，而是

自20世纪90年代初，备受尊崇的华尔街名流伯尼·马多夫开始秘密设计庞氏骗局，成功欺骗了投资者、监管机构和政府。

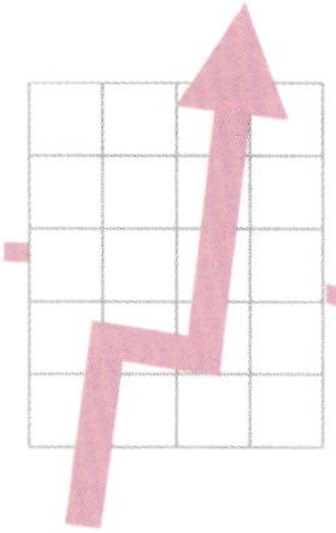

1960年

马多夫创立了伯纳德·L. 马多夫投资证券有限公司。

BERNARD L. MADOFF
Investment Securities LLC

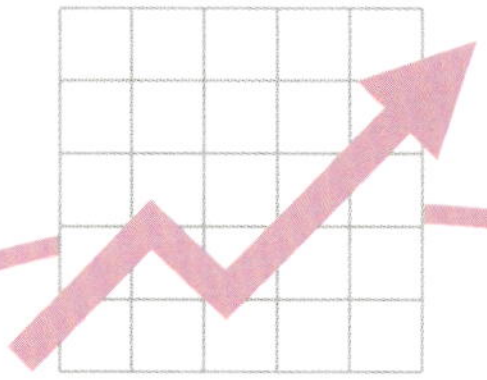

1986年

马多夫将公司总部设在纽约第三大道885号。

1990年

马多夫开始担任纳斯达克证券交易所主席，任期三年。

1992年

美国证券交易委员会关闭了马多夫公司旗下的一只“联接基金”——阿韦利诺和比恩斯。这只基金专为公司吸纳投资者，但与马多夫本人没有任何联系。

马多夫的私人物品都被拍卖，包括图中这双天鹅绒刺绣拖鞋。这些拍卖主要为了筹集资金，用以补偿由其设计的金额高达65亿美元的庞氏骗局的受害者。

向联邦当局举报了他。第二天，联邦调查局特工便逮捕了马多夫。被捕后不久，马多夫在等待控诉和判决期间获准保释。他和妻子露斯（Ruth）打包了诸如珠宝之类的私人物品，邮寄给儿子。

2011年，露斯·马多夫说，她和丈夫曾于2008年圣诞节前夕企图一起自杀。出于冲动和恐惧，他们胡乱吃了好多药，希望能死于过量的安眠药，但醒后却发现毫发未损。

悲惨结局

2009年3月12日，马多夫承认了其被控犯有的11项罪名，其中包括证券诈骗、投资顾问欺诈、邮件欺诈、电信诈骗、三项洗钱罪、虚假陈述、伪证，以及向证券交易委员会提交虚假申请。

2009年6月29日，马多夫被判处150年监禁，这是此类罪行可以判处的最高刑罚。在被法院判刑前，马多夫向受害者道歉，其中许多人就坐在他身后的长椅上。2009年11月，政府开始出售和拍卖马多夫的资产以偿还投资者。马多夫的资产包括：一艘大型游艇和两艘小型船舶；位于纽约市的公寓、位于纽约蒙托克的海滨别墅和佛罗里达州的豪宅；毕加索和罗伊·利希滕斯坦的画作；他妻子的珠宝收藏品、劳力士收藏品和一架斯坦威牌三角钢琴。

马多夫骗局这个历史上最大的庞氏骗局被拆穿后，全美共有上百个家庭受到重大影响，马多夫自己的家庭也在随后分崩离析。46岁的马克在父亲被捕后，无法摆脱其父留下的持久而又巨大的阴影，最终在两年后上吊自杀。■

2000年

哈里·马克波洛斯首次向美国证券交易委员会提交证明马多夫有罪的文件，但最终被驳回。

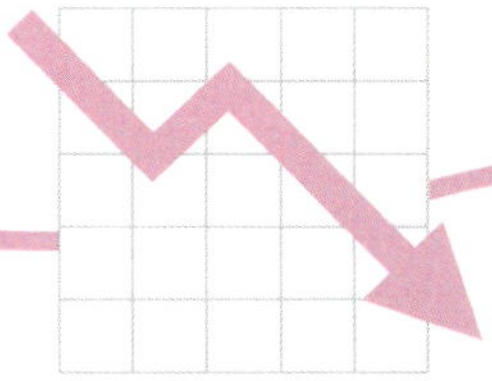

2002年

一位匿名对冲基金经理向美国证券交易委员会提交了一份马多夫公司投资情况的详尽诉状，但调查后没有发现任何线索。

2005年

由于收到复兴企业有限责任公司的举报，证券交易委员会对马多夫公司进行了新一轮审查，但仍未找到任何证据。

2008年

马托夫向儿子们坦白了庞氏骗局。他们立即向联邦调查局举报了自己的父亲，马多夫因此被捕。

我内心深信自己从未犯罪

安然公司丑闻案，2001年

背景介绍

地点

美国得克萨斯州休斯敦

主题

会计欺诈

此前

1991年 由于涉及重大洗钱案件，国际商业信贷银行（BCCI）被监管机构关闭。

1998年 废物管理公司是美国一家垃圾处理和回收公司，它因为一场股东集体诉讼共赔付了4.57亿美元。为该公司进行审计的安达信会计师事务所也因此被罚款700万美元。

此后

2008年3月 美国证券交易委员会指控加拿大拜维尔公司进行会计欺诈，对其处以1000万美元的罚款。

安然公司（Enron）是美国的一家能源公司，成立仅仅15年便成为美国第七大公司。但是，2001年，该公司因为一起重大的丑闻而倒闭了，这起事件揭露了该公司的成功原来是源于会计账簿造假。

1985年，商人肯尼思·莱（Kenneth Lay）将两家小型地方能源公司——休斯敦天然气公司和北联公司合并后成立了安然公司。2000年，安然公司的业绩有了显著增长，不仅创收达1110亿美元，还在全球40多个国家中拥有近2万名工人。

2002年，安然公司副总裁雪伦·沃特金斯（Sherron Watkins）向参议院委员会坦陈，她曾于1996年向安然公司领导层提出过关于财务违规的担忧，但遭到了谴责。

“极富创新力”的公司

杰夫·斯基林（Jeff Skilling）担任麦肯锡公司的顾问后表现优异。1990年，他被莱聘请为安然金融公司的首席执行官，很快成了莱的得力助手。斯基林开始实施积极的投资计划，使公司在1996—2001年连续六年获评《财富》杂志“美国最具创新力的公司”称号。

斯基林使用了“按市值计价”的会计方法来评估一项资产的预期利润，即并非按资产的实际价值估价。如果该资产的最终收入没有达到预期利润，斯基林会将其秘密转给一家账外公司，以便掩盖损失。在构建隐藏损失的账外公司网络体系中，安然公司的首席

参见：查尔斯•庞兹 102~107页，杰宏•柯维耶 124~125页，伯尼•马多夫 116~121页。

2006年4月26日，肯尼思•莱在媒体密切关注下到达法院，接受合谋诈骗罪的审判。最终，莱被定罪，但在服刑前突发心脏病死亡。

财务官安德鲁•法斯托（Andrew Farstow）发挥了重要作用。在公众和媒体看来，安然公司似乎发展迅速。

2001年8月14日，当安然公司的宽带部门爆出1.37亿美元的损失时，斯基林突然辞职，公司内部员工的士气也随之下降。

财务状况岌岌可危

2001年10月16日，安然公司发布第三季度财务报表，显示公司有6.18亿美元的亏损，股东们这才获悉公司糟糕的财务状况。而在四天前，安然的审计公司安达信会计师事务所的律师已经将安然公司的所有文件全部销毁。

安然公司的股价从2001年中期的每股高达90.75美元陡降至2001年11月底的每股不足1美元。股东们向该公司提出了金额高达400亿美元的诉讼，状告安然公司的高管们对董事会和审计委员判断会计核算是否存在高风险时进行误导。

案件余波

美国证券交易委员会因这起诉讼介入调查。2001年12月2日，安然申请破产并寻求美国《破产法》第11章规定的保护，因而成了美国历史上最大的破产案件。美国参议院紧急组建委员会，传唤公司领导、举行听证会，解释公司的破产原因。经参议院委员会查证，安然公司的董事会批准公司采取激进的会计行为，但公司的投资者们根本看不懂这些复杂的财务报表，也发现不了潜在的风险。

2002年6月，安达信因故意销毁安然公司的财务文件而被控犯有妨碍司法罪。虽然最高法院最终推翻了这一控诉，但安信达因此遭受的声誉损失却无法挽回。

2006年，联邦法院分别判决肯尼思•莱犯有证券诈骗罪、杰夫•斯基林犯有电信诈骗罪。莱在一个月后死亡。在这起丑闻案中，共有22位安然公司高管被定罪。■

法务会计

法务会计是会计的一个专业分支，专门调查、分析和解释复杂的财务和商业问题。

法务会计师经常被公共会计师事务所、执法机构、保险公司、政府机构和金融机构聘用，对欺诈行为进行调查，并定期向法庭提供专家证据。在安然丑闻发生的21世纪初，联邦调查局调查的公司欺诈案件数量惊人，较之前翻了三番，对法务会计师的需求也因此激增。

安然丑闻案给了后人深刻教训，推动各界制定更加有力的法律和实施更严格的监管措施来改善公司治理。金融机构和审计公司也越来越多地聘请法务会计师来预防公司内部发生欺诈舞弊活动。

他险些让银行倒闭

杰宏·柯维耶，2007—2008年

背景介绍

地点

法国巴黎

主题

骗子交易员

此前

1992—1995年 新加坡期货交易商尼克·利森（Nick Leeson）的非法交易拖垮了英国最古老的商业银行——巴林银行。利森因此获刑六年半。

2004—2006年 被誉为现实版“华尔街狼”的乔丹·贝尔福（Jordan Belfort）因证券欺诈而在监狱里服刑22个月。

此后

2011年 瑞银集团的全球交易员奎库·阿多波利（Kweku Adoboli）未经授权进行交易，使瑞士银行损失15亿英镑。2012年，阿多波利被判有罪，获刑7年。

法国交易员杰宏·柯维耶（Jérôme Kerviel）实施白领犯罪的时间相对较短，仅持续了一年多。虽然时间不长，但这位31岁的交易员却给法国大型银行兴业银行造成了49亿欧元的损失。但这究竟应当归咎于谁呢？

案情摘要

2000年，柯维耶加入法国兴业银行合规部门，2005年成为初级交易员。2006年末，柯维耶开始从事未经授权的交易。起初，他只是偶尔进行小规模非法交易；后来，这些虚假的对冲交易逐渐变得越来越频繁和规模化。柯维耶总是在三天内结束这些交易，以免被银行发现，但他本人并未从这些交易中获利。

2008年1月，法国兴业银行发现柯维耶一直在做未经授权的交易。预计到股价会下跌，法国兴业银行宣称柯维耶于2007年12月至2008年1月期间共进行了8起未经授权的衍生品交易，金额高达49亿欧元，远远超出该行股票和净资产的总收益。

柯维耶被控犯有违反信义义务罪、伪造罪和未经批准使用银行计算机系统罪。2010年6月8日，法院对他进行了审判。

在诉讼期间，柯维耶承认自己实施了虚假交易，并通过伪造文件掩盖犯罪行为，但声称自己的犯罪行径受兴业银行高管层的秘密袒护，因为这些非法交易可以获得丰厚收益。柯维耶的律师称，仅2007年最后一个季度，柯维耶就为银行赚取了14亿欧元的资金。

> **这一文化十分盛行，即不惜冒高风险来获取最大利润。**
>
> ——布拉德利·D. 西蒙（Bradley D. Simon）

参见：查尔斯·庞兹 102~107页，伯尼·马多夫 116~121页。

2012年，柯维耶和律师大卫·库比（David Koubbi）抵达巴黎上诉法庭，柯维耶输掉了这场上诉官司。在2016年上诉后，罚金被减少至100万欧元。

2010年10月5日，法官波思（Pauthe）判处柯维耶三年监禁，并命令他向法国兴业银行赔付49亿欧元。

反对意见

有人对官方说法持怀疑态度，其中就包括柯维耶的前同事。他们指出，这些未经授权的交易规模巨大，银行不可能发现不了，而且要在三天内完成如此大的交易几乎是不可能的。此外，他们认为，以柯维耶在公司中的职位，他也无法独自实施这些交易行为。

非法解雇

2014年，法国最高法院认为波思法官的判决没有考虑到银行自身风险管理程序存有漏洞，因此减少了对柯维耶判处的赔款金额。同年，柯维耶被释放。

柯维耶决心继续同兴业银行进行抗争。2016年6月，他向法国劳工法庭状告银行解雇他的行为是不人道的。这听起来可能像个奇怪的悖论，但劳工委员会最终判令银行赔付柯维耶30万欧元，用于支付其未休的假期和2007年的绩效奖金。2016年9月，柯维耶就其49亿欧元的罚金向法院提起了上诉。他最终赢得了上诉，罚金被减少至100万欧元。

不论公平与否，某些人将柯维耶视为烈士，认为他迫于腐败体制的压力进行不道德的交易，却因此在事发后成为第一个牺牲品。无论兴业银行在多大程度上参与了此案，柯维耶总会抓住各种机会进行自我宣传。2014年，他在罗马进行了一场公开的朝圣之旅，与方济各教皇就“市场的暴政”这一话题进行讨论。■

撒谎心理学

丹·艾瑞里（Dan Ariely）博士是北卡罗来纳州杜克大学的认知心理学家和行为经济学家，他在《撒谎的真相》（*The Honest Truth About Dishonesty*）一书中提出，在以下几种情形中个人撒谎的概率会大大增加：（1）能够自圆其说；（2）面临利益冲突；（3）过去曾就这一问题撒过谎；（4）看到他人有撒谎行为；（5）处于认为撒谎是常态的文化或亚文化环境中；（6）得知别人会从他们的欺骗行为中受益；（7）拥有丰富的创造力和想象力；（8）十分疲惫或压力很大。

杰宏·柯维耶显然符合前六种情形，后两种也有可能。脑成像显示，撒谎和经常性欺骗会使杏仁核活动减弱，而杏仁核位于大脑处理情绪反应的区域。该区域活动减弱还会减少由撒谎所引发的羞耻感或内疚感，从而使撒谎变得愈加容易。

行贿受到容忍甚至奖励

西门子丑闻案，2008年

背景介绍

地点

美国华盛顿特区

主题

公司腐败

此前

1914年 德国西门子公司和竞争对手英国维克斯公司被曝光贿赂日本官员，以获得签署军舰合同的机会。西门子员工卡尔·李希特（Karl Richter）被判处两年有期徒刑。

1985—2006年 军工巨头英国航天系统公司承认其与沙特官员进行了“亚玛玛武器换石油”（Al Yamamah arms-for-oil deal）交易。

此后

2009年 美国工程公司凯洛格·布朗路特公司（Kellogg Brown & Root）的高管因涉嫌贿赂尼日利亚政府官员长达十年而被定罪，其行贿是为了换取金额高达60亿美元的液化天然气设施建设合同。

孟加拉国的移动电话网络系统、阿根廷的国家身份证计划、伊拉克的联合国石油换食品计划和委内瑞拉的两条新设铁路网有什么共同点？它们都是腐败的政府官员向德国工程巨头西门子公司授予的利润丰厚的公共工程项目，这些官员在选择承包商时都很乐意接受“经济支持”。自2001年3月西门子首次在纽约证券交易所上市到2007年9月美国官员介入调查公司运营期间，西门子的员工在世界各国开展了规模空前的贿赂行动。

被控行贿

2008年9月，美国联邦证券交易的监督机构联邦证券交易委员会（SEC）针对西门子公司进行了专项立案。经调查发现，在2001年至2007年期间，该公司给了60

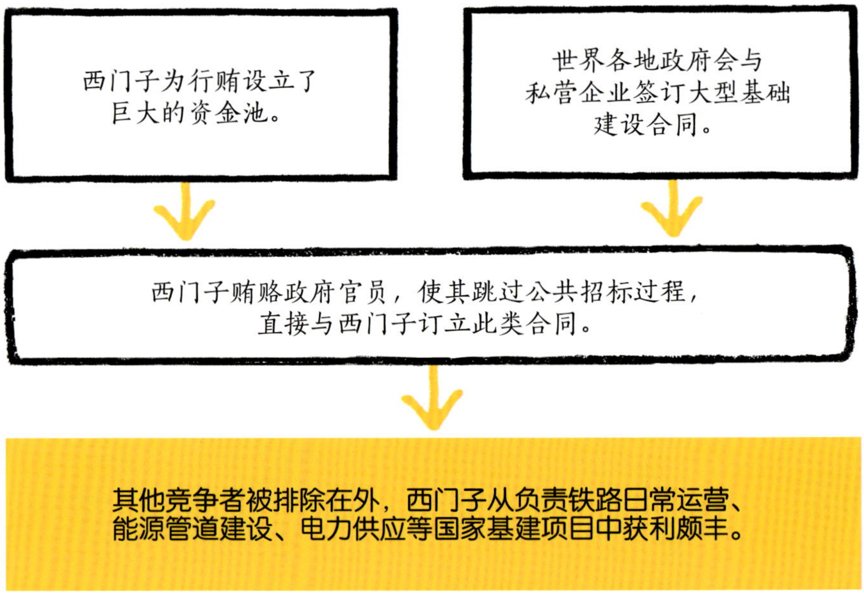

参见：茶壶山丑闻案 108~109页，安然公司丑闻案 122~123页，大众汽车排放丑闻案 130~131页。

> 对跨国公司来说，它们现在再也不能把给外国官员的非法贿赂当作生意上的正常开支了。
>
> ——谢丽尔·J.斯卡伯勒（Cheryl J. Scarboro）

多个国家的政府官员共4283笔贿赂和回扣，总金额高达14亿美元。此外，西门子还对第三方进行了1185次行贿，总金额为3.92亿美元。

美国证券交易委员会并不是唯一指控西门子的机构。在希腊，检察官受理了由2004年雅典奥运会安保系统合同引发的对该公司的投诉。在接下来几个月里，西门子在挪威、斯洛伐克、土耳其等世界其他地区的活动都接连受到指控。

腐败文化

对西门子的管理层和员工来说，公司在国外为竞争订立合同的机会而行贿是一项“惯例”。美国司法部披露，该公司在办公室里有三个“现金柜”。员工会带着空箱子进去，塞满钞票后再拎出来。如果一次“取钱”的金额高达100万欧元，就可以为公司电信部门买得订立合同的机会；而且这样做的话，既没人来找碴儿，也不需要提交任何必要文件。在2001年到2004年间，公司在“现金柜”中取出了大约6700万美元。

然而，西门子并非把抵赖作为唯一手段，他们实施的大多数非法商业手段更加高明。公司广泛使用专门的账外银行账户和“顾问”来隐藏黑幕交易的性质。会计账簿也故意记得十分简略。管理人员会用便签纸签发行贿用的支付单，这样就可以在资金转让的那一刻将其立刻清除。

西门子公然容忍这些腐败行为也影响到了公司的员工，他们并不觉得自己这样做有什么错。但是，该公司的此种态度证明其无视已经在纽约证券交易所上市并受美国反贿赂法约束的事实。虽然德国法律曾规定贿赂外国官员是合法行为，但该条规定已于1999年被废除。2008年12月，西门子在美国法院认罪；法院判令其支付16亿美元的罚金，并敦促其通过改革公司内部文化来加快重整公司。西门子公司自此建立了反腐机制。■

在丑闻被曝光时，莱恩哈特·西卡泽克（Reinhard Siekaczek）是西门子公司会计工作的主要负责人。他帮助揭发了西门子公司的腐败现象，因此获得减刑。

界定白领犯罪

1939年，美国社会学家埃德温·萨瑟兰（Edwin Sutherland）创造出“白领犯罪”一词。他试图转移此前犯罪学的研究重点——工人阶级在街头实施的蓝领犯罪。根据主流理论，犯罪与贫困有内在关联。相反，他选择研究由专业人士——通常是富商或其他社会精英阶层——犯下的出于经济动机的非暴力犯罪。他对白领犯罪的定义是，“一个备受尊崇、拥有较高社会地位的人在其任职期间所犯的罪行”。萨瑟兰认为白领罪犯实施的罪行包括欺诈、伪造、贿赂和洗钱等，这些行为往往更可能被视为民事侵权而非刑事犯罪。此外，与那些身处社会底层的罪犯相比，这些白领罪犯更有可能“逃脱”法网。

不只是傻孩子在家中的恶作剧

利用间谍眼恶意软件盗窃数据案，2009—2013年

背景介绍

地点

俄国莫斯科

主题

网络犯罪

此前

2000年 俄罗斯互联网服务提供商RBN为非法网站和钓鱼网站提供服务，成为全球有组织犯罪的主要信息高速公路。

2007年 黑客从TJX零售商处窃取了至少4560万张信用卡卡号，这家零售商在美国拥有多家折扣店。自此，大规模数据泄露案件进入了公众视野。

此后

2010—2013年 土耳其黑客埃尔坎·芬迪科格鲁（Ercan Findikoglu）用互联网发送借记卡账户数据给世界各地的“取现人”，通过他们从自动取款机中盗取了数百万美元。

近年来，互联网中的“暗网”领域不断扩大，犯罪分子有了更广阔的犯罪平台。“表面网络”指可以通过搜索引擎访问的索引站点，它的背后还有“深度网络”，主要指防火墙背后的无索引数据，如内部网、档案、受密码保护的网站等。此外，“深度网络”还包含“暗网”，即匿名托管的网站，这些网站只能通过特殊软件访问。其中一些网站专门贩卖枪支、毒品或发布电脑病毒。

数据盗窃

全球数十亿互联网用户面临的最大安全风险之一，就是专门用于网络欺诈的软件程序。其中，2010—2012年黑客使用的“间谍眼”（SpyEye）最具破坏力。这款软件曾悄悄侵入全球5000万台个人和金融机构的计算机，窃取了众多机密信息。

犯罪分子可以购买现成的软件工具包，价格从1000美元至8000美元不等，取决于基本版还是高级版。犯罪分子可以利用它来入侵计算机，用用户设置的密码进行登录。间谍眼的主要卖点是，即便输入安全的在线银行网页上的数据，也可以在尚未加密之前就被识别并提取。黑客通过窃取受害者的账户密码和PIN码来盗取资金。

年轻的俄国男子亚力山大·“萨沙”·帕宁（Aleksandr “Sasha” Panin）在莫斯科的一所公寓里开发出这款病毒软件。帕宁表面彬彬有礼，在网络上却是另一副面孔，他的网名是“格雷博德曼”（Gribodemon）。网名为“Bx1”的哈姆扎·本德拉（Hamza Bendelladj）是帕宁的犯罪同伙，阿尔及利亚计算机科学专业毕业的学生，主要负责在线销售恶意软件。

据说，帕宁曾想将犯罪所得投资于改变人类生活的科学研究，而本德拉则大方地向巴勒斯坦慈善机构捐款，这对罪犯罗宾汉式的行为竟博得了公众好感。

发现证据

对美国的执法机构来说，要

参见：弗兰克·阿巴纳尔 86~87页。

网络犯罪分子利用互联网快速、便捷、匿名的特征，实施了一系列大规模的跨国犯罪案件，模糊了现实世界和虚拟世界的边界。

抓住这些藏在计算机屏幕背后的匿名网络犯罪分子并非易事。美国联邦调查局聘请私营计算机安全公司趋势科技（Trend Micro）来识别可疑字节，以此检测构成计算机代码的数十亿比特流中是否存在恶意软件。1200名研究人员花了4年时间绘制出“间谍眼”的基本结构。研究人员发现这些IP地址源自佐治亚州的亚特兰大，还发现了一台感染病毒并被用作主服务器的电脑。这台电脑正是由本德拉从阿尔及利亚远程操控的。

随后，由研究人员伪装成网络罪犯潜入“间谍眼”在线论坛。2011年6月，趋势科技公司掌握了充分的犯罪证据。他们用购买“间谍眼”做诱饵，查出了帕宁的收款账户。尽管已经确认网上的“格雷博德曼”就是现实世界的帕宁，但因为美俄没有引渡条约，联邦调查局只能再等两年，直到帕宁离开俄罗斯后才采取行动。2013年7月，帕宁终于落网。当时他一时疏忽，选择在多米尼加共和国度假。随后，他被判处了九年半有期徒刑。而本德拉在六个月前在泰国被捕，被判15年有期徒刑。■

“

这就是一场不错的侦探游戏，老式的侦探游戏。

——趋势科技公司瑞克·费格森（Rik Ferguson）

”

匿名黑客撰写了一套恶意软件程序。

↓

这套恶意软件程序被挂在暗网上销售。

↓

网络罪犯购买这套程序以进行犯罪。

↓

该程序可以窃取成百上千乃至上百万客户的身份信息和个人数据。

网络犯罪的兴起

随着各种合法网络在线活动的兴起，网络犯罪也随之增加。网络犯罪被定义为任何使用计算机或网络窃取金钱、商品、信息或其他资产的犯罪行为。个人、公司、机构甚至政府部门都可以成为犯罪目标。

随着在线业务和云存储的普及，企业和个人可能根本无力招架黑客的各种新式犯罪手段。在这起可自动窃取信用卡和银行账户信息的黑客案件中，即使恶意软件的创建者被捕，恶意软件仍然继续在线传播。这些软件可以像IP地址那样，形式和名称都能被轻易修改。

“间谍眼”是受臭名昭著的恶意软件“宙斯”的启发而开发的，但这款病毒软件的发明者从未落网。可“宙斯”病毒的源代码却自此泄露，并不断被黑客改编和传播。

违规行为让大众汽车名誉扫地

大众汽车排放丑闻案，2015年

背景介绍

地点

全球

主题

作弊软件

此前

2010年 康明斯公司是一家总部位于印第安纳州哥伦布市的汽车发动机公司，在其安装了57万多台没有污染控制设备的重型柴油发动机后，被罚款210万美元并被责令召回405台发动机。

此后

2016年 日本三菱汽车公司承认在汽车燃油测试中造假。此事件共涉及15.7万台自家生产的汽车，以及46.8万辆尼桑生产的汽车。

> 大众汽车排放丑闻是全球金融危机以来最大的公司丑闻。
>
> ——彼得·斯宾塞

2015年，在一场前所未有的举动中，美国环境保护署（EPA）指控德国汽车制造商大众汽车在美国市场上销售的柴油车中，安装了禁用的“减排装置”造假软件。

这款造假软件可以让汽车在接受测试时看似“减少”了尾气排放，实际上却在提高发动机性能的同时排放了更多的氮氧化物。一旦在途中行驶，汽车排放的氮氧化物会超出排放标准的40倍。2015年9

处罚公司

惩治公司不法行为的典型做法是，在法律上将公司当作一个“人”处以罚款，而不是对公司高管进行处罚。美国早在19世纪便确立起公司刑事责任的概念，即主张严格调查和惩处公司不法行为。如今，世界上的其他国家也在逐步接受这一犯罪概念。近年来，各国在处理此类问题上的趋势是，大幅增加对实施犯罪行为的公司的罚款，特别当公司缺乏内部控制系统或拒绝与调查人员合作时。

2016年9月，德国最大的贷方德意志银行受到美国司法部指控，因其在2005年房地产泡沫时期，非法出售了总价值为140亿美元的抵押贷款。

批评者认为此次巨额罚款可能影响国际金融市场的稳定，应对德意志银行进行重组和整治。

参见：安然公司丑闻案 122~123页，西门子丑闻案 126~127页。

图示为德国最大的独立汽车检测机构在测试时，安装在汽车排气管上的便携式排放量检测装置。

1100万辆大众汽车引擎上安装了这种“减排装置”造假软件。

↓

只有低排放量的汽车可以通过尾气排放量检测。

↓

上路行驶时，车辆实际排放废气所含的氮氧化物超标40倍。

↓

2014年5月，西弗吉尼亚大学的测试揭开了柴油机减排的骗局。

↓

大众汽车在全球召回了数百万辆汽车，并同意支付美国政府对其150亿美元的罚款。

月，大众汽车公司承认在1100万辆大众和奥迪2.0升排量的柴油车上配备了此款软件，以作弊通过汽车排放量测试。公司首席执行官马丁·温特科恩（Martin Winterkorn）因此向公众道歉，引咎辞职。

罪魁祸首

为调查本案，美国调查人员共审阅了近150万份文件资料。这起丑闻的关键人物是詹姆斯·罗伯特·梁（James Robert Liang）。德国工程师梁是大众汽车公司在美国的柴油发动机研发组组长，他曾在德国参与所谓“清洁柴油发动机”的开发。法院庭审记录显示，梁和同事发现，无法设计出满足严格的美国排放标准的柴油发动机，因此合谋开发了这款可以在排放测试中作弊的软件装置。

2016年6月，大众汽车公司达成一项民事和解协议，将分别向监管机构和消费者进行赔偿，赔付金额总计150亿美元。2016年8月，大众汽车公司对外宣布了这个消息，共有652家美国汽车经销商获得赔付。

2016年9月，梁向美国联邦调查局认罪，承认其在丑闻案中的主谋地位，并同意配合当局对其他大众汽车公司员工展开调查。最终，梁回答了环境监管机构关于引擎测试结果的问题，称其明知这样做是错的。联邦调查人员深入调查后发现，梁在美国实施犯罪期间曾发送电子邮件，告知德国同事该作弊软件的有关情况。

梁面临长达5年的牢狱生活和高达25万美元的罚款，将在刑满释放后被驱逐出境。这场丑闻并未因此结束，大众汽车公司仍将面临刑事和民事诉讼。■

ORGANIZED CRIME

有组织犯罪

1735—1749年

号称“霍克赫斯特团伙”的走私犯罪团伙成员遍及英格兰东南部的城镇和村庄。

1761年

创立于中国东南部地区的天地会是黑社会组织三合会的前身。

19世纪中期

黑手党的发源地是意大利西西里岛，最初以收取柑橘类水果保护费的形式出现。

1889—1908年

布奇·卡西迪带领流寇帮在美国西部各州劫持火车。这些不法分子被全国通缉，活要见人，死要见尸。

1923—1929年

在芝加哥实施禁酒令期间，两大对垒的非法贩酒团伙之间爆发了一场啤酒大战。

联邦调查局对组织犯罪定义如下：有正式组织架构的团伙实施的犯罪活动，主要目的在于通过违法行为获得钱财。这些犯罪团伙会使用暴力、贪污和勒索等非法手段来巩固自己的地位。他们常常会向腐败的公职人员行贿，使其对这些违法行为不闻不问，甚至大力支持。

组织犯罪通常也称作“有组织犯罪”，不仅发生在局部地区，还可能横跨全球。19世纪后期，长时间逍遥法外的布奇·卡西迪的流寇帮可能在规模上不值一提，但却算是美国历史上最成功的火车盗窃团伙。另一事例则是势力范围遍布全球的犯罪集团，如日本黑道和意大利西西里的黑手党。

边缘群体

犯罪集团通常由社会边缘群体组成。三合会的前身是19世纪在中国民间兴起的反清组织；意大利黑手党组织科萨·诺斯特拉及其在美国的分支最初源自西西里乡下的一处闭塞落后地区；“二战”后形成的“地狱天使”摩托车黑帮，其成员主要为不满的退伍军人。这些黑社会组织猖獗地实施各种非法活动，如贩毒、卖淫、高利贷、赌博和敲诈劳工等。

美国社会学家罗伯特·默顿认为，当个人无法以社会认可的手段实现目标时，就会转而实施有组织犯罪，而此行为往往出于家境贫困和仇富心理。著名的例子有在哥伦比亚麦德林这个贫困市内兴起的贩毒集团，成员出身伦敦南部贫民区的科雷帮和理查德森帮，以及扎根香港和澳门贫民窟内的各个黑帮组织。

这些人常常因种族歧视而受排挤。美国“禁酒令”时期的黑帮主要由意大利人、犹太人和爱尔兰人组成。在日本出生的韩国人则在山口组黑帮成员中占比高达30%，因为他们长期以来都受到种族歧视。在美国，由黑人组成的街头黑帮使毒品交易更为嚣张。里克·罗斯绰号“高速公路”，20世纪80年代曾在洛杉矶寻找工作，却因没文化而处处碰壁。后来罗斯开始贩卖可卡因，并建立起一个价值数百万美元的毒品帝国。或许这正是有组织犯罪最有吸引力的地方——它能让这

1946年

田冈一雄是日本黑帮山口组的头目，人称“头号教父”。

1948年

活跃于加利福尼亚州圣贝纳迪诺的“地狱天使”，后来逐渐扩展到世界各地，主要从事打击对手帮派和毒品贩卖活动。

20世纪60年代

科雷帮和理查德森帮两大对立帮派统领了伦敦东区的黑社会。

1972年

麦德林贩毒集团开始在哥伦比亚活动。他们用残忍的暴力手段垄断了可卡因贸易，并与政府对抗。

1980—1995年

“高速公路”里克·罗斯在洛杉矶建立了一个价值数百万美元的毒品市场，贩卖毒品可卡因。

些被家人疏远或被社会孤立的个体找到归属感。

地下活动

一些从事有组织犯罪的黑帮（尤其是那些旧时代的黑帮）因年代久远而有了神秘感，从而受到公众追捧，比如20世纪20年代美国禁酒时代的黑帮。相比之下，活跃于20世纪80年代至90年代的街头黑帮则不那么讨人喜欢，这些人除了在贫穷社区飞车持枪抢劫、盗窃车辆外，还贩卖毒品。

大型犯罪集团往往擅长秘密运作，通过伪装成“善良的不法分子”来掳获人心。“可卡因之王”巴勃罗·埃斯科巴就是借民粹主义平台和其精明的政治策略，成功获得了哥伦比亚众议院的席位。

在亚洲，山口组和三合会甚至渗透到了各地白领阶层——不论最强大的公司，还是公务员，或司法部门，都可能受制于这些黑帮组织。然而，与将自己暴露在公众聚光灯下的巴勃罗·埃斯科巴不同，这些黑帮十分善于幕后操纵，因而很难觉察他们的存在。

直到20世纪的最后25年，西西里黑手党一直在隐藏一个事实——它其实是一个高度有组织的犯罪集团。这个黑帮组织得以兴盛发展是因为意大利大陆地区根本不了解西西里文化中的细微差别。

“地狱天使”和许多其他摩托俱乐部一样，都曾试图以恶霸形象包装自己，但最终还是像“流寇帮”这样的黑帮群体一样，无害地回归到了个人自由时代。因为在从事这些活动时，这些帮派成员往往有一种错觉，好像一起回到了以前的非中心化的世界。

这些黑帮还常常与一些流行偶像有密切联系，例如歌手弗兰克·西纳特拉就曾帮美国黑手党正名。这是不是意味着黑帮成员也不全是大坏蛋呢？否则，他们怎么能和万众瞩目的大明星有交情呢？对那些试图掩盖真实情况的有组织犯罪集团来说，这一伎俩十分奏效。■

最危险的交易——走私犯罪

霍克赫斯特团伙，1735—1749年

背景介绍

地点

英国英格兰南海岸

主题

走私犯罪

此前

1735—1816年 哈德利黑帮（Hadleigh Gang）在英格兰东海岸犯案。两名帮派成员因杀害一名重骑兵被绞死。

此后

1799—1831年 英格兰南海岸的走私犯杰克·拉顿伯里（Jack Rattenbury）留存自己的犯罪日记，在一位牧师帮助下出版。

1817—1826年 英格兰肯特郡海岸的奥尔丁顿帮（Aldington Gang）与收缴消费税官员发生冲突，造成5人死亡、20人受伤。

2014—2016年 美国纳斯卡赛车手德里克·怀特（Derek White）涉嫌向加拿大走私美国烟草，逃税总额高达4.09亿美元。

18世纪是英国走私活动最为猖獗的时期。当时正值英法战争期间，为资助军事活动，英国政府对进口产品大量征税，物价随之高涨。仅18世纪中叶，茶叶价格便上涨了70%，从事走私活动利润丰厚。人称“霍克赫斯特团伙”的走私犯罪集团最为知名。

这个团伙得名于英格兰东南部一个城镇，他们不仅在萨塞克斯郡小镇莱伊的美人鱼旅馆存放货物，还准备了手枪和军刀。该团伙的走私犯臭名昭著，十分残忍，时常和税务官员发生武装冲突。1740年，税收官员托马斯·卡斯维尔（Thomas Carswell）负责带领重骑兵运送埃钦厄姆谷仓里的750公斤茶叶，在银山处遭到了霍克赫斯特团伙的伏击。该团伙枪杀卡斯维尔，俘获他的手下，还抢走了所有茶叶。

失去民心

尽管霍克赫斯特团伙十分残

“罗宾汉”效应

长期以来，普遍遵纪守法的公众却对一些有名的不法之徒心存敬畏。这种态度有时是出于对统治阶级制定的严苛法律的不满，有时却是由于政府不能或不愿意保护公民，而有组织帮派的出现正好填补了由此产生的权力真空。

美国社会学家罗伯特·默顿（Robert Merton）认为，当无法通过社会文化和制度认可的手段达到目标时，有些人便会采取非法手段实现目标。此时，那些不敢违法的公民就会崇拜这些敢于公然反抗的违法者。然而，当犯罪团伙对无辜者施加暴力时，公众的钦佩会转为愤怒。

丹尼尔·查特和威廉·加利被杀害后，公众开始反对霍克赫斯特团伙。官方纸媒《伦敦公报》（*London Gazette*）刊登这些走私犯的名字，并承诺赦免举报者以换取可靠情报。

参见：邦妮和克莱德 26~29页，啤酒战 152~153页。

鞋匠查特和税务官加利被残忍杀害，霍克赫斯特团伙将他们绑在马上，不停地用鞭子抽打。

忍，大多数民众却十分钦佩这一团伙，认为他们智胜税收官，让大家获取更便宜的货物。1747年10月，局势发生扭转。这伙走私犯袭击多尔塞郡普尔港的海关大楼，试图抢回价值500英镑（今天约合7万英镑）的走私茶叶、酒和咖啡。

正当该团伙用“三兄弟”号船将走私货物从格恩西岛运到基督城时，船只被威廉·约翰逊（William Johnson）上尉指挥的“斯威夫特”号拦截。虽然团伙成员成功划船逃脱，走私货物却被没收，运回了普尔。10月8日凌晨，为夺回走私货物，霍克赫斯特团伙头目托马斯·金斯米尔（Thomas Kingsmill）带领三十名武装分子潜入普尔海关大楼，抢走超过1500公斤走私茶叶。英国警方悬赏200英镑（如今价值约3万英镑）缉捕这一走私团伙，退伍军人威廉·斯特尔特（William Sturt）则组建起一支古德赫斯特民兵队来对抗该走私团伙。

> 他们富得流油，并用钱财贿赂贫民……好让这些人在这一时期私藏不法之徒，为整个走私团伙打掩护。
>
> ——佩勒姆先生（Mr Pelham）

起初，没有人敢出面指控这些走私犯。直到第二年，福丁布里奇的鞋匠丹尼尔·查特（Daniel Chater）才使约翰·“双体”·戴曼德（John “Dimer” Dimond）最终落网。这二人结缘是因为戴曼德曾扔给查特一小包茶叶。当时霍克赫斯特团伙路过该镇，吸引了大群人前来围观。查特因自己以这种方式被选中而倍感荣幸，向邻居吹嘘他与戴曼德的友谊。

戴曼德被捕，警方计划让查特在奇切斯特法庭当面指认走私犯。

为逃避即将到来的审判，团伙成员威廉·杰克逊（William Jackson）和威廉·卡特（William Carter）绑架了查特和海关官员威廉·加利（William Galley），当时二人正前往奇切斯特，途经罗兰堡，在附近的白鹿旅馆停下休息。二人被匪徒绑在一匹马上，带到位于雷克的红狮旅馆附近的荒野上。霍克赫斯特团伙无情地杀害了他们——加利被活埋，查特则被头朝下扔到井中。

恶有恶报

霍克赫斯特团伙残忍杀害加利和查特的暴行，使公众舆论一致转为反对走私犯。团伙首要分子被捕，接受了审判，并因突袭普尔海关大楼获罪。1749年4月26日，金斯米尔和三名同伙在伦敦的泰伯恩刑场被当众绞死。金斯米尔的尸体被铸上镣铐，悬挂在古德赫斯特，此处正是曾因反抗而被其扬言要烧得片甲不留的那个小镇。■

西西里岛的盗贼窝

西西里黑手党，19世纪中期至今

背景介绍

地点
意大利西西里

主题
犯罪家族

此前
18世纪前 犯罪家族联盟克莫拉(Camorra)在那不勒斯王国组建起来。这一组织不断壮大，最终控制了该地区的牛奶、咖啡和鱼类产业。

此后
19世纪50年代 “光荣会”(Ndràngheta)在意大利南部的卡拉布里亚地区发展起来。到20世纪90年代末，它已成为意大利最大的犯罪集团，主要从事勒索、洗钱和贩毒等犯罪活动。

19世纪后期 美国黑手党逐渐形成，其成员多来自纽约东哈莱姆、下东区和布鲁克林的意大利移民家庭。

黑手党的发源地是19世纪盛产橙子和柠檬的西西里岛西部地区。当时，柑橘类水果利润丰厚，如果产量大，果林主人就会获得可观收益。然而，西西里的气候干湿不定，柠檬树的生长又极易受到供水不足的影响。这种柑橘类水果可获巨额利润和极易受气候影响的特性，催生出了“西西里岛式”的犯罪模式：勒索柑橘类水果“保护费”。

屡次调查未果

加拉蒂博士（Dr Galati）来自巴勒莫，这座城市不仅是西西里自治区的首府，也是黑手党的核心据点。加拉蒂博士曾因未交“保护费”被赶出了自家农场。虽然他曾向警方报案，但警方并未采取任何措施。博士据此认为警方的调查人员和这些强盗是一伙的。1874年，加拉蒂博士放弃果园生意，举家搬迁至那不勒斯。

19世纪，黑手党与西西里岛西部特拉帕尼省维他镇的警察交火。该地区共有六个小镇，众多黑手党人盘踞的维他镇便是其一。

加拉蒂打听到安东尼奥·贾默那（Antonio Giammona）在黑帮团伙中很有影响力，此人住在乌迪托村，向整个西西里岛西部柠檬果园的主人勒索钱财，意图垄断岛上的水果市场。贾默那的势力不仅渗透到当地警局和政坛，还延伸到负责货物运输的司机和码头工人之间。意大利议会议员迭戈·塔亚尼（Diego Tajani）称，西西里黑手党猖獗，并非依靠组织本身，他们与地方政府合作，借机渗透政坛，势力才如此强大。

> **我叫莫里，我会置人于死地！我决心让犯罪全部消失，像尘土随风飘得无影无踪！**
>
> ——凯撒·莫里

1875年8月，加拉蒂向罗马内政部提交了第一份有关西西里岛地区“黑手党”活动的报告。这份报告指出，虽然乌迪托村人口仅800人，但在1874年一年内就有23人遇害。这份报告并没有给加拉蒂本人带来任何帮助，但使政府开始关注南方日益严重的此类问题。

从19世纪到“一战”结束期间，政府官员和学者对黑手党［亦称“科萨·诺斯特拉”（Cosa Nostra）］展开深入调查，但每次调查后就会发生公开谋杀或大规模杀戮事件。虽然有个别黑手党人（指黑手党成员）被起诉，但作为犯罪集团的黑手党组织却从未被起诉。与此同时，黑手党继续与当地政府和警方紧密勾结，暗中对西西里居民实施高压控制，赚取利润。

法西斯执政者

1925年，在贝尼托·墨索里尼法西斯政府统治时期，巴勒莫的地方长官凯撒·莫里（Cesare

参见：三合会 146~149页，啤酒战 152~153页，极道 154~159页。

Mori）发起了打击西西里黑手党的活动，这也是有史以来该地打击黑手党活动最有力的一次尝试。莫里的打击方法很简单，将专制权力与强制手段结合。莫里不相信黑手党是一个高度有组织的犯罪团伙，因而建立了一个“省际间”打击黑手党的警察部队，共逮捕了1.1万名西西里人。这其中不仅包括黑手党和土匪，还有无辜平民。莫里通过大规模审判来处理这些“罪犯”，并向媒体隐瞒了实情。最终，墨索里尼向全国宣布，已经消灭了意大利的有组织犯罪。在此期间，约有500名黑手党人逃到美国，在那里建立了西西里黑帮组织。

1943年，盟军进入西西里，无意中帮助黑手党恢复了权力。法西斯政府被推翻后，在各省市出现了权力真空，黑手党趁机重获在墨索里尼统治前所占据的地位。

争议解决委员会

1957年，在一次前往西西里的旅行中，纽约黑手党成员约瑟夫·伯纳诺（Joe Bonanno）向欧洲同伙建议，通过组建委员会来解决内部争端。著名的黑手党人托马索·巴塞塔（Tommaso Buscetta）、加塔诺·巴达拉门蒂（Gaetano Badalamenti）和塞尔瓦托·格列柯（Salvatore Greco）开始起草黑手党规则。次年，第一个西西里黑手党委员会在巴勒莫成立。该委员会旨在解决家族和个人间的争端，确定违反黑手党内规则的惩治措施，并严控对政府官员、律师和记者使用暴力的行为。因为杀害这些人会引起公众对整个西西里犯罪组织的不必要关注。如果某个头目想下令杀死一个人，必须先得到该委员会批准。

意大利警方发布通缉令，捉拿9名涉嫌贩毒的黑手党成员。此次行动也是2008年发起、代号“老桥”的国际缉毒行动的一部分。被列入“老桥”通缉名单的罪犯中，有50人在纽约，30人在西西里岛。

党内之争

20多年来，黑手党委员会几乎形同虚设，因为各地区的黑手党头目都喜欢单独行动。黑手党委员会也没能阻止第一次黑手党党派之争——1961年，格列柯家族（Greco）和拉巴贝拉家族（La Barbera）之间爆发了一场争斗，共有68名党内成员丧命。1963年，这场家族斗争最后恶化成了臭名昭著的恰库库屠杀事件（Ciaculli massacre）：为谋杀塞尔瓦托·格列柯（Salvatore Greco）安装了汽车炸弹，7名警察和军官因炸弹未被成功拆除而丧生。黑手党因此承受了巨大损失——10周内，共有1200名黑手党人被捕。

政府成立了由巴勒莫前首席调查官塞萨尔·特拉诺瓦（Cesare Terranova）领导的反黑手党委员会。尽管调查最终取得许多重大突破，如发现巴勒莫前任市长萨尔福·利马（Salvo Lima）和黑手党勾结，却并未依此采取政治行动。西西里黑手党暂时解散，为逃避诉讼，数百名黑手党重要成员逃往其他国家。

20世纪70年代末，第二次黑手党党派之争（1981—1983年）开始，柯里昂镇的黑手党人成功夺得统治地位。在塞尔瓦托·“托托”·里纳（Salvatore “Totò” Riina）的领导下，柯里昂（Corleonesi）家族成功接管了并无实权的西西里黑手党委员会，并将其改造为一个专制机构。虽然没有受过教育，但他们用邪恶和暴力弥补了委员会无权的缺陷。而后，黑手党谋杀的公众人物急剧增加，并因此声名大噪，虽然这与其此前的惯常做法相悖。

1979年，四名反黑手党委员会的元老分别在不同事件中丧生，其中包括特拉诺瓦。次年，蒙雷阿莱的警察局局长、西西里地区的行政长官和巴勒莫的首席检察官均被黑手党杀害。1982年，反黑手党委员会的活跃成员派欧拉·托雷（Pio La Torre）遭谋杀。此案促使意大利通过一部法律，认定所有与“黑手党”性质类似的协会都是非法的。1979年末，民族英雄、反黑手党倡导者、巴勒莫总督卡罗·阿尔贝托将军（General Carlo Alberto）和他的妻子一起遇害。当时，十几名黑手党人封锁了二人旅游途经的道路，用机枪狂射阿尔贝托驾驶的汽车。卡罗·阿尔贝托将军的葬礼在意大利全国直播，引得万人泪下。

> **双方交火时，黑手党用机关枪和TNT烈性炸药进行攻击，而警察只能用言语回击。他们人数众多，相比之下，警察的数量少得可怜。**
>
> ——一位匿名警察

法网恢恢

意大利民众和政府首次下定决心打击黑手党，以保护西西里岛的地区安宁。意大利出台新法，允许政府没收黑手党成员的个人财产，以防他们在狱中继续作乱。

1983年7月，巴勒莫发生一起汽车炸弹袭击事件，首席调查官洛可·金尼奇（Rocco Chinnici）、两名保镖和一名无辜旁观者遇害。这起暴力事件使原计划退休的治安官安东尼诺·卡波尼托（Antonino Caponnetto）接替了金尼奇的职位。卡波尼托组建了一支反黑手党

丢脸

“sfregio”（字面意为“疤痕”或“羞辱”）是黑手党所使用的特殊术语，指给对方造成破坏后所留下的伤害。这种伤害可能是有形的身体伤疤，也可能是使对方“丢脸”的各种羞辱。

“sfregio”的常见做法是盗窃或破坏其他黑手党人保护或拥有的财产。受攻击一方必须决定是否要对这样的伤害进行报复，如果决定报复，应采取怎样的方式。如果受攻击方选择不做回应，就会被当成弱势一方，任由攻击方摆布。双方这样来回“羞辱”，可能引来杀身之祸。

1897年，八大家族首领曾因此批准处决了奥利伍扎（Olivuzza）家族的两位成员——文森佐·罗波尔托（Vincenzo Lo Porto）和朱塞佩·卡罗索（Giuseppe Caruso）。这些首领一致认为二人的行为对黑手党的家族领导造成了不正当的羞辱。

治安官队伍，并在进行打击活动时宣布，当局正与前黑手党线人托马索·巴塞塔合作。巴塞塔提供的情报最终有力证明黑手党是个统一的犯罪组织。卡波尼托据此主张，对全部黑手党而不是个人或某个团伙进行审判。其后，以巴塞塔的证词为证，卡波尼托的打击小组又发布了366张逮捕令。随着更多的证人敢于出面举报，更多的黑手党人落网。

> 我一向服从命令，遵命杀了小男孩，就能得到晋升。这让我很兴奋。
>
> ——塞尔瓦托·坎瑟米（Salvatore Cancemi）

猛烈反击

柯里昂家族控制的黑手党并未就此罢手，反而将恐怖活动升级。由于意大利尚未制定有效的证人保护计划，黑手党枪杀了线人托马索·巴塞塔的姐夫莱昂纳多·瓦伊塔尔（Leonardo Vitale）。1985年7月，负责追缉黑手党逃犯的飞行队官员贝佩·蒙塔纳（Beppe Montana）被杀害。次月，另一个飞行队成员安东尼诺·卡萨拉（Antonino Cassarà）中弹200多发，他的妻子在旁眼睁睁地看着丈夫被杀。

1992年7月20日，在巴勒莫发生汽车炸弹袭击事件，地点位于保罗·波塞利诺法官母亲住所附近。这名法官和警卫均在袭击中丧生。

黑手党大规模的暴力行径引发了“巴勒莫之春”运动。学生在巴勒莫举行反黑手党游行示威，一位有影响力的牧师第一次公开谈论“黑手党”，指责意大利政府和巴勒莫市长无能。与此同时，反黑手党治安官们收集了足够证据，准备1986年2月10日开始进行一场大审判，共有474名黑手党人及其同伙面临指控。1987年12月16日，被控诉的黑手党人中共360人获罪，总共判处了2665年监禁。这只是开始，卡波尼托团队已经准备好

黑手党的运作体系

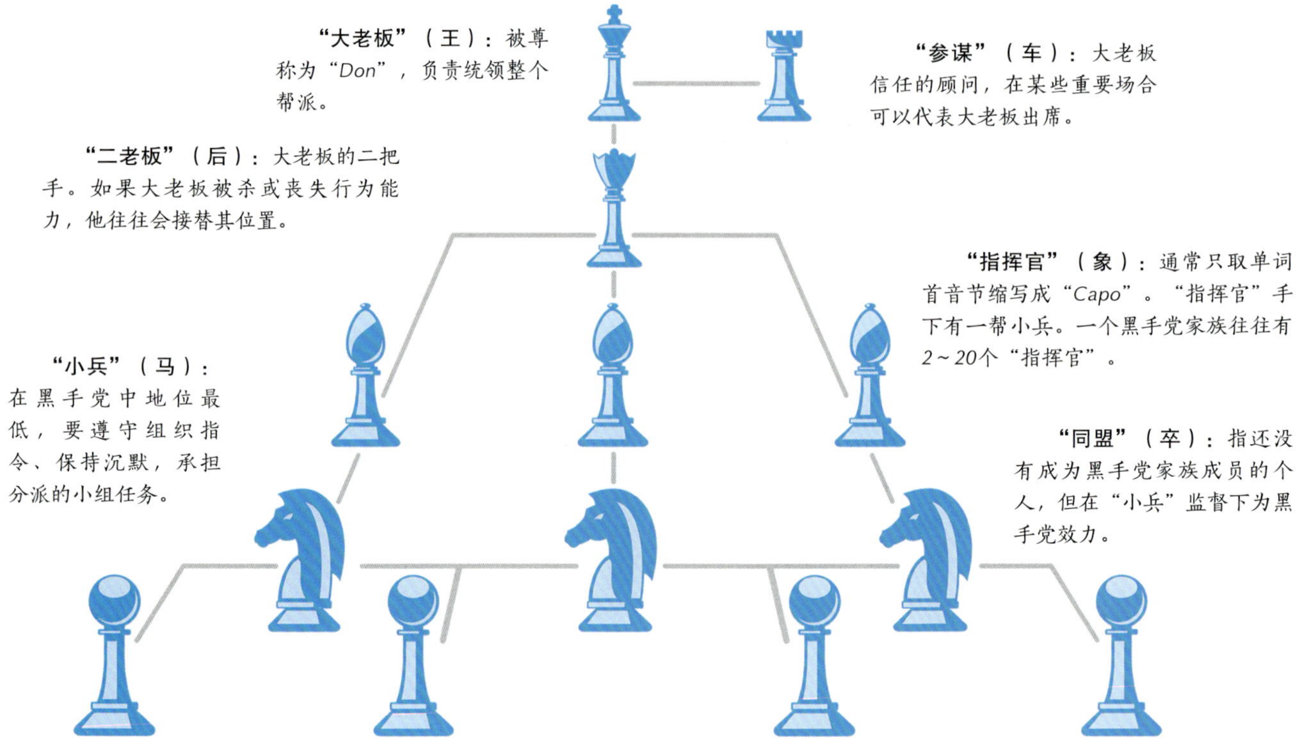

再进行两次大型审判。此外，根据线人安东尼奥·卡尔德隆（Antonio Calderone）提供的新情报，他们还有望进行第三次审判。1988年3月，共有160名黑手党成员被捕。黑手党进行报复，谋杀了巴勒莫上诉法院大法官安东尼奥·萨塔（Antonio Saetta）和他的儿子。

打击计划受阻

1987年底，卡波尼托卸任，毫无经验的安东尼·梅利（Anthony Meli）接替他的职位。梅利做了很多愚蠢决定，使打击计划岌岌可危。反黑手党团队的保罗·波塞利诺（Paolo Borsellino）大法官和乔瓦尼·法尔科内（Giovanni Falcone）大法官曾公开反对梅利，但其意见都被忽视。1990年，反对黑手党的巴勒莫市长利奥卢卡·奥兰多（Leoluca Orlando）的下台让整个计划雪上加霜。当科拉多·卡内瓦尔（Corrado Carnevale）担任巴勒莫上诉法院的主审法官时，整个打击计划更是几近失败，因为他以技术原因推翻了此前大审判时的定罪案件。

> 任何人都不应该向警方或司法部门提供有助于揭露犯罪的事实。
>
> ——尼可罗·图里西·科隆纳（Niccolò Turrisi Colonna）

1991年，乔瓦尼·法尔科内被任命为司法部刑事科主任后，将不同组织的反黑手党警察集中到一个部门。新法允许对黑手党成员进行电话监听，打击其洗钱活动，并解散被有组织犯罪渗透的议会。

黑手党再次采取了暴力反击。1991年8月，黑手党与"光荣会"订约，谋杀最高上诉法院检察官安东尼奥·斯科涅利蒂（Antonio Scopelliti）。三周后，巴勒莫商人利贝乐·格拉西（Libero Grassi）因发起反对勒索保护费的运动而被黑手党杀害。

2005年，巴勒莫出现了许多缉拿黑手党“终极大老板”贝尔纳多·普罗文扎诺的画报。这些画像基于普罗文扎诺1959年的一张照片，那是他唯一流传的照片。

颁布新法

1992年1月31日，意大利最高法院推翻卡内瓦尔法官的判决，标志着反黑手党运动取得空前的胜利。此举引发了黑手党柯里昂家族的愤怒报复。1992年5月23日，法尔科内和妻子在汽车炸弹袭击中遇害。两个月后，保罗·波塞利诺和护送他的五名警卫在另一起炸弹袭击事件中被害。

政府下定决心大力整治，派出7000名士兵前往西西里岛负责日常治安。当地原有警力全力追捕里纳和其同伙。警方可依法在黑社会卧底，并设圈套进行诱捕，如假装和黑手党进行毒品交易或洗钱活动。意大利还出台了一部重要的新法，通过更换身份来保护线人。

黑手党人成线人

这部新法正合时宜。在最高法院做出判决后，许多黑手党人成了警方线人。1993年，警方根据被捕的黑手党人提供的情报，将里纳逮捕，黑手党领导权落入列奥卢卡·巴格雷拉（Leoluca Bagarella）手中。1995年，巴格雷拉被捕，贝尔纳多·普罗文扎诺（Bernardo Provenzano）接替其位。

经过20世纪80年代和90年代初的反黑手党行动，黑手党的势力被大大削弱。普罗文扎诺几乎没有实权，整个黑手党组织的权力也被下放。当地的黑手党头目做起了以前小范围收取保护费的勾当，虽然赚得不多，但在相对保密的情况下仍可维持组织的基本运作。

2006年4月11日，经过大范围搜捕行动，普罗文扎诺终于落网。黑手党从此走向没落，再也没有20世纪下半叶鼎盛时期的规模。■

乔瓦尼·法尔科内

大法官乔瓦尼·法尔科内自称“这片遍布异教徒的土地上的国家公仆”，他比此前任何一位政治家都勇敢无畏地坚持要粉碎西西里黑手党。

通过和线人托马索·巴塞塔的谈话，法尔科内成为意大利第一位了解并记录西西里黑手党结构的政府官员。1992年5月23日，法尔科内在遭到黑手党炸弹袭击遇害后，被誉为意大利的人民英雄，他的妻子和三名护卫也在此事件中丧生。西西里人在窗户上挂起印有“法尔科内的生命”的床单，法尔科内家门前的树很快就成了祭坛，不仅饰有照片、鲜花，还有写给政治家的暴露黑手党的情报。

为纪念法尔科内和他的朋友保罗·波塞利诺，巴勒莫机场更名为法尔科内-波塞利诺机场。保罗·波塞利诺也是一名反黑手党法官，他在法尔科内遇害后两个月，在一个类似的汽车炸弹袭击事件中丧生。

他们无恶不作

三合会，19世纪中期至今

背景介绍

地点

全世界

主题

国际犯罪团伙

此前

1761—1911年 秘密帮派“天地会”在中国东南部建立。该帮派在1911年后发展为三合会。

此后

19世纪50年代 流亡美国的华人建立的堂会因拐卖妇女而恶名远扬。

1990年 亚裔美国人街头帮派杰克逊街男孩（Jackson Street Boys）在旧金山建立，参与敲诈勒索和贩毒活动。

位于华人犯罪组织顶端的三合会（Triad）在全球有成员25万人，来自中国澳门、香港、台湾，以及世界各地的唐人街。三合会成员中有低级犯罪分子，也有在政界和司法系统中任职的人员。

势力最大的三个三合会帮派是新义安、14K、和胜和。新义安在1919年由向前在香港建立，是三合会最大的帮派，有成员近5.5万人。新义安活动范围包括东南亚、澳大利亚、欧洲、北美洲和中美洲。自21世纪最初十年后期，新义

参见: 西西里黑手党 138~145页，极道 154~159页，麦德林贩毒集团 166~167页。

2008年，菲律宾警方逮捕了中国药剂师谭某（Samson Tan）。谭某被控为香港的三合会生产麻黄碱。

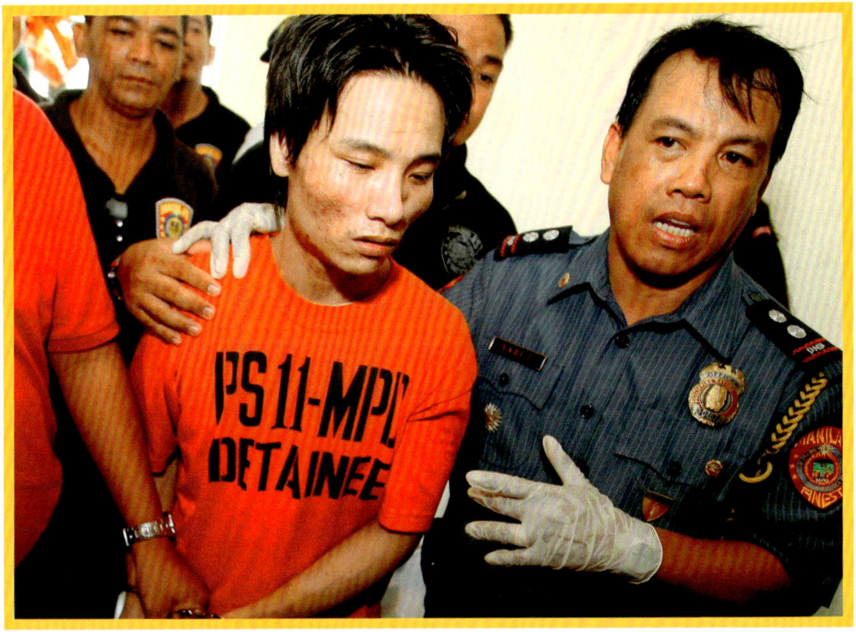

安因贩卖脱氧麻黄碱（冰毒），并给墨西哥毒品集团提供生产冰毒的原材料而著称。

新义安的主要竞争对手是14K。该帮于1945年在广州建立，1949年迁到香港，20世纪70年代在澳门成立了主要分支。这是三合会第二大帮派，有成员2.5万人。

和胜和于1930年在多伦多唐人街建立，1931年转到香港。和胜和在伦敦唐人街影响力也很大。据说和胜和是香港第一大贩毒集团。

起源

许多历史学家把三合会的起源追溯到天地会——1761年在中国东南部建立的秘密兄弟组织。该组织也叫洪门，将清朝统治者视为“异族人”，密谋推翻清朝政府统治。18世纪，洪门和外国商人合谋进口鸦片。英文“Triad”一词首先指的是洪门旗上的三角标志。

据说三合会推动了1911年辛亥革命。辛亥革命最终结束了清朝政府的统治，促使中华民国建立。之后，三合会找到新的目标，通过组织非法赌博和卖淫攫取了大量财富。

三合会的等级结构

三合会遵循祖师爷采用的仪式和象征。比如，他们依靠中国传统经书《易经》中的数字命理学来组织帮会。三合会的领袖进行行政决策，被称为龙头，编号489。龙头受到一个或一个以上管理层成员的辅佐，这些人编号438，如二路元帅和香主。这些人通常是资深、年长的高级成员。最低级的是415、426和432，包括打手头目，相当于军事指挥官。非管理层成员叫作“四九仔”（49ers）。25专门指间谍、线人，或警察中的卧底。

传统的新成员入会仪式长达三天，包括18个步骤，在历史上是让新老成员割破手指歃血为盟，并杀鸡祭祀。现代入会仪式缩短，省去了杀鸡祭祀的环节，只需让新成员歃血为盟。

三合会的崛起

1916年，在袁世凯死后，中国社会因封建军阀统治而分裂。在

> **我认为，有组织犯罪就像流感病毒一样，常常会发生突变。**
>
> ——黄敬文（Kingman Wong）

三合会等级划分

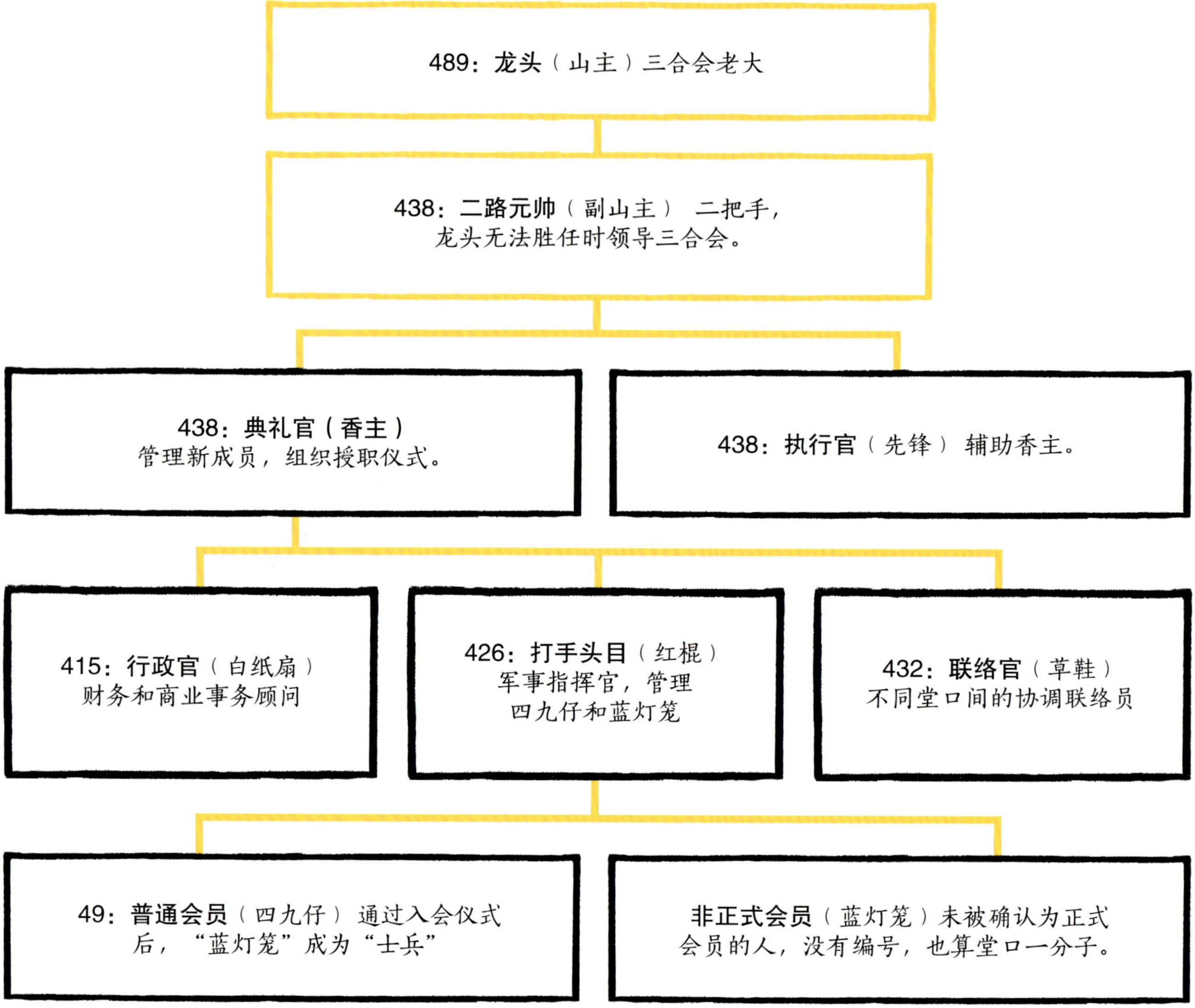

接下来的乱世中，底层民众向三合会寻求保护，希望他们能维护社会稳定。因此，20世纪20年代到40年代，三合会势力壮大。这段时期，三合会的中心在上海，老大杜月笙对当地鸦片商强制提供“保护”，使鸦片贸易延续下去。杜月笙贿赂法国当局2000万美元，通过法租界自由走私鸦片到上海。杜月笙成为秘密社团青帮的领袖，青帮拥有成员10万人，最早在20世纪初由上海的运粮商建立。青帮很快走上黑恶道路，控制了在上海的犯罪活动，尤其是鸦片贸易。

1923年，国民党和共产党合作驱逐军阀，希望统一中国。后来，国共合作破裂，中国陷入内战。

1927年，蒋介石利用青帮对付共产党。为了继续垄断鸦片贸易，青帮和国民党联手，在1927年4月12日，共谋制造了白色恐怖屠杀事件，扫荡上海，屠杀了5000名共产党人。作为回报，蒋介石提拔杜月笙为“将军”。后来，杜月笙成为商会里的大人物。讽刺的是，他也是禁毒委员会的领导。杜月笙把委员会缴获的鸦片重新出售，利用职权为青帮敛财。

1937年，日本侵略者占领上海，杜月笙和青帮受到重大打击。杜月笙潜逃，1945年抗战胜利后又返回上海，他的影响力大不如前。中国共产党在1949年解放上海，杜月笙丢下青帮，再次潜逃。

现代活动

新中国成立之前，三合会一直听命于国民党，新中国成立后，其成员大多流散到美国、加拿大和中国台湾，以及当时被英国控制的中国香港。

香港尤其成为三合会活动的中心，有大约50个帮派。20世纪70年代，英国政府开始打击三合会。1997年，香港回归中国时，据报道，三合会在香港的犯罪率占比减少到5% ~ 10%。许多成员转到澳门和中国南方活动。

20世纪50年代，三合会建立了全球海洛因市场，把海洛因卖给驻越南的美国士兵。然而，最近几十年，他们重点从事贩卖人口活动。有些家庭以为在美国能挣到10倍的钱，于是给“蛇头”支付订金——蛇头是偷渡非法移民的人口贩子——把年轻男子偷渡到美国。这些男性被迫工作以付给蛇头剩余费用，通常高达4万美元。在美国，他们成为厨房或血汗工厂里极其低廉的劳动力，若敢反抗就会被杀死。■

1997年香港警方打击14K后，澳门赌场在20世纪90年代末成为三合会14K犯罪活动的中心。

“崩牙驹”尹国驹

1955年，尹国驹出生在澳门贫民窟。十几岁时，他成立了街头帮派。因为驾驶偷来的车出了车祸，崩了牙，所以被称为“崩牙驹”。后来，他加入臭名昭著的14K，一路往上爬，直到控制了整个城市的地下黑帮。他因为使用极端暴力手段而臭名昭著。20世纪90年代，他手下有1万人。

因为极度自恋，穿着时髦的“崩牙驹”花170万美元制作电影《濠江风云》（*Casino*），讲述他的匪徒生涯，主演是香港功夫明星任达华。1998年5月1日，尹国驹在观看电影预演的时候被捕。他被起诉谋杀澳门警长白德安未遂、放高利贷、洗钱和经营黑帮。尹国驹被判15年徒刑，却继续在狱中进行犯罪勾当。2012年，尹国驹刑满释放，现在他在当地还有很大的影响。

最邪恶凶残的黑帮

流寇帮，1889—1908年

背景介绍

地点

美国犹他州、科罗拉多州、怀俄明州

主题

不法团伙

此前

1855年 发生了一起“特大黄金抢劫案”。在从伦敦到福克斯通的火车上，小偷把价值1.2万英镑的金子替换成铅丸。货物到达巴黎时，人们才发现金子被换了。

1877年 在联合太平洋铁路大劫案中，萨姆·巴斯（Sam Bass）和手下在一辆从旧金山开出的火车上抢了价值6万美元的金块。

此后

1976年 爱尔兰共和社会党从爱尔兰萨林斯的邮递火车上偷走20万英镑。

虽然布奇·卡西迪（Butch Cassidy）的“流寇帮”（Wild Bunch）不像名字所显示的那样缺乏组织性，但也不像美国黑手党和三合会那样等级森严。

1866年，布奇出生在犹他州一个摩门教家庭，名字叫罗伯特·勒罗伊·帕克（Robert Leroy Parker）。“卡西迪”一名出自一位年长的牛仔，布奇小时候给他打过工。“布奇”源于在一个屠夫（英文butcher，和Butch相似）那里打短工的经历。

1889年，布奇伙同朋友第一次犯下抢劫罪。某个周六，他们去科罗拉多州特莱瑞德市的酒吧，周一去城里的圣米格尔河谷银行抢了2.4万美元逃离。他们藏在犹他州东南部峡谷区崎岖的悬崖上，该地叫作“匪窟”。

抢劫火车

布奇和同伙每次在大峡谷躲几周或数月，住在简陋的小屋或

流寇帮里的女性

流寇帮很注意和当地牧场主维持良好关系，因为这些牧场主给他们提供住的地方。流寇帮也特别欢迎女性。乔茜·巴西特（Josie Bassett）和“女王”安·巴西特（Ann Bassett）是姐妹，她们在匪窟附近的家庭牧场上工作，和流寇帮的很多成员都有一段浪漫史。当牧场遭到争夺土地的牛仔袭击时，流寇帮就会帮助打退牛仔。流寇帮圈子内有个女人凭自己的本事成为一员，她就是劳拉·布利恩（Laura Bullion）。她抢劫银行和火车，在帮中的众多情人包括太阳舞小子（Sundance Kid）和被称为“高大的得州人”的本·基尔帕特里克（Ben Kilpatrick）

历史学家对女性和歹徒的纠葛非常感兴趣，尤其好奇在暧昧来而又去的过程中完全没有反感产生。

参见: 詹姆斯-杨格帮 24~25页，火车大盗 30~35页。

流寇帮成员，最左边是隆格巴，最右边是布奇。这是他们1901年在得克萨斯州照相馆拍的照片。

牧场，然后冒险去抢劫西部州的火车。流寇帮不是理想主义者，但其犯罪生涯有乌托邦的光环。布奇称他从来没杀过人，但他们1899年对怀俄明州威尔考克斯郊外联合太平洋铁路“欧弗兰飞行者”（Overland Flyer）号火车的袭击造成一人死亡。

两名歹徒站在铁轨上劫持了火车。他们把火车车厢分离，强迫司机开着头几节装有贵重物品的车厢穿过大桥，然后把大桥炸毁，封锁路线，拿着价值3万美元的现金和珠宝开车逃离。

县警长约西亚·哈森（Josiah Hazen）率领手下追了他们120公里，来到城堡溪。在枪战中，警长被歹徒哈维·洛根（Harvey Logan）枪杀。剩下的歹徒逃走了。

> **他看不起什么警长和警察，无法无天。**
>
> ——《旧金山呼声报》（San Francisco Call）

活要见人，死要见尸

流寇帮成员三四人一组，频繁劫掠，恶名迅速传开。州政府和私人侦探都在追捕他们。各处成员陆续被抓，全帮人数慢慢变少了。

1901年，布奇与人称“太阳舞小子”的哈利·隆格巴（Harry Longabaugh）夫妻一起逃到南美。他们的余生蒙上了神秘色彩，报道说犯下了大量抢劫案。1908年11月4日，在玻利维亚的一场枪战中，布奇结束了一生。■

禁令没有什么用，只会造成麻烦

啤酒战，1923—1929年

背景介绍

地点

美国伊利诺伊州芝加哥市

主题

帮派战

此前

1910年 芝加哥警方在小意大利区一次突袭中逮捕了黑手党200多名成员。

1917年1月16日 伊利诺伊州检察官起诉包括警察局长在内的8名腐败政客和芝加哥匪徒勾结、收受贿赂。

此后

1932年7月29日 匹兹堡的走私犯沃尔普（Volpe）三兄弟约翰（John）、亚瑟（Arthur）和詹姆斯（James）被当地老大约翰·巴扎诺（John Bazzano）下令在咖啡店击毙。

1933年9月26日 外号“机关枪凯利”（Machine Gun Kelly）的乔治·班内斯（George Barnes）因为走私和持械抢劫在孟菲斯被捕。

在伊利诺伊州芝加哥市，一个下雨的周五晚上，六名武装匪徒撞破一家酒吧的前门，袭击酒吧店主，用枪托把他打晕。几天前，店主雅各布·盖斯（Jacob Geis）拒绝从南区的奥唐纳帮（O'Donnell）进啤酒，而是选择一直做萨提兹-麦克艾兰帮（Saltis-McErlane）的忠实客户。

在酒吧顾客面前，奥唐纳帮匪徒威胁盖斯，要求他只从他们那里进酒。店主被打得浑身是血，头部多处骨折。

> 我卖酒被叫作走私。我的客户在湖滨大道富人区摆酒宴客，却被称为好客。
>
> ——艾尔·卡彭（Al Capone）

这场深夜的敲诈勒索发生在1923年9月7日，是芝加哥所谓“啤酒战”的开始。从此，帮派间的争斗带来一连串暴力事件和死亡。

地方垄断

这场帮派暴力冲突的根源是禁酒令。1920年，联邦政府禁止私人在全美国售酒。很快，走私者开始出现，填补人们对非法酒的需求。他们从其他国家走私酒，把这些酒混合起来装瓶出售。黑手党积极参与走私贸易，并因为在禁酒期间成功供应酒而掌控了整个贸易。

通过走私敛财的最臭名昭著的罪犯是芝加哥匪徒艾尔·卡彭（Al Capone）。据说他每年挣6000万美元。他的成功是因为所属的芝加哥犯罪集团（Chicago Outfit）垄断了南区的贸易。卡彭在强尼·托里奥（Johnny Torrio）手下做事。托里奥把南区分成几块领地，每块领地都被一个小团伙控制，以托里奥的啤酒厂为依托经营地下酒吧，并建立起妓院和赌

参见：霍克赫斯特团伙 136~137页，西西里黑手党 138~145页。

1922年南区突袭后，一名警探站在装私酿酒的桶边。匪徒经常贿赂警方去突袭竞争酿酒厂或警告他们自己的窝点即将被剿。

场网络，油水颇多。北区由爱尔兰裔美国籍的北边帮（North Side Mob）控制，托里奥和该帮有和平协议。

芝加哥犯罪集团几乎控制了整个芝加哥南区，除了一处在萨提兹·麦克艾兰帮管辖下。在南区，还有一个帮在争夺一席之地，那就是奥唐纳帮，该帮没有控制区域，但拥有啤酒厂。他们热衷于与现有的帮派争斗，分得一杯羹。

战乱中的城市

芝加哥的帮派争夺客户，打价格战，威胁酒吧店主，从分销商那里偷酒。他们对领地的争夺通常导致流血冲突。匪徒经常手持由弗兰克·麦克艾兰（Frank Mc Erlane）引进的汤普森机关枪进行械斗，血肉横飞。

啤酒战在奥唐纳帮和萨提兹-麦克艾兰帮之间开打，卡彭的盟友谢尔顿帮（Sheldon Gang）也参与其中。1925年末，谢尔顿帮一名成员被萨提兹-麦克艾兰帮杀死。谢尔顿帮为了报复，杀了两个萨提兹枪手，冲突升级了。

北区停战协定也在20世纪20年代破裂。北区老大迪恩·欧班诺（Dean O'Banion）于1924年被杀。托里奥躲过暗杀后退休，把事业交给卡彭，卡彭继续参与为争夺芝加哥控制权的血战。这场血战在1929年的情人节大屠杀达到顶峰，7名北区暴徒被杀。

禁酒令最终在1933年废除，许多走私帮派整合为更大的帮派集团。卡彭的集团也开展其他勾当，比如赌博、卖淫和贩毒，并在其后几年继续统治芝加哥。■

禁酒令、犯罪和经济

1920年到1933年，政府对酒的生产、运输和销售实施禁令，却没想到会引起大规模抵抗。

禁酒运动把酒列为违禁品，以期减少犯罪，但实际上，这反而导致非法贩酒，因而提高了犯罪率。禁酒期间，犯罪团伙给黑市供应酒，助长了非法酒精买卖，美国犯罪率猛增24%。禁酒令也对美国经济造成影响。20世纪20年代，禁酒司的运营成本从440万美元增加到1340万美元。关闭制酒厂和酒馆也导致经济下滑。大多数大型酒厂关闭，导致酿酒业技术退步。

老大要说飞过的乌鸦是白的，那谁也不能反驳

极道，1946年至今

背景介绍

地点

日本和美国

主题

日本黑社会

此前

16世纪 倾奇者（kabukimono），或叫“怪人”（weirdo），是封建日本和平时期出现的一批游手好闲的贵族。他们穿着奇装异服招摇过市，打架斗殴，寻衅滋事。

此后

20世纪50年代 日本青少年成群结队组成摩托车党，互相争斗，非法赛车。警方称他们为暴走族，“管不住的一伙人”。

1972年 在东京郊区，剃刀女K-Ko（K-Ko the Razor）领导了一个有50名不良少女的团伙。她们穿改装过的校服，用铁链和剃刀攻击对立团伙。

2016年，对黑帮神户山口组总部进行突袭后，武装警察在周围戒备。调查员在现场缴获了几个藏有贩毒活动证据的箱子。

日本黑社会统称“极道”，共有10万成员，隶属几个独立的帮派。山口组、住吉会、稻川会和会津小铁会四大黑帮的成员最多。帮会组织结构非常复杂，但大多数都是金字塔结构，“亲分”（大当家）位于顶端，由几名高级顾问辅佐，每个顾问掌管所属的分支团伙。住吉会例外，是由平级团伙组成的联盟。

“极道”可追溯到17世纪，当时有两个群体位于日本社会的最下层。一个叫“的屋”，是在节日活动中兜售货物的小贩。一些“的屋”给别的“的屋”当保镖，这就形成了勒索保护费的行当。

第二群体由赌徒构成，叫作“博徒”，他们在乡镇边缘的寺庙里开设非法赌场，并放高利贷。

“极道”是赌博用语，与“博徒”渊源很深。在日本纸牌游戏“19点”中，玩家要用三张牌达到19分，而“极道”（Yakuza）的ya代表8，ku代表9，za代表3，加起来是20，所以如果有这三张牌就肯定输了。“极道”一词也是“无用”的意思，后来衍生义也指赌徒本身，表明他们是社会中的无用之人。

结构和仪式

虽然“极道”组织自建立伊始就不断作恶，但加入这些组织并不违法，“极道”仍然没有被归为黑社会。

在黑社会中，血缘关系是至关重要的，但在日本“极道”中，前辈对后辈，也就是年长者对年轻人的导师体制才是关键。在这一体制下，“亲分”类似养父，管理类似养子的“子分”。在历史上，导师制度是师父、学徒关系的基础，也是“极道”“亲分”和“子分”之间关系的基石。在“极道”中，这一体制团结了成员，凝聚了力量，突出了对“亲分”的忠诚。

就像整个日本社会一样，其仪式融合了“极道”文化。如传统的米酒杯仪式，“亲分”和“子分”喝同一个杯子里的米酒，标志着“子分”加入“极道”。

参见: 西西里黑手党 138~145页，三合会 146~149页，地狱天使 160~163页。

> **宣誓加入团伙后若想出去，只能把手指全部割掉。**
>
> ——“极道”成员

为了维持秘密性，“极道”发展出严格的规定，确保对导师体制的坚持，并建立等级制，决定每个人在帮会中的地位。“亲分”下一级是“若头”（二当家或中尉），以及“若众”（少尉）。尉官可以指挥高级“大哥”和低级“舍弟”。“亲分”也由一名高级军师辅佐，军师领导行政官、法律顾问和会计。

日本主要黑帮

稻川会，位于大东京地区，成员有1.5万人，是最早在日本境外活动的黑社会帮派之一。

住吉会是第二大黑帮，在东京建立，有成员2万人。其领导权分属几人。

山口组有成员近5.5万人，是日本最大的帮派。神户的黑帮成员中有一半属于山口组。

会津小铁会，名称来源于日本会津地区。名中的“小铁”是一种日本刀。该帮有成员7000人。

典型规矩

日本封建时期（1185—1603年），文身是“极道”的象征。起初，犯罪分子会被文上黑色环形文身，而“极道”将其改成复杂的装饰性荣誉徽章，象征力量、耐力和地位。有个不太雅观的刑罚，叫作“断指”，若某人欠大当家的钱不还或不服从，就要被割下手指赎罪。第一次犯错，左手小指从第一个关节处切掉，呈给大当家过目。第二次犯错，无名指的一部分被割下。第三次犯错割下中指，最后是食指。如果再犯，就再从小指开始，从第二个关节处切掉。如果因为屡屡逾矩而导致整个手指被切掉，这根手指就叫作“死了的手指”。

现代“极道”

20世纪初，日本经历了广泛的经济现代化。“极道”也扩张活动范围，把码头和工地上的临时工组织起来。“极道”头目投资合法生意，掩盖背后的罪恶勾当。帮派成员也开始贿赂警察，好让警察对其罪行睁一只眼闭一只眼。

1915年，山口组在本州岛神户市码头工人联盟中诞生。战后，山口组逐渐得势，从不断壮大的黑市中牟利，最终成为日本最大、最有影响力的“极道”黑帮，参与卖淫、贩毒、赌博、军火交易和行贿受贿。

山口组的崛起很大程度上要靠第三代头目田冈一雄的领导。1946—1981年，田冈一雄把山口组改造为世界上最大的犯罪团伙。

田冈一雄在1981年去世，后来二当家山本健一也去世了，没能接管帮派。帮中因为继承问题而发生流血冲突。山本广继田冈一雄成为临时大当家，竹中正久成为二当家。然而，当竹中正久被由高级成员组成的理事会选为大当家后，山本广脱离了山口组，带走3000成员，并建立了一和会。1985年1月，山本广派一队刺客前往竹中正久女友家，把竹中正久和二当家都枪杀了，这拉开了后来被称为“山一之战”的序幕。山口组发誓复仇，消灭一和会。四年时间，两帮进行了200多场枪战，山口组最终用武力让对手归顺。和解由稻川会德高望重的大当家宣布，剩下的一和会成员也被允许重新加入山口组。但是，因为“战争”，胜利一方也损失惨重。山口组许多知名成员进了监狱，36名成员在冲突中死亡。日本媒体对冲突进行了详细报道，也一直在统计死亡人数。

> **在这里，暴徒是合法的。黑帮的粉丝杂志和动漫书在便利店出售，大哥与首相和其他政客结交。**
>
> ——杰克·阿德尔施泰因（Jake Adelstein）

竞争对手

第二大“极道”黑帮是1958年建立的住吉会。不寻常的是，这是个由小帮派组成的联盟，不像山口组一样等级森严，领导层也不那么集中。住吉会有个名义上的大当家，叫作关功。他在2015年由于违反选举法被捕，被判一年徒刑。

住吉会在东京建立了门面公司，包括房地产业，先是合法经营，后来进行勒索和威胁客户。住吉会是山口组的死对头，两帮曾激烈争斗过。2007年2月，由于住吉会下属组织的高级成员杉浦良一被暗杀，冲突几乎变成了全面的领地战。

参与商业活动

“极道”的侵蚀明显影响了娱乐业和体育业，包括相扑和Pride格斗锦标赛。Pride是1997—2007年举办公共电视竞赛的武术团体。2003年，澳大利亚武术经理米

筱田建市

2005年7月29日，在第五任大当家渡边芳则突然退休后，筱田建市担任大当家，他以把帮派势力扩张到东京而著称。

1962年，筱田建市加入一个附属于山口组的团伙，开始了犯罪生涯。团伙在1984年解散后，筱田建市和黑道上的朋友高山清司合作建立了弘道会。筱田建市低调谦逊的品格，比如乘火车而非让司机开豪车去参加就职典礼，掩盖了其暴力一面。20世纪70年代，他因为用武士刀杀死一名敌对的大当家而被判13年徒刑，

筱田建市在2005年因为枪支犯罪而入狱，2011年出狱。2015年9月，为巩固领导地位，他驱逐了几千名对其不忠的手下。这些手下很快建立了新帮派。

罗·米亚托维奇（Miro Mijatovic）遭山口组的一家分会绑架。黑帮称，除非他签合同把世界级运动员的管理权移交给他们，否则就得死。米亚托维奇同意了，但后来向警方揭发，告诉警察黑帮是如何花钱让选手通过受伤来操纵比赛的。

“二战”结束后，黑帮参与娱乐业，经营选秀中介，从名人那里勒索钱财。2011年，东京大都会警察局披露，著名电视节目主持人岛田绅助和黑帮过从甚密。岛田绅助被迫辞职，案子导致一系列反黑帮法律的出台，比如修订的《暴力团对策法》。该法规定，如果参与犯罪团伙活动的人对民众提出不合理或非法要求，就可依法将其逮捕。

日本作家铃木智彦在2011年3月福岛核电站三次爆炸事故后前往该地暗中调查，他说黑帮与经营福岛核电站的东京电力公司关系很密切。铃木智彦称电力公司不遗余力掩盖福岛核电站在安全方面的违规行为，篡改破碎管道和其他疏忽之处的视频录像，避免在维修上花钱。

成员数量减少

由于帮派之间两败俱伤的竞争和当局的严厉打击，黑派成员数量在1991年到2002年减少了14%。虽然人数继续减少，但黑帮仍在竭力维持影响力。2010年，积极反黑帮的斗士猪狩俊郎律师被发现死于马尼拉度假住所，手腕处有割伤。许多人认为他的死是黑帮造成的，被伪装成自杀的样子。

2016年9月，日本警方逮捕近1000名黑帮成员，使黑帮损失了大量人力物力。重要的是，这一行动阻止了对立集团间一触即发的战争，当局担心这场战争比“山一之战”带来的流血屠杀更糟糕。■

> **要把全身都文满，你需要耐心。**
>
> ——文身馆

“极道”文身

在日本，文身叫作“入墨”，形式独特，最早可追溯到旧石器时代。随着时间推移，文身逐渐和犯罪联系起来。从古坟时期（250—538年）开始，罪犯的文身是用来表示犯罪性质和数量。1789—1948年，日本法律规定文身非法，但“极道”成员把全身都文满，以示对法律的蔑视。为了遵循传统“入墨”形式，黑社会的文身都是用绑在细线上的钢针手工完成的。这个过程缓慢而痛苦，红色颜料源于有毒的硫酸铁，会导致感染，全身的文身要花几年时间完成。忍受痛苦的能力是坚韧的证明，而在文身上花的钱是财力的象征。在现代日本社会，由于文身和团伙犯罪有很强的联系，所以有文身的人通常被禁止出入健身中心和澡堂。大阪市长甚至在2012年号召企业解雇有文身的员工。

我们行善无人铭记，我们作恶无人忘却

地狱天使，1948年至今

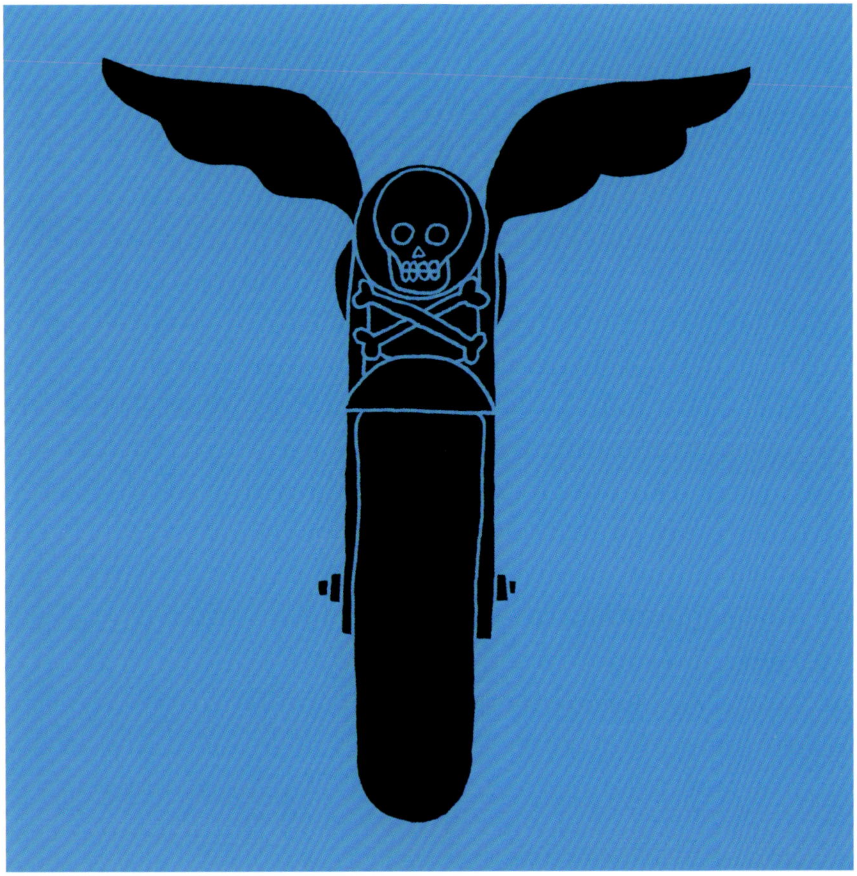

背景介绍

地点

全球

主题

摩托车帮和犯罪团伙

此前

1935年 一家非法摩托车俱乐部在伊利诺伊州建立。虽然没被当作犯罪集团，但其成员参与洗钱、诈骗、贩毒，甚至杀人。

此后

1966年 地狱天使的头号对手恶棍之徒摩托俱乐部从一个摩托车队发展为凶恶的犯罪组织，参与组织贩毒、勒索和卖淫。

1969年 蒙古摩托党（Mongols MC）在加州成立，该帮派据称是和冰毒贸易有关的犯罪集团。

绰号“桑尼”（Sonny）的拉尔夫·巴格（Ralph Barger）曾是军人。16岁时，为了参军，他伪造出生证明，后因事情暴露而被逐出军队。1957年，19岁时，巴格开始和一帮车手一起骑摩托车。他们戴着醒目的标志：一个两边有翅膀的骷髅头。这个标志是车手唐·里夫斯（Don Reeves）从萨克拉门托带来的。

受到这个标志的启发，巴格这帮人自称“地狱天使”。他们不知道一个加州团伙已经用了这个名

参见：三合会 146~149页，极道 154~159页，麦德林贩毒集团 166~167页。

地狱天使成员从“预备会员”升级到“潜力会员”，再到“高阶会员”。只有“高阶会员”才能穿有骷髅头标志和地狱天使名称的弧形条纹的衣服。

字，该团伙由几个松散的分支俱乐部组成。后来，巴格团伙发现了这些俱乐部，与他们合并，共享骷髅头标志。1963年，在加州波特维尔一次团伙会议后，巴格在奥克兰的分会在整个组织里取得领导地位——巴格成为俱乐部的头头。

巴格建立了新的规矩，改变了之前团伙自由散漫的作风，巩固了权力。他制定了关于建立地狱天使分会的规章：每个新的分会必须得到现有俱乐部的赞助，需要至少6名“高阶”会员参与，“高阶”是会员中的最高头衔。50年里，骷髅头标志遍布世界各地，新分会不断涌现。和兄弟会一样，每个分会都有自己的势力范围和头目，同时也都隶属于大组织，认同地狱天使的意识形态和身份。虽然组织内部

黑饼干行动

2002年，卧底特工杰伊·多宾（Jay Dobyns）和两名副手完成了一项不可能的任务——打入地狱天使的一家分会。特工来自烟酒枪炮及爆炸物管理局。在黑饼干行动期间，秘密特工假扮成“独行天使”（Solo Angeles）俱乐部菲尼克斯分会的成员，该俱乐部与地狱天使是盟友。多宾假装杀了一名蒙古摩托党的成员，把一件从敌对俱乐部带回的染血夹克给地狱天使看，赢得了他们的信任。在21个月的行动中，他成为“潜力会员”。

卧底特工最终取得了地狱天使进行毒品和枪支贸易的技术细节。800多小时的窃听通话和8500份缴获的文件证明，地狱天使是一个犯罪组织。最终，2004年，16名地狱天使成员被起诉并受审。

1969年12月6日，地狱天使在阿尔塔蒙特施暴。一名成员甚至打倒了“杰斐逊飞机”（Jefferson Airplane）乐队成员马特·巴林（Marty Balin）。

秩序井然，但与外部世界的关系却并不和谐。在桑尼的统治下，地狱天使的组织性更强了，也越来越多地参与犯罪活动。

> **将摩托车帮和摇头丸联系起来不是为了博人眼球。两者都是达到目的、获得归属感的手段。**
>
> ——亨特·S.汤普森（Hunter S. Thompson）

贩毒

地狱天使先是自己吸毒。用于马的镇静剂PCP备受车手青睐，因此被称为“天使之尘”。到了20世纪60年代末，他们开始做起了贩卖毒品生意。

1967年“爱之夏”的时候，地狱天使在旧金山的花童（嬉皮士）中积极宣传致幻剂LSD，但这种毒品太廉价，根本无法盈利。而“天使之尘”因为会让吸食者遭遇可怕的幻觉和精神暴力而声名狼藉。冰毒（快速丸）似乎没有这些缺陷，所以卖得很好。无论抽、吸，还是注射，这种合成兴奋剂都是地狱天使的热卖产品。冰毒滥用在北美近乎普遍。

虽然如此，地狱天使最终引起法律关注的不是毒品，而是暴力。加州司法部长报告，地狱天使在蒙特雷强奸了一名女孩。因为这份报告，地狱天使成为社会焦点，全世界都知道了他们的暴行。

1969年发生了一件臭名昭著的事。滚石乐队请地狱天使在阿尔塔蒙特赛车场举办的免费音乐节上当保安。现场人声鼎沸，18岁的观众梅勒迪斯·亨特（Meredith Hunter）掏出枪，两次试图爬上舞台。亨特被地狱天使成员艾伦·帕萨罗（Alan Passaro）刺死。

几年后，滚石乐队巡演经理萨姆·卡特勒（Sam Cutler）坚持说粉丝已经失控了，如果没有地狱天使，乐队就会被闹得不堪设想。虽然如此，阿尔塔蒙特事件也让人们看到地狱天使的阴暗面：他们是危险的歹徒。地狱天使并非只是在国内施暴。1977年，巴格兼并了加拿大魁北克蒙特利尔附近的“凸眼”（Popeyes）摩托车帮，开办了新的分会。其中一名元老是30岁的连环杀手伊夫·特鲁多（Yves Trudeau），外号“阿帕奇”，他于两年后在魁北克拉瓦勒建立“北部”分会。

四处树敌，冲突频发

拉瓦勒分会由于极端暴力而声名狼藉。成员被指责吸食本该出售的毒品，骗新斯科舍一家分会的钱。别的分会认为他们太嚣张，想要消灭他们。1985年3月，5名拉瓦勒地狱天使成员被希尔布鲁克分会邀请到魁北克伦诺克斯威尔一家俱乐部。他们一到，就被枪打中后脑勺，尸体被扔进圣劳伦斯河里。这就是伦诺克斯威尔屠杀事件。这次屠杀进一步突出了地狱天使残暴的恶名，甚至在歹徒里面也是数一数二的。这样的恶名并没有减缓地狱天使扩张的脚步，也没有阻止其今后的暴行。

1994年，在人称“老妈”的鲍彻的领导下，蒙特利尔的地狱天使和一伙对手激战，争夺毒品分销权。同样，在斯堪的纳维亚半岛发生了大北欧车手战（Great Nordic Biker War），地狱天使对抗恶棍之徒摩托俱乐部（Bandidos Mc）及其盟友，争夺对北欧毒品贸易的垄断。

作为头号犯罪团伙，地狱天使树敌无数，和四大黑帮里其他三个摩托车黑帮斗得你死我活。这三大黑帮分别是异教徒（Pagans）、违法之徒（Outlaws）和恶棍之徒。这四个俱乐部都在全球政府的监视名单上。而地狱天使可以说是最臭名昭著的，发生犯罪时人们也最常联想到地狱天使。自成立之日起，地狱天使成员就不断受到各种指控，从贩毒、勒索、洗钱，到性侵、杀人和组织卖淫。■

“老妈”鲍彻

1953年6月21日，在加拿大魁北克，绰号“老妈”的莫里斯·鲍彻（Maurice Boucher）出生在一个贫穷家庭。高中辍学后，他加入白人至上主义摩托车帮SS，最终成为头目。他因为性侵一名16岁女孩，在狱中服刑40个月。鲍彻在1987年加入蒙特利尔的地狱天使。

由于反感地狱天使的伦诺克斯威尔屠杀，鲍彻先前在SS的朋友塞尔瓦托·卡泽塔（Salvatore Cazzetta）没有加入地狱天使，而是建立起一个叫“摇滚机器”的帮派。卡泽塔在1994年因为试图走私11顿海洛因入境内被捕，鲍彻决定垄断蒙特利尔的毒品贸易。

结果，地狱天使和摇滚机器之间的争斗造成150人死亡。鲍彻试图恐吓检方，被判为杀害两名惩教人员的幕后黑手，两帮之间的冲突终于在2002年画上句号。

> 在60年代，我们有很多出镜机会。我们经常比赛，乐趣无穷。到了70年代，我们都成了匪徒。
>
> ——桑尼·巴格

这是我们生命中最好的年华

科雷帮和理查德森帮，20世纪60年代

背景介绍

地点

英国伦敦

主题

勒索“保护费”

此前

20世纪30—50年代 臭名昭著的罪犯比利·希尔（Billy Hill）在伦敦多家珠宝店打砸抢，犯下著名的1952年东城堡街抢劫案等一系列案子。

此后

20世纪80年代—21世纪 多米尼克·努南（Dominic Noonan）和德斯蒙德·努南（Desmond Noonan）两兄弟建立了努南犯罪团伙，在英国曼彻斯特进行有组织犯罪。据称该组织犯下25起谋杀案。

20世纪80年代 在伦敦专门进行贩毒、勒索、杀人的克勒肯韦尔犯罪集团（Clerkenwell Crime Syndicate）成立。

20世纪60年代，在伦敦布里克斯顿，臭名昭著的理查德森帮（Richardson Gang）与东区双胞胎兄弟罗尼（Ronnie）和雷吉（Reggie）领导的科雷帮（Kray Firm）争夺伦敦获利丰厚的娱乐中心西区的控制权。两个帮的头头都出身贫穷，缺少父爱，因为胡作非为很快臭名远扬，最终毁了自己。

雷吉和罗尼是业余拳击手，他们把伦敦暴徒比利·希尔（Bill Hill）视为偶像，对匪帮杂志和电影深深着迷。1954年，他们控制了贝思纳尔绿地的一家台球厅，在伦敦东区建立起犯罪帝国。当地的马耳他匪徒试图收保护费的时候，罗尼举刀砍向他们。两人

犯罪搭档雷吉（左）和罗尼（右）在接受警方关于乔治·康奈尔谋杀案的审问后松了口气。他们作为嫌疑人列队被指认，但证人认不出或不愿指认他们。

参见：西西里黑手党 138~145页，极道 154~159页，开膛手杰克 266~273页。

自此开始了收取保护费的勾当。据称他们互相赌谁在一天内赚的钱多，不久因为暴力犯罪而恶名昭彰。

雷吉和罗尼很快联手弗雷迪·福尔曼（Freddie Foreman）建立了犯罪“公司”。福尔曼是东区一名凶恶的歹徒，有时候给兄弟俩当打手。1957年，他们控制了双R（Double R）夜店，然后向西扩展，拿下骑士桥的赌博俱乐部“埃斯梅拉达的谷仓”。

激烈竞争

虽然科雷兄弟的名声盖过了理查德森兄弟，但查理（Charlie）和埃迪（Eddie）更加残忍，工于心计。查理被一名法官说成“凶残的虐待狂，文明的耻辱”，他是团伙中的“智囊”。弟弟埃迪则充当打手。这伙歹徒虐待受害人，把他们钉在地板上，用钳子拔出他们的牙齿，用大铁钳剪掉他们的脚趾。

理查德森帮最凶恶的打手是弗兰基·弗雷泽（Frankie Fraser），他在砍伤黑老大杰克·科默（Jack Comer）的脸后获得了“疯子”的称号。如果酒吧和俱乐部店主允许理查德森帮的水果老虎机进驻店铺，“疯子”弗兰基就会保护这些店。如果拒绝，店铺设施会遭到破坏或更糟。理查德森帮明目张胆地勒索，进行色情和毒品交易。他们通过布里克斯顿的垃圾场和水果老虎机洗钱。

一天晚上，在西区俱乐部，科雷帮和理查德森帮间发生了第一次冲突。埃迪和弗兰基把福尔曼雇来的年轻人肯尼·汉普顿（Kenny Hampton）狠狠打了一顿。福尔曼发誓复仇，他走进俱乐部，据说把0.38英寸口径的手枪塞进了埃迪的鼻孔。

1966年3月，随着“史密斯之战”的爆发，两个帮派间的冲突一发不可收拾。当时两边的人在伦敦东南部一家俱乐部里进行枪战、刀战和肉搏。弗兰基、埃迪和五个人都被打中了，科雷兄弟的表兄弟迪基·哈特（Dickie Hart）被自己的0.45英寸口径的枪打中。弗兰基和埃迪因斗殴被判5年徒刑。1966年7月30日，查理在看世界杯决赛时被捕，被判25年徒刑。

“史密斯之战”几天后，罗尼来到白教堂地区热闹的瞎乞丐酒吧，受到喝醉了的理查德森帮成员乔治·康奈尔（George Cornell）的侮辱。他开枪打中康奈尔头部，把他打死了。12月7日，在提前庆祝圣诞的派对上，因为金钱冲突，雷吉刺了毒贩杰克·麦克维蒂（Jack McVitie）好几刀。

> **查理·理查德森是恶魔……这么说已经最委婉了。人再邪恶也不过如此。**
>
> ——约翰·麦克维卡（John McVicar）

1968年5月8日，科雷兄弟和其“公司”15个成员一起被绰号“钳子”的总督察里德（Read）的快速特警队逮捕。双胞胎被判30年无期徒刑，不得假释。罗尼在1995年死于心脏病。2000年，雷吉因为癌症晚期而获保外就医。■

科雷兄弟

科雷兄弟成长于伦敦东区霍克斯顿一个工人阶级社区。这里被视为“过渡区”，犯罪活动猖獗。他们绰号“炮弹”的外公吉米·李（Jimmy Lee）和绰号“疯子”的爷爷吉米·科雷（Jimmy Kray），还有姑妈罗丝（Rose），都是当时知名的拳击手。

兄弟俩的关系很独特。他们并肩打架，保护对方不受伤害，还一起犯罪。他们的性取向一直是多方猜测的话题。在罗尼1993年的书《我的故事》（*My Story*）里，他自称双性恋。科雷家族否认了作者约翰·皮尔森（John Pearson）称雷吉也喜欢男人的说法。两人死后，皮尔森写了一本书，甚至说他们乱伦。

两人被定罪后才分离，罗尼被诊断为妄想型精神分裂，被送到布罗德莫——一所戒备森严的精神病医院。

每个帝国的建立都是一段血与火的征程

麦德林贩毒集团，1972—1993年

背景介绍

地点

哥伦比亚、玻利维亚、秘鲁、洪都拉斯、美国

主题

贩毒集团

此前

1969年 红色司令部（Comando Vermelho）在巴西由一帮罪犯和政治囚犯建立。

此后

1977—1998年 卡利集团（Cali Cartel）从麦德林贩毒集团中脱离出来，成为世界上最大的犯罪集团之一，控制了全球超过90%的可卡因贸易。

20世纪80年代中期 “矮子”华金·古兹曼·洛埃拉（Joaquín Guzmán Loera）在墨西哥西北部领导锡纳罗亚集团（Sinaloa Cartel），将毒品走私到美国。锡纳罗亚是世界上最大的贩毒集团。

麦德林贩毒集团（Medellín Cartel）在哥伦比亚的可卡因生意不仅是受到金钱利益驱使的有组织犯罪，还在用暴力夺取国家的控制权。

麦德林贩毒集团于20世纪70年代初建立，是由“可卡因之王”巴勃罗·埃斯科巴（Pablo Escobar）、“墨西哥人”何塞·贡萨洛·罗德里格斯·嘎查（José Gonzalo Rodríguez Gacha），卡洛斯·雷德（Carlos Lehder）和奥乔亚家族（Ochoa Family）发起的贩毒联盟。集团势力最大的时候，一周通过可卡因走私获利至少4.2亿美元，一度占有美国可卡因市场的90%、全球的80%。

麦德林的投资人乔治·路易斯·奥乔亚（Jorge Luis Ochoa）和在哥伦比亚南部卡利集团的发小吉尔贝托·罗德里格斯（Gilberto Rodriguez）买下巴拿马第一美洲银行，两个集团都用这家银行洗白贩毒所得的黑钱。雷德买下巴哈马岛屿诺曼之洲，那里在1978—1982年成为集团的贩毒贸易中心。可卡因从哥伦比亚用飞机运到诺曼之洲，装上雷德的私人小型飞机。这些飞机飞往美国东南部卸货，雷德从中净赚数十亿美元。

政治影响

最初十年，麦德林集团几乎逍遥法外，没有受到哥伦比亚当局的管制。1984年，突然来了一位司法部长，罗德里格·莱拉·博尼利亚（Rodrigo Lara Bonilla）。莱拉怀疑埃斯科巴在1982年当选为众议院议员，是在为把哥伦比亚转变为“毒品王国”铺路。他和美

> **有时我就是上帝。我要一个人今天死，他绝不会见到明天的太阳。**
>
> ——巴勃罗·埃斯科巴

参见：三合会 146~149页，地狱天使 160~163页，“高速公路”里克·罗斯 168~171页。

1999年10月13日，在波哥大机场，麦德林集团关键人物法比奥·奥乔亚（Fabio Ochoa）被两名警官押送。2001年，他被引渡到美国。

国禁毒署合作，要把埃斯科巴逐出政坛，并继续发起针对麦德林集团的刑事诉讼。

然而，莱拉在1984年惨遭暗杀，幕后主使正是埃斯科巴。这不是埃斯科巴第一次，也不是最后一次下令杀害政治对手。

驱使埃斯科巴和雷德进入政坛的是一个非常敏感的问题——政府支持引渡。两人都狡猾地运用反殖民主义的口号来反对引渡。雷德发起拉丁民族运动，谴责美国干预拉美事务。他甚至声称可卡因是获得自由的途径。

警方调查取得突破

哥伦比亚和美国政府密切合作，终于导致麦德林集团的溃败。第一个倒台的大毒枭是雷德，他在1983年被迫放弃诺曼之洲的毒品基地。当时巴哈马政府没收了他的财产，冻结了他的银行账户，雷德取道丛林潜逃。埃斯科巴后来用直升机把雷德带回麦德林。不久，据说雷德的一个手下向哥伦比亚警方透露消息，导致其在自己农场被抓获。

1987年，雷德被引渡到美国，被判135年监禁，不得假释。这一判决起到了杀一儆百的作用。1992年，雷德转变为污点证人，同意揭发帮助窝藏集团成员的巴拿马将军曼努埃尔·诺列加（Manuel Noriega）。雷德获得55年减刑。

嘎查和埃斯科巴困兽犹斗。1989年，嘎查、儿子弗雷迪（Fredy）和一名保镖，以及集团高级成员吉尔贝托·伦登（Gilberto Rendón）在和哥伦比亚军方直升机交火中被击毙。三年后，1993年12月2日，埃斯科巴在麦德林市的小巷子里与警方枪战，最终被击毙。■

毒品战争

1971年，美国总统理查德·尼克松宣布吸毒是“公民的头号敌人”，必须全面打击才能取得胜利。这番演讲标志着“毒品战争”的开始。

20世纪80年代，美国对可卡因的需求非常大，估计每月75吨的可卡因走私到美国。自那时起，缉毒方面取得突破，首先是摧毁了麦德林集团。后来的数据显示，2006—2011年，青年的可卡因吸食量减少了46%。

然而，哥伦比亚、墨西哥和危地马拉的国家领导人都表示军事干预对国家有副作用，希望采取新的反吸毒战略。近几年，葡萄牙在禁毒过程中，规定适度拥有毒品无罪，对瘾君子进行治疗，而非监禁。这一模式逐渐成为可行的手段。

一直都在做生意，从来没拉帮结派

“高速公路”里克·罗斯，1980—1995年

背景介绍

地点

美国加利福尼亚州洛杉矶

主题

贩毒

此前

1923年 居住在英国的日本毒贩宫川安吉建立了20世纪20年代最大的贩毒团伙。他把大批海洛因从伦敦运往日本。

20世纪60—70年代 弗兰克·卢卡斯（Frank Lucas）是哈莱姆区的海洛因贩子。他从亚洲金三角直接购买海洛因，省去了中间人。

此后

2003年 绰号“钉枪”的托马斯·科默福德（Thomas Comerford）在英格兰建立了国际贩毒网络。被捕后，他在受审前死于肝癌。

在犯罪生涯的巅峰，“高速公路”里克·罗斯（Rick Ross）（不是那个说唱歌手里克·罗斯）日赚300万美元。通过贩卖霹雳可卡因，他的贸易帝国从洛杉矶中南区延伸到美国40多个城市。被捕之前，他已经逍遥法外将近十年。

罗斯在洛杉矶一条街道末尾的贫民窟里长大，这条街道是港口高速公路的终点，所以他绰号“高速公路”。高中时，罗斯是学校的网球明星，一些人认为他是文盲而未能拿到上大学的网球奖学金后才走上犯罪道路的。

参见： 地狱天使 160~163页，科雷帮和理查德森帮 164~165页，麦德林贩毒集团 166~167页。

28岁时，罗斯在监狱自学读写。2014年，罗斯在美国巡回宣传自传，并倡导识字的重要性。

17岁，罗斯辍学。因为看不懂工作申请表，无法填写，所以根本找不到工作。于是，他混社会，和一帮朋友一起偷车，把零件拆了，然后卖掉。他们自称为“高速路垃圾场小子”。

毒品帝国

辍学一年，罗斯就抓住了霹雳可卡因风靡的势头。先前，可卡因被认为是富人用的高级毒品。如今，廉价的“霹雳可卡因”成为贫民窟穷人首选的毒品。霹雳可卡因是把可卡因和水、小苏打混合，干了以后打碎，会形成小石头一样的晶体，因此和真正的可卡因有所区别。

罗斯以低价源源不断地供应霹雳可卡因，造成这种毒品的使用量骤增。他合作的主要供货商是奥斯卡·达尼洛·布兰登（Oscar Danilo Blandón）和诺文·曼尼塞斯（Norwin Meneses），他们把可卡因从家乡尼加拉瓜走私到美国。

罗斯在贫民窟掀起了霹雳可卡因的浪潮。由于霹雳可卡因极度令人上瘾，因此给城市贫民窟的人们带来巨大灾难，原本好好的家庭里如今充斥着瘾君子。罗斯起初不知道这种毒品的严重副作用，如呼吸困难、心跳停止、精神错乱等。他贩毒的时候就好像一个企业家，要建立商业帝国。罗斯以极低的成本批量买入、生产霹雳可卡因，以低价卖出，仍然赚到巨额利润，其销量一路飙升。

罗斯建立起经销商和毒贩网络来分销霹雳可卡因，甚至还雇人专门给他数钱。根据美国司法部的调查，罗斯是洛杉矶中南区最大的毒枭之一。

缉毒侦探和洛杉矶县警局花了8年时间调查，罗斯频繁更换住处和车辆，一直逍遥法外。然而，他不断增加的钱财、房产、车辆和员工引起了联邦调查人员的注意。

执法机关建立了特别行动小组来抓捕罗斯和其他主要毒贩。该小组由来自美国禁毒署、洛杉矶市警察局和洛杉矶县警察局的警官和特工组成。行动小组名为“高速公路”里克·罗斯缉拿队，重点抓捕行踪飘忽不定的罗斯。

贸易扩张，终被监禁

1986—1990年，罗斯和手下的贩毒业务扩张到其他城市，包括密苏里州的圣路易斯和俄亥俄州的辛辛那提。这些城市当局也参与了调查，但收效甚微。1986年10月，罗斯因为在圣路易斯密谋分销可卡因而受到联邦指控。他被捕了，但由于缺乏证据，指控被撤销。

然而，运往辛辛那提的毒品在公交站被警犬发现，警方追查到罗斯那里，指控他在俄亥俄州和得克萨斯州贩卖可卡因，并再次起诉。这次，指控没被撤销。1990年，罗斯入狱服刑。在俄亥俄州服完联邦刑期后，罗斯马上在得克萨斯州监狱以贩毒罪开始9个月的刑期。他在1994年9月得到假释。

> **20世纪80年代初，19岁的少年罗斯梦想破碎，只好混迹于洛杉矶中南区街头。**
>
> ——加里·韦伯

装进运动包里的毒品在罗斯的帝国里流转，从罗斯雇来把可卡因“调制”成霹雳可卡因的人，到罗斯的手下，再到当地毒贩。

局中局

1992年，罗斯的尼加拉瓜供货商奥斯卡·达尼洛·布兰登吹嘘自己的可卡因贩卖经历，以及和罗斯的交易，被人听到。结果，布兰登在加州圣地亚哥被捕，面临联邦指控和长期徒刑。

禁毒署发现他们可以利用布兰登来抓到罗斯和其他毒枭。于是和布兰登进行交易，让他为禁毒署当卧底线人。布兰登为此可以得到减刑、出狱绿卡，以及4.2万美元报酬。布兰登服刑一年后被释放，开始给禁毒署当卧底。

布兰登的第一个任务是和罗斯最后进行一次交易。禁毒署特工和圣地亚哥警察帮助设置圈套，并对行动进行监视。在禁毒署的监听下，布兰登和罗斯联系，说要给他100公斤霹雳可卡因。罗斯不知道这是圈套，1995年3月2日，他安排与布兰登在圣地亚哥会面。两人交易完毕后，警方立即包围并逮捕了罗斯。

第二年，罗斯因为密谋分销从警方线人那里购买的违禁毒品而在圣地亚哥联邦法院受审。由于他之前还犯有贩毒罪，法院判他终身监禁，不得假释。

丑闻和阴谋

罗斯相信布兰登也同时被捕了。然而，在审判之前，调查记者加里·韦伯（Gary Webb）找到罗斯，告诉他布兰登已经向警方投诚。1996年，在和罗斯谈了几次后，韦伯写下名为“黑暗同盟”的系列文章，发表在《圣何塞信使报》（*San Jose Mercury News*）上。文章披露，布兰登已经给政府当卧底很长时间了。韦伯“黑暗同盟”的说法揭露了该案的一个新层

> **如果说有个不法资本家是廉价可卡因充斥洛杉矶街道的罪魁祸首的话，那就是“高速公路”里克·罗斯。**
>
> ——杰西·卡茨（Jesse Katz）

1988年6月，洛杉矶市警方在打击毒品犯罪时抓获贩毒团伙成员。

贫民窟的生活与犯罪现象

20世纪80年代中期到90年代初期，霹雳可卡因的风靡震撼了整个美国。这种毒品最火爆的时候，滥用问题使美国大多数主要城市面临严峻挑战，洛杉矶中南区尤其如此。

霹雳可卡因的效力几乎是可卡因粉末的两倍。这意味着吸食这种毒品的快感十分强烈，而且一触即发。这种快感让人感到狂喜，更加清醒，觉得自己无人能敌。风靡之时，霹雳可卡因价格低得令人难以想象。美国禁毒署显示，20世纪80年代初期，很多城市里一剂霹雳可卡因只卖2.5美元，所以穷人也买得起。

霹雳可卡因成瘾让吸食者变得暴戾，并走上犯罪道路，因为他们需要钱来购买毒品。杀人、抢劫和盗窃等犯罪率在贫民窟飙升。20世纪80年代末，美国政府被迫发起新“毒品战争”，打击盛行的毒品。

清晨，一名全副武装的禁毒署特工正在参与针对洛杉矶嫌疑贩毒头目的缉捕突袭。*20*世纪*80*年代，毒品战争越来越军事化。

面——主张罗斯的毒品帝国与美国中情局和尼加拉瓜的反政府武装组织有关。

根据韦伯的观点，罗斯付给尼加拉瓜联络人的钱被用来资助并武装反政府势力，而中情局对资金来源睁一只眼闭一只眼。

虽然各大媒体对韦伯的调查结果有所怀疑，但中情局后来承认与嫌疑毒贩合作，利用罗斯毒品帝国的钱为尼加拉瓜反政府军提供武器。罗斯在监狱里打电话，抱怨中情局卸磨杀驴。他声称政府利用了他，就像他靠那些贫民窟的邻居敛财一样。

罪名撤销

罗斯下决心不在监狱里度过余生。在联邦监狱服刑的时候，他自学读写，在监狱图书馆看法律书籍。他用学到的知识为自己辩护。根据“三振出局法”（Three Strikes Law），第三次犯重罪才会判终身监禁。罗斯争辩，自己在得克萨斯州和俄亥俄州被判的是同一种联邦罪行，因此应该被归为一次犯罪，这样他总共犯了两次罪。

他的律师说这一主张无效，但是，1998年联邦第九巡回上诉法院同意了他的说法。因此，罗斯的刑期从20年减到16年6个月。在监狱待了14年后，他在2009年被释放。■

> **别无选择的时候，好人只能做坏事。**
>
> ——里克·罗斯

KIDNAPPING AND EXTORTION

绑架和勒索

1613年

在弗吉尼亚的詹姆斯敦，塞缪尔·阿高尔上尉绑架了当地一位大酋长的女儿宝嘉康蒂。

1897年

在泰和伯恩冒名案中，亚瑟·奥顿声称自己是泰和伯恩夫人失散的儿子和遗产继承人。

1932年

美国飞行员查尔斯·林德伯格还在襁褓中的儿子在新泽西家中遭到绑架。

绑架是用武力或诈骗手段对他人实施的非法强行转移。在美国和英国，大部分绑架案元凶都是亲人，如父母或配偶。绑架动机有争夺子女抚养权、获取赎金、性虐待和奴役。

本书列举的案例没有一起以谋杀为目的：罪犯原打算榨取赎金，或把被害人作为性奴。有些案例中的绑匪最终导致被害人死亡。例如，1932年美国飞行员林德伯格幼子小查尔斯·奥古斯特·林德伯格绑架案。证据表明，被害人死亡是因为绑匪无能，而非事先设计所致。

在美国，拙劣的林德伯格幼子绑架案导致新反绑架法的产生。同年晚些时候，美国国会通过了联邦反绑架法（美利坚联邦法典第18部55章1201节），该法案又称林德伯格法案。法案规定，如果绑匪带被害人已经越过州境，联邦政府就能介入，追捕绑匪。联邦调查局对此类案件享有至高无上的管辖权，可以依据经验和能力办案。但是，该法案排除了父母绑架。20世纪70年代修订法案之前，如果被害人受到伤害，已定罪的绑匪在一些州会被判处死刑。

斯德哥尔摩综合征

即使被害人被绑架的时间较短，也可能遭受心理创伤，如焦虑性攻击、恐惧症或创伤后应激障碍（PTSD）。这种创伤可以是身体或精神上的，或两者皆有。

长时间监禁会改变受害者的性格，甚至亲友都会觉得他们很陌生。这可能是斯德哥尔摩综合征的表现。斯德哥尔摩综合征是一种心理现象，指被劫持者开始对绑匪的动机表示认同。最著名的案例是，1974年美国传媒大亨继承人帕蒂·赫斯特加入了绑匪共生解放军。在被绑架的十周中，她大部分时间被关在壁橱里，还帮绑匪抢劫了一家银行。被绑架几个月后，她的一张照片流出，这张照片现已成为标志性照片。照片中的她手持自动武器，站在共生解放军的标志前。后来，在脱离该组织一段时间

1973年

亿万富翁让·保罗·盖蒂16岁的孙子约翰·保罗·盖蒂三世在罗马法尔内塞广场遭绑架。

1974年

美国传媒大亨威廉·伦道夫·赫斯特的女儿帕蒂·赫斯特被共生解放军绑架。

1976年

在加利福尼亚州的乔奇拉，26名儿童遭绑架，被困在一辆卡车里。

1998—2006年

在奥地利，娜塔莎·坎普希被绑匪囚禁在家中8年。

后，她终于宣布与之断绝关系。

当然，不是所有的被害人都能成功逃脱魔爪。一些人被迫适应，与绑匪共同生活，比如17世纪北美印第安酋长的女儿宝嘉康蒂。她在1613年被英国殖民者绑架，此后再也没有回到以前的生活。

技术进步

揭开匿名绑匪真实身份对警察来说是极其困难的。成功通常取决于目击者或被害人在被解救出来以后能否给出对绑匪外形的准确描述。有时，绑匪会疏忽大意，在不经意间透露关于被害人所在的线索。

1887年，美国最高法院标志性的贝尔诉布鲁斯特案判决承认笔迹鉴定是一种重要手段，使警察能雇用训练有素的专家来比较勒索信上的笔迹和嫌疑人的笔迹，将其作为证据。使绑匪暴露行踪的其他方式有，在赎金纸币上做标记，或记录钞票序列号。

近年来，数字技术的进步使绑架变得异常困难。闭路电视摄像头在侦查中发挥重要作用，手机里的追踪软件也可以定位被害人和绑匪的位置。移除或破坏追踪工具对绑匪来说就是重中之重，否则警察迟早会找上他们。

这些进展促成了可供儿童穿戴的GPS追踪装备市场的产生。许多装备看上去就像手表，可以让儿童只需按键就能联系到父母。然而，许多装备非常笨重，而且容易招来绑匪。在理论上，随着人和机器的联系越来越紧密，追踪技术有一天可以融入人体，但这引发了关于公民自由的重要问题。■

他甚至认为她的价值比不上古剑

宝嘉康蒂绑架案，1613年

背景介绍

地点

（今）美国弗吉尼亚州

主题

政治绑架

此前

1303年 雄心勃勃的教皇博义八世（Pope Boniface VIII）被一群名门望族绑架。他因拒绝退位，被遣回罗马。获得自由不久，他就去世了。

此后

1962年2月10日 美国飞行员弗朗西斯•加里•鲍尔斯（Francis Gary Powers）在柏林通过与苏联的人质交换而得到释放。两年前，他在苏联领空从一架受损的间谍飞机中跳伞后被捕。

年轻的北美印第安公主宝嘉康蒂是在北美的第一批英国殖民者与当地印第安部落之间的重要纽带，她短暂的一生在流行文化中一直被誉为浪漫传奇。

宝嘉康蒂出生于1596年前后，是弗吉尼亚切萨皮克湾30个土著部落最高酋长波瓦坦（Powhatan）的女儿。她在年轻时，据说曾阻止父亲的手下杀死英国殖民地詹姆斯敦的首领约翰•史密斯（John Smith）。詹姆斯敦是在1607年建立于波瓦坦领地内的。

詹姆斯敦的居民和印第安部落一直和平共处，直到1609年，酋长波瓦坦为了迫使殖民者离开弗吉尼亚而停止了一切贸易。于是，战争很快爆发了。

1613年春，水手塞缪尔•阿高尔（Samuel Argall）爵士驶过波托马克河，寻找与布塔乌美克部落新的贸易联系。他得知宝嘉康蒂和部落首领加帕祖斯（Japazeus）待在一起，便计划利用这位公主来迫使印第安人释放英国人质，并交出偷走的工具和武器。于是，阿高尔绑架了公主，给波瓦坦酋长送去一封勒索信，说他女儿被囚禁在詹姆斯敦。酋长拒绝满足所有要求，宝嘉康蒂只好和英国人生活在一起。1614年，她皈依基督教，并嫁给了殖民者约翰•罗尔夫（John Rolfe）。1617年，宝嘉康蒂在英格兰去世，皇室将她视为维护殖民关系的典范。■

宝嘉康蒂作为英国人的人质到达詹姆斯敦。宝嘉康蒂绑架案是早期利用人质获取政治利益的一个例子。

参见：帕蒂•赫斯特绑架案 188~189页，阿尔多•莫罗绑架案 322~323页，英格丽德•贝当古绑架案 324~325页。

不可思议的真实传奇

泰和伯恩冒名案，1897年

背景介绍

地点

英国汉普郡

主题

冒名顶替

此前

1487年 出身低微的兰伯特·西姆内尔（Lambert Simnel）假冒英国皇室继承人，威胁到亨利七世的地位。他后来被揭穿，国王认为他受到一些贵族的操纵，赦免了他。

1560年 在法国，假冒马丁·格尔（Martin Guerre）三年的阿诺德·杜·蒂勒（Arnaud du Tilh）被处以死刑，其假身份因格尔归来败露。

此后

1921年 某人自称拉曼德拉·纳拉扬·洛伊（Ramendra Narayan Roy）王子，印度东孟加拉地区巴瓦庄园的三位所有者之一，而这位王子据说12年前就已经死亡。此人遭到质疑，但两轮审判都对他有利。

泰和伯恩家族准男爵爵位继承人罗杰·泰和伯恩（Roger Tichborne），1854年在大西洋失踪，当事船只在巴西里约热内卢沉没。他的母亲亨丽埃特·泰和伯恩（Henriette Tichborne）悲恸欲绝。听到报道说海难幸存者已被救出并送往澳大利亚，她相信儿子还活着，在世界各地张贴寻人启事。

1866年，一个澳大利亚律师写信给泰和伯恩夫人，说新南威尔士的一个自称为汤姆·卡斯特罗（Tom Castro）的屠夫联系他，声称自己就是罗杰。泰和伯恩夫人万分激动，派人去请卡斯特罗。同年，她见到了卡斯特罗，说他就是自己的儿子。

假“浪子”回头

然而，家族其他成员却觉得这个“罗杰”明显是个冒牌货。人们记忆中罗杰是个身材细长、文质彬彬，声音动听的人，这个人却体格健壮，言语粗鄙。泰和伯恩夫人去世后，家族成员认为他不配继承房产和准男爵名号。因此，他经历了一系列民事和刑事审判，案件引起轰动。最后，此人被证明是伦敦人亚瑟·奥顿（Arthur Orton），离开英格兰后在智利跳船，最终去了澳大利亚。他因伪证罪被判刑14年。奥顿企图靠冒充名人发家，没有成功。他在穷困中死去，始终坚称自己是泰和伯恩。■

真正的罗杰·泰和伯恩（左）和亚瑟·奥顿（右）相貌迥异，但几十人发誓他俩就是同一人。

参见：钻石项链骗局 64~65页，哈利·多梅拉 70~73页，弗兰克·阿巴纳尔 86~87页。

安妮，他们偷走了我们的孩子！

林德伯格幼子绑架案，1932年3月1日

背景介绍

地点
美国新泽西州霍普韦尔

主题
绑架儿童

此前
1874年7月 4岁的查尔斯·罗斯（Charles Ross）是第一个遭到以勒索赎金为目的绑架的美国儿童。

此后
1960年7月 8岁的格拉汉姆·索恩（Graham Thorne）在父母购买澳大利亚歌剧院彩票中奖后遭绑架。他的尸体在两个月后被发现。

1982年5月 8岁的妮娜·高维兹（Nina Gallwitz）被绑架149天后，被绑匪释放。她的父母为此支付了150万德国马克的赎金。

这位明星飞行员的儿子被绑架一事在国际上激起了民愤。这起案件登上了世界各地的头版头条和杂志封面。

1932年3月1日，雨夜，10点左右，保姆贝蒂·高（Betty Gow）朝查理·林德伯格（Charlie Lindbergh）的婴儿房里看了看，小家伙自从晚餐后就一直睡在那里。当时，她给他穿上法兰绒家居长衫和粉色睡衣，把他放在婴儿床里。两小时前，保姆确认小家伙已经睡着了，现在这个20个月大的婴儿却不见了。

高立即冲下楼告诉孩子的父母，著名飞行员查尔斯·林德伯格（Charles Lindbergh）和妻子安妮（Anne）。他们跑上楼，发现窗户开着，窗台上放着一封勒索信。这封用蓝墨水写的满是错别字的信上说，绑匪要求用5万美元换小查理平安归来。

恐慌席卷了林德伯格全家。家人和工作人员在霍普韦尔疯狂搜寻，却无意间破坏了线索。他们没有发现小查理的任何踪迹。一个守卫报了警，警察在30分钟内在全市设好路障和检查点。警察通知了当地医院关于婴儿失踪的事情。

绑架得到证实

勘查现场的警察马上确定，绑匪是用一架自制的三节伸缩梯爬进二楼窗户。梯子已经坏了，被扔在离屋子23米的地方，一些横档断了。这说明梯子可能是在绑匪带着

参见：约翰·保罗·盖蒂三世绑架案 186~189页，乔奇拉绑架案 190~195页，英格丽德·贝当古绑架案 324~325页。

1930年6月，安妮·莫罗·林德伯格（Anne Morrow Lindbergh）在小查理出生后不久抱着他。六个月前，怀孕的安妮成为首位获得一级滑翔员称号的女性。

婴儿下去的时候坏的。

警方发现了轮胎印和凿子，以及婴儿房地板上的泥渍。更重要的是，他们在婴儿房窗户下面的湿地上发现两组脚印，跟停在东南方向用于逃跑的汽车的车印相接。

然而，他们没有制作脚印的石膏模型，也没有测量两组脚印，而这本可以让他们将犯罪嫌疑人的脚印当作证据。报纸报道警方急于找到婴儿、抓住绑匪，忽略了办案程序。

勒索信、婴儿床、梯子上没找到可用的指纹，调查员认为犯罪现场已经被清理干净了。

当夜10点30分，广播新闻让绑架案公之于众。接下来三天，来自新泽西和纽约的联邦调查局特工和警察没有发现新的线索。

3月5日，第二封信来了，索要7万美元。信上还要求林德伯格一家不能报警。在第三封勒索信中，绑匪指示交付赎金。

谈判开始

已退休的72岁教育家约翰·康登（John Condon）博士从当地报纸上得知了绑架案的消息。他给报纸编辑写信，表示自愿当绑匪和林德伯格家之间的谈判中间人。看到这封信，绑匪给康登写信同意他的要求。他们在一处墓园见面，绑匪归还了那件粉色睡衣，证明婴儿还很安全。

绑匪通过康登，告知林德伯格家交赎金的时间和地点。绑匪收到钱后，会把婴儿放在“奈利”号船上，这艘船停在马萨诸塞州沿岸玛莎葡萄园岛附近——位于马脖海滩和伊丽莎白岛附近的盖伊海德镇之间。林德伯格同意支付赎金，换得儿子平安归来。

在夜色掩护下，康登博士将绑匪答应从第二次要求的数目降下来的5万美元放到指定地点。林德伯格在车里等着。墓园一片漆黑，他们几乎看不见绑匪，却能听清楚绑匪的德国口音。那人自称“约翰”，带着林德伯格的钱走了。然而，匪徒没有遵守在交易中许下的承诺：林德伯格一家进行了彻底搜查，林德伯格本人还多次飞到对岸寻找，根本没有那艘船和婴儿的踪影。

调查员继续寻找男孩，却一无所获。最终，1932年5月12日，小查理被找到了，还是碰巧。在玫瑰山上的小屋附近的一片林地里，一位停车休息的卡车司机发现一个小小的躯体埋在一堆落叶里。这个地方距林德伯格在霍普韦尔的家有三公里。草草埋葬的尸体已经开始腐烂，似乎小查理在被劫走的那一晚就已经死了。

法医认定婴儿是头部受创而死。然而，尸体已经腐烂，甚至难以确定性别。附近孤儿院员工称尸体不是他们的孩子。身高不符也引发了关于死婴身份的问题——小查理身高74厘米，而这具尸体身高84厘米。尸体上的手工法兰绒家居衫和一只变形的长脚趾，让小查理的父亲和保姆认定尸体就是小查理。

林德伯格法案

在调查过程中，公众的愤怒促使国会在1932年迅速颁布了林德

> 我们警告你不要公开或报警。孩子目前得到了很好的照顾。
>
> ——第一封勒索信

事件脉络

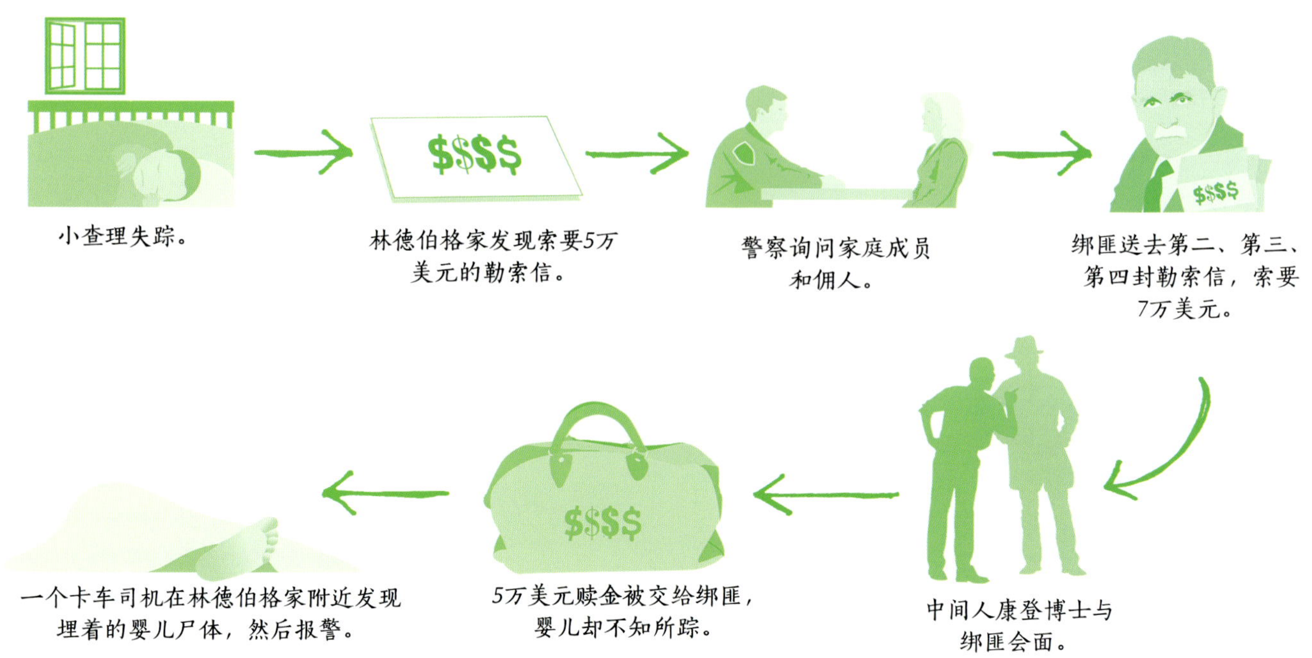

伯格法案，也就是联邦绑架法案，规定绑架是联邦罪行，可处以死刑。如果绑匪带被害人越过州境，联邦政府就能介入并追捕绑匪。

1934年9月，赎金钞票出现在上曼哈顿莱克星顿大道的一个加油站里。加油站工作人员看到一辆深蓝色道奇轿车的车主掏出10美元金圆券后起了疑心。金圆券是美国财政部发行的一种货币，1933年就已经停止流通了。当时，罗斯福总统由于大萧条中民众对黄金的囤积而取消了金本位制。

服务员疑心这张金圆券可能是假币，就在钞票边缘记下了这辆道奇车的纽约车牌号。

钞票被交给银行后，一位出纳检查发现，这是交给绑架小查理的人的5万美元赎金钞票中的一张。银行通知了联邦调查局，联邦调查局通过追查车牌号锁定了一个名叫布鲁诺・霍普特曼（Bruno Hauptmann）的德国移民。他是个木匠，生活在纽约布朗克斯区一个宁静的小区里。

照片中林德伯格的狗和小查理一起在婴儿车里。尤为奇怪的是，这只通常会朝陌生人吠叫的狗在绑架发生时却安安静静。

霍普特曼被捕

1934年9月19日，警方逮捕了霍普特曼，当时他正从家里出去。他钱包里有一张20美元的金圆券，也来自那笔赎金。

警方在霍普特曼家中搜出约1.4万美元，这些钱放在车库木板后面的一个油罐里。霍普特曼坚称自己是无辜的。他的钱是已故朋友艾瑟多・费齐（Isidor Fisch）的。费齐也是德国人，在1932年5月12日申请了护照，也就是小查理的尸体被发现的那天。同年12月，费齐

警官在霍普韦尔大楼外再现犯罪场景，希望找到线索。他们摆了一架长梯子，就像在房子边上坏掉的那架，通向敞开的婴儿房窗户。

坐船回到德国莱比锡的家。

霍普特曼告诉警方，朋友留下了一个鞋盒，里面装着他的一些东西。因房屋漏水，霍普特曼就把盒子里的东西都拿了出来，只知道里面有钱。霍普特曼说他一直保存着这些钱，藏着金圆券是害怕发生通货膨胀。

根据新闻报道，警方不相信他的话，称他编了个“费齐的故事”。费齐离开后再也没有回过美国，1934年在德国死于肺结核。

在霍普特曼的阁楼里，调查员发现一片黄松木，和绑架案中使用的梯子材料吻合。笔迹专家也被请来，他们宣布霍普特曼的笔迹和勒索信上的笔迹相同。

庭审的时候，成千上万人挤进新泽西狭小的佛莱明顿镇，前来观看或报道。一些当时最著名的记者，沃尔特·温切尔（Walter Winchell）、达蒙·鲁尼恩（Damon Runyon）和范尼·赫斯特（Fanny Hurst）都报道了这场审判。

霍普特曼的辩护律师是性格张扬的爱德华·赖利（Edward Reilly），人称“大爱德”。霍普特曼自证清白，否认和绑架案有任何关系，告诉陪审团自己受到了警方的严刑逼供，被迫修改自己的笔迹以和勒索信上的笔迹吻合。另一方面，律师赖利试图引起人们对康登与绑匪沟通的怀疑。

林德伯格出庭作证，告诉陪审团他听出霍普特曼的声音就是几年前从康登那里拿走赎金的人的声音。

审判在1935年2月结束。检察官大卫·威伦茨（David Wilentz）在总结时询问陪审团，是否将霍普特曼定为一级谋杀并处以死刑。陪

查尔斯·林德伯格三世

1902年，林德伯格在密歇根州底特律出生，在明尼苏达州长大。他的父亲查尔斯·奥古斯特·林德伯格（Charles August Lindbergh）在1907—1917年任明尼苏达州议员。林德伯格在大学学了两年机械工程后辍学，开始飞行训练。

1927年5月20日，他驾驶单翼机“圣路易斯精神”独自从纽约飞到巴黎，创造历史。34小时不间断飞行之后，他降落在巴黎勒布尔热机场，赢得了2.5万美元的奥泰格奖。年仅25岁的林德伯格飞越大西洋的伟绩彻底改变了他的生活，让其名利双收。在一次去墨西哥城的友好飞行中，林德伯格遇到了安妮·莫罗，其父亲是驻墨西哥大使。他们很快结婚了，婚后育有六个孩子。1930年，长子查理出生。

1941年珍珠港事件后，林德伯格申请加入空军，但被罗斯福总统拒绝，因为两人长期不和。林德伯格后来用训练飞行员的方式为战争做贡献。

审团离庭，前往仲裁室讨论了11小时多。1935年2月18日晚上10点45分，陪审团八男四女带着裁定回到庭上。当宣布裁定做出的钟敲响时，外面人群的欢呼声响彻法庭。陪审团主席宣读裁决的时候，霍普特曼戴着手铐，一动不动地站着，两边各有一个守卫。也许是迫于公众压力，陪审团认定布鲁诺·霍普特曼犯有一级谋杀罪。法官判决霍普特曼死刑。林德伯格出席了之前32天的每一场审判，却唯独没有出席这场最后的判决。

> **这场世纪审判很可能是这个国家历史上最大的骗局。**
>
> ——罗伯特·R. 布莱恩

拙劣的调查

林德伯格案对警方和联邦调查局来说都是耻辱。这起案件牵动了全国上下每个人的心。

根据新泽西州一级谋杀罪法令，审判不用证明霍普特曼具有杀人动机，只要婴儿是由于入室抢劫而死的就行了。从来没有证据证实婴儿到底是头部受打击而死，还是在被带走时摔下楼梯而死。定罪和量刑宣布后，霍普特曼不愿再说什么。

新泽西州长哈罗德·G. 霍夫曼（Harold G. Hoffman）对裁定表示疑虑，要求给霍普特曼30天缓刑期，命令新泽西州警方重新调查。他说，对霍普特曼的调查是警方历史上最蹩脚的调查之一。

新泽西州警察没能找到任何新证据，因此霍夫曼雇用了私家侦探，但他们也空手而归。调查结束后，霍夫曼的政治生涯也蒙上了污点，失去了竞选连任州长的机会。

裁定受质疑

霍普特曼的律师把官司一路上诉到美国最高法院，但每次上诉都失败了。布鲁诺·霍普特曼直到最后一刻仍然坚称自己清白。1936年4月13日，他在新泽西州监狱的电椅“老史摩奇”（Old Smokey）上被执行死刑。

案件并没有到此结束。1981年，霍普特曼83岁的遗孀安娜（Anna），状告新泽西州政府，要求赔偿1亿美元，称自己的丈夫是冤死的。她要求重审丈夫的案件，法院拒绝了。

她的律师也要求新泽西州议会官方宣布布鲁诺·霍普特曼无罪，但对方没有做出任何行动。

有十几部书和两部电影是根据这个案件改编的。1982年，由英国记者卢多维克·肯尼迪（Ludovic

借由报纸，绑架案的消息在全世界不胫而走，小查理成了美国最有名的婴儿之一。这张封面照片展现了小查理最脆弱的时候，刚出生两周。

> **他们觉得，我死了，案件就尘埃落定了。**
> ——布鲁诺·霍普特曼

Kennedy）编剧并配音的纪录片《谁杀了小查理》（*Who Killed the Lindbergh Baby?*）认为霍普特曼是被陷害的。在格里高利·阿尔格伦（Gregory Ahlgren）和史蒂芬·莫尼尔（Stephen Monier）1993年的作品《世纪犯罪：林德伯格绑架骗局》（*Crime of the Century: The Lindbergh Kidnapping Hoax*）一书中，作者认为林德伯格无意中杀死了自己的儿子，为掩人耳目，自导自演了一出绑架大戏。其他作家也表示有多个罪犯，指出勒索信里用了“我们”这个指称，而且案发现场有两组脚印。

2012年，作家罗伯特·佐恩（Robert Zorn）认为“公墓里的约翰”就是德国杂货店店员约翰·诺尔（John Knoll），他和布鲁诺·霍普特曼一起实施了绑架。虽然佐恩的理论获得了支持，尤其是当约翰·诺尔的相貌和佐恩根据康登博士所描述的“公墓里的约翰”画出的画像相似的时候，但我们仍然根本无法揭开那一晚的真相。■

警官搜查了霍普特曼的车库，寻找与绑架案有关的线索。在搜查过程中，几百人在霍普特曼家门外围观。

死刑

美国民权同盟称死刑是不可撤销的、武断的、永久的。它永久剥夺了被告从新证据或新法中获益的机会。国际反对死刑委员会注意到，虽然公众支持死刑的原因倾向于在全社会消灭犯罪，但比起杀掉罪犯，还有其他更有效的方式来预防犯罪。反对死刑的个人和组织指出，虽然死刑旨在震慑杀人犯，但它恰恰是代表了其希望预防的这种行为。他们还说，死刑提倡这样一种观点，只要是政府杀人就无可厚非。

绝大多数发达国家已经在法律或实践上废除了死刑。美国是唯一仍然执行死刑的西方国家。

我从周一就落入了绑匪手中

约翰·保罗·盖蒂三世绑架案，1973年

背景介绍

地点

意大利罗马和卡拉布利亚

主题

绑架

此前

1936年 10岁的查尔斯·马特森（Charles Mattson）在华盛顿州的家中被绑架，绑匪要求2.8万美元赎金。谈判失败，男孩被撕票，凶手却身份不明。

1963年 著名歌星之子，19岁的小弗兰克·辛纳特拉（Frank Sinatra）在内华达州太浩湖附近的旅馆房间中遭绑架。交赎金三天后，他被释放。三名嫌疑人后来被定罪。

此后

1983年 在阿姆斯特丹，家族酿酒企业CEO弗雷迪·海尼根（Freddy Heineken）和司机遭绑架。交了1300万美元赎金后，他们被释放。4名绑匪后来都被逮捕。

约翰·保罗·盖蒂三世（John Paul Getty III），人称“保罗”，是出名吝啬的石油巨富J.保罗·盖蒂（J. Paul Getty）叛逆的孙子。16岁时，保罗在家乡意大利罗马过着放荡不羁的生活。1973年7月10日晚，他和朋友出去喝得大醉，在罗马法尔内塞广场遭绑架。由于众所周知的叛逆性格，很多人猜测他自导自演绑架戏来向祖父勒索钱财。

事实上，绑匪带着保罗向南开车400公里来到卡拉布利亚。他们一直在路上，频繁更换落脚点，以甩掉跟过来的人。绑匪命令保罗写信给他妈妈，告诉自己被绑架了，如果不交出1800万美元赎金，他的一根手指就要被砍掉。

对绑架案半信半疑的J.保罗·盖蒂雇用前中情局探员弗雷彻·蔡斯（Fletcher Chace）调查孙子的行踪。同时，另一封信来了，也是保罗被迫写下的。绑匪附上了一张威胁便条，说给这家人15天时间来交钱，否则会奉上另一封信，以及保罗的一绺头发和一只耳朵。

> **这是保罗的耳朵。如果10天内拿不到钱，我们就会送上他的另一只耳朵。也就是说，我们会把他一点点切碎奉上。**
>
> ——勒索信

保罗的母亲盖尔（Gail）联系绑匪，表示会准备好钱并在指定时间和地点与绑匪见面。然而，她一直没有露面。

恐怖包裹

几周后，绑匪送上了残酷的威胁。11月10日，意大利报纸《信使报》（*Il Messagero*）收到一个包裹，里面是保罗一绺赤褐色的头发和右耳。绑匪威胁说，如果10天内没有拿到320万美元，就要割掉保罗的另一只耳朵。同时，

参见：林德伯格幼子绑架案 178~185页，帕蒂•赫斯特绑架案 188~189页。

另一个包裹到达了《时代报》（*Il Tempo*）办公室，里面是保罗带着伤疤的脸的照片。

勉强默许

照片引起了J.保罗•盖蒂的反应。他拿出220万美元，会计说这是可抵税的最高额度，然后借给儿子剩下的钱，收4%的利息。蔡斯在12月12日把三麻袋现金交给了绑匪。两天后，绑匪在意大利南部拉戈内格罗外放了保罗，警察发现了他。保罗营养不良，由于耳朵被割后失血过多，十分虚弱。

警方逮捕了九人，这九人和卡拉布利亚黑手党有关。其中七人被判四到十年徒刑，两人被释放。赎金中只有8.5万美元的钱款被找到。

一辈子的伤痕

这次劫难一年后，保罗与一位德国摄影师结婚。他们搬去纽约后，有了儿子巴萨扎•盖蒂（Balthazar Getty），后来成了演员。保罗一直没有从绑架的心理创伤中恢复过来，堕入酗酒和吸毒的深渊。1981年，24岁时，他由于服用毒品中风，导致残疾，差点失明，并且无法开口说话。他的母亲自他中风后一直照顾他。她被迫起诉前夫，也就是保罗的父亲，要求他支付保罗的治疗费和抚养费。保罗和妻子在1993年离婚。2011年，他在伦敦家中去世，终年54岁。■

> 我有能力说我想说的。
>
> ——约翰•保罗•盖蒂

根据报道，照片上显示的受了折磨的约翰•保罗•盖蒂三世尝试感谢爷爷救自己出来，但老盖蒂拒绝接孙子的电话。

巴以冲突专家杰肖•巴斯金（Gershon Baskin），2011年帮助调解以色列和哈马斯之间的争端，以解救吉拉德•沙利特。

赎金规则

不同国家对赎金有不同的政策。英国不向恐怖分子支付赎金，因为这样会鼓励更多绑架案发生。美国一直坚持不为人质付赎金的政策，因为这会使本国公民处于更大危险中，还会为恐怖主义提供资金。美国政府会控告公共企业或私人机构用付赎金的方式换取员工自由。然而，美国允许家庭自己谈判。法国、意大利和西班牙政府长期以来直接支付赎金。然而，一个突出的例外是，意大利政府拒绝就前总理阿尔多•莫罗（参见322~323页）绑架案进行谈判。

以色列持不同立场。该国愿意就释放被绑架的公民进行谈判。例如，在2011年，为换取被绑架的以色列士兵吉拉德•沙利特（Gilad Shalit）的自由，以色列释放了1000多名巴勒斯坦囚犯。

我是个胆小鬼，不想死

帕蒂·赫斯特绑架案，1974年

背景介绍

地点

美国加利福尼亚州伯克利

主题

绑架和强迫

此前

1874年 在宾夕法尼亚，4岁的查尔斯·罗斯被诱拐到家外的一辆马车上，遭到绑架。父亲无法支付赎金，男孩从此失踪了。

1968年 美国学生芭芭拉·简·马克尔（Barbara Jane Mackle）在一家旅馆被加里·克里斯特（Gary Krist）和露斯·埃斯曼-施尔（Ruth Eisemann-Schier）绑架。她富有的父亲支付了50万美元赎金。女孩被发现困在一个木箱里，仍然活着。

此后

1996年 在德国埃施博恩，商人雅克布·菲茨曼（Jakub Fiszman）在办公室里被劫持。绑匪拿到了200万美元赎金，但实际上已经把他杀害了。

1974年2月4日夜晚，威廉·伦道夫·赫斯特（William Randolph Hearst）传媒帝国的继承人，19岁的帕翠西娅（Patty，帕蒂）·赫斯特和未婚夫史蒂芬·威德（Steven Weed）在加州的家里。晚上9点，有人敲门，接着三名武装分子破门而入。他们打晕威德，拖走了尖叫的赫斯特，把她扔进汽车后备厢里，开车走了。这起绑架案成了国际头条，记者驻扎在赫斯特家族旧金山府邸外面的草坪上等待采访。

城市游击队

两天后，伯克利KPFA电台收到一封来自左翼游击队共生解放军（SLA）的信。这封信声称是帕翠西娅·坎贝尔·赫斯特（Patricia Campbell Hearst）被捕的证明，里面包括赫斯特的信用卡和一封警告信，称任何企图干预的人都会被处死。信中还命令所有来自共生解放军的消息都要在报纸、广播和电视上公之于众。2月12日，广播站收到了共生解放军的一段录音，里面赫斯特告诉父母她一切都好，没有挨饿或被打。她还说警方不要尝试找她了。共生解放军的领袖马歇尔·克林格（Marshal Cinque），真名为唐纳德·德弗里兹（Donald DeFreeze），向赫斯特父亲勒索200万美元，并要求用给予加州穷人食物援助的形式来支付。但是，当该组织再次要求400万美元时，老赫斯特说他付不起那么多，于是谈判破裂了。

赫斯特被绑两个月内，绑匪似乎把她变成了一个忠实的信

> 他们为什么抓赫斯特？主要是为了博人眼球。赫斯特来自有钱有势的家庭。
>
> ——美国联邦调查局

参见：宝嘉康蒂绑架案 176页，林德伯格幼子绑架案 178~185页，约翰·保罗·盖蒂三世绑架案 186~187页。

1974年，帕蒂·赫斯特持枪站在共生解放军的旗帜前。被绑57天后，她加入了这个组织。不知道她到底是人质，还是罪犯。

徒。在另一段录音里，这位女继承人宣布对共生解放军效忠，称自己可以选择被释放，或加入共生解放军，为被压迫者的自由而战。赫斯特称，她选择留下来和劫持她的人并肩战斗。1974年4月中旬，她以假名“坦妮娅”（Tania）参与对旧金山一家银行的抢劫，监控摄像头拍到了一张她手持步枪的照片。

血腥枪战

1974年5月16日，案件有了突破口，两名共生解放军成员试图从一家洛杉矶商店偷一条弹链。他们乘坐面包车逃跑了，这辆车后来在该组织的一个巢穴被发现。第二天，警方包围了匪窟，一场大规模枪战开始了，匪窟火光冲天。六名共生解放军成员在大火中丧生，包括德弗里兹，但赫斯特不在死者之内。她和另外两名成员早就逃走，在汽车旅馆的一个房间里通过电视直播看到了这场突如其来的事件。

1975年9月，赫斯特被绑架19个月后，联邦调查局抓住了她。1976年3月，她遭到起诉，被认定犯下武装抢劫银行和其他罪行，被判7年有期徒刑。陪审团认为，赫斯特被共生解放军洗脑的辩词不可信，虽然今天大多数人都认为这是斯德哥尔摩综合征的一个典型案例。赫斯特只在狱中服刑21个月，吉米·卡特总统为其减刑，认为她没有遭受共生解放军的非人待遇，也不会为虎作伥。1979年2月，她被释放。其他和赫斯特一起被捕的共生解放军成员承认绑架了她。2001年，比尔·克林顿赦免了共生解放军的所有罪行，这是这位总统在任期内做的最后几件事之一。■

斯德哥尔摩综合征

1973年8月，瑞典斯德哥尔摩一家银行的4名职员在银行地下室中被囚禁6天。绑架者是越狱的囚犯让-艾里克·奥尔森（Jan-Erik Olsson）和狱友克拉克·欧佛森（Clark Olofsson）。奥尔森曾与警方谈判，将克拉克释放。奇怪的是，虽然受害者受困的时候担惊受怕，却对匪徒产生了深切同情，甚至支持他们对抗警方。僵持结束的时候，人质和罪犯拥抱、亲吻、握手。人质看似不理智的同情心理让人们大惑不解。很快，一位精神病学家创造了“斯德哥尔摩综合征”一词来解释这种心理反应。现在普遍认为，在劫持或绑架场景中，和匪徒建立联系是一种在极端压力下，受害者潜意识采取的生存机制。联邦调查局人质和围困危机事件数据库显示，8%的被害者有斯德哥尔摩综合征的表现。

我仍然开灯睡觉，也不敢乘坐地铁

乔奇拉绑架案，1976年7月15日

背景介绍

地点

美国加利福尼亚州乔奇拉

主题

大规模绑架

此前

1972年10月6日 粉刷匠艾德温·约翰·伊斯特伍德（Edwin John Eastwood）和罗伯特·克莱德·伯兰德（Robert Clyde Boland），在澳大利亚维多利亚州法拉第镇的一所学校绑架了6名学生和1名教师，不过被害人逃脱了。

此后

2014年4月14日 激进的伊斯兰组织博科圣地（Boko Haram）在尼日利亚奇博克镇公立女子中学绑架了276名学生。一名女生在2016年5月被救出，2016年10月13日，21名学生被释放。

这辆埋在地下的搬家卡车被用作绑架案中囚禁人质的地方。照片显示，在26名儿童成功逃脱后，这辆车正被利弗莫尔采石场的工人挖出来。

1976年7月15日是个典型的夏日，加州中央山谷炎热、干燥、太阳暴晒，气温接近人体温度。这是孩子们戏水的好日子。在乔奇拉，26名暑期学校学生正在戏水玩耍。当时还不到下午4点，校车司机艾德·雷（Ed Ray）正把孩子们从小区池塘接走。

回学校的路上，雷驾车经过果林的时候，看到一辆白色面包车挡住了通往镇南边21大道的岔道。雷慢下来，看看挡路的人是不是遇到了麻烦。然而，他看见三个持枪男子，头上套着女士尼龙长袜，从面包车后跳出来。他们命令他停车，然后控制了他的车。

恐怖之旅

这伙人的目的不只是劫车，而是有预谋的绑架。雷和孩子们仍然在车上，匪徒开车前往附近一条季节性溪流形成的泥沼，上面覆盖着竹子和其他植物。他们把雷和那些5～14岁的孩子塞进两辆白色面包车后厢。绑匪把校车遗弃在干涸的河床上，开着两辆面包车走了，被害人在汽车后厢挤作一团。

这对孩子们来说真是痛苦的旅程。没有水，不能上厕所，窗户被遮得严严实实，他们不知道要去哪里。孩子们忍受了11小时的车程。

一些小一点的孩子由于晕车呕吐了。大一点的孩子唱起流行歌帮助大家振作。这些歌曲包括《布吉热舞》《爱让我们在一起》，以及夏令营经典曲目《如果感到快乐你就拍拍手》。这时候唱这首欢快的歌有点讽刺意味。

活埋

最后，在7月16日清晨，面包车在距乔奇拉约160公里的利弗莫

> **他是个勇敢的人。他照顾好了26个担惊受怕的孩子，让我们感到安心。**
>
> ——乔迪·赫芬顿-梅德拉诺（Jodi Heffington-Medrano）

参见：林德伯格幼子绑架案 178~185页，娜塔莎·坎普希绑架案 196~197页，黄道十二宫杀手 288~289页，英格丽德·贝当古绑架案 324~325页。

尔的一个采石场停下了。绑匪要求人质报上姓名，并从每人身上拿走一件衣物，然后让他们爬到埋在地下的埃利温运输公司的一辆老式搬家卡车里。

车上接了两根管子通风，还有几个脏垫子和弹簧褥子。匪徒给的唯一食物是麦片、花生酱、面包和水，勉强够吃一餐。所有人质都进到车里后，绑匪便关上了车顶入口，车里马上就一片漆黑。他们往车顶上堆土，将人质活埋。人质在漆黑中挤作一团，加州的炎热使呕吐物和脏东西的味道难以忍受。

由于校车没有到达代利兰小学，家长开始给学校打电话。校方猜测车可能抛锚了，但沿路寻找未果。晚上6点，这件怪事被报告给了乔奇拉警方和县治安官办公室。

一名警察在晚上8点发现了被遗弃的校车，但没有司机或孩子们的踪迹。犯罪现场调查员找到了通往泥沼的车辙，但没有其他证据表

> **那里就像坟墓，暗无天日。所有人都尿裤子了，小身体汗津津的，在43°C的高温中受尽煎熬。**
>
> ——琳达·卡雷加·拉本代拉
> (Lynda Carrejo Labendeira)

乔奇拉绑架案中绑匪的失误

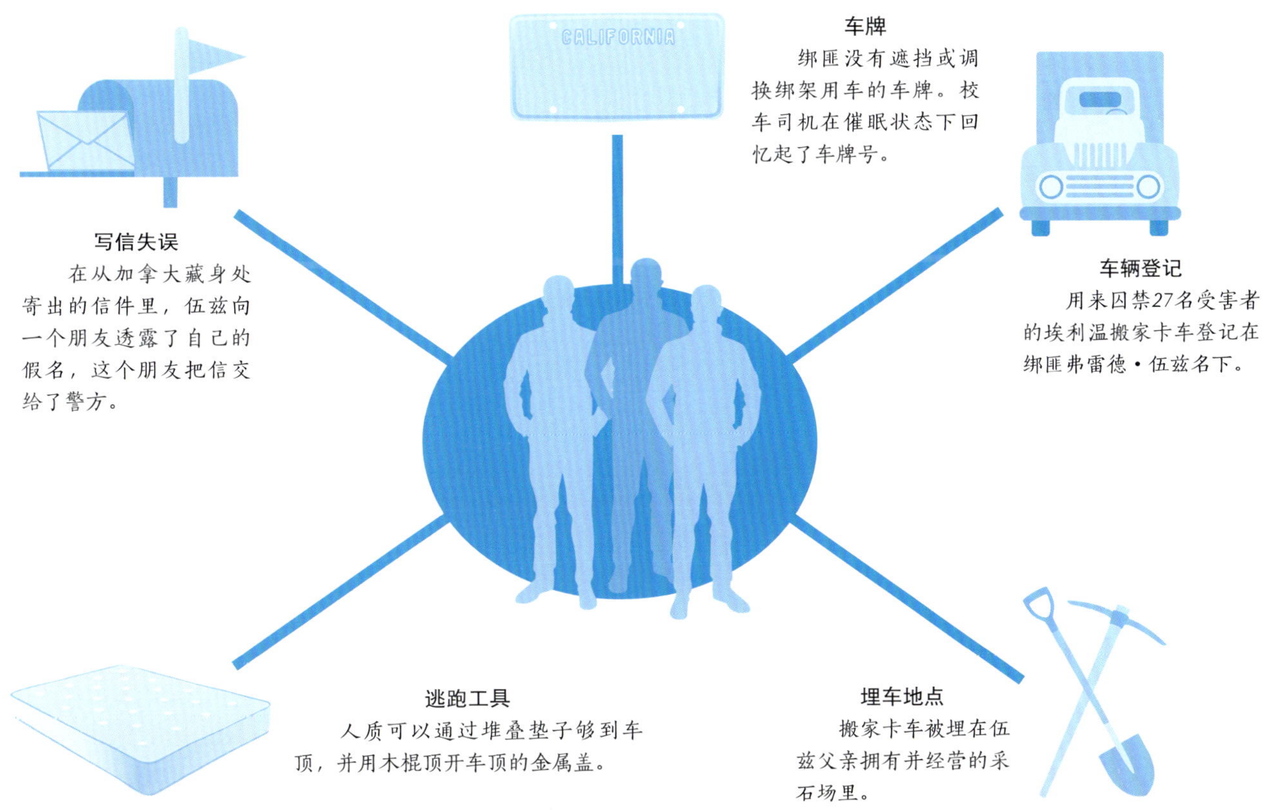

孩子们回到乔奇拉，和热泪盈眶的父母团圆。记者和摄像师围在他们身边。总共27名受害者乘坐灰狗巴士归来。

明27个大活人怎么就凭空消失了。乔奇拉进入危机模式。记者蜂拥而至，流言四起，有说黄道十二宫杀手（参见288～289页）的，有说恐怖主义的，也有说绑架勒索的。

与此同时，绑匪回到藏身所休息。7月16日早上，他们醒来后，计划给乔奇拉当局打电话，索要500万美元赎金，并向他们出示司机和孩子们的名单。如果还需要证明，他们就把人质衣物送到当局可以轻易发现的地方。但是，他们的计划中有一个漏洞，乔奇拉执法机关的电话线已经被情报贩子、记者和孩子父母的电话给弄瘫痪了，根本无法接通。

> 所有人都出去以后，我们开始往前走。一个人开车过来，说："上帝呀，你们就是那群孩子。"
>
> ——乔迪·赫芬顿-梅德拉诺

大逃亡

在面包车内，竞技牛仔之子，14岁的迈克·马歇尔（Mike Marshall）不想就这么死了，决定试着逃跑。在雷和其他男孩的帮助下，马歇尔把垫子堆得高高的，足以够到车顶的天窗。堵在天窗上的是一个铁盘、两个沉重的拖拉机电池，以及一米高的土堆。他们用从弹簧床垫上弄下来的木棒移开盘子，把电池取下来，并向上把土堆捅开。

在地下待了16小时后，孩子们爬了出来，重见天日。他们没走多远就被采石场的保安发现，保安立即认出了他们。校车被劫36小时后，孩子们终于和家人团圆。

最初，当局猜测绑架是熟悉的罪犯干的。他们搜索记录，却没找到符合条件的人。雷试着回忆绑架细节，同意接受催眠来帮助警方调查。在催眠状态下，他回忆起一辆面包车的完整车牌号和另一辆车的部分车牌号码，足以让警方获得第一个重大突破。他们很快发现，绑匪使用的老式埃利温搬家卡车是在采石场主的儿子弗雷德·伍兹（Fred Woods）名下注册的。警方现在只能对伍兹的动机和同犯做出猜测。

计划失误

由于想成为电影大亨，三名罪犯需要获得赎金来补偿他们在一个房地产项目中的损失。伍兹和同犯，富有的门洛帕克市足病医生之子理查德·舍恩菲尔德（Richard Schoenfeld）和詹姆斯·舍恩菲尔德（James Schoenfeld），他们认为绑架是完美的犯罪，现在希望全部落空了。通过媒体得知人质全部逃跑后，他们决定逃走。

伍兹飞到温哥华，以假身份在一家汽车旅馆入住。詹姆斯·舍恩菲尔德计划开车去与他会合。但是，由于行径可疑，边境卫队拒绝让他进入加拿大。与此同时，理查德·舍恩菲尔德回到湾区的家自首。得知兄弟已被捕，詹姆斯也回了家，很快被捕。

伍兹也在加拿大被捕，此前他给家里的朋友写了封信，这封信暴露了他的假名。三人都认罪，被判终身监禁。■

绑匪詹姆斯·舍恩菲尔德、弗雷德·伍兹和理查德·舍恩菲尔德（从左到右）坐在法庭上。三人因27项绑架罪而被判终身监禁，不得假释。

犯罪诱发的创伤后压力

根据美国国家犯罪被害人中心的研究，军人不是唯一罹患PTSD（创伤后应激障碍）的人。这种症状也在经历过创伤和犯罪暴力的平民中表现出来。

PTSD的症状包括幻觉、噩梦、倦怠、冷漠、焦虑和愤怒。犯罪事件发生多年后的上诉和假释审判，也会引起被害人的压力反应。

在乔奇拉绑架案中，被害人的父母不愿接受对孩子们的精神健康的关心，所以拖了五个月才求助。对23名被害人的研究显示，绑架过去一年后，甚至在四年后，他们都经历了PTSD。5名侥幸逃过绑架的儿童（他们在校车被袭击前刚好被接回家），也受到了精神创伤。现在他们50多岁了，很多被害人报告经历了长期焦虑、抑郁和药物滥用的情况。

我总觉得自己像鸡窝里一只可怜的小鸡

娜塔莎·坎普希绑架案，1998—2006年

背景介绍

地点

奥地利维也纳

主题

儿童遭绑架

此前

1984年 18岁的奥地利人伊丽莎白·弗雷茨（Elisabeth Fritzl）被父亲约瑟夫（Josef）囚禁在家中地下室24年，生下7个孩子，孩子的父亲都是约瑟夫。

1990年 日本9岁小学生佐野房子被精神失常的无业游民佐藤宣行绑架，囚禁9年。

此后

2013年 美国女性阿曼达·贝里（Amanda Berry）、米歇尔·奈特（Michelle Knight）和乔治娜·达杰萨斯（Georgina DeJesus）从绑匪阿里尔·卡斯特罗（Ariel Castro）家中逃出。在10年被囚期间，她们遭到强奸，而且忍饥挨饿。

1998年3月2日早上，10岁的娜塔莎·坎普希（Natascha Kampusch）从维也纳郊区的家里出发去学校，却再也没有到达学校。

失业的电信工程师沃尔夫冈·普里克鲁皮耶（Wolfgang Priklopil）在街上绑架了她，带她去施特拉斯霍夫市郊的家里，只有30分钟车程。一个12岁的孩子看到了这一幕，报警说看到娜塔莎被两个男人拖进了一辆白色小巴士里。警方对776辆车展开了大规模搜查，其中包括普里克鲁皮耶的车。被询问的时候，这个44岁男人告诉警方，绑架发生的时候他独自在家，正用车搬运屋子施工留下的瓦砾。警方没有进一步询问，也没有搜查他的房子。

秘密囚徒

在接下来8年里，普里克鲁皮耶将娜塔莎囚禁在家中车库下面一间5平方米的隔音、无窗的地下

长期监禁的影响

从长期被囚中重获自由后，娜塔莎·坎普希得到了医生和心理学家深入的治疗，他们帮助她学会面对过往的经历。

长期监禁会对被害人有深远的心理影响，尤其当绑匪对他们实施性虐待或暴力时。专家称，失去自主权的人最终都会意志瓦解。他们经历了一个又一个创伤，不再反抗绑架者，通常会屈服，对现状无能为力。顺从会带来抑郁、解离性障碍、创伤后应激障碍和焦虑。当受害者被从囚禁中解救出来后，心理学家认为他们最需要和家人或爱人待在一起恢复，并很好地融入家庭环境。如果他们愿意，倾诉自己的经历也能有助恢复。

参见: 林德伯格幼子绑架案 178~185页，约翰·保罗·盖蒂三世绑架案 186~187页，帕蒂·赫斯特绑架案 188~189页。

> **你看到我的地牢了……你知道那里多么狭小。那是令人绝望的牢笼。**
>
> ——娜塔莎·坎普希

室里。这个地方隐藏得很好，保密性强，光进去就要花一小时。起初，普里克鲁皮耶警告娜塔莎，说他有枪，如果她敢逃跑就用枪杀死她。他告诉她，房子所有门窗都装了爆炸机关。

一年年过去，娜塔莎到了青春期，她对绑匪不那么顺从了。因此，普里克鲁皮耶加强了对她的控制：他开始定期殴打她，让她挨饿，长期待在黑暗中。他还带她上楼，叫她打扫屋子。有几次，他外出的时候带着她。但是，她因惧怕不敢逃跑，也不敢向遇到的人求助。

获得自由

2006年8月23日，当18岁的时候，娜塔莎终于找到了逃跑的机会。普里克鲁皮耶让她给停在院子里的车吸尘。他离开了一会儿，去安静的地方用手机打电话。娜塔莎没把吸尘器关掉，以此进行掩护，跑出门去。她跑上街，请求路人帮助。开始没人理她，最后终于有人相信她，帮助她报警。她逃跑的这天，普里克鲁皮耶去一个好朋友那儿诉说了自己的罪行。他说："我是个绑匪、强奸犯。"然后，他卧轨自杀了。

娜塔莎失踪案终于水落石出，奥地利警方因未能在她失踪后调查出线索而饱受诟病。接下来几年，一直有流言说普里克鲁皮耶有个同伙，那个小目击者称有两人绑架了娜塔莎的证词进一步支持了这种说法。2012年，包括联邦调查局专家在内的国际调查组进行了9个月的调查，仔细审视了这起案件，得出结论，普里克鲁皮耶很有可能是独自作案的。

娜塔莎的磨难和她惊人的逃脱之举成为全球头条新闻。2011年，她写了一本讲述被囚经历的书——《3096天》（*3096 Days*）。2016年，她出版了另一本书《自由的10年》（*10 Years of Freedom*），在书中思考了自己如何艰难适应公众聚焦下的新生活。■

娜塔莎·坎普希后来买下了她被囚禁的地下室（见上图）所在的那座房子，以免其变成一个"主题公园"。

MURDER CASES

谋杀案

距今43万年前
西班牙北部一个洞穴里的一个尼安德特人的被重击过的颅骨是最早的谋杀证据。

1762年
法国布商让·卡拉斯被以谋杀打算皈依天主教的长子为由处死。

1843年
谋杀犯丹尼尔·马克诺顿因精神失常被判无罪，这在英国法律中是个先例。

1879年
被称为“油脂杀手”的家庭女佣凯特·韦伯斯特在伦敦因谋杀雇主被处死。

1892年
在美国，被控用斧子谋杀父亲和继母的头号嫌疑人莉兹·波登被判无罪。

1905年
英格兰法庭根据指纹证据判定斯特拉顿兄弟有罪，并将他们处死。

1910年
霍利·克里平医生因谋杀妻子科拉而在伦敦本顿维尔监狱被处以绞刑。

1914年
一个成员全部为男性的巴黎陪审团判亨丽埃特·卡约夫人无罪，理由是“无法驾驭的女性冲动”。

凶杀是对人命的杀害。不是所有凶杀都属于谋杀，但所有谋杀都属于凶杀。凶杀可能被宽恕，甚至得到支持，比如国家允许的死刑，但谋杀都是受到谴责的。谋杀通常被定义为“有预谋的非法杀人”。

谋杀等级

在法律上，谋杀有不同类型，不同司法管辖区对谋杀的规定也不同。预谋程度对于确定谋杀等级至关重要。在美国，许多州都做了如下区分：蓄意谋杀、意图制造严重身体伤害结果导致被害人死亡、极度冲动引起的杀人、重罪共犯制造的谋杀。而在英国，一级谋杀是蓄意的，二级谋杀是一时冲动制造的，有杀人的明确目的却没有预先计划。

1843年，伦敦伐木工人丹尼尔·马克诺顿因“精神失常杀人而被判无罪”形成先例。在英格兰法律中，只有能清楚证明“实施杀人行为的时候，被告是在脑部疾病导致的理智缺陷的情况下实施的，因此不知道他所作所为的本质和性质；或他确实知道，但没有意识到自己做的事是错的”，被告才能因精神失常而被判无罪。在处理精神失常的被告方面，美国很多州有类似法律。

冷血杀手

在刑事司法体系之外，犯罪学家把暴力分为本质上是“应激的”和本质上是“作为手段的”两种。应激暴力是热血上涌、一时冲动导致的，大多数为过失杀人。本章介绍的谋杀是作为手段的，即冷血、有预谋、以目的为导向。凶手动机多种多样，有利益驱使（斯特拉顿兄弟杀人案）、性满足（黑色大丽花被杀案），以及复仇（罗伯特·卡尔维遇害案）。

在历史上，许多犯了谋杀罪的中上层阶级女性都因人们对女性和暴力的错误认识而脱罪。最令人震惊的案例是卡约夫人案。在20世纪初期的法国，她在进行事先策划的谋杀时被当场抓获，但后来被判无罪，因为人们想当然地认为女性无法控制自己的情绪。同样，在审判美国斧子杀手莉兹·波登时，人

1947年

绰号“黑色大丽花”的伊丽莎白·肖特在洛杉矶被无名杀手谋杀并肢解。

1948年

平泽贞通被判定为东京帝银事件罪魁祸首，在东京市中心一家银行为抢劫而大规模投毒。

1966年

查尔斯·惠特曼制造得克萨斯塔楼大屠杀，这是美国第一起校园大规模枪杀事件。

1969年

在加州，邪教曼森家族在5周内制造9起谋杀事件。

1980年

在纽约，马克·大卫·查普曼枪杀约翰·列侬。

1993年

两名10岁男孩因谋杀詹姆斯·巴尔杰获罪，成为英国历史上年纪最小的杀人犯。

1995年

前橄榄球明星O. J. 辛普森因涉嫌谋杀前妻妮克尔和其朋友罗纳德·高曼而受审。

1996—1997年

美国嘻哈明星、互为竞争对手的图帕克·夏库尔和克里斯托弗·华莱士相继被驾车歹徒枪杀。

们普遍认为这位女士根本没力气挥舞一把斧子去杀人。然而，在19世纪伦敦的一宗谋杀案中，这种看法没能保全涉嫌谋杀富有雇主的女佣凯特·韦伯斯特。在20世纪80年代澳大利亚的一桩命案中，这种看法也没能保全琳迪·张伯伦——她在自己孩子失踪后表现得出乎意料地镇静，于是被冤枉成用刀刺死孩子的凶手。

冤假错案带来的社会耻辱和严苛刑罚足以毁掉无辜者的一生。前美国海军陆战队员柯克·布鲁沃斯在死囚牢房服刑9年后才得以平反。虽然人们普遍认为日本艺术家平泽贞通在帝银事件中是无辜的，但他却死在监牢里，到死也没被正名。即使被证明无罪，被诬告者的人格也会留下污点，尤其当被告是O. J. 辛普森这样的名人时。

大规模谋杀

大规模谋杀被认为是另一种类别的谋杀，指的是有4名或以上受害者在同一地点被杀。得克萨斯塔楼大屠杀和帝银事件是这类罪行的两个案例。

曼森家族被认为是“杀人狂”——被孤立的个人或群体走上了杀人如麻的道路。虽然这类案件中被害人的数量比一两起、两三起杀人案中的更多，但无一例外都被认为是一起案件。和连环杀手不同，杀人狂不会回到日常生活中，今后会再次杀人。通常来说，杀人狂要么金盆洗手，要么一直杀下去，直到自己被杀或被捕。

从DNA、指纹到法医面部重建的法医科学技术进步，使调查员能够重新调查定案和悬案。这些进步也使嫌疑人越来越难以脱身，也能让无辜者坐冤狱的时间越来越短。■

像“冒烟的枪”一样证据确凿的案件

尼安德特人杀人案，43万年前

背景介绍

地点

西班牙北部阿塔普埃尔卡山

主题

已知最早的谋杀

此后

公元前5000年 在德国西南部的早期新石器定居点，包括婴儿、儿童和成人在内的500人被杀死并吃掉。

公元前392—公元前201年 在爱尔兰，作为祭祀仪式的一部分，两名男子被折磨后杀死，他们的尸体被扔在泥炭沼泽里。2003年，他们已经变成木乃伊的遗体被工人发现。

公元367年 在英国哈德良长城附近的一个罗马港口文德兰达，一名10岁孩子头部受重击而死，尸体被埋在一间营房地板的坑里。他的遗骸在2010年被发现。

约43万年前，在西班牙北部的阿塔普埃尔卡山高处，发生了一桩命案。被害人是一名年轻的成年尼安德特人。此人头部左眼上方被人用同一作案工具重击两次，但击打角度不同，说明凶手有意实施了两下分开的打击。

他/她死后，尸体被从13米高的地方垂直扔到一个洞穴的坑里。骸骨在那里一直没有遭到破坏。1984年，一个国际考古队发现了这个叫作胡瑟裂谷（骨头坑）的地方。

揭露历史真相

死者头骨——被称作“17号头盖骨”——被打碎成52块碎片，考古队在地下洞穴里发现了至少28个早期人类的6500块骨头。科学家不清楚那些尸体是怎么到洞穴里的，但认为他们都是死后被有意放在坑里的。这说明早期人类开始埋葬或至少收集死尸，这个时间段比之前认为的要早得多。通过CT扫描和3D建模等对受害者头骨的科学分析，研究人员发现“17号头盖骨”的主人并非意外死亡，而是被另一个尼安德特人暴力杀害的。这就是人类历史上“第一起”谋杀案。■

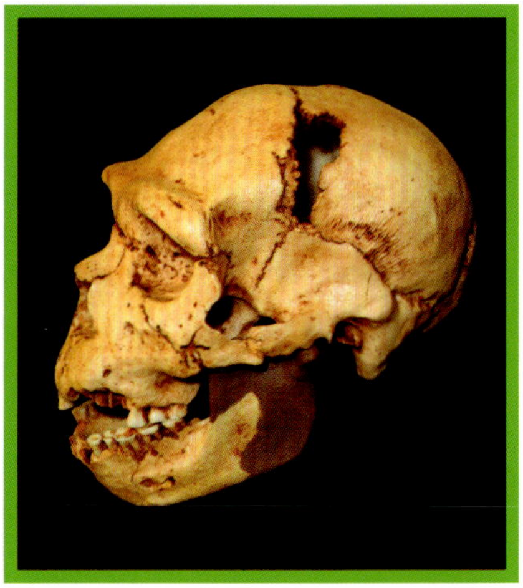

现代法医技术被用来研究“17号头盖骨”前部两处骨折的角度，并重建受力轨迹。研究结果能证明谋杀理论。

用正义之剑犯罪

让·卡拉斯，1761年

背景介绍

地点

法国图卢兹

主题

错杀

此前

1673年 美国殖民者丽贝卡·康奈尔（Rebecca Cornell）在家中死于一场意外火灾，和她关系不好的儿子托马斯（Thomas）受到审判。法庭以道听途说的传闻为证据，判托马斯谋杀罪，处以绞刑。

此后

1785年 一名物理学家的瑞士女仆安娜·高尔蒂（Anna Göldi）被向她求爱不成的雇主指控使用巫术。高尔蒂被处死。2007年，瑞士议会宣布该案为冤假错案。

1922年 在澳大利亚，科林·坎贝尔·罗斯（Colin Campbell Ross）被以谋杀一名12岁女孩为由处以绞刑。2008年用现代法医技术再次查案，罗斯死后得到平反。

1761年10月的一个晚上，马克-安东尼·卡拉斯（Marc-Antoine Calas）被发现在他父亲让·卡拉斯（Jean Calas）的纺织店吊死。人们认为这个债台高筑的法国人是自杀。他的早逝对家人来说无疑是悲剧。他们家都是胡格诺派教徒（新教徒），由于当时法国信奉罗马天主教，与新教势不两立，因此麻烦才刚刚开始。人们议论纷纷，猜忌四起：据说马克-安东尼马上要皈依天主教了，肯定是他父亲为阻止他而将他杀害。让·卡拉斯被当局逮捕，一同被捕的还有其他四名嫌疑人。

> **看起来宗教狂热对理性所取得的成功感到愤怒，并更加猛烈地回击。**
>
> ——伏尔泰

残忍的审判

图卢兹治安官询问目击者。他们的证词只是道听途说，但在18世纪的法国，传闻可以作为证据。上诉法庭审理卡拉斯一案，法庭投票将他定罪判刑。当局用酷刑逼卡拉斯认罪并供出四名同谋。但是，卡拉斯坚称自己清白。后来，他被绑在“死亡轮”上击打，接着被勒死，尸体被焚烧。

不久以后，哲学家伏尔泰接手了卡拉斯的案子，他认为卡拉斯是冤死的。伏尔泰利用媒体发声，让很多人相信司法机关对胡格诺派教徒持有偏见，影响了判决的公正性。斗争三年后，伏尔泰终于让卡拉斯沉冤昭雪。■

参见：平泽贞通 224~225页，伊丽莎白·巴托里 264~265页，德雷福斯事件 310~311页。

因精神失常被判无罪

丹尼尔·马克诺顿，1843年

背景介绍

地点

英国伦敦

主题

糟糕的刺杀

此前

1800年 詹姆斯·海德菲尔德（James Hadfield）试图在伦敦一家剧院射杀英国国王乔治三世。他因叛国罪受审，但被医生证明精神失常，于是被判无罪，余生都在医院里度过。

此后

1954年 有精神病史的男子蒙特·达勒姆（Monte Durham）在华盛顿特区被判非法入室。上诉法庭发现他有精神疾病，因此不用承担刑事责任，于是判决后来被撤销。从此辩护不再是辩出是非对错那么简单了。

19世纪的英格兰沿袭了过去几世纪以来法律上都认可的规定：有精神“缺陷”的刑事被告不应对其行为承担刑事责任。法院也区分了那些知道对错的罪犯和不能分辨是非的罪犯。但是，1843年的一个案件挑战现状，促成一种新标准，以评估精神失常的被告需要承担的刑事责任。

弄错的身份

1843年1月20日，苏格兰伐木工丹尼尔·马克诺顿（Daniel M'Naghten）准备在伦敦刺杀英国托利党首相罗伯特·皮尔（Robert Peel）。怀着杀人打算，他接近了一个他认为是皮尔的人，那人正走向唐宁街，也就是政府总部所在地。但是，事实上这人是皮尔的秘书爱德华·德拉蒙德（Edward Drummond）。马克诺顿镇静地掏出手枪，近距离朝德拉蒙德后背开了一枪。他还没来得及开第二枪就被附近的警察逮捕了。德拉蒙德几天后死去，马克诺顿被控谋杀罪。

丹尼尔·马克诺顿几乎是确定患有偏执型精神分裂的。对他的审判标志着关于犯罪精神失常法律定义的建立。

有罪的疯子

审判马克诺顿的时候，辩方律师叫来9位证人，他们说他行为“可疑”，性情偏执，经常出现幻觉。被告承认自己计划谋杀首相皮尔，因为他“被迫害得绝望了”。在警方审讯中，马克诺顿声称他被执政的托利党人骚扰，他们到处跟踪他，想谋害

参见：杰夫瑞·达莫 293页，亚伯拉罕·林肯遇刺案 306~309页，约翰·肯尼迪遇刺案 316~321页。

他。控方称，虽然他们说他“半疯”，但马克诺顿能够分辨是非。然而，陪审团认为他无罪，因为精神失常，他被判在精神病院度过余生。

谋杀犯的无罪判决遭到巨大谴责，甚至连差点遭到刺杀的维多利亚女王也表示不满。在这样广受关注的案件中，还从来没有哪一起接受过精神失常为辩护理由。

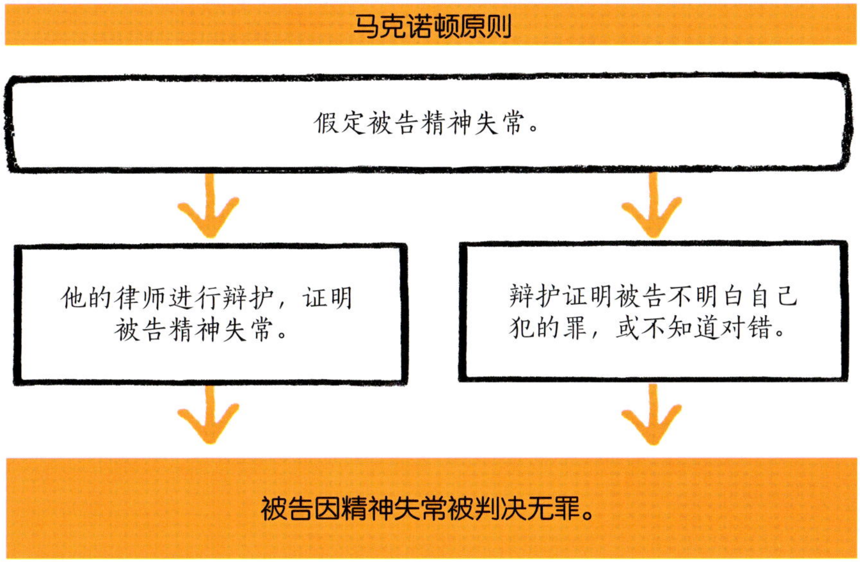

法律测试

由于无法忽略民众和皇室的极大不满，政府向法官询问一系列在马克诺顿案审判中运用的精神失常条款。法官的回复使马克诺顿原则（M’Naghten rule）得以建立，陪审员在精神失常案中可以引用这条原则。根据该原则，假定刑事被告是精神失常的，抗辩若要被接受，必须证明被告有精神缺陷或疾病，无法分辨自己的所作所为是错误的。这条原则今天在很多国家仍然使用。在美国，一些州进行了修改，加入“无法抗拒的冲动”一条，意思是如果被告知道对错，但是不能控制自己不去犯罪，就可以因为精神失常而被判无罪。在几乎所有案件中，因精神失常而判决无罪带来的刑罚，是在精神病院无固定年限服刑，甚至终身。■

1863年，英国建立首座高度保密的精神病院——布罗德莫精神病院。以前，精神失常的谋杀犯都被关在疯人院里。

精神失常罪犯医院

管理精神失常罪犯的机构在19世纪早期已经出现。在英国，这些机构根据1800年法案建立。根据法案，犯下刑事罪的疯子不能被关在常规监狱和收容所里。然而，这些机构迅速获得了恶名，因为犯人在里面待遇很差，那里的条件也很糟糕。

管理精神失常罪犯的机构看起来跟其他精神健康机构没有区别，但里面的病人和员工经常处于危险之中。在美国，马萨诸塞州南部的布里奇沃特国立医院因病人死亡、受虐待，或被医院员工过度管束等，饱受争议。

另外，机构员工也有风险。史蒂芬·席格（Stephen Seager）的《我和杀人魔相处的那一年》（*Behind the Gates of Gomorrah*）谴责了他在加利福尼亚纳帕州立医院担任精神病学家时目睹的一小伙病人长期制造的暴力。

警告凯瑟琳离开

油脂杀手，1879年

背景介绍

地点

英国萨里郡里士满区

主题

为财谋杀

此前

1809年 英格兰约克郡女巫玛丽·贝特曼（Mary Bateman）因谋杀丽贝卡·皮瑞格（Rebecca Perigo）而被判处绞刑。她是第一批死后被当众解剖的罪犯之一。

1849年8月9日 一位瑞士女士的女佣玛利亚·曼宁（Maria Manning）和丈夫弗雷德里克（Frederick）杀死情人帕特里克·欧康纳（Patrick O'Connor），把尸体埋在厨房地板下面。几天后，他们被捕，1849年11月13日在伦敦被处死。

此后

1977—1978年 人称“恶魔管家”的苏格兰人阿奇博尔德·霍尔（Archibald Hall）在给英国一户贵族当管家的时候谋杀4人，被判无期徒刑。

亨利·波特（Henry Porter）最后一次见到他的爱尔兰朋友凯特·韦伯斯特（Kate Webster）的时候，犯了盗窃罪的她刚从监狱里被放出来。6年后，1879年3月，她去亨利位于伦敦西部的家看他，穿着丝绸连衣裙，看起来很时髦。现在结了婚的她被称作托马斯夫人。凯特说她继承了一栋位于富庶的萨里郡里士满区的房子，但想卖掉房子和里面的东西。她问亨利是否认识房产经纪人，亨利把她介绍给约翰·丘奇（John Church）。然后，凯特让亨利的儿子罗伯特来帮她把一个箱子从里士满的房子搬到火车站。她在途中把箱子扔到泰晤士河里，罗伯特并没有在意。

惊人发现

凯特很不走运。箱子一天后被冲到下游，一个煤炭搬运工过桥的时候发现了。他认为箱子里可能藏着赃物，于是把它打捞上来。打开一看，箱子里面竟是一具开了膛的女性躯干和两条腿，包在棕色的纸里。他吓坏了，报了警。警方立刻把这个恐怖的发现和在附近发现的一只被砍断的脚联系起来。

> **我用剃刀把那人的头从身体上割下来，然后把尸体切开。**
>
> ——凯特·韦伯斯特

同时，在里士满梅菲尔德别墅2号，朱莉娅·托马斯（Julia Thomas）的邻居焦虑不安，因为55岁的托马斯夫人已经失踪两周了，而她的女佣凯特还在。3月18日，一队厢式货车来到托马斯夫人住所，是约翰·丘奇雇来买托马斯夫人的家具的，出价68英镑。搬运工人被问是谁让他们来的，他们回答说是“托马斯夫人”，却手指凯特。凯特见状立刻逃跑，搭上了去利物浦的火车。

参见： 莉兹·波登 208~211页，伊丽莎白·巴托里 264~265页。

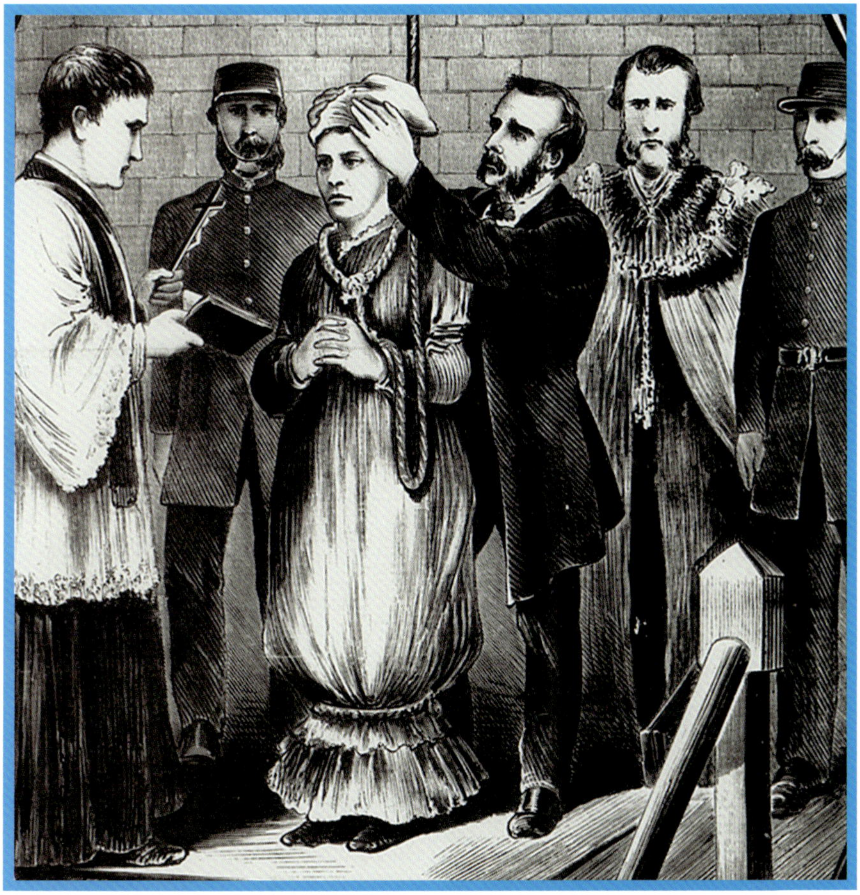

刽子手威廉·马尔伍德（*William Marwood*）用他刚刚完善的“长坠落”技巧来处死凯特。用这种方法，犯人身体落下后，脖子会立刻断掉。

丘奇意识到和他做交易的“托马斯夫人”是冒名顶替的，于是报警。警方搜查房子，发现了血迹、壁炉里烧焦的手指骨头，以及一个塞满人体脂肪的铜洗衣桶。苏格兰场得知凯特已经逃到爱尔兰，她在那儿被捕了。7月2日，她在老贝利中央刑事法庭因谋杀罪受审，那些令人发指的犯罪细节在六天询问证人的过程中浮出水面。

凯特从1879年1月开始当朱莉娅·托马斯的仆人，但她们之间的关系很快紧张起来。朱莉娅对这个酒鬼女仆的工作百般挑剔，并在一个月后把她解雇，给她几周时间准备搬走。3月2日下午，朱莉娅在家准备去当地一家教堂做事，等着凯特服侍她。然而，凯特从酒吧回来迟到了，耽误了朱莉娅的事。

朱莉娅从教堂回来后，两人大吵一架。凯特说，因为喝酒一时头脑发热，她把朱莉娅从楼梯上推了下去。为了不让她尖叫，凯特就用手扼死了她。她还用切肉的锯子、刻刀和剃刀肢解了尸体，在厨房里焚烧了较大的身体部位。

凯特把托马斯的尸体分装在格莱斯顿式轻便旅行提包和那个后来扔到河里的箱子里。凯特没有试图躲避追捕，而是穿上死去雇主的衣服，假扮她，出售她的遗物。一些报道甚至说凯特煮了朱莉娅的尸体，把人体油脂作为食用油脂卖给当地酒馆。不管是否真的，这个故事使很多人称她为“油脂杀手”。凯特在1879年7月29日被判有罪，处以绞刑。■

人类犯罪学

19世纪，伪科学（被误认为科学理论和方法）在欧洲和美国学术界争鸣中占据上风。其中有意大利物理学家和犯罪学家切萨雷·龙勃罗梭（Cesare Lombroso）的人类犯罪学理论。龙勃罗梭盗用达尔文观点，称罪犯都是那些在进化过程中出现返祖现象的人。他们和原始人相像，可以通过生理特征辨认出来，比如手臂瘦长、前额倾斜、大耳朵、脸不对称等。

凯特在受审时也经历了类似检查，中产阶级看客和媒体对她粗壮的“非女性化的身材”评头论足，却没考虑到这可能是长年体力劳动造成的。20世纪初，龙勃罗梭的理论被证明是伪科学。

莉兹·波登抄起斧头狂砍妈妈

莉兹·波登，1892年

背景介绍

地点

美国马萨诸塞州

主题

未经证实的家人杀人案

此前

1497年 教皇亚历山大六世之子乔瓦尼·波吉亚（Giovanni Borgia），身中数刀，被弃尸于罗马台伯河。传闻家族仇敌、政治对手或波吉亚的亲哥哥可能是杀人凶手，但案子悬而未决。

此后

1996年12月26日 美国科罗拉多州，6岁的琼贝尼·拉姆西（JonBenet Ramsey）失踪，一封古怪的勒索信被发现在家里的楼梯上。后来发现，这个孩子被勒死在地下室里。虽然没有提出指控，但人们怀疑她的亲生父母是凶手。

1892年一个炎热的八月天，一名凶手拿斧子朝艾比·波登（Abby Borden）的头连砍19下，然后又朝她睡着的丈夫安德鲁（Andrew）的脸连砍11下。法医后来推测这对夫妻的死亡时间大概相差两小时。

波登家的女佣布丽奇特·奥沙利文（Bridget O’Sullivan），昵称玛姬（Maggie）。那天早上6点15分，她起床去地下室拿柴火。波登家位于福尔里弗市第二大街92号。10分钟后，艾比来到厨房，

参见：O. J. 辛普森 246~251页，开膛手杰克 266~273页。

位于福尔里弗市第二大街92号的波登家。安德鲁是个富人，但没有住在富人区，住所离他的公司很近。

早上7点，她和丈夫一起吃早餐。不久以后，安德鲁的小女儿莉兹（Lizzie）来了，穿着一件蓝色连衣裙。艾比让布丽奇特清洗楼下窗户，然后自己上楼换客房的枕套。

上午9点，安德鲁出去干活。他大概10点30分回来，布丽奇特听到他在使劲打开大门的锁，便马上去帮他。她看到弹簧锁被拧紧了，听到莉兹在楼上大笑。

安德鲁去了起居室，女佣继续工作。莉兹下楼跟她父亲说话。布丽奇特无意中听到她说，继母艾比得知一个朋友生病了去探望。布丽奇特去客厅擦窗户，莉兹也来了，一边聊天一边熨衣服。

噩梦开始

布丽奇特感到很累，有些反胃，就告诉莉兹她要去休息一下，从后面的楼梯去了自己的房间。躺在床上的时候，她听到市政厅的大钟响了11下。

约11点10分的时候，布丽奇特听到莉兹叫她："玛姬，快过来！爸爸死了，有人进来杀了他。"布丽奇特冲下楼，发现莉兹站在走廊远处，告诉她安德鲁的尸体在起居室，让她去找西伯里·鲍温（Seabury Bowen）医生。但是，布丽奇特找不到医生，就很快回来了。

同时，波登家的邻居阿德莱德·丘吉尔（Adelaide Churchill）夫人过来看到底发生了什么。丘吉尔夫人看到莉兹心烦意乱，就安慰她。莉兹解释，她一直在谷仓，听到屋子里传来一声喊叫。回到屋里，就看到爸爸死在沙发上。丘吉尔夫人问起艾比，莉兹说她出去见朋友了。过了不久，布丽奇特说她应该找找艾比，莉兹说她以为自己听到继母回来了。布丽奇特决定和丘吉尔夫人上楼去看看。她的视线一接触到楼梯平台，就发现艾比浑身是血的尸体趴在客房地板上。

11点45分，第一批警官前来搜查。他们没有发现破门而入或入室盗窃的迹象。前门和地下室的门

> 我要烧了这条旧（裙子），上面满是油漆。
>
> ——莉兹·波登

自卫负伤

当被害人受到暴力攻击时，他们总是会应激性地举起双手挡住攻击。这样在他们肢体上形成的伤就叫"自卫负伤"。在过失杀人案的调查中，最重要的规则是没有"自卫负伤"，说明被害人没有能力自我防卫——无论他们受伤、吃药，还是信任攻击者，因此在受到突然的、意外的攻击时立刻丧失了防卫能力。安德鲁和艾比身上没有自卫负伤的痕迹。

在安德鲁的案子中，没有自卫负伤是意料之中的，因为他受到攻击的时候正在睡觉。而艾比是在打扫客房，现场显示她是在离门最远的床边受到袭击的。有可能袭击艾比的人偷偷溜到她身边，或者是她熟悉的人在其意料之外用斧子袭击了她。

谋杀案 1	谋杀案 2
上午9点到10点30分，艾比·波登上楼打扫房间。	女佣布丽奇特在接近10点30分的时候打开前门让安德鲁·波登进门。
凶手在她看不见的地方用斧子砍了她头的一侧。	布丽奇特开门的时候听到莉兹·波登在楼上大笑。
艾比转身脸朝下摔在地板上，造成面部严重撞伤。	安德鲁·波登躺在起居室沙发上打瞌睡。莉兹称她脱掉了他的鞋子。
凶手坐在艾比背上，又朝她脑后砍了19下。	安德鲁遭到斧子袭击，头部周围被砍了10或11下，受致命伤。
艾比·波登的尸体在11点30分左右被女佣布丽奇特和邻居丘吉尔夫人发现。	发现父亲死后，莉兹·波登在11点10分大声呼叫女佣。

“德高望重的市民及其年迈的妻子在家中遭狂砍

——《福尔里弗先驱报》
（*Fall River Herald*）”

都锁着，除了死者身上、天花板和墙上有血迹，其他地方都没有。布丽奇特让一位警官进入地下室，他发现放着两把斧子的箱子，一把上面满是血迹和头发，刚刚弄坏的斧头上面满是灰尘。

法警福利特（Fleet）询问莉兹当时在干什么。她说自己本想熨一早上衣服，看到爸爸疲惫地回到家，在沙发上睡觉，就帮他脱掉鞋子。然后，她去谷仓待了15～20分钟，寻找用来做鱼钩的铅丝。她没看到艾比“出去探望生病的朋友”。为了证实莉兹的不在场证明，一位警官检查了谷仓。那天潮湿无风，谷仓里十分闷热，他怀疑莉兹没有像她所说的待那么长时间。谷仓里厚厚的灰尘上没有脚印，这也支持了他的设想。

逮捕和无罪

8月11日，莉兹因涉嫌谋杀父母而被捕。根据指控，她的动机是怀疑父亲为了照顾继母而没把自己写进遗嘱里。起初，莉兹可能不会受审，因为在警方调查的时候，据说一个路过的小贩看到一名女子从院内走向房门，这似乎可以支持莉兹的不在场证明。而且，哈佛医学院的一名医生证实，斧子上的血迹和毛发是一头奶牛的。

然而，莉兹的好运突然到头了。一名女舍监称无意中听到莉兹对前来探监的姐姐说："艾玛（Emma），你出卖了我，不是吗？"此外，莉兹最好的朋友告诉警方，她看到莉兹在凶杀案几天后在厨房炉子里焚烧那件蓝色连衣裙。这足以对莉兹发起谋杀指控。

对莉兹·波登的审判在1893年开始。6月20日，仅仅讨论90分钟后，陪审团就回到庭上，判她无罪。莉兹用其继承的财产在福尔里弗市的富人区买了一栋房子。她在1927年去世。

疑点重重的莉兹杀人案此后依然让人们着迷。关于凶手身份、作案过程和动机，人们提出了许多说法，其中有些可能成立，但大部分都很荒谬。那些相信莉兹是凶手的人引用了审判中提出的证据：她有杀人的时机，谷仓里十分闷热、满是灰尘，她的说法中有至少30处不一致，蓝色连衣裙被烧毁。然而，有两条突出的关键证据：当继母在客房里死去的时候，莉兹是唯一站在楼梯平台上的人，这是布丽奇特和丘吉尔夫人一上楼就见到的。虽然莉兹坚称父亲在沙发上打瞌睡时，她把父亲的鞋子脱下了，但犯罪现场照片显示她的父亲仍然穿着鞋子。■

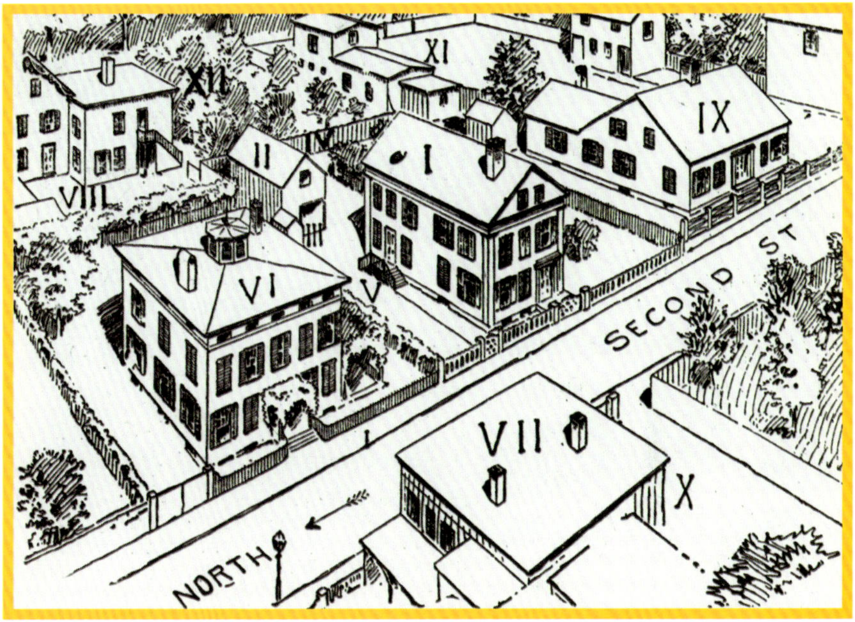

波登家的旁门，用V表示，上午9点30分到10点30分之间没锁上。是外人溜进来，砍死艾比，然后藏匿了90分钟再跳出来杀死安德鲁吗？

莉兹·波登

莉兹·安德鲁·波登是位32岁的未婚女性，和她富有而吝啬的父亲与父亲的第二任妻子住在一起。他们家是福尔里弗市的知名住户。对她性格的描述有"友善的主日学校教师，热衷慈善"，也有"脾气差的偷窃狂，因为嫌艾比的猫烦就把它的头割了下来"。

有流言称莉兹和叔叔约翰·莫尔斯（John Morse）甚至父亲乱伦。她的卧室与安德鲁的卧室之间有一扇锁着的门，被一个柜子挡住了，这不知是不是互相情愿。

莉兹无疑是个惯偷。父亲在世时曾袒护过她，让她免受起诉。后来，她被控入店偷窃一幅画，事情私下解决了。

陪审团判莉兹无罪，因为不利于她的证据主要是间接的，但更可能的是当时维多利亚时期的观念无法理解一个上层阶级的老姑娘会犯下这么残忍的罪行。

事实证明，单靠指纹识别，既可靠又可行

斯特拉顿兄弟，1905年

背景介绍

地点
英国伦敦

主题
指纹证据

此前
1902年 入室盗窃犯哈里·杰克森（Harry Jackson）是英国首个因为指纹证据而被定罪的罪犯。警方发现他进入伦敦一户人家抢劫时在窗槛上留下的指纹。

此后
1911年 谋杀犯托马斯·詹宁斯（Thomas Jennings）是美国首个因指纹证据被定罪的人。

2014年 犹他州警方解决了1991年78岁的露西尔·约翰逊（Lucille Johnson）被杀案。警方发现现场乐高积木上的指纹和一个小时候玩过这些积木的人的指纹匹配。此人的父亲约翰·桑西（John Sansing）当时在隔壁房间杀害了约翰逊。

1905年，在伦敦南部，阿尔弗雷德·斯特拉顿（Alfred Stratton）和阿尔伯特·斯特拉顿（Albert Stratton）兄弟抢劫并杀害一家油漆店的店主夫妇。他们留下了一些蛛丝马迹：空空的现金盒上油乎乎的指纹。由于这条证据，他们被指控有罪。在此基础上，指纹分析也得到进一步发展。

残忍抢劫

年迈的夫妇托马斯·法罗（Thomas Farrow）和安·法罗（Ann Farrow）住在德特福德大街上自家店铺查普曼油漆颜料店楼上的寓所里。1905年3月27日早晨，助手来到他们家，发现托马斯死在客厅里，头部受到可怕的重创。安在卧室里被发现，已经失去了知觉。她的头部受到击打，几天后去世。一个锡制的现金盒放在她的尸体旁。经过搜查，警方发现用两只长筒袜制成的面具。

侦探包起了现金盒，带回苏格兰场指纹局，指纹局是四年前建立的。警方检查，确认指纹是大拇指的。警方把指纹和受害人的指纹、犯罪现场的警察指纹和记录在案的8万指纹进行对比，但没有发现能够匹配的。

> **直到阿尔弗雷德·斯特拉顿被捕，我才找到和现金盒上的指纹吻合的指纹。**
>
> ——探长查尔斯·科林斯

转折点

警方开始寻找目击者。一个送奶工看见两名男子在谋杀案发生时离开店铺，但无法辨认出他们的样子。3月31日，案子有了突破。另一个目击者艾伦·斯坦顿（Ellen Stanton）告诉警方，她在3月27日早晨走路去上班的时候，看到两兄弟跑过德特福德大街。这兄弟俩被逮捕了，3月31日，斯坦顿从警方提供的16名嫌疑人中指认出了他们。

警方询问了阿尔弗雷德的女友，她说他向她借了长筒袜，还说那天他回家带着一笔莫名其妙的钱。目前发现的不利于兄弟俩的证据都是间接的。警方采集他们的指纹研究后，发现阿尔弗雷德的指纹和现金盒上留下的指纹吻合。

一记高招

在审判的时候，控方律师向陪审团解释了新的指纹科学。在证

梅尔维尔·莱斯利·麦克纳顿（*Melville Leslie Macnaghten*）是*1900*年成立的贝尔珀委员会的成员，该委员会建议采集罪犯指纹，分类整理。

参见：约翰·伦纳德·奥尔 48~53页，林德伯格幼子绑架案 178~185页，科林·皮奇福克 294~297页。

词中，苏格兰场探长查尔斯·科林斯（Charles Collins）出示了阿尔弗雷德·斯特拉顿的大拇指指纹的放大照片，以及现金盒上的指纹痕迹，指出了两个指纹的11处吻合。

辩方律师鲁斯（Rooth）试图怀疑指纹分析的科学性，以及科林斯团队所做分析的可靠性。鲁斯争辩说，犯罪现场取下的指纹与阿尔弗雷德·斯特拉顿被捕时从他身上取下的指纹不符。

科林斯灵机一动，取下一个陪审员的指纹，以证明按压力度不同能够解释指纹形状的偏差。

陪审团被科学的演示说服了，只用不到两小时就做出有罪判决。这是英国第一个基于指纹证据的谋杀案定罪判决。

媒体对指纹分析的高调报道带来了一个弊端：让罪犯意识到他们必须采取预防措施来避免这种新的法医鉴定手段的影响。■

> 如今先进的职业罪犯会戴上用薄橡胶、槌金用皮和丝制成的指套，以防留下泄密的指纹。
>
> ——《镜报》（*The Mirror*）

指纹分析

早在公元前200年，人们就知道每个人的指纹都不同。19世纪50年代，英国驻印度长官威廉·詹姆斯·赫歇尔（William James Herschel）爵士被誉为首个系统性使用指纹做鉴定的人。1891年，英格兰科学家弗朗西斯·高尔顿（Francis Galton）爵士在赫歇尔的基础上进一步发展了指纹科学。

高尔顿发明了一种高效系统，可以让指纹互相匹配。他发现，每个人的手指（和脚趾）的指纹脊线和谷线的图案都是不一样的，不随时间变化，甚至破损后也会长回原来的形状。在1892年的经典著作《指纹》（*Finger Prints*）中，高尔顿称，在指纹的纹路、脊谷和形状里“别有洞天”。

从犯罪现场可以采集到三种类型的指纹。明显纹可以通过血液、油、墨水或灰尘留下，肉眼轻易可见。潜伏纹肉眼不可见，它们是皮肤汗液或油渍印在表面或物体上的痕迹。成型纹肉眼可见，是手指触碰到柔软、可塑的表面形成的立体凹陷。

虽然指纹分析经受了时间检验，但自从20世纪90年代，一些法庭案例质疑了这种技术的有效性。测试发现，细微误差和“假阳性”——两个不同的指纹非常相似，足以让专家弄错。2002年，美国联邦法官认定，指纹分析技术不能向陪审团证明两个指纹“完全吻合”。指纹检测也许很快会被DNA检测代替。

亨利指纹分类系统如今在许多国家使用。该系统把指纹图案分成4种基本类型——拱型、环型、旋涡型、混合型。这一分类法是根据爱德华·理查德·亨利（*Edward Richard Henry*）爵士的名字命名的，他在1901年成立苏格兰场指纹局。

拱型 波状纹路。帐篷形的拱线向上延伸，拱处越来越尖。

环型 由椭圆线条组成，形成环状。

旋涡型 形成圆圈或螺旋状。

混合型 综合拱型、环型和旋涡型。

谢天谢地，终于结束了，这悬念太大了

克里平医生，1910年

背景介绍

地点

英国伦敦

主题

杀妻

此前

公元前29年 受姐姐挑拨，犹大王大希律对挚爱的第二任妻子产生了深深的猜忌，杀死了她和其家人。

1871年 在伦敦，学者、翻译、受人尊敬的约翰·塞尔比·沃森（John Selby Watson）用手枪柄重击妻子头部，造成妻子死亡。

此后

1935年 伦敦医生巴克·鲁克斯顿（Buck Ruxton）勒死伴侣，并将目睹的女仆灭口。他肢解尸体，驾车去苏格兰一个峡谷把尸体处理掉。

2002年 美国人斯科特·彼得森（Scott Peterson）谋杀了有孕在身的妻子。他后来因谋杀妻子和未出生的儿子被判有罪。

1910年2月，剧场歌手科拉·克里平（Cora Crippen）失踪了。她是H. H. 克里平（H. H. Crippen）医生的妻子，最后一次露面是在1月31日家里一个小派对上。被问到科拉的行踪时，克里平医生说她已经回到出生地美国，然后意外死亡了。科拉的朋友们表示怀疑，说服伦敦警察厅进行调查。被询问的时候，克里平承认妻子没死，而是和情人布鲁斯·米勒（Bruce Miller）一起去了美国，他因怕丢人而撒了谎。

在逃

几天后，克里平带着年轻的情妇艾赛尔·拉·尼夫（Ethel La Neve）潜逃了，情妇假扮成他的儿子。他们登上了“蒙特罗斯”号船前往加拿大。警方搜查了克里平的家，在地下室地板下发现一具人体躯干，头和四肢不见了。病理学家无法判断死尸性别，却表示这是科拉的尸体，因为据称她身体上有一个伤疤。尸体也有中毒迹象，而克里平在妻子失踪前没多久买了毒药。

此时，跟踪这起案件的船长发现船上有一对夫妇，向英国警方发了电报。英国警方乘上前往魁北克的快船，在两人到达时逮捕了他们。克里平因谋杀妻子被判有罪，1910年11月被处以绞刑。■

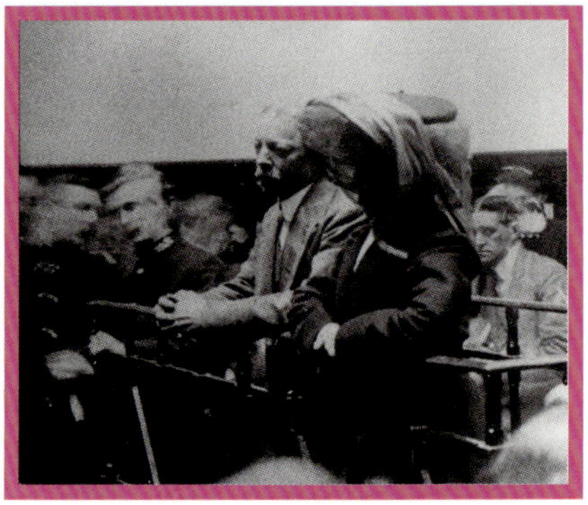

克里平和拉·尼夫一同受审。女人被判无罪，男人直到最后还坚称自己无辜。2007年，对“科拉”尸体的DNA检测显示，死者是男性。

参见：莉兹·波登 208~211页，O. J. 辛普森 246~251页。

我受到一股力量驱使，无法控制自己

卡约夫人，1914年

背景介绍

地点

法国巴黎

主题

激情犯罪

此前

1859年 美国政客丹尼尔·西克尔斯（Daniel Sickles）枪杀妻子的情人。他接受了审判，但因“暂时发疯”而被判无罪。

1906年 法国赛车手阿尔伯特·勒梅特（Albert Lemaître）在妻子向法院提交离婚书后枪杀了她。自杀未遂后，他接受审判，由于是激情犯罪而被判无罪。

此后

1955年 伦敦夜店老板娘露斯·埃利斯（Ruth Ellis）枪杀了不忠的情人。她的家人没能以被激怒为由让法庭将谋杀罪降为过失杀人罪。她是英格兰最后一位被处死的女性。

加斯顿·卡尔梅特（Gaston Calmette）主编的《费加罗报》（*Le Figaro*）不是巴黎唯一怀疑约瑟夫·卡约（Joseph Caillaux）人品的报纸。这位左翼政客（和前总理）一直受到贪污指控。《费加罗报》的右翼主编带头抹黑卡约，对他的抨击让其他报纸相形见绌。

1913年12月，卡尔梅特威胁要公开卡约和第二任妻子亨丽埃特（Henriette）之间的暧昧书信，而卡约仍和第一任妻子保持着夫妻关系。1914年3月16日，亨丽埃特来到报社办公室，朝卡尔梅特开了6枪，把他打死了。

在审讯中，亨丽埃特巧妙地唤起了人们对女性的普遍印象——女性是易动感情的生物。成员均为男性的陪审团被说服了，认为她枪杀卡尔梅特的时候没有预谋或犯罪打算——当她扣动布朗宁手枪上的扳机时，她受到了“无法驾驭的女性冲动”的支配。也许她的犯罪事实上是一种对不安分的丈夫的“消极攻击”。这一事件自然阻碍了公众人物卡约的事业，他也绝不可能和这个声称牺牲一切挽救其声誉的女人在一起了。■

亨丽埃特近距离射杀卡尔梅特。后来，她告诉警方：“既然在法国正义得不到伸张，我只好以一己之力停止这场诽谤活动。”

参见：普兰·戴维 46~47页，O. J. 辛普森 246~251页。

她非常漂亮，有着迷人的黑色秀发

黑色大丽花遇害案，1947年1月15日

背景介绍

地点

美国加利福尼亚州洛杉矶

主题

悬而未决的谋杀案

此前

1943年7月27日 奥拉·默里（Ora Murray）被弃尸于洛杉矶狐狸山高尔夫球场的俱乐部旁。

1932年5月4日 莉莉·林德斯托姆（Lilly Lindeström）在瑞典阿特拉斯的公寓死亡。凶手排干了她的血，故此案被称为“吸血鬼谋杀案”。

此后

1996年1月17日 9岁的安伯·海格曼（Amber Hagerman）骑自行车时被绑架，其尸体四天后被发现。

1999年4月26日 英国记者吉尔·丹多（Jill Dando）在伦敦富勒姆家门外被枪杀。巴里·乔治（Barry George）被冤枉为凶手，后改判无罪。

冬日的一个上午，在洛杉矶西南郊，刚过10点，贝蒂·博辛格（Betty Bersinger）在一块空地旁散步。突然，她看到一幅骇人的景象。在西三十九大街和南诺顿大街旁边的雷麦特公园里的一个区域，也就是被称作“情人道”的地方，有一具赤裸残缺的女人尸体。这天是1947年1月15日，尸体被发现后，洛杉矶市警察局开始了该市史上最大的搜捕。

尸体被拦腰斩断，但创面很干净。尸体血液被放尽，被清洗过。尸体下半身放在距上半身30厘米处。受害者蓝绿色的眼睛睁着，手放在头边，手肘弯曲，腿大大张开。手腕、脚踝、脖子都有绳子勒过的痕迹，手臂、左大腿和右胸有深深的划伤。死者的嘴自两边嘴角被割开，看上去好像在微笑，令人毛骨悚然。南加州大学教育学院保存的文件称，“BD”两个字母被刻进死者大腿——不过这种说法未必真实。

> **她知道我很害羞，也喜欢看我脸红。她常说“我们应该一起出去跳舞”，但她是个很好的女孩。**
>
> ——鲍勃·帕修斯（Bob Pacios）

洛杉矶市警察局谋杀案侦探菲尼斯·布朗（Finis Brown）和哈里·汉森（Harry Hansen）前来搜查犯罪现场，但媒体此前已经来拍过照片了。虽然受伤情况很严重，但尸体被小心擦拭干净，所以能找到的物证很少。通过死者指纹，鉴定出死者是年龄22岁的颇有前途的女演员伊丽莎白·肖特（Elizabeth Short）。侦探猜测，她是在别处被杀，然后用车送到这块荒地上的。洛杉矶县首席验

伊丽莎白·肖特

伊丽莎白·肖特，家人称她“贝丝”（Beth），朋友叫她“贝蒂”（Betty），在马萨诸塞州的梅德福长大。她的父亲修建了一座高尔夫球场，在大萧条时期抛家弃子。肖特患有哮喘，16岁的时候，母亲送她去佛罗里达州，希望那里的气候能够改善她的病情。在佛罗里达州，肖特遇见了空军军官小马修·戈登（Matthew Gordon Jr）。1943年，19岁的她去了加州瓦里荷，和父亲住在一起。同年，他又离开父亲前往圣巴巴拉市。在圣巴巴拉，1943年9月，她因未到法定年龄饮酒而被捕。法官命令她回到梅德福，但她回到了佛罗里达。

肖特告诉朋友，她和戈登订婚了。然而，1945年8月，戈登在距“二战”结束不到一周时战死。那年，肖特回到梅德福，很快变得焦躁不安。1946年，她搬到洛杉矶。肖特被杀后，戈登和另一个女人结婚的消息在她的遗物中被发现。

参见：油脂杀手 206~207页，曼森家族 230~237页，开膛手杰克 266~273页，哈维•格拉特曼 274~275页。

在黑色大丽花案件中搜集的证据，包括肖特的出生证明和自称“黑色大丽花复仇者”的人所写的一封威胁信。

尸官弗雷德里克•纽巴尔（Frederick Newbarr）医生判断死因是脑震荡引起的脑出血，以及面部撕裂伤引发的出血。

最后的行踪

1946年5月，伊丽莎白•肖特在好莱坞佛罗伦萨花园夜店后面一栋房子里租了个房间，住了几个月，并找了份女招待的工作。肖特和电影业几个人有联系，包括房东马克•汉森（Mark Hansen）。此人除了和合伙人共有夜店外，还拥有几家电影院的所有权。肖特的闺密，女演员、模特安•托斯（Ann Toth）告诉警方，肖特被许诺在佛罗伦萨花园的滑稽戏中扮演一个角色。在1947年1月2日写给妈妈的信中，肖特把这个消息告诉了妈妈。这是她的妈妈菲比•肖特（Phoebe Short）最后一次收到女儿的来信。

1月9日，周四，肖特从圣地亚哥和昵称“雷德”（Red）的罗伯特•曼里（Robert Manley）一起回来，此人是25岁的已婚推销员，在和肖特约会。他把她送到比特摩尔酒店，她去酒店找前来看她的姐姐。当时有人看见肖特穿着黑色修身礼服和合脚的羊皮高跟鞋，用过酒店大厅的电话后走出酒店。她沿着奥利佛街一路往南，走了五分钟来到皇冠烧烤鸡尾酒廊。那里的顾客记得她停下来，好像在找什么人。六天后，1月15日，周三，拂晓时分，一个不知名的司机开着一辆黑色豪华轿车在雷麦特公园的空地旁短暂停了一下。那天早上晚些时候，肖特的尸体被发现了。

神秘信件

1月21日，《洛杉矶先驱观察家报》（*Los Angeles Herald Examiner*）主编吉米•理查德森（Jimmy Richardson）收到一个男子的电话，此人自称是杀害肖特的凶手。这个男子祝贺报纸在案件报道方面取得的进展，但暗示说现在可能没有料可以爆了。男子自愿提供帮助——他告诉报纸，他要自首，但想让警察继续追踪他。他告诉理查德森：“等着看信中肖特的纪念品吧。”

1月24日，一名美国邮政员工发现了一个马尼拉纸信封，信封上的字母是从报纸上剪下来粘贴上去的，写着“洛杉矶观察家和其他洛杉矶人，这是大丽花的东西。随信附上”。信封里面是肖特的出生

> **她常常光顾我们的药店。她通常穿着露脐两件套沙滩装，或者黑色的蕾丝衣服。**
>
> ——老阿诺德•兰德斯
> (Arnold Landers Sr)

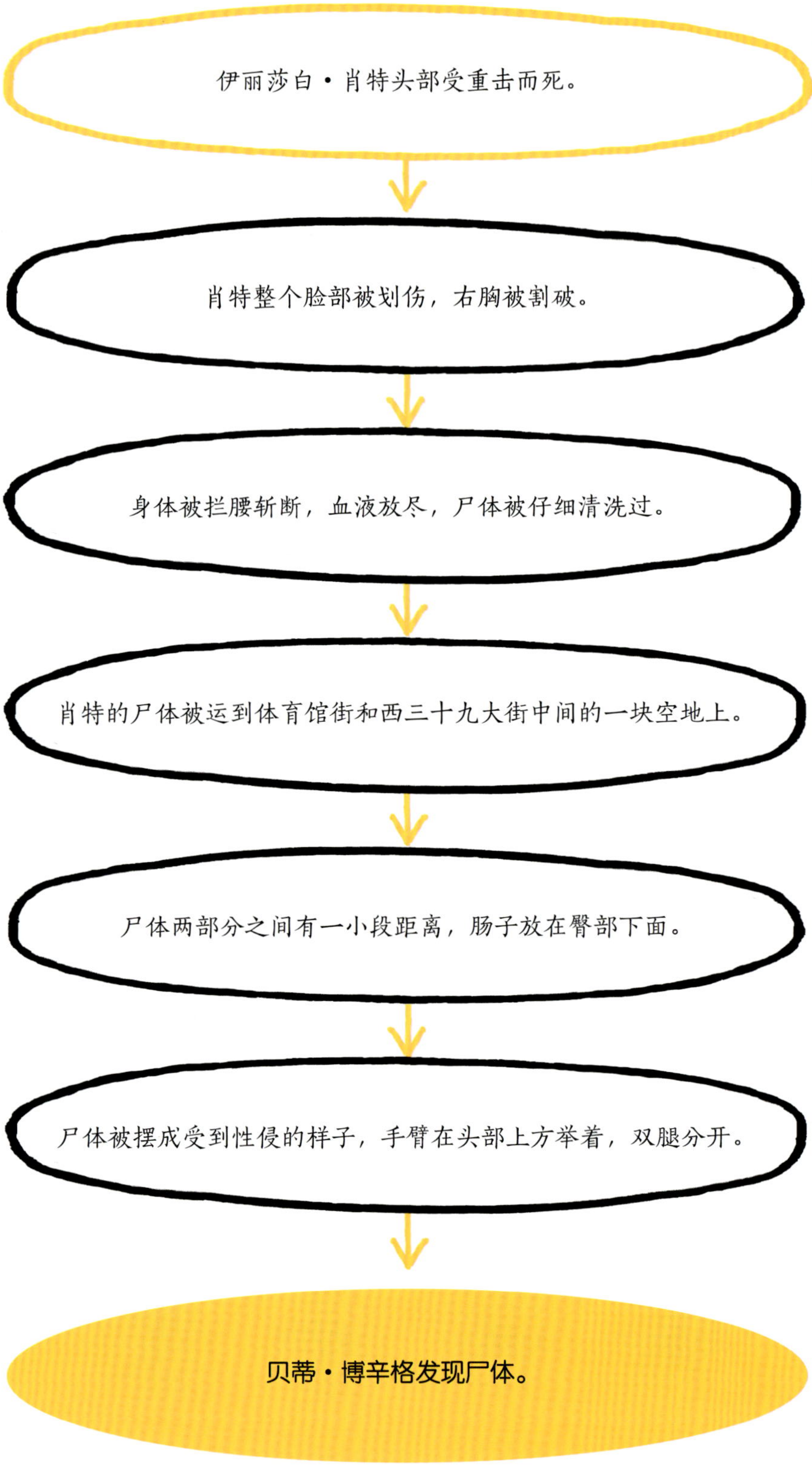

证明、社会保障卡、照片和印有马克·汉森名字的地址簿。

还有三封信来自自称“黑色大丽花复仇者”的人。第一张明信片是用墨水手写的，上面写道：“就是这个。将于1月29日，周三，上午10点自首。从警察那儿找过乐子啦。黑色大丽花复仇者。”第二封又是用剪下来的字母拼贴而成的：“大丽花杀手快要自首了。”然而，1月29日，第三封信显示凶手改变了主意。从报纸上剪切粘贴的文字是：“改主意了。你们不会公正判决的。大丽花被杀是有道理的。”

头版头条

在调查初期，洛杉矶市警察局调查员询问了150多名犯罪嫌疑人。安·托斯告诉警方，马克·汉森曾企图诱奸肖特，但被拒绝。由于汉森有动机，因此成了头号犯罪嫌疑人。

接下来，警方在距离肖特尸体被发现处三公里的垃圾桶中找到了肖特的手提包和一只鞋。这些物品都已经被用汽油擦干净了，上面

> 不要试图找到杀害肖特的人了，因为你们找不到。
>
> ——匿名的打电话者

头号嫌犯，昵称“雷德”的罗伯特·曼里被释放后不久在警察局拥抱妻子哈莉特（*Harriet*）。妻子产下他们的第一个孩子后不久，他就和肖特出轨了。

没留下任何指纹。马克·汉森认出手提包和鞋子是肖特的，但否认用过印有他名字的地址簿。警方没对他提起诉讼，他被释放了。警方把注意力转向罗伯特·曼里。警方称他是犯罪嫌疑人，在审问中，他起先否认认识肖特，后来改口。然而，在两次通过测谎后，他被释放了。

几个月来，谋杀案一直占据报纸头版，媒体大肆渲染肖特的生平和死亡。由于习惯把著名女性遇害案的被害人冠以花朵之名，报纸称该案为“黑色大丽花谋杀案”，因为肖特喜欢穿黑色衣服，并在染黑的头发上包上大丽花图案的头巾。

未解之谜

谋杀案调查进展缓慢。1949年夏天，36岁的美容院员工路易斯·斯普林格（Louise Springer），被发现在她丈夫汽车的后座上被勒死，车停在西三十八街，距肖特尸体被发现的地方有一个街区。许多人相信，黑色大丽花杀手又一次出动了。洛杉矶市警察局又一次进行搜捕，同时侦查两起谋杀案，但得出的结论是两起案件没有关联。

虽然调查时间很长，但黑色大丽花谋杀案始终没有结果。专家已经做了很多尝试来描述凶手特征，普遍认为凶手学过医学，是男性，渴望成为社会焦点。

黑色大丽花案件的一个突出特征是，有约500人自首。大部分人都是为了出名，但所有人都不是凶手。专家怀疑这些由所谓“复仇者”寄出的信件的真实性，暗示这可能是为了提高报纸销量施展的伎俩。今天，黑色大丽花谋杀案仍然是洛杉矶市警察局史上最令人费解的悬案。■

安排和摆放过的谋杀现场

一些罪犯故意改变犯罪现场来迷惑警方，这种做法叫“安排”（staging）。和“摆放”（posing）不同，摆放是指凶手把尸体放在特定位置，在尸体上做标记，或拿走珠宝、衣服等纪念品。罪犯可能蒙住死者的脸，清洗死者的头发或身体，或用绳索绑个特殊的结。凶手通过“摆放”向警方或公众传达信息，或展现自己的幻想。黑色大丽花凶手把肖特的尸体摆成受到性侵的姿势，很像开膛手杰克的标志性摆放姿势，这代表对死者完全的控制和侮辱。

然而，这些行为能给犯罪心理画像师启发，因为它们通常能够表现出罪犯的性格、心理和行为模式，从而帮助警方把一系列谋杀案联系起来。

艺术家如此了解化学……真可怕

平泽贞通，1948年

背景介绍

地点

日本东京

主题

大规模投毒

此前

1871年　在英格兰布赖顿市，克里斯蒂安娜·埃德蒙兹（Christiana Edmunds）从一家糖果店购入大量巧克力，掺入从当地化学家处得到的马钱子碱，然后又卖给那家糖果店。许多人吃了巧克力后生病，其中一名4岁男孩身亡。

此后

1982年　在芝加哥，六名成年人和一名12岁女孩服用泰诺后死亡。幕后黑手从商店和药店拿走多瓶止痛药，掺入氰化物后放回货架。

1948年1月26日，一名40多岁的男子戴着市政官员的臂章，进入东京帝国银行在郊区的一家分行。他告诉银行员工，自己是东京市政府的流行病学家，美国占领区的机关派他来给他们接种痢疾疫苗。

在场的银行职员和顾客共16人，他们都服用了这名男子给的药片和几滴液体。他们很快躺倒在地，痛得直打滚。这名男子从奄奄一息的他们身旁走过，把银行洗劫一空，拿走了所有能找到的钱，却只有可怜的16万日元。

搜捕投毒者

如果所有中氰化物毒的受害者都死了，这将是一场完美犯罪，虽然获利不大。但是，4名被害人奇迹般地逃过一劫，对罪犯进行了描述。

这是最近几个月第三次发生单个罪犯用投毒的方法来抢劫银行的案件。在第一起案件中，罪犯给银行员工一张假名片，上面写的名字是“山口二郎”。在第二起案件

一名自称卫生部官员的男子来到东京一家银行。

↓

他让16人服用液体氰化物，12人死亡。投毒者带着现金和支票逃走。

↓

警方通过一张名片追踪到平泽贞通，逮捕了他。

↓

平泽贞通在受审时称自己无辜，但被定罪，判处死刑。

参见：德雷福斯事件 310~311页。

平泽贞通死后，他的养子武彦（右图）争取上诉平反。武彦在2013年去世，但他父亲的律师要求其他亲属继续进行平反之战。

中，罪犯拿了一张真名片，是厚生省（日本卫生福利部）疾病预防局松井茂的。松井茂有不在场证明，他告诉警方，自己曾换出92张名片。幸好他在换来的每张名片背后都记录了交换的时间和地点。警方据此进行追踪，排除其中62个得到名片的人，另外22人受到调查后也被排除。

其中一个收到名片的人是名叫平泽贞通的著名艺术家，他引起了警方怀疑。他无法向警方出示松井茂给他的名片，说是被偷了。他的不在场证明也无法得到证实。此外，两名幸存下来的证人认出平泽贞通是投毒者，警方还发现他持有10万多日元，却不愿透露这笔钱的来源。

平泽贞通于1948年8月21日被捕，但坚称自己清白。不久，他提交忏悔书，承认自己犯下四起银行抢劫案。后来，他又收回了声明。1950年审判的时候，平泽贞通称他是因为被逼供和患有精神疾病才忏悔的。他被判死刑，但在死囚牢房待了32年，直到95岁时死于肺炎。据说，没有一个日本政客命令执行死刑，因为关于他是否有罪有很大疑云。■

平泽贞通

平泽贞通是一名日本画家，因蛋彩画技法而出名。蛋彩画法是在速干的蛋壳上绘画，在文艺复兴油画出现以前一直是最普遍的绘画形式。1892年，平泽贞通生于东京，5岁时搬家到北海道的小樽市。平泽贞通下决心要成为一名画家，参加了小樽初中的艺术俱乐部。虽然年纪小，许多人却称赞他比老师还画得好。22岁时，他的画作《晒干海带的女人》（*Ainyu Woman Drying Kelp*）在一个著名的国家展览上获得奖项，为他的专业艺术家的职业生涯奠定了坚实基础。他的作品连续16次被选进帝国美术展览。

然而，“二战”后，他的作品不那么流行了。由于谋杀定罪，他被视作社会败类，大部分作品被销毁。平泽贞通在狱中十几年，一直研究法律问题，以给自己脱罪。他创作了几百幅绘画作品，并撰写了自传。

我受到很多不寻常、不理智想法的支配

得克萨斯塔楼大屠杀，1966年

背景介绍

地点

美国得克萨斯州奥斯汀

主题

大规模枪杀

此前

1897年 在马来西亚婆罗洲岛，一个叫阿那塔金（Antakin）的人发现妻子出轨后，持刀乱砍群众，造成15人死亡。

此后

1999年 两个男学生在科罗拉多州科伦拜中学持枪大开杀戒，不到20分钟就造成13死21伤。

2011年 在挪威，安德斯·布雷维克（Anders Breivik）在一座岛上枪击69人，当时岛上正在举办工党发起的青年营活动。

2012年 在康涅狄格州纽敦桑迪·霍克小学，亚当·兰扎（Adam Lanza）枪击20个孩子和6名员工。

1966年8月1日，约上午11点30分，工程学学生查尔斯·惠特曼（Charles Whitman）打扮成修理工的样子，来到得克萨斯大学奥斯汀分校的钟塔。他按下电梯里的“27”键，静静等待电梯升到最高层。兴奋的他拖着一辆手推车，上面放着一个军用小型提箱，里面藏着一些武器和补给品。

他拖着车走了四层楼梯来到观景台大厅，接待员艾德娜·唐斯利（Edna Townsley）向他打招呼。惠特曼用步枪枪托重击她的头部两下，把她打昏，拖到沙

参见：约翰·列侬遇害案 240页，约翰·肯尼迪遇刺案 316~321页。

惠特曼带到钟塔（右图）藏起来的武器包括一把M-1卡宾枪、一把锯短的猎枪、几把小刀和一把大砍刀等。他犯下美国第一起大规模校园枪击案。

发后面就不管了。他挥舞着两把步枪，对从观景台来的谢丽尔·波茨（Cheryl Botts）和唐·沃尔顿（Don Walden）礼貌地问了声好，这两人以为他是在那里射鸽子的。他们走后，惠特曼在接待区入口处搭了一个简易路障。这时，一家人从27楼走楼梯上来。在那些人靠近接待区的时候，他对他们开枪，两人死亡，两人受伤。现在一切已经准备就绪，惠特曼走到观景台，架好武器。

空中杀手

上午11点48分，枪声响彻五个街区的上空，浓浓硝烟从钟塔上方飘来。第一位被害人是有着八个月身孕的学生：她摔倒在地，男朋友正想帮她，就被子弹穿透了身体。

惠特曼接着朝校园里走动的其他学生和员工开枪。有的人当时毙命，受了伤的要么动弹不了，要么赶紧找地方藏身。接着，惠特曼瞄准一条在校园西面的街道，造成更多伤亡。几百名游客、路人、店员目睹这场大屠杀，他们躲在树后，蜷缩在办公桌下，或者被击中以后毙死。

惠特曼开始疯狂杀人4分钟后就有人报警，警察很快就位。一名警官在一座圆柱形石墙后面藏身，但惠特曼从两座石墙中间的空隙发现了他，给他致命一击。奥斯汀的执勤警察很快奉命在校园里会合。一些当天不执勤的警察、得克萨斯州骑警队、特拉维斯县警察，以及一些持有猎枪的市民也加入了缉凶队伍。第一名被害人被杀20分钟后，距惠特曼脚下70米的人们开始反击，惠特曼不得不躲到观景台厚厚的墙壁后面。此时，惠特曼还能通过钟塔出水口射击，但射程大大缩小了。

警察中的一名神枪手在钟塔附近的一架小飞机上好不容易瞄准了惠特曼，惠特曼却转过身朝他开

查尔斯·惠特曼

查尔斯·约瑟夫·惠特曼（Charles Joseph Whitman），1941年在佛罗里达州出生。虽然父亲有能力养家，却非常严苛，经常打骂家人。查尔斯是个有礼貌、聪慧的孩子，12岁成为童子军历史上最年轻的雄鹰童子军奖章获得者之一。在高中，他是个很有名的学生，但患有疾病。

毕业后，惠特曼参加了海军陆战队，获得一些荣誉，包括一等射手徽章。1961年，他开始在得克萨斯大学奥斯汀分校学习机械工程，一年后结婚。1963年，他被召回勒琼军事基地服完五年军役，其间曾因私藏火器而被军法审判。虽然如此，他还是在1964年光荣退伍。回到得克萨斯大学后，他一边学习建筑工程，一边打零工。1966年，他因滥用安非他命而患上剧烈头痛。

枪，飞机只好盘旋着飞走了。

同时，三名警察——拉米罗·马蒂尼兹（Ramiro Martinez）、休斯顿·麦考伊（Houston McCoy）和杰瑞·戴伊（Jerry Day）决定突击钟塔。他们冲向钟塔，武装平民阿兰·克鲁姆（Allen Crum）也加入其中。克鲁姆是书店经理，当过兵，因此警方立即委派他任务。四人进入塔楼，乘电梯上到最高层，他们事先没有协调计划，只是决定包围露台上的狙击手。这时，克鲁姆的步枪不小心走火，把惠特曼的注意引到东北角，马蒂尼兹用左轮手枪朝惠特曼开枪，麦考伊举起12号猎枪向惠特曼连发两枪，打爆他的头部和颈部。警官检查尸体时才查明这名在镇上制造90分钟恐怖杀戮的凶手的身份。

之后，调查员马上追踪惠特曼当天的活动。他们发现还有两人被他的疯狂行为害死：他的妻子，凌晨在床上睡觉时被他用刀捅死；他的母亲，在自己的公寓里被杀。惠特曼用床单盖住了两具尸体，旁边放上签名的字条——这是惠特曼自己写的自杀字条，是7月31日下午6点45分打印并签名的。字条最能说明他的想法，上面写道：“这些天我不是很明白自己。我应该做

钟塔上射击范围广，而且惠特曼可以俯瞰整个校园。由于缺少快速反应的执法队伍，他有足够时间来制造伤亡。

> **查理16岁的时候就敢把松鼠的眼睛挖出来。**
>
> ——老查尔斯·惠特曼

在枪击案过后的新闻发布会上，拉米罗·马蒂尼兹（左）和另外三名一起袭击惠特曼的警官展示他们的应变策略图。

个普通人，理智的、智慧的年轻人。然而，最近（不记得从什么时候开始），我被许多不寻常、不理智的想法控制了。我曾咨询过医生……试着告诉他我的害怕，以及我感受到的强大冲动。从那时起，我就独自对抗精神波动，但只是徒劳。”

他说他打算杀了妻子，然后又说：“我不想让她不得不面对我的行为给她带来的尴尬……我真的不认为在这个世界上还值得活下去，我准备好了去死，我也不想让她在世界上独自痛苦……同样的原因让我也取走了母亲的性命……”

除了他的妻子和母亲，惠特曼残忍杀害了14人，造成31人受伤；大部分伤亡发生在开始20分钟。在案件发生前，美国警方没有相关政策来应对今天所称的“无特定目标的随机犯罪枪手”制造的犯罪，这一案件使警察程序大改。特殊武器和技术小组在全国建立起来，这些小组在1966年以来的十几年中发生的类似暴行中采取突击行动。■

我希望死后尸体被解剖，看看里面到底能不能看见生理紊乱。

——查尔斯·惠特曼

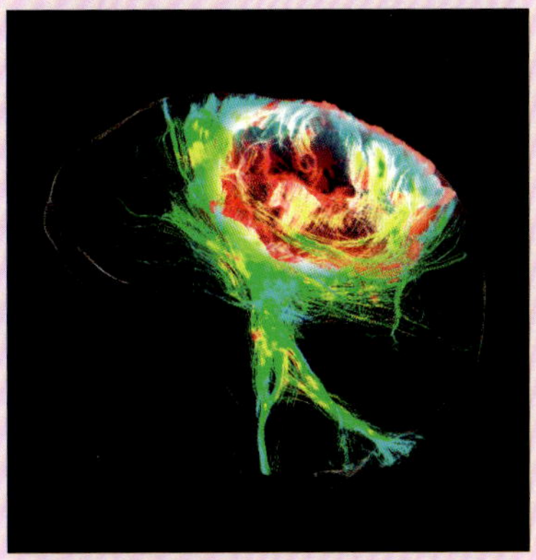

脑损伤和暴力犯罪

惠特曼一案是大脑异常导致暴力行为的首个案例，也许这一案件正是因此出名。惠特曼被击毙后，尸体被送到停尸房。他的颅骨上部被用骨锯取出来，大脑被移开后，验尸官发现丘脑下方生长着直径约一个分币大小的肿瘤，而丘脑对认知和意识有重大影响。

最重要的是，肿瘤压迫着杏仁核。杏仁核是位于大脑内侧颞叶深处的一系列神经元，而内侧颞叶对情感处理有重大影响。惠特曼制造暴行30年前，美国神经病理学家保罗·布西（Paul Bucy）和德国心理学家海因里希·克鲁佛（Heinrich Klüver）研究猴脑发现，恐惧、压抑的情绪和过度反应的倾向都和猴脑中杏仁核的损坏有关。他们的发现为惠特曼似乎毫无道理的暴行提供了合理解释。

现在是天启的时候了

曼森家族，1969年

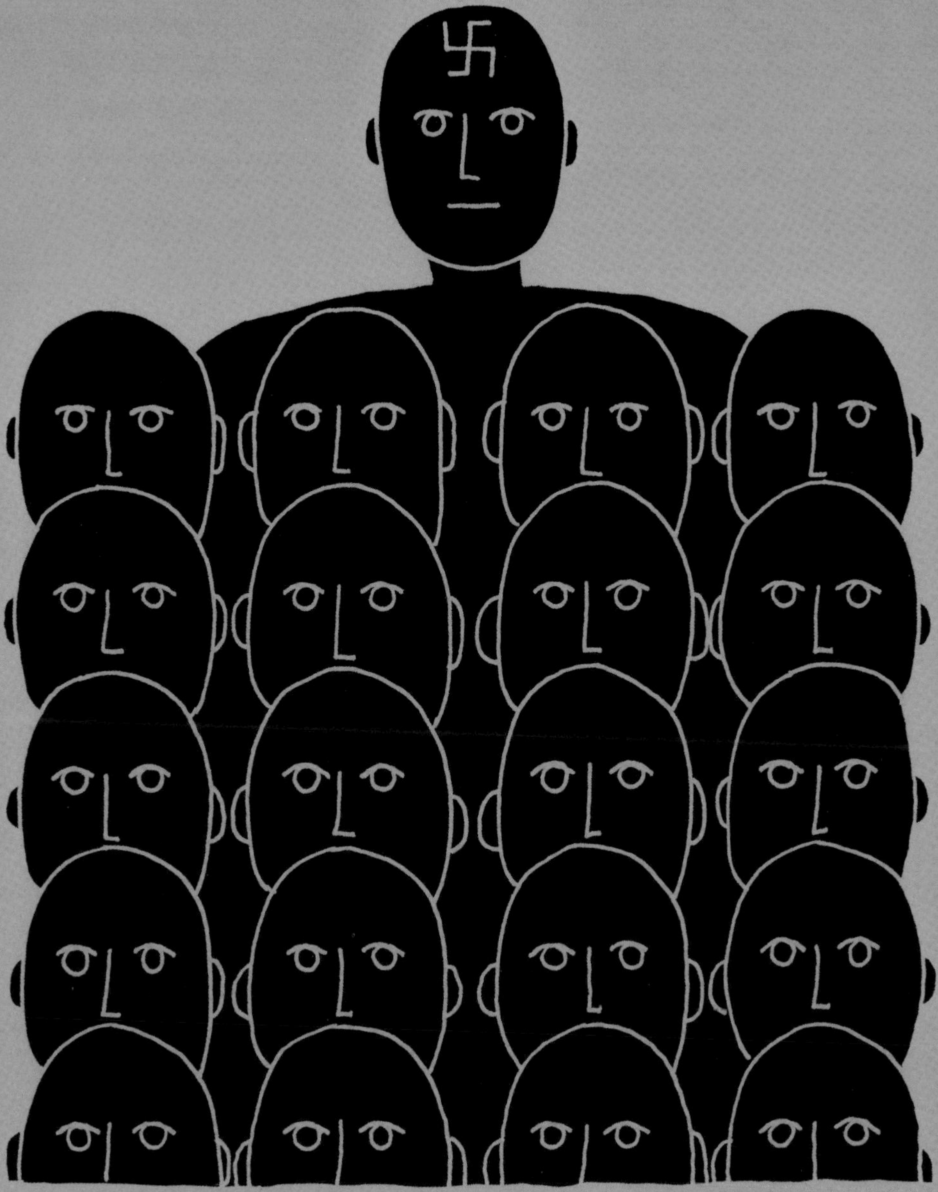

背景介绍

地点

美国加利福尼亚州

主题

邪教杀人阴谋

此前

1955年 吉姆·琼斯（Jim Jones）建立人民圣殿教。1978年，918名信徒在圭亚那琼斯镇集体自杀。

此后

1986—1989年 自认为有魔力的毒贩阿道夫·康斯坦索（Adolfo Constanzo）和他的信徒在墨西哥将超过25人作为活人祭品杀死。

1989年 邪教头目杰弗里·伦德格伦（Jeffrey Lundgren）下令在俄亥俄州科特兰农场杀死艾弗里（Avery）家族，因为他们“不忠”。

1997年 邪教天堂之门的39名信徒集体自杀，因为他们认为死后能登上路过此地的UFO。

女演员莎朗·塔特（Sharon Tate）血淋淋的赤裸尸体横在起居室地板上，已有八个月身孕的肚子上被划了一个“卍”字。这名26岁的电影明星被捅了16刀，脖子上的一根绳子把她和旁边的35岁著名发型师杰伊·西布林（Jay Sebring）绑在一起。犯罪现场是贝弗利山以北西耶罗大道上的一座豪宅，宅邸前门上，凶手用塔特的血写下“猪”字。

1969年8月9日，在著名导演罗曼·波兰斯基（Roman Polanski）租住的房里，管家发现塔特、西布林和其他三人的尸体。屋子前面的草坪上是咖啡大亨女继承人阿比盖尔·福尔杰（Abigail Folger）和金融家、演员沃伊切赫·福里科沃斯基（Wojciech Frykowski）的尸体。在车道上，少年史蒂芬·帕伦特（Steven Parent）在自己车里遭枪杀。

> 破坏塔特的家可真有趣……人们像小鸡仔似的跑来跑去，也免不了被砍头的命运。
>
> ——特克斯·沃森

这场犯罪似乎毫无道理，警方大惑不解，无法判断犯罪动机，一些警员猜测这可能是某种撒旦式的邪恶仪式。第二天晚上，在附近的洛斯费利兹住宅区，富有的拉比安卡（LaBiancas）夫妇被以同样方式残忍杀害。

起初，第二次谋杀被认为是对第一起的模仿。1969年夏末，凶手的身份有了眉目，原来是邪教头目查尔斯·曼森（Charles Manson）的信徒。

自由爱情先知

在谋杀案发生两年前，32岁的曼森是个雄心勃勃的音乐人，曾因盗窃和其他罪行在狱中度过半生。1967年3月21日获释后，他搬到旧金山，把自己当成精神领袖。曼森非常有魅力，好像有给人催眠的能力，善于操纵他人。他宣扬自由恋爱理念，其中包括在狱中学到的一些宗教思想，很快建立起一个信徒大多为女性的团体。

早期信徒

在加州伯克利生活的时候，曼森遇到了23岁的大学毕业生玛丽·布伦纳（Mary Brunner），她后来为曼森生下儿子瓦伦丁·迈克尔（Valentine Michael）。曼森搬到布伦纳家，另外18个女人也很快住进来，其中有19岁的嬉皮士莱斯利·范·霍滕（Leslie Van Houten），她后来在“曼森家族”洛杉矶大屠杀中扮演重要角色。

查尔斯·曼森用精神力量和性来控制家族成员，其中大多为年轻女人。他常常和女人同房，然后又把她们送给别人换得实惠。

参见: 流寇帮 150~151页，泰德•邦迪 276~283页，拉斯普京遇刺案 312~315页。

1967年夏末，曼森和一些信徒挤在一辆改装的校车里周游全国，到处聚会、嗑药。追随曼森的女人中有19岁的加州本地人苏珊·阿特金斯（Susan Atkins）。

1968年春末，曼森和海滩男孩乐队（Beach Boys）歌手丹尼斯·威尔逊（Dennis Wilson）建立起短暂友谊。威尔逊在加州南部开车时遇到两个想搭便车的曼森信徒，让其上车，把她们送回家。其中一名信徒是20岁的帕翠西娅·克伦温克尔（Patricia Krenwinkel）。

第二天，威尔逊录完歌回自己家时，在车道上遇到曼森。十几个曼森的信徒来到他家。威尔逊对曼森十分欣赏，于是让那群人留了下来。他给他们钱、食物和衣服，花了10万美元。威尔逊十分赞赏曼森的音乐天赋，两人还一起写了几

> **我把自己献给他，作为回报，他又把我还给了我。他给了我……对自己的信仰。**
>
> ——苏珊•阿特金斯

曼森家族是个没有实际组织架构的团伙。曼森富有魅力的人格是拉拢成员的核心力量。

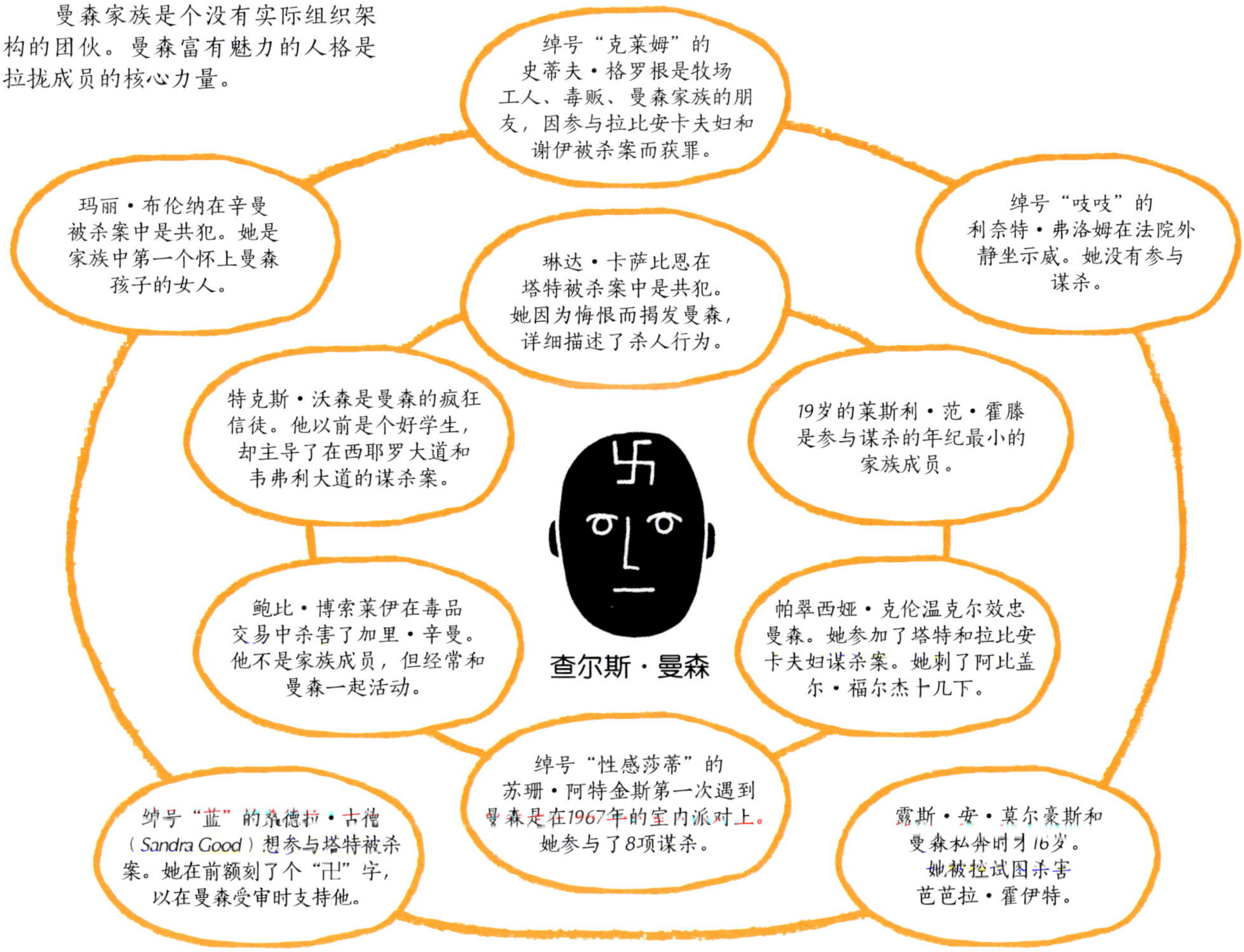

斯培恩牧场是西部片的最佳取景地，曾拍过《太阳浴血记》（*Duel in the Sun*，*1946*年）等电影。那里群山环绕，土地广袤。*1969*年以前，曼森家族一直居住在那里。

首歌。威尔逊也把曼森引荐给一些音乐人，包括多丽斯·戴（Doris Day）的儿子、唱片制作人特里·梅尔彻（Terry Melcher），他是塔特和波兰斯基租的那所房子的房东。然而，梅尔彻没有像曼森希望的那样推动他的事业。曼森的暴力倾向和波动人格很快开始让威尔逊不舒服。于是，威尔逊离开了这伙人，自己的房子也不要了。1968年8月，曼森和他的信徒被有关部门赶出了门。

这伙人搬到圣费尔南多谷斯培恩牧场，牧场上的断壁残垣里曾拍摄过一部西部片。牧场主允许他们留下来，但要做家务。在牧场，成员之间更亲密了，开始自称“曼森家族”。他们过着原始公社式的生活，经常纵欲和嗑药。

1968—1969年，曼森家族生活在斯培恩牧场，信徒数量不断增加。得克萨斯的大学辍学生、绰号特克斯（Tex）的查尔斯·沃森（Charles Watson），20岁的单亲妈妈琳达·卡萨比恩（Linda Kasabian）和她16个月大的女儿都加入了曼森家族。

1968年12月，曼森拜访一位朋友，他给曼森放了最近发行的披头士“白色专辑”（*White Album*）。曼森迷上了这个乐队。他认为披头士歌曲中隐含的信息是在向曼森家族发出灾难即将到来的警告。曼森觉得自己知道灾难是什么。

天启

1968年12月31日，家族聚在斯培恩牧场上，围着篝火，曼森警告信徒，美国黑人和白人之间的种族冲突愈演愈烈，非裔美国人很快会在全国发动叛乱。他说，白人中的种族主义者和非种族主义者分化，因此白人注定会灭亡。

曼森还说，披头士向家族传达了种族之战的信息，家族只要躲在死亡之谷就能逃过此劫。曼森家族开始准备应对即将到来的末日。曼森以披头士歌曲把这个末日命名为“天启”（Helter Skelter）。

起初，曼森想像披头士那样发行唱片，用含蓄微妙的歌词引发混乱。1969年初，家族离开荒漠，搬到卡诺加公园的一所屋子，以观察洛杉矶的种族冲突，并创作据说会改变世界的歌曲专辑。

6月，末日没有到来，曼森告诉信徒他必须去领路。他要向国家展示如何通过杀死富有的白人，栽赃给非裔来触发“天启”。

7月25日，曼森让家族成员，年轻的摇滚音乐人鲍比·博索莱伊（Bobby Beausoleil），以及布伦纳和阿特金斯去曼森的熟人加里·辛曼（Gary Hinman）家里。曼森觉得辛曼有钱，他们可以抢些钱来建造地下战壕。

然而，辛曼被劫持两天后仍然拒绝交出钱。被激怒的曼森挥刀砍下辛曼的一只耳朵。在曼森的命令下，博索莱伊捅死了辛曼。一名成员用辛曼的血在他家墙上写下“政治笨猪”几个字。他们还在墙上画了黑豹党的标志，好让警方认为谋杀是黑人民粹组织所为。

这个计策没有成功。8月6日，博索莱伊开着辛曼的车外出时被捕。两天后，曼森宣布现在该开始“天启”了，告诉家族成员从罗曼·波兰斯基的居所开始行动。

1969年8月8日晚上，波兰斯基的妻子塔特和福尔杰、福里科沃斯基和西布林一起在她最喜欢的西班牙郊狼餐厅吃饭。塔特还有两周就要生产了，那天还在抱怨波兰斯基延误了从伦敦回来的行程。大约晚上10点30分，四人回到塔特可以俯瞰本尼迪克特峡谷的杂乱的房子。

死亡之夜

午夜之前，沃森、阿特金斯、克伦温克尔和卡萨比恩开车来到那所房子。在车道上，沃森枪杀了18岁的学生史蒂芬·帕伦特，此前他在客房拜访公寓看门人。卡萨比恩在车里等着，其他人破门而入，杀害了屋里四人。

第二天早上9点15分，塔特的女佣威妮弗雷德·查普曼（Winifred Chapman）发现了尸体。看到残忍的屠杀景象，她尖叫起来，冲到街上求助。一个邻居报了警。警察到达现场，发现受害人脸上写满惊恐。塔特未出生的孩子也遇害了，警方对此无能为力。

> 我没做过任何令我羞愧的事。我没什么不能面对上帝的。
>
> ——查尔斯·曼森

这起谋杀案让全社会大为震惊，但曼森并没有满足。杀人事件所带来的恐慌并没有挑起他所预测的种族战争。

第二天晚上，四名凶手，加上莱斯利·范·霍滕和18岁的昵称“克莱姆”（Clem）的史蒂夫·格罗根（Steve Grogan），和曼森一起去莱诺·拉比安卡（Leno LaBianca）家。莱诺是44岁的超市高管，家境富裕。一伙人闯进位于洛杉矶洛斯费利兹韦弗利大道的豪宅。曼森叫醒在起居室沙发睡觉的莱诺，用枪口指着他。妻子罗斯玛丽（Rosemary）被逼着进到起居室，他们头上被套了枕套。这帮人说是来抢劫的，如果他们好好配合就不会受到伤害。

曼森接着离开了，指示范·霍滕和克伦温克尔听沃森的号令。沃森被告知要杀了拉比安卡夫妇，他用镀铬的刺刀捅了莱诺十几下，然后在他腹部刻了“战争”字样。范·霍滕和克伦温克尔被告知要杀了罗斯玛丽·拉比安卡，她的背部和臀部被刺了41下。克伦温克尔用拉比安卡夫妇的血在墙上

查尔斯·曼森

查尔斯·曼森出生时，母亲凯瑟琳·马多克斯（Kathleen Maddox）才16岁，他出生在俄亥俄州辛辛那提，成长环境很差。刚出生没多久，母亲凯瑟琳就因盗窃入狱，曼森和西弗吉尼亚的亲戚生活在一起。青少年时，曼森犯下一些轻微罪行，如抢劫酒铺、偷自行车等。13岁时，他抢了两家杂货店，被送往男孩学校。他虽然智商高，但不识字。一个社会工作者认为，他非常有攻击性，而且反社会。他在1951年10月被送到最低安全级别监狱，1954年5月得到假释。

1955年，曼森娶了医院服务员罗莎莉·简·威利斯（Rosalie Jean Willis），有了儿子小查尔斯。曼森被再次投入监狱后，他们离婚了。他在1958年被假释，但很快因为试图兑现假支票又一次坐牢。曼森在1967年3月被释放，搬到旧金山，在那里建立了邪教。

莎朗·塔特出演了罗曼·波兰斯基1967年的电影《天师捉妖》（*The Fearless Vampire Killers*），在1968年1月嫁给波兰斯基。17个月后，这位女演员和模特遭到杀害。

写下“起义”（Rise）和“去死吧，猪”（Death to pigs）。

在冰箱门上，她把“Helter Skelter”错拼成了“Healter Skelter”。然后，几个凶手离开了血淋淋的犯罪现场。

8月10日晚上10点30分左右，罗斯玛丽·拉比安卡的儿子弗兰克·斯特拉瑟斯（Frank Struthers）外出野营归来，发现莱诺·拉比安卡的小艇放在车道上。满腹狐疑的他叫来姐姐和姐姐的男朋友。几人进了屋子，发现拉比安卡夫妇的尸体。

这几起犯罪相似，但洛杉矶市警察局起初没有把辛曼、塔特和拉比安卡夫妇的案子联系起来。

县警局在处理辛曼一案，而洛杉矶市警察局认为塔特谋杀案和毒品有关。三个案子的调查员都钻进了死胡同，一部分原因是相关部门之间缺乏沟通。然而，曼森家族的杀人狂欢仍在继续，而这会给警方提供主要线索。

鲍比·博索莱伊的女友凯蒂·卢特辛格（Kitty Lutesinger）因在家族新的窝点巴克农场附近的加州死亡峡谷焚烧工具而被捕。卢特辛格供出苏珊·阿特金斯也参与了辛曼被杀一案，而她的男友已经因此服刑了。

同时，8月16日，在一起不相关的案子中，县警局突袭斯培恩牧场，他们怀疑这是一个车辆盗窃团伙的主要基地。苏珊·阿特金斯被捕，曼森、沃森和一个叫布鲁斯·戴维斯（Bruce Davis）的信徒杀了牧场工人唐纳德·谢伊（Donald Shea），因为认为是他报了警。

因偷车指控而坐牢的苏珊·阿特金斯告诉狱友，她参与了塔特和拉比安卡夫妇被杀案。狱友把情况上报，阿特金斯不仅承认罪行，还同意如果不判她死刑就供出同犯的罪行。

家族受审

曼森、克伦温克尔和阿特金斯各受到七宗谋杀罪、一宗共谋罪指控。范·霍滕只参与了拉比安卡

> **他们没有向我任何一个家人谢罪。**
>
> ——莎朗·塔特的妹妹黛博拉·塔特（Debra Tate）

1970年8月，苏珊·阿特金斯、帕翠西娅·克伦温克尔和莱斯利·范·霍滕走进法庭时都在炫耀刻在她们前额上的“卍”字。

夫妇被杀案，被控两宗谋杀罪和一宗共谋罪。卡萨比恩在凶杀发生时在外等候，凶杀结束后又逃离牧场，被判免罪，但要做污点证人。

审判开始于1970年6月15日。审讯第一天，曼森出庭，他的前额刻了一个“卍”字。接下来几天，家族其他成员，包括几名女性被告，也学他刻了“卍”字。

在审判中，阿特金斯和其他被告试图打断诉讼。他们在被带进和带出法庭时唱曼森写的歌。阿特金斯嬉皮笑脸，大声说着污言秽语。这帮人在法院闲逛，还在路边静坐示威。后来，曼森和其他被告都剃光了头发。

他们这些诡计并没有影响审判结果。控方表示，他们的杀人动机是发动曼森的种族之战，这在很大程度上是根据卡萨比恩的证词。而辩方三天都没动静，一个证人也没叫，这激怒了曼森和他的信徒。审判快结束，等待结案陈词的时候，范·霍滕的辩护律师在周末外出时失踪。他的尸体几个月后被发现。

审判在1971年1月结束。曼森、阿特金斯、范·霍滕和克伦温克尔被控27项罪名，被判死刑。在1971年另一个审判中，沃森也被定罪，处以死刑。1972年，因为加州废除了死刑，沃森的死刑变为终身监禁。曼森的信徒布鲁斯·戴维斯和史蒂夫·格罗根被控谋杀辛曼和谢伊，于1972年定罪。

1971年，曼森的信徒凯瑟琳·谢尔（Catherine Share）、利奈特·弗洛姆（Lynette Fromme）、丹尼斯·赖斯（Dennis Rice）、史蒂夫·格罗根和露斯·安·莫尔豪斯（Ruth Ann Moorehouse）因密谋杀害前家族成员芭芭拉·霍伊特（Barbara Hoyt）以阻止她作证而被定罪。霍伊特、卡萨比恩和另一名前成员保罗·沃克尔（Paul Walker）都作证揭发曼森。谢尔后来还称曼森威胁说，如果不为他辩护，就要害她。

屠杀过去几十年了，曼森仍然是新闻话题，经常在狱中接受采访。他的案子十分独特，因为他本人没有亲自杀过人，而是利用自己说服他人的力量来教唆信徒杀人。■

邪教心理

和人们普遍认为的不同，加入邪教的人中95%是心智健全的。性格也不是影响加入邪教与否的主要因素。加入邪教的人是为了满足个人和环境需要：希望有归属感，寻找人生重大问题的答案，或为邪教生活的封闭性和组织性所吸引。

邪教领袖在招募、留住成员方面扮演最重要的角色。这些人通常都有极大的魅力，善于操纵别人，因此对邪教成员有重大影响。

领袖鼓励团体认同集体身份，经常组织团体活动，如祷告、体力劳动和群交。成员遵循领袖定的规则。领袖通常禁止成员与外界联系，由于和外界的支持断绝，成员一入教便难以离开。

一条丁格犬叼走了我的孩子！

阿扎莉亚·张伯伦死亡案，1980年8月17日

背景介绍

地点

澳大利亚北领地乌卢鲁露营地

主题

父母遭指控

此前

1665年 英国女仆安妮·格林尼（Anne Greene）因谋杀亲子被处以绞刑。孩子是她遭到强奸后怀上的，她坚持说生下来就是死胎。

此后

1999年 萨利·克拉克（Sally Clark）被冤枉为谋杀她的两个婴儿的凶手，此前“专家”证明连续两名婴儿猝死是不可能的。

2015年 普尔维·帕特尔（Purvi Patel）被一个印第安纳法院判处20年徒刑，因为她“流产的”24周大的胎儿在垃圾桶内被发现。

迈克尔·张伯伦（Michael Chamberlain）称他妻子发现女儿阿扎莉亚（Azaria）被野狗叼走后表现出巨大的悲痛，而她接受警方问话时却出奇镇静。警方搜查了这对夫妇在乌卢鲁（艾尔斯岩）下的营地，他们感到有什么事不对劲。

碎片证据

警方做出了自己的推断。他们假设女婴的母亲琳迪（Lindy）坐在车前座，把女儿阿扎莉亚放在膝上，然后用剪刀把女儿捅死。这就解释了车仪表板上的血迹，以及附近地面上的衣物碎片，却无法解释尸体失踪。尽管如此，警方没有怀疑自己的推断，毕竟这么空旷的地方足以藏一个小婴儿的尸体了。

> 我在这里告诉你们，即使你们觉得一切都失去了，仍然可以得到正义。
>
> ——迈克尔·张伯伦

警方忽略了那些不支持他们推断的证据，比如其他露营者听到狗叫声，帐篷周围和里面有狗爪印、狗毛和拖痕。此外，迈克尔是个牧师，他们没有杀自己孩子的动机。

澳大利亚丁格犬。丁格犬对人和牲畜的袭击，使其遭到部分捕杀。而丁格犬“脆弱的”种群生态和其能够震慑食肉狐狸的能力又使人们呼吁重新引进这种犬类。

参见：林德伯格幼子绑架案 178~185页。

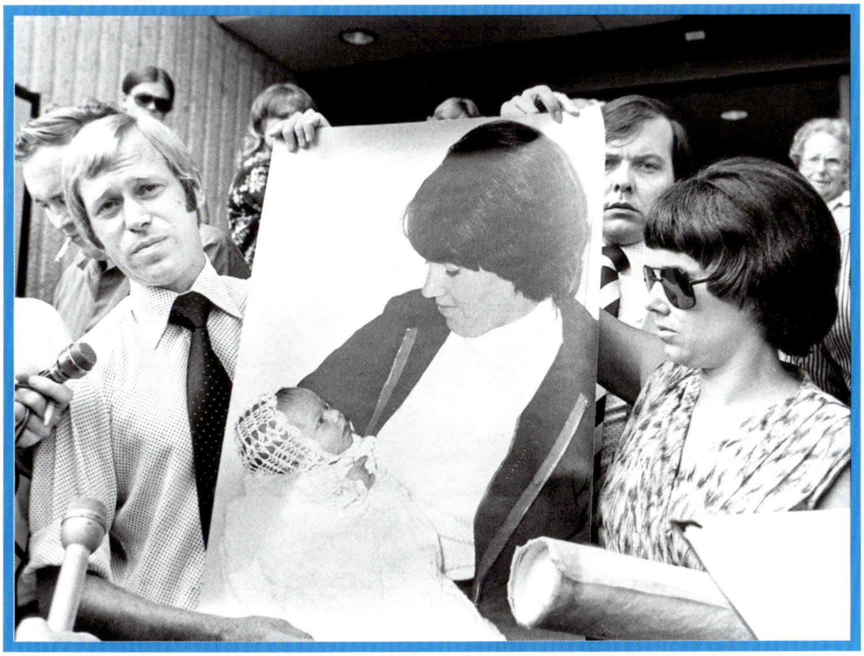

1981年，验尸官的结果首次宣布张伯伦夫妇无辜，张伯伦夫妇拿着一幅阿扎莉亚的照片。州警方驳回结论，力促给琳迪定罪。

法院法医乔伊·库尔（Joy Kuhl）做的检测支持了警方的观点。1982年10月29日，琳迪因谋杀女儿被定罪入狱。法院判迈克尔为从犯，因为他在女儿被妻子杀死后帮助其掩盖罪行。后来，他被保释出狱。

1986年，由于在现场附近的野狗窝外偶然发现一件婴儿外套，人们开始怀疑判决。结果，琳迪·张伯伦因为人们的"同情"而得到释放。1988年，对她和丈夫的定罪被推翻了，但真相那时还是没有水落石出。1995年进行的调查仍然没有解决案子，关于阿扎莉亚死亡案的判决仍然是"开放的"，没有定论。

直到2012年，验尸官才接受孩子是被丁格犬咬死的事实。当时出现了一条重要证据：由于科学检测技术的进步，夫妻俩车里原先被库尔鉴定为"胎儿血红蛋白"，即婴儿血迹的东西，被证明是汽车制造过程中溅到车里的牛奶、氧化铜和其他化学物质的混合物。此外，一片婴儿衣服碎片上的"血"手印——导致1982年琳迪谋杀判决的证据——事实上根本就不是血。

丁格犬才是罪魁祸首

澳大利亚土生野狗丁格犬从来就不是无害的——丁格犬袭击牲畜，农民把他们列为农场一害。然而，在阿扎莉亚失踪的时候，还没有记录表明丁格犬会伤害幼童。也许澳大利亚公众宁可相信母亲会杀孩子，也不愿意相信澳大利亚的代表之一丁格犬会是让人恐惧的东西。

阿扎莉亚失踪几年后，媒体报道了一些严重的丁格犬袭击幼童案。1998年，在昆士兰州海上的弗雷泽岛，一位父亲把被几只丁格犬拖走的女儿夺回。三年后，9岁的克林顿·盖奇（Clinton Gage）在弗雷泽岛被丁格犬咬死。

一旦琳迪杀害女儿的观点得到接受，所有和案子有关的证据看起来都能证明她有罪。法医鉴定似乎公正，但其实也倾向于顺从调查员的推断。警方和公众因为琳迪"不自然"的反应而判定她有罪。这些观点非常不公正，却根深蒂固。直到更多的丁格犬咬人事件和新的法医鉴定证据出现，才使法院完全相信这对夫妇无罪。■

> 澳大利亚人再也不能说丁格犬不危险了。
>
> ——琳迪·张伯伦-克赖顿

我本是无名小卒，直到我杀了世界上最著名的人

约翰·列侬遇害案，1980年12月8日

背景介绍

地点

美国纽约

主题

跟踪名人者

此后

1981年3月30日 小约翰·辛克利（John Hinkley）企图刺杀罗纳德·里根，以此对女星朱迪·福斯特（Jodie Foster）“表示爱意”。

1989年 罗伯特·约翰·巴多（Robert John Bardo）在跟踪女演员丽贝卡·希弗（Rebecca Schaeffer）三年后将她枪杀。

1995年 尤兰达·萨尔迪瓦（Yolanda Saldívar）为获得特哈诺歌手赛琳娜（Selena）粉丝俱乐部的经营权而跟踪她。赛琳娜解雇了萨尔迪瓦，被其在3月31日枪杀。

2004年 潘多拉乐队粉丝南森·盖尔（Nathan Gale）在音乐会上杀死数人。他因乐队要解散的消息而烦躁不安。

1980年12月8日，当马克·大卫·查普曼（Mark David Chapman）将子弹射进约翰·列侬（John Lennow）的后背时，不仅摧毁了一个时代偶像，也标志着一种新型杀人犯——杀害名人者——的出现。在美国南方腹地长大的他对披头士乐队深深着迷，后来却成了仇敌。

拘泥名利

查普曼的人格不稳定，经常感到自己没有价值，十分痛苦。1977年，他在夏威夷试图自杀未遂。

查普曼在读了披头士主唱约翰·列侬的传记后为他深深着迷。当时，他深受J.D.塞林格《麦田里的守望者》的影响，将列侬视为“守望者”。他在纽约市跟踪了这位明星好几个月。

1980年12月，他终于出手了。在列侬录完音回到达科塔大厦的时候，查普曼突然袭击了他。他用点三八口径的手枪朝列侬开了5枪。门卫缴了他的枪，他没有试图逃跑，而是坐等警察到来。列侬被立即送往医院，在到达医院15分钟后被宣布死亡。

查普曼说，他刺杀列侬是为了成名。他被诊断患有精神病。1981年6月，他被以谋杀罪定罪，判处入狱20年至终身监禁，至今仍在狱中。■

粉丝在达科塔大厦祭奠列侬。列侬遇害的消息令全球歌迷悲痛万分，至少三名粉丝在列侬死后自杀。

参见：卡约夫人 217页，图帕克·夏库尔与华莱士遇害案 254~257页，约翰·肯尼迪遇刺案 316~321页。

谁让你反对我的？谁叫你这么做的？

罗伯特·卡尔维遇害案，1982年6月17日

背景介绍

地点

英国伦敦

主题

黑手党袭击

此前

1957年 纽约“疯狂帽商”阿尔伯特·安纳塔西亚（Albert Anastasia）在理发时被杀，幕后主使是“唐·维多”吉诺维斯（“Don Vito” Genovese）。

1980年 费城犯罪头目安吉罗·布鲁诺（Angelo Bruno）被杀，主使是其顾问安东尼奥·卡普尼格罗（Antonio Caponigro）。

此后

1986年 芝加哥犯罪集团老板罗科·英菲利斯（Rocco Infelice）下令杀掉管理集团在拉斯维加斯事务的安东尼·斯皮洛特罗（Anthony Spilotro）和他的哥哥。

1990年 卢凯塞（Lucchese）家族成员安东尼·迪拉皮（Anthony DiLapi）逃到加州，被家族首领下令枪杀。

1975年，罗伯特·卡尔维（Roberto Calvi）成为安保信银行的行长。这家75年前建立的天主教银行是为道德和宗教机构服务的。它的主要股东是梵蒂冈银行。由于这种联系，卡尔维被称为“上帝的银行家”。然而，这位行长的行为显然并不神圣。

卡尔维做了许多罪恶勾当：抽取银行资金资助政党；在威尼托的卡托利卡银行维持最大利益；建立离岸企业。他把数亿钱财转移出意大利，抬高股价，用无担保贷款发财。1978年，意大利银行开始注意到他的行为，对他展开调查。

> 梵蒂冈、黑手党、共济会、政客都有瓜葛。审判……只是其中一部分。
>
> ——检察官卢卡·特斯卡洛里

卡尔维被定罪，缓刑4年，后得到保释。银行负债约10亿美元，欠下西西里黑手党巨额资金。安保信银行在1982年6月倒闭，卡尔维当月从罗马的公寓里消失了。

他的尸体8天后被发现，吊在伦敦黑牧师大桥下的脚手架上。这位银行家生前是P2（Propaganda Due）共济会成员，自称“黑牧师”，与大桥的名字吻合。最初法院认定该案为自杀，但检察官逐渐认为是黑手党杀了卡尔维，以防其泄露秘密交易细节或共济会、政客和其他势力强大组织的详情。2005年，5名嫌疑人被起诉，但由于缺乏证据被无罪释放。■

参见：伯尼·马多夫 116~117页，西西里黑手党 138~145页，啤酒战 152~153页，拉斯普京遇刺案 312~315页。

我在死囚牢房，但我是无辜的

柯克·布鲁沃斯，1984年

背景介绍

地点

美国马里兰州罗斯代尔

主题

冤案

此前

1950年 英国人蒂莫西·约翰·埃文斯（Timothy John Evans）被判谋杀妻子和女儿，处以绞刑。15年后，合租人约翰·雷金纳德·哈利迪（John Reginald Halliday）被确认为真正的凶手。

此后

1987年 高中二年级学生蒂姆·马斯特斯（Tim Masters）被以在科罗拉多州柯林斯堡谋杀佩吉·海特瑞克（Peggy Hettrick）为由定罪。当DNA证据表明被害人的男友才是凶手的时候，法官判决立即释放马斯特斯。

1984年，23岁的前美国海军陆战队士兵柯克·布鲁沃斯（Kirk Bloodsworth）被捕，他被控性侵、强奸、谋杀9岁的女孩道恩·汉密尔顿（Dawn Hamilton）。女孩的尸体在马里兰州罗斯代尔一座公园的林区被发现，这个地方离被害人家很近。

布鲁沃斯因为一个匿名电话举报人的证词而被捕，此人告诉警方，她看见布鲁沃斯和被害人在一起。另外两个证人也指认了他。

柯克·布鲁沃斯拿着一张道恩·汉密尔顿的照片。他在1984年8月被冤枉为性侵、强奸、谋杀这名小女孩的罪犯。

清白专案

1992年，两位民权律师在纽约建立非营利法律组织“清白专案”，旨在利用DNA技术帮助被冤枉的囚犯脱罪，并倡导对刑事司法体系进行改革。

该组织虽然叫“清白专案”，但表示清白本身并非能够推翻定罪的法律依据。通常必须提供新的证据，如成功的DNA测试，来支持被冤枉的清白者。

DNA技术在1989年首次被用于打击犯罪。到2016年初，在美国，340名被判犯有重罪的人获益于DNA技术而脱罪。其中约半数获得了对他们服刑的经济补偿，而20名沉冤得雪的囚犯已经被处以死刑。

参见：科林·皮奇福克 294~297页。

> 如果这能发生在我身上，那么也能发生在任何人身上。
>
> ——柯克·布鲁沃斯

虽然警方告诉证人在指认前不要看当时电视上大量播放的关于布鲁沃斯的新闻，因为这会影响其对凶手的回忆，但他们没有听，两名证人在指认前都在电视上看到了布鲁沃斯。虽然没有直接证据证明布鲁沃斯和犯罪有关，他还是被判犯有强奸罪和一级谋杀罪，处以死刑。

1986年，马里兰上诉法院因发现检方非法撤回了可能使布鲁沃斯脱罪的证据，于是推翻了对布鲁沃斯的判决。上诉法院要求重审，但布鲁沃斯又被定罪，并被判两个终身监禁。

在监狱图书馆工作的布鲁沃斯在接下来7年中试图证明自己的清白。1992年，他了解到一种新技术——DNA指纹鉴定，希望在犯罪现场发现的DNA可以证明他不是凶手。于是，他向法院提出请求。他成功了。1993年，鉴定结果显示，犯罪现场的DNA和布鲁沃斯的DNA不匹配，他终于被释放。■

1984年7月，9岁的道恩·汉密尔顿的尸体在马里兰州罗斯代尔一个公园被发现。

↓

1984年8月，警方逮捕并起诉美国海军陆战队退役士兵柯克·布鲁沃斯。

↓

1985年3月，陪审团判柯克·布鲁沃斯犯有谋杀罪。他被判处死刑。

↓

1986年7月，马里兰上诉法院推翻了定罪，称检方隐藏了一些证据。上诉法院命令重审。

↓

1987年4月，另一个陪审团判柯克·布鲁沃斯犯有谋杀罪。他被判两个终身监禁。

↓

1992年4月，巴尔的摩县法院检方用成熟的DNA检测技术检测了布鲁沃斯一案中的证据。

↓

1993年5月，加州一个实验室报告称，被害人内裤上沾染的精液不可能来自布鲁沃斯。

↓

1993年6月25日，联邦调查局接受检测结果——内裤上的精液不可能来自布鲁沃斯。

↓

1993年6月28日，布鲁沃斯走出吉塞普监狱大门，他自由了。

无可比拟的恶行

詹姆斯·巴尔杰遇害案，1993年2月12日

背景介绍

地点

英格兰默西塞德郡

主题

儿童杀人犯

此前

1954年 在新西兰克赖斯特彻奇，16岁的波林·帕克（Pauline Parker）和15岁的朱丽叶·休姆（Juliet Hulme）谋杀了波林的母亲。

1968年 11岁的玛丽·贝尔（Mary Bell）在两起案件中分别勒死一名3岁和4岁的小男孩。

此后

1999年 在佛罗里达州，12岁的莱昂内尔·泰特（Lionel Tate）打死了6岁的蒂凡妮·尤尼克（Tiffany Eunick）。

2001年 在佛罗里达州，12岁的德雷克·金（Derek King）和13岁的亚历克斯·金（Alex King）兄弟用棒球拍打死父亲，放火烧了自家房子。

1993年2月12日，周五，两岁的詹姆斯·巴尔杰（James Bulger）和母亲丹妮斯（Denise）在英格兰默西塞德郡布特尔海滨购物中心购物。下午3点42分，丹妮斯在一家肉铺买东西，詹姆斯在门口等候。这时，两名10岁的小学生拐走了这个幼童，把他放在火车轨道上折磨他，并将他残忍杀害。

丹妮斯付完钱，转身发现儿子不见了。慌张的她赶紧叫商场保安帮忙，保安通过广播寻找幼童。

下午3点42分的闭路电视录像显示詹姆斯·巴尔杰信任地拉着一名凶手的手。汤普逊和维纳布尔斯带着这个两岁幼童走了3公里路程，最终带他走向死亡。

虽然广播里描述了詹姆斯的模样和穿着，但他还是没有被找到。下午4点15分，丹妮斯打电话报警。下午5点30分，商场打烊的时候，詹姆斯仍然没有被找到。默西塞德郡警方开始大规模搜索。詹姆斯失踪案的最大线索来自闭

参见：林德伯格幼子绑架案 178~185页，莉兹·波登 208~211页，斯特拉顿兄弟 212~215页，阿扎莉亚·张伯伦死亡案 238~239页。

路电视监控，监控显示这个两岁孩子离开了肉铺。警方在录像中追踪他的动向，发现他到了顶层，显然是跟着两个男孩去的。录像最后，也就是詹姆斯活着的最后画面，可以明显看到一个男孩拉着詹姆斯的手，三人朝利兹-利物浦运河走去。然而，即使有了这条线索，警方依然没有找到詹姆斯。

绑架变谋杀

两天后，一个小男孩慌慌张张地冲进沃尔顿路警察局。他在距警察局仅有几分钟路程的火车轨道上发现一具严重破坏的尸体。看样子，詹姆斯不是失踪，而是成了谋杀案被害人。警方鉴定出死者是詹姆斯后，开始寻找两名主要嫌疑人，也就是录像中那两个男孩。幸运的是，案子有了突破，当地一位女士认出了这两个男孩，因为他们经常去她的店里捣乱，她说他们叫乔恩·维纳布尔斯（Jon Venables）和罗伯特·汤普逊（Robert Thompson）。

汤普逊和维纳布尔斯被拘留了，警方难以相信他们竟然可以制造谋杀，因为这两个男孩只有10岁大。詹姆斯身上的伤口很多，而且看起来非常恐怖。警方审讯了两名犯罪嫌疑人。在审讯中，两人的罪行逐渐显露出来。

在审讯中，汤普逊出奇地镇定，却过于详细地描述了詹姆斯的穿着，从而露出马脚。而维纳布尔斯在审讯中显得非常歇斯底里。2月19日，他承认杀死了詹姆斯·巴尔杰。2月20日，两名嫌疑人因绑架和谋杀被捕，他们都无法解释自己的动机。

被告席上的孩子

对两名儿童杀手的审判震惊了全国。法庭上搬来一个小台子，让他们站上去，免得他们被高高的被告席挡住。全国上下都对审判结果屏息以待。在审判中，关于汤普逊和维纳布尔斯的惊天案件浮出水面。

在一名男孩的鞋子上发现詹姆斯的血迹，另一名男孩的靴印和詹姆斯脸上的靴印匹配。一名证人称，两人当天也曾试图绑架她的儿子。庭上听众也从警方审讯记录中得知，维纳布尔斯承认想把一个孩子推到铁轨上，试图造成意外死亡的假象。

针对两人不利的证据越来越多。辩护律师称，两个男孩年纪太小，无法为自己的行为负法律责任，而一个儿童精神病学家证明他们可以辨别是非。汤普逊和维纳布尔斯当时已经到了11岁，其年龄足以让他们受到起诉。11月24日，两人被定罪，判处8年监禁。

> **这些丑恶现象证明，这个社会越来越名不副实。**
>
> ——托尼·布莱尔

对他们的刑罚增加了两次，汤普逊和维纳布尔斯在2001年得到假释。■

责任年龄

20世纪中叶，法院规定责任年龄的设定应该根据儿童的情感、精神和智力成熟度。不同国家设定的责任年龄不同。英国的责任年龄是10岁，其他欧洲国家是15岁。美国各州责任年龄在6～11岁不等。

责任年龄以下的违法者受到的处罚不同。他们不能被判刑事犯罪。在一些国家，他们的父母会为他们的罪行负责，而犯罪的儿童会得到管教。

2014年，英国考虑提高责任年龄，受到了詹姆斯·巴尔杰的母亲反对，因为如果詹姆斯在汤普逊和维纳布尔斯距10岁前几个月遇害，凶手就不能受审，得到惩罚。

我怕这个人有一天会杀了我

O. J. 辛普森，1994年6月12日

背景介绍

地点

美国加州洛杉矶布伦特伍德

主题

名人被告

此前

1954年12月2日 拳击经纪人唐•金（Don King）在其位于克利夫兰的非法赌博室里枪杀了一名抢劫犯。

1978年10月12日 朋克摇滚歌手席德•维瑟斯（Sid Vicious）用刀捅死了女友。他被控谋杀，但在审判前死于海洛因吸食过量。

此后

2001年1月22日 前美国国家橄榄球联盟成员雷伊•卡鲁斯（Rae Carruth）被以共谋杀死怀孕女友为由定罪。

2013年2月14日 残奥会短跑运动员奥斯卡•皮斯托瑞斯（Oscar Pistorius）枪杀了女友。

在洛杉矶布伦特伍德一栋公寓的前门，一个赤脚的黑衣女子趴在血泊中。在她身旁，一名25岁男子的尸体倒在灌木丛中。1994年6月13日，约凌晨0点10分，邻居偶然发现可怕的一幕——妮克尔・布朗・辛普森（Nicole Brown Simpson）和罗纳德・高曼（Ronald Goldman）的尸体。两人都已经死了一段时间。

妮克尔脖子上伤口很深，被割得脖子都快断了。高曼的上衣被脱下来，暴露出伤痕累累的躯干。

1994年3月16日，妮克尔・布朗・辛普森在丈夫的电影《白头神探3：最后的耻辱》（Naked Gun33⅓: The Final Insult）首映式上。她和辛普森在1992年离婚，之后和解。

邻居挥手叫停了一辆路过的巡逻车，这所在南邦迪大道上的公寓很快挤满了侦探。

这样令人发指的犯罪在富人居住的布伦特伍德社区非常罕见。当警察得知死去的女人是橄榄球明星出身的演员O.J.辛普森的前妻时，调查进展立刻快了起来。

悲剧背景

谋杀案当晚，妮克尔在梅萨露娜餐厅同母亲和孩子们吃晚餐。妮克尔的母亲在晚上9点35分打电话给餐厅说她把眼镜落下了。接着，妮克尔自己打电话给餐厅，让她的服务员朋友罗纳德・高曼晚上把眼镜送去她家。高曼在9点50分下班，然后去了妮克尔家。而就在两个多小时后，两人被发现死亡。

确认两名被害人身份后，侦探立即前往辛普森在罗金厄姆的寓所，在那儿发现一辆有血迹的白色福特烈马汽车。侦探马克・富尔曼（Mark Fuhrman）没有搜查令，但以担心辛普森的安全受到威胁为由，让手下翻墙进入。在辛普森屋子周围，富尔曼发现一只沾了血迹的手套，这只手套后来被确认为和犯罪现场那只是一对。DNA检测表明，手套上的血迹是妮克尔和高曼的。

在辛普森家门附近还发现辛普森的三滴血，是从辛普森手上的伤口滴落的。两个地方发现的手套和血迹足以让警方对辛普森发出逮捕令，指控他犯下双重谋杀罪行。

戏剧性自首

1994年6月17日，辛普森的律师谈好了自首计划，辛普森却逃之夭夭。辛普森多年的好友，一起共事的橄榄球运动员艾尔・考林斯（Al Cowlings）开着他那辆白色福特烈马把他接走，并经由高速公路逃离。辛普森不时用枪抵着头，威胁说要自杀。

下午2点，洛杉矶市警察局发布全境通缉令，追捕辛普森。当晚早些时候，警方发现了辛普森那辆福特烈马。一名警官来到车旁，但

> “我绝对百分之百无罪。”
>
> ——O. J. 辛普森

参见：克里平医生 216页，曼森家族 230~237页，图帕克·夏库尔与华莱士遇害案 254~257页。

暮色渐浓，在洛杉矶高速公路上，警车低速追踪白色福特烈马。电视直播的这场追击成了一种文化现象，引起人们对辛普森一案的关注。

由于辛普森用枪指着自己的头，警官只好退后。接着，一场低速追捕开始了。福特烈马后面跟了多达20辆警车和9架直升机。数千名围观者站在路旁给福特烈马助威，一些人还举着自制的牌子，上面写着让辛普森继续逃跑。电视台中止了计划播放的节目，现场直播追捕。有9500万人观看了这场追捕。

双方在高速路上行驶80公里后，这场追捕在晚上8点结束，双方车辆停在辛普森在布伦特伍德的家门口。辛普森被允许在家中和母亲交谈一小时，条件是必须自首。同时，警官搜查了福特烈马，发现8000美元现金、衣物、易容材料——假络腮胡、唇边胡须和化妆包，以及家人照片和装满子弹的手枪。

出庭人员

辛普森在6月20日受审，但他不承认犯下两起谋杀案。法院下令不得将他保释。检方选择在洛杉矶市中心提起诉讼，那里的陪审团成员大部分都是有色人种，这一决定引起了争议。

洛杉矶市警察局资深侦探汤姆·兰格（Tom Lange）主持谋杀案调查。地方副检察官玛西亚·克拉克（Marcia Clark）被任命为本案的首席检察官；地方副检察官克里斯托弗·达顿（Christopher Darden）担任协理律师。而辛普森雇用了一个豪华律师团，成员有F.李·贝

O.J.辛普森

辛普森出生时名叫欧兰索·詹姆斯·辛普森（Orenthal James Simpson）。他家庭贫困，住在加州旧金山城外的公营住房里。辛普森热爱橄榄球，获得了南加州大学的橄榄球奖学金，1968年赢得了著名的海斯曼杯。

读完大学，辛普森签约国家橄榄球联盟，为布法罗比尔队和旧金山49人队打了11季比赛。1973年，他成为首个在一季中带球冲刺1800米的选手，后来被选入橄榄球名人堂。

从球场退役后，辛普森开始了橄榄球评论员和演员的生涯，参演了几部电影，包括《火烧摩天楼》（*The Towering Inferno*）、《摩羯星一号》（*Capricorn One*）和《白头神探》（*The Naked Gun*）三部曲。

辛普森在1977年遇到18岁的女招待妮克尔·布朗，两人在1985年结婚，育有两个孩子。两人婚姻非常不和，妮克尔称她遭遇家暴，在1992年2月25日提出离婚。

在法庭上，辛普森坐在律师小约翰尼·科克伦旁边。科克伦被地方副检察官克里斯托弗·达顿指责在发言中过分渲染种族歧视。

利（F. Lee Bailey）、罗伯特·卡戴珊（Robert Kardashian）、罗伯特·夏皮罗（Robert Shapiro）、艾伦·德肖维茨（Alan Dershowitz）、小约翰尼·科克伦（Johnnie Cochran Jr）和巴里·舍克（Barry Scheck）。辛普森为这个“梦幻律师队”花了300万～600万美元。

争议审判

审判于1995年1月24日开始，持续134天。观众通过法庭上的闭路电视观看直播。因为这起案件，许多侦探、律师，甚至法官兰斯·伊托（Lance Ito）一举成名。这场审判被称作“世纪审判”。

一部分看点源于社会上人们对辛普森到底是否有罪的深深分歧。77%的白人投票说他有罪，而72%的黑人认为他无罪。辩方称辛普森是被有种族歧视的警察陷害，然后开始抨击洛杉矶市警察局办案不力而使DNA证据受到污染。

一个警官承认，他把辛普森的鞋子带回家，扔在汽车后备厢至少6小时，从而破坏了证据保管链。此外，法医团队被查出错误处理了血迹样本——一小瓶血迹被装在外套里几小时后才被带到实验室，一些所谓辛普森的血迹据说也是由实验室人员洒上的，而正是在这个实验室里进行了证据样本检测。

侦探富尔曼也受到调查。在盘问中，F. 李·贝利逼问找到另一只手套的富尔曼是否曾发表过种族歧视言论。富尔曼否认，但录音带证明他经常使用种族歧视恶语。这些录音带成为辩方证明这位侦探的证词缺乏可信度的主要依据。富尔曼被控伪证罪，在被问到是否捏造证据的时候使用了沉默权。

1995年6月15日，辩方律师科克伦诱导协理律师达顿让辛普森戴上皮手套。可是，辛普森的手根本塞不进手套里。在总结陈词中，科克伦以手套为证说了一句顺口溜：“如果不合适，你就没犯事。”

陪审团很快做出决定。仅仅考虑了4小时，他们就投票认定辛普森无罪，这一判决震惊全国。评论家将陪审团的决定归因于组成人

保护证据保管链

在犯罪现场搜集证据的时候，必须十分小心谨慎地处理证据，防止污染，并证明证据没有遭到篡改。为了保证证据完整，并可用于法庭，执法部门建立了证据保管链——按照时间顺序记录证据的获得时间、管理、转移和分析。

记录证据保管链可以证明证据和犯罪有关，而不是取自别的来源，或是被用来污蔑无辜者而捏造的。为了保护证据保管链，每项证据必须贴上处理者签名的标签。检察官用证据保管链记录来证明证据没有被篡改，而且是在犯罪现场找到的。如果有疏忽大意，或证据保管链被破坏，那么可以宣布证据无效。

> 我们不仅打了种族牌，而且一开始就打了这张底牌。
>
> ——罗伯特·夏皮罗

员多为有色人种。陪审团成员认为洛杉矶市警察局办案不力，以及检方无法说服他们。

民事惩罚

1997年，罗纳德·高曼的父母以儿子非正常死亡为由在民事法庭上起诉辛普森。妮克尔的父亲也提起了诉讼。民事诉讼无法把辛普森送进监狱，但可以让他支付罚款。辛普森在这起民事诉讼中惨败，被勒令向被害人家属支付3350万美元。

2007年，辛普森再次卷入法律纠纷。9月13日，在拉斯维加斯一个旅馆房间，他和朋友拿枪威胁一名纪念品经销商，要求其还回辛普森认为从自己手里偷走的东西。2008年10月3日，在被判无罪后的13年，辛普森被以犯下10项重罪为由判处33年监禁。许多人认为这一刑罚最终让他受到了正义的审判。■

陪审团通过几位关键证人的证词了解1994年6月12日发生的事件，这几位证人包括辛普森的访客和司机。

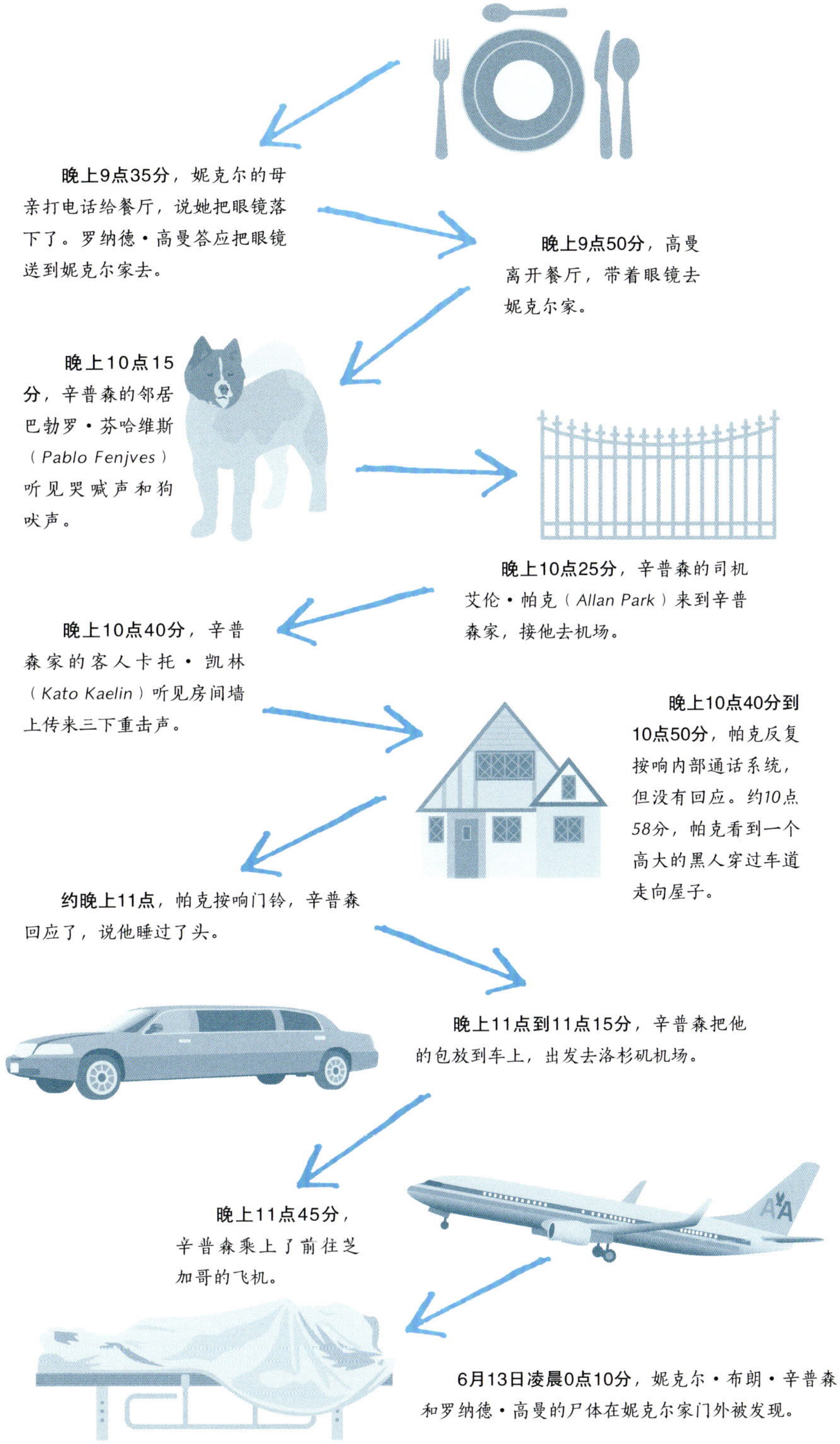

间谍用品店命案

克雷格·雅各布森，1997年8月

背景介绍

地点

美国内华达州拉斯维加斯

主题

多重谋杀

此前

1978年 杰奎琳·布拉德肖（Jacqueline Bradshaw）和弟弟马尔科姆（Malcolm）的尸体在荒漠之城巴斯托附近被牧羊人发现。

1984年 威廉·理查德·布拉德福特（William Richard Bradford）在莫哈韦沙漠一个偏僻的露营地勒死15岁的特蕾西·坎贝尔（Tracey Campbell）后抛尸。

此后

2009年 11具女人骸骨被发现埋在阿尔伯克基市西梅沙漠里，一些尸骨可能早在2001年就已经存在。

2013年 约瑟夫·麦克斯泰（Joseph McStay）和妻子、小儿子在2010年2月失踪，后被发现在加州维克多维尔附近沙漠中遇害。

1997年8月，在亚利桑那州，伴唱歌手、舞蹈演员金杰·里奥斯（Ginger Rios）的尸体被从莫哈韦沙漠里一个浅浅的坟墓中挖出。4月4日，20岁的里奥斯在拉斯维加斯内华达大学附近的一家间谍用品店失踪，距今已经4个月了。

里奥斯想买一本关于清理个人信用报告的书。她跑进店里，丈夫马克·霍林格（Mark Hollinger）在车里等她。霍林格说，她就打算离开几分钟。然而，里奥斯再也没有从店里出来。化名约翰·弗劳尔斯（John Flowers）的店主克雷格·雅各布森（Craig Jacobsen）把她带到后面的房间，突然朝她鼻子上打了致命一拳。然后，他把尸体塞进垃圾袋，拖到厢型货车车厢里，用强效清洁剂清理了房间，开车把尸体带到亚利桑那州。

雅各布森的妻子谢丽尔·西科尼（Cheryl Ciccone）在里奥斯来店里时和丈夫在一起。她看到了里奥斯的尸体，陪雅各布森一起去了亚利桑那州。由于害怕，她后来去警察局坦白，4个月后带领警察找到了里奥斯的尸体。

第二名被害人

里奥斯死后一个月，另一个拉斯维加斯女人也失踪了，她是脊椎按摩师的女儿玛丽·斯托达德（Mary Stoddard）。5月10日，在亚利桑那州皮纳尔县，当地猎人偶然发现一个年轻女人的尸体埋在沙漠里。当局下令法医进行面部重

克雷格·雅各布森1997年的入案照，看起来很邋遢。他承认杀害金杰·里奥斯，说是看她不顺眼。

参见：克里平医生 216页，阿扎莉亚·张伯伦死亡案 238-239页，伊恩·布雷迪和迈拉·辛德利 284-285页。

皮纳尔县处于沙漠峡谷地带，其中一个山谷成了被雅各布森害死者的葬身地。几座坟墓都是在菲尼克斯东南部小镇弗洛伦斯发现的。

建，但没有人认领尸体，这具尸体成了无名女2278DFAZ号。

无名女和里奥斯的坟离得很近，都盖上了混凝土，这暗示两人是被同一凶手害死的。

逮捕和拘留

1997年8月，雅各布森在洛杉矶被逮捕，他在佛罗里达州因殴打和造假而被通缉。在审讯中，雅各布森承认杀害了里奥斯，同时承认在拉斯维加斯杀了另一名女性并把尸体埋在亚利桑那州。

雅各布森确认第二个被害人是玛丽·斯托达德，这似乎揭开了无名女的身份。亚利桑那州当局在县公墓重新埋葬了无名女，埋葬地点却没有被记录在案。无名女尸体无法找到，检察官只能审里奥斯的案子。雅各布森在2000年被定罪，判处至少25年监禁。

第三名被害人

在侦破这起案件中出了件怪事。2010年，无名女的尸体找到了，在失踪人口公告栏帮助下，其身份得以确认。她不是玛丽·斯托达德，而是15岁的克里斯蒂娜·马蒂尼兹（Christina Martinez）。1997年，在亚利桑那州菲尼克斯，马蒂尼兹在去一家自助洗衣店的路上失踪，而这家店离雅各布森的另一家店有两个街区的距离。

2014年，大陪审团指控雅各布森谋杀马蒂尼兹。但是，当局在周围坟墓搜索后并没有找到斯托达德的尸体。■

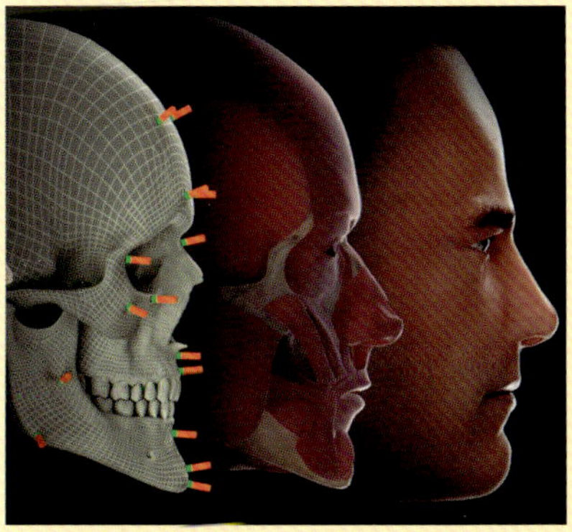

根据颅骨数据和年龄、民族、体重等已知数据，面部重建软件绘制出逼真的形象，就像拍照片一样。

法医面部重建技术

计算机3D技术的进步极大地改善了法医面部重建技术。如今能够实现多角度扫描颅骨，进行精确的数字重建，而不是用黏土来做手工模型。这种技术尤其对被害人尸骨身份不明的案件来说十分有用。

重建的图像可以供获选死者家属辨认、在警局数据库中检索，或发给失踪人口公告栏。失踪人口公告栏是一家非营利机构，致力于给无名氏案件提供关于失踪和身份不明者的线索。美国的法医面部重建识别成功率是50%。

法医面部重建技术也被用于构建历史人物的真实形象，如可根据理查三世、哥白尼和图坦卡蒙的骸骨复原他们的面部形貌。

人们都很害怕，不想和我们说话

图帕克·夏库尔与华莱士遇害案，1996年和1997年

背景介绍

地点

美国拉斯维加斯与洛杉矶

主题

驾车枪击

此前

1931年7月 在纽约哈莱姆区，科尔帮（Coll Gang）一名枪手失手打死车外玩耍的儿童。

1996年7月31日 26岁的说唱歌手西格拉姆·米勒（Seagram Miller）在奥克兰一起驾车枪击案中丧生。

此后

2004年5月7日 在巴格达南部，波兰战地记者瓦尔德马·米勒韦茨（Waldemar Milewicz）在车上被从驶过的车里射出的子弹击中身亡。

2012年9月3日 哥伦比亚大毒枭格丽塞尔达·布兰科（Griselda Blanco）在麦德林市死于摩托车手枪击。

20世纪90年代后期，两位说唱巨星图帕克·夏库尔（Tupac Shakur）和克里斯托弗·华莱士（Christopher Wallace）相继死于驾车枪击，两起案件出奇地相似。

图帕克在美国西海岸发展；而艺名为“声名狼藉先生”（The Notorious B. I. G.）的华莱士则在东海岸表演，人们多称其为大个子小子（Biggie Smalls）。两人都是美国的当代说唱歌手，职业生涯颇多相似。图帕克去纽约的时候，经常邀请华莱士上台说唱，为他的成名助力不少。然而，在两人去世前

参见：约翰•肯尼迪遇刺案 316~321页，阿尔多•莫罗绑架案 322~323页。

1994年5月，华莱士与图帕克在皇家酒店消遣。两人即兴表演，被记者德雷姆•汉普顿（Dream Hampton）录了下来。这是两人同时出镜的为数不多的录像之一。

几年，彼此成为冤家对头，世人称为东西海岸说唱之争。

图帕克与华莱士之间的不和始于1994年。当时，在曼哈顿的奎德录音室，图帕克遭到三名男子偷袭和枪击。他们从他和工作人员身上抢走价值3.5万美元的珠宝后逃跑。华莱士和工作人员也在同一大楼里录音，图帕克因此断定是华莱士与绰号“老爹”（Diddy）的音乐制作人肖恩•科姆斯（Sean Combs）给他下了套。两人从此交恶。

> 就算再有贫民窟的小孩横死街头，我想政府也不会当回事的。想必他们认为这种案子并不重要。
>
> ——DJ谢伊（DJ Shay）

1996年9月7日，年仅25岁的图帕克在内华达州拉斯维加斯参加派对的路上，遭到其他车上的枪手袭击，6天后去世。

6个月后，1997年3月9日，24岁的华莱士在加州洛杉矶彼得森汽车博物馆参加派对后返回的路上，在车内遭到其他车上的枪手的4次枪击，30分钟内离开了人世。

触目惊心的场景

1996年9月7日，图帕克在

9月7日晚上8点30分
图帕克和友人看完在拉斯维加斯米高梅大酒店举行的泰森与塞尔登拳击赛后离开。

↓

晚上8点30分至9点
图帕克和保镖在酒店外和奥兰多•安德森发生肢体冲突。

↓

晚上11点15分
在拉斯维加斯的一个十字路口，乘坐自己宝马750汽车的图帕克遭近距离枪击。

↓

9月8日至9日
图帕克在南内华达州大学医学中心接受三次手术。

↓

9月13日下午4点03分
图帕克因呼吸系统衰竭被宣告死亡。

帮派身份与地盘争夺战

帮派冲突大多发生在低收入社区，暴力犯罪甚至会殃及无辜的旁观者。洛杉矶警方认为，社区居民加入帮派主要出于五个方面的原因。有的是被加入帮派带来的社会地位提升或兄弟情谊所吸引。有的看中帮派能为自己提供庇护，或能让自己更方便地从事犯罪活动。还有的则是被强迫加入帮派的。各帮派使用不同的身份标志来营造归属感，比如文身、衣物或者手语。

帮派争斗大多起因于不同帮派对同一地盘的争夺。洛杉矶赤血帮和瘸子帮之间的地盘争夺战是最为臭名昭著的例子之一。两帮对康普顿的争夺战始于20世纪70年代，所造成的命案在洛杉矶南部地区与帮派相关的命案中占了很高比重。

拉斯维加斯的米高梅大酒店观看麦克·泰森和布鲁斯·塞尔登（Bruce Seldon）的拳击赛。比赛过后，图帕克和友人、伴唱歌手死囚牢（Death Row）唱片公司制片人小马里昂·“苏格”·奈特（Marion “Suge” Knight Jr）等一行人在离开时看到南部瘸子帮（Crips Gang）成员奥兰多·安德森（Orlando Anderson）。

奈特是街头帮派皮鲁斯赤血帮（Pirus Bloods）的一员。奈特的朋友特雷文·“特里”·莱恩（Trevon “Tray” Lane）在看到安德森后告诉图帕克，一个月前抢了自己脖子上戴的死囚牢唱片公司金项链的小混混中就有安德森。图帕克便向安德森猛扑过去，他身边的人一拥而上，对安德森一顿猛踩，根本不顾忌酒店监控。然而，安德森拒绝提起诉讼，双方都采取了不同的报复方式。

图帕克中枪

在打了安德森一顿后，图帕克一行登车前去参加派对。当晚11点15分，在弗拉明戈路和科沃尔路交叉的十字路口，一辆加州车牌的白色凯迪拉克慢慢驶向奈特的黑色轿车旁，黑色轿车里坐的是图帕克和奈特。随着凯迪拉克驶近，车后座的一名男子摇下车窗，伸出手臂开枪。图帕克身中三枪，其中一枪打中胸口；奈特脑部下方被弹片击中。

拉斯维加斯市警局的两位骑警在路口旁的室内停车场里听到枪声，立刻上街查看。奈特的轿车为了躲避枪手掉头行驶，两位骑警跟在后面。凯迪拉克则拐弯驶上另一条街，随后消失在夜色中。

在接下来7天中，图帕克一直处于昏迷状态，情况危急。为阻止胸部出血过多，他还接受了几次手术和治疗。然而，到了9月13日下午，图帕克还是因伤重不治而去世。

图帕克之死引发了加州康普顿市赤血帮和瘸子帮两个帮派间持续5天的街头帮派冲突，导致三人死亡，十人受伤。康普顿警方认为这是赤血帮为图帕克之死而向瘸子帮发起的复仇之战。

1997年3月18日，出殡车队经过布鲁克林的圣詹姆斯（St. James Place），驶向华莱士母亲沃莱塔·华莱士的家。媒体和群众聚集在街头，为过世的说唱歌手致哀。

> **我认为儿子的死与图帕克无关。我也认为图帕克的死和我儿子无关。**
>
> ——沃莱塔·华莱士
> (Voletta Wallace)

华莱士中枪

5个月后的1997年2月，华莱士到洛杉矶宣传自己的第二张专辑，并为专辑主打歌《催眠》（*Hypnotize*）拍摄MTV。3月7日，华莱士出席灵魂列车音乐奖颁奖典礼，并为歌手托尼·布拉克斯顿（Toni Braxton）颁奖，但却因为与已故的图帕克不和而遭到部分观众喝倒彩。

3月8日，华莱士和自己的音乐制作人肖恩·科姆斯和一帮随从参加了嘻哈杂志《共鸣》（*Vibe*）和奎斯特唱片公司在洛杉矶威尔夏大道的彼得森汽车博物馆举办的派对。华莱士告诉母亲，自己为参加这次派对还取消了去伦敦的航班。

由于过度拥挤，派对被消防局喊停。凌晨0点30分，华莱士一行乘两辆GMC萨博班汽车离开博物馆。华莱士坐在副驾驶位置。在威尔夏大道和费尔法克斯南街路口等红灯时，华莱士乘坐的多功能车跟在科姆斯的车后面。此时，一辆雪佛兰英帕拉汽车驶了过来。

接下来发生的事正如图帕克的遭遇一般。一名穿着系扣衬衣、打着领带的男子摇下英帕拉汽车驾驶座的车窗，拿着一支9毫米蓝钢手枪朝华莱士开枪，击中四发。

当华莱士的随行人员紧急把他送往医院时，英帕拉的司机驾车逃匿。虽经医生抢救，华莱士还是在30分钟后被宣告死亡。

悬而未决的案件

警方对图帕克之死的调查并没有带来任何正式谋杀指控。根据康普顿警局反黑组蒂莫西·布雷南（Timothy Brennan）探员的书面陈述，他曾认为安德森可能是杀害图帕克的凶手。不过，安德森1998年在康普顿死于另外一起与本案无关的枪战，无法被指控。巧的是，布雷南也进入寻找杀害华莱士凶手的专案组。不过，在华莱士一案中，警方也未能将凶手绳之以法。

关于两位说唱歌手之死，阴谋论甚嚣尘上，均未得到证实。有谣言称华莱士是杀害图帕克的幕后主使，但没有证据。调查也未发现任何能将华莱士之死与东西海岸说唱之争联系到一起的证据。不过，仍有人宣称是科姆斯雇安德森去杀害图帕克的，还有人认为是奈特下令干掉华莱士的。

洛杉矶警方认为最合理的解释是，华莱士与充当自己保镖的瘸子帮成员有财务纠纷，因此才会遭到枪击，与图帕克之死无关。尽管如此，关于两人之死的书籍、传记片和各种说法仍然层出不穷，甚至负责相关案件的警察也在撰写关于二人离奇死亡的书籍。■

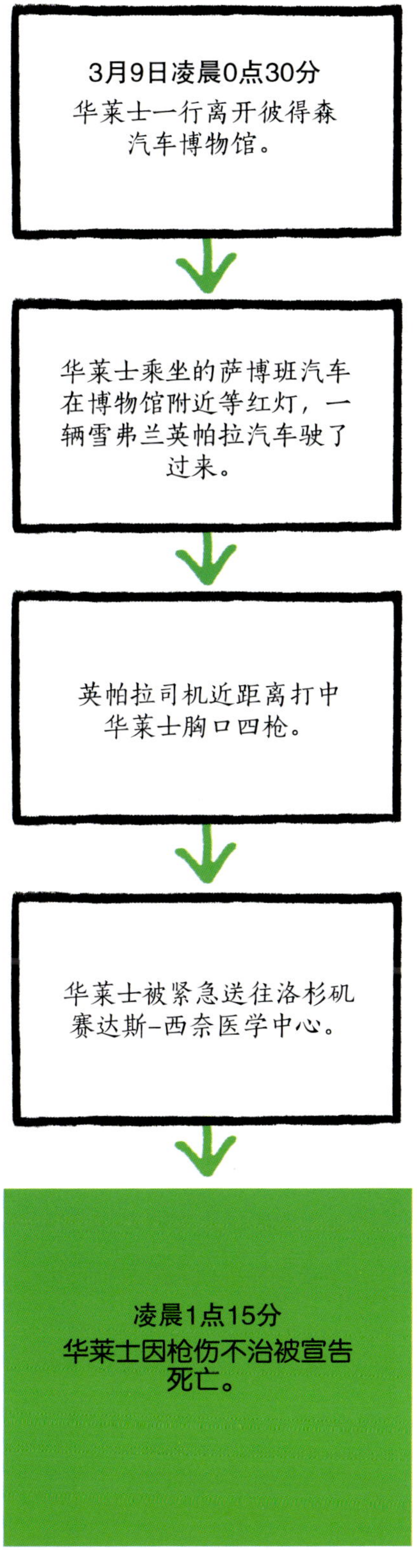

SERIAL KILLERS

连环杀手

公元前141—公元前121年
中国汉朝济东王刘彭离进行了长达29年的屠杀。

1324年
在爱尔兰，贵族艾丽斯·凯特尔勒夫人被控用巫术谋杀她的四任丈夫。

1585—1610年
匈牙利伊丽莎白·巴托里绑架、虐待、杀害了几百名年轻女孩。

1888年
开膛手杰克在伦敦东区出没，杀害并肢解当地妓女。

1957—1958年
在美国科罗拉多州，哈维·格拉特曼杀害年轻女性并拍照记录。他以模特机会为诱饵把少女引诱到酒店房间。

1963—1965年
伊恩·布雷迪和迈拉·辛德利绑架、折磨并杀害儿童，把尸体埋在英国沙德伍兹沼泽里。

连环杀手一词在1930年由柏林警察局长厄斯特·杰纳特（Ernst Gennat）创造，特指在杜塞尔多夫市区和周边地区杀害9人的彼得·库尔滕（Peter Kurten）。44年后，美国联邦调查局行为科学家罗伯特·雷斯勒（Robert Ressler）用“连环杀手”一词指在不同地点制造三起或以上谋杀案的人，每起案件后间隔一段“冷却期”。

雷斯勒的定义把连环杀手和大规模谋杀区分开来，大规模谋杀指的是至少四名被害人在同一地点被杀，如东京帝银事件和查尔斯·惠特曼滥杀事件。雷斯勒使“连环杀手”一词流行起来。

自那时起，人们就一直使连环杀人的定义更加精确。有的说特指至少四名被害人，有的用该词描述只有两个被害人的案件。“冷却期”一词也模糊不清。联邦调查局将其定义修改为“同一凶手在不同事件中非法杀害两个或两个以上被害人”。有了这个新标准，警方可以在发现行凶模式后在不同杀人事件间建立联系，用调查连环谋杀案特有的方式进行调查。

贵族杀人犯

虽然许多人称连环谋杀案是现代才有的，但事实上连环杀手几世纪前就已经存在。中国汉朝诸侯王刘彭离、14世纪英格兰的艾丽斯·凯特尔勒夫人，以及17世纪初匈牙利伊丽莎白·巴托里伯爵夫人的案件说明，只有社会地位高的人犯下的杀人案才会被记录下来。

这也许可以解释，为什么英国皇室成员会被认为是1888年伦敦白教堂杀人案的嫌疑人。事实上，凶手开膛手杰克很有可能是工人阶级，他在合适的时间和地点犯案，激发了公众想象力。

1829年，伦敦警察厅成立，伦敦现代警察兴起，同时纸媒开始流行。于是，当地最血腥、最残忍的犯罪开始得到记录、传播和商业化。19世纪的廉价读物《英国恐怖故事》（*The Penny Dreadful*）每周连载最耸人听闻、残忍恐怖的杀人事件，深受英国公众欢迎。

1968—1969年 在美国北加州，7人被身份不明的"黄道十二宫"杀人犯杀害。凶手经常发布神秘信息。

1971年 弗雷德·韦斯特和罗斯玛丽·韦斯特夫妇在英国格洛斯特家中一起性虐并杀害一名被害人。这是他们首次作案。

1971—1978年 泰德·邦迪扮成不同样子在美国7个州杀害女大学生。

1978—1981年 杰夫瑞·达莫在美国俄亥俄州和威斯康星州谋杀并肢解了17名年轻男子。

1983—1986年 在英国一个小村子，DNA证据证明当地烘焙师科林·皮奇福克和两起谋杀案有关。

1990年 在俄罗斯，安德烈·奇卡提罗因制造十几起谋杀案被捕。但是，他的凶手身份最初没有得到确证。

1998年 英国医生哈罗德·希普曼因谋杀老年病人被捕。他给病人注射致命剂量的药物害死他们。

1999年 利用网络聊天室诱拐女性的虐待狂约翰·爱德华·罗宾逊犯下了8起谋杀案中的最后一起。

日记和记录

20世纪50年代，照相机和录像设备是大多数人都能买得起的，连环杀手可以记录自己的罪行。连环杀手哈维·格拉特曼看到侦探杂志封面上光着身子被绑住的女性形象后深受"启发"，在加州绑架女性，把她们捆绑起来拍照记录，并杀害至少三名女性。被抓获后，格拉特曼的照片被印在侦探杂志的封面上，而正是同一家杂志的封面照片令他萌生了犯罪想法。同样，20世纪60年代，英国"沼泽杀手"伊恩·布雷迪和迈拉·辛德利是首对录下被害人声音的杀人魔。录音在审判他们的时候播放，整个法庭静静地听着这两人对10岁的莱斯利·安·唐尼令人发指的虐待和折磨。

媒体后来也一直在报道连环杀人案。此后不久，在美国西海岸，一个自称"黄道十二宫"的杀人犯给旧金山的报社寄去了自己犯罪的证据，以及奇怪的密码和信件，还威胁说如果他上不了报纸头条，就要继续进行屠杀。1974年，"黄道十二宫"寄出最后一封信。5年后，电视直播了对泰德·邦迪的审判。外表迷人的他杀害美国女大学生，颠覆了公众认为连环杀手都是丑陋魔鬼的印象。泰德看起来一表人才，就像许多父母希望自己女儿能够遇到的男子。泰德受审期间，在弗吉尼亚州，雷斯勒领导的行为科学小组正在进行前沿研究，开始向西方国家警察局提供连环杀手的心理画像。

20世纪80年代，连环杀人率达到史上最高点。80年代末和90年代最臭名昭著的杀人犯包括俄罗斯的安德烈·奇卡提罗、美国的杰夫瑞·达莫、英国的弗雷德·韦斯特和罗斯玛丽·韦斯特夫妇，以及哈罗德·希普曼。■

纯粹为了竞赛而杀人

刘彭离，公元前144—公元前121年

背景介绍

地点

中国济东

主题

找刺激的连环杀手

此前

公元前313年 在罗马，几名男子突然死亡后，关于当地妇女大规模投毒的谣言四散开来。170名女性被捕。她们称自己的溶剂是药物，但其中两人喝了自己调制的液体后死了。

此后

2007年 在俄罗斯，亚历山大•皮丘希金（Alexander Pichushkin）因在1992—2006年谋杀至少48人而受审。皮丘希金被称作棋盘杀手，因为他想杀死64人，也就是棋盘上的方格数量。莫斯科的比特萨公园是皮丘希金玩国际象棋的地方，也是他制造多起杀人案的地方。

连环杀手无疑是现代的现象。但是，早在开膛手杰克、罗斯玛丽·韦斯特和弗雷德·韦斯特夫妇、泰德·邦迪出现几世纪之前，古代中国的诸侯王刘彭离就屠杀了大量男人、女人和孩子。

刘彭离有四个兄弟。公元前2世纪，他获封济东王。当时时局动荡，叛乱四起，政治阴谋不断。刘彭离的父亲，也是汉景帝挚爱的弟弟，遭到流放。

掌管济东后不久，刘彭离率领一伙家奴和亡命少年，一起在夜里外出，见人就砍。当地百姓生活在对统治者的恐惧中。刘彭离抢劫杀人，夺取财物，并没有什么动机，纯粹为了玩乐。

当权第二十九年的时候，这个连环杀手终于停止了杀戮。其中一名被害人的儿子向刘彭离的伯父汉景帝求助，他是唯一能够终止这场恐怖暴行的人。调查最终让刘彭离的罪行公之于世，他要对至少100起杀人案负责。

> **彭离骄悍，无人君礼。**
>
> ——司马迁

面对朝臣要求斩首刘彭离的压力，汉景帝承认其罪行的严重性，但不愿意杀掉自己的侄子。他把刘彭离贬为庶人，流放到另一个地区。对皇家贵族来说，这个刑罚是仅次于死刑的重刑。■

参见：泰德•邦迪 276~283页，弗雷德•韦斯特和罗斯玛丽•韦斯特 286~287页，哈罗德•希普曼290~291页，杰夫瑞•达莫 293页。

艾丽斯夫人养了个魔鬼

艾丽斯·凯特尔勒，1324年

背景介绍

地点

爱尔兰基尔肯尼

主题

巫术和魔法

此前

1317年 法国卡奥尔区主教乌格斯·杰拉德（Hugues Géraud）被教会法庭以试图用巫术行刺教皇若望二十二世为由判罪，遭活活剥皮烧死。

此后

1597年 苏格兰大猎巫运动开始于16世纪50年代，以200人受审并被以使用巫术为由定罪而告终。“犯人”或因不堪酷刑而认罪，或由扎针人来决定是否有罪——他们把锋利的针扎进“犯人”身体里，如果“犯人”没有流血，就是有罪。

失去一个丈夫是不幸的，而短时间内接连失去四个丈夫就令人奇怪了，更何况这几个丈夫都非常富有。艾丽斯·凯特尔勒夫人（Dame Alice Kyteler）的丈夫约翰·勒·普尔（John le Poer）的死让她四度成为寡妇，当地人指控她使用巫术。

邪恶指控

14世纪，天主教正教还没有正视巫术，欧洲大规模猎巫运动到16和17世纪才发生。然而，异端引起了天主教堂的警惕，一些神职人员准备给异端下一个宽泛的定义。

艾丽斯经常和基尔肯尼奥索里教区的主教起冲突。艾丽斯家境富有，并与爱尔兰上流交往甚密，因此主教十分仇恨她。勒·普尔的孩子对主教说，他们发现了邪恶药粉和未受洗的婴儿身体部位，以及在一个抢劫犯的颅骨中煮沸的尸体的脚指甲。主教并没有深入调查，草草了事，艾丽斯受审并被定罪。程序上的延误使她得以逃到英格兰，但其女仆佩德罗尼拉·德·米斯（Petronilla de Meath）被判为她的同谋，在1324年11月3日被绑在柱子上烧死。■

基尔肯尼的凯特尔勒旅馆，据说是艾丽斯建造的，现在仍在营业。这家旅馆因为和爱尔兰首个因巫术而被定罪的人有渊源而招徕了许多客人。

参见：莉兹·波登 208~211页，克里平医生 216页。

少女之血会让她永葆青春

伊丽莎白·巴托里，1585—1610年

背景介绍

地点

匈牙利王国

主题

女杀人犯

此前

公元前47—公元前42年 阿努拉德普勒王国的阿努拉（Anula）在成为斯里兰卡首任女王并开始五年统治之前，毒杀了儿子和4个丈夫。

此后

1876—1896年 护士艾米莉亚·伊丽莎白·戴伊（Amelia Elizabeth Dye）在英格兰凯维森杀害约400名婴儿。

1988年 警方在连环杀手多萝西娅·普恩特（Dorothea Puente）经营的加州寄宿公寓院子里挖掘出7具尸体。

1989—1990年 曾为妓女的艾琳·乌尔诺斯（Aileen Wuornos）在佛罗里达近距离开枪打死7名男子，被判死刑。

在斯洛伐克恰赫季采城堡，石匠工人一点一点地垒了一座无窗的房子。一名50岁的女人被关在里面。房子上只留几个小口用来通风和送饭。近五年时间里，这位“血腥伯爵夫人”一直被独自关在里面，这个史上杀人最多的女杀人犯就这样度过了凄凉的晚年。

伊丽莎白·巴托里伯爵夫人（Countess Elizabeth Báthory）出生于匈牙利野席德（Ecsed）最显贵的家庭之一。15岁时，她嫁给费伦茨·纳达斯迪伯爵（Count Ferenc Nadasdy），欧洲皇室也参加了他们的婚礼。这对夫妇住在恰赫季采城堡。

纳达斯迪是匈牙利抗击奥斯曼帝国军队的指挥官。他被称为“匈牙利的暗黑英雄”，尤其以折磨俘虏著称。他妻子看上去和其他贵族妇女没什么两样，参加派对，开办贵族女性礼仪学校，并为穷困潦倒的战争寡妇提供庇护所。

沉迷黑暗

巴托里沉迷超自然力量。她开始和自称女巫的人交往，并虐待自己的女仆。纳达斯迪在1604年死后，巴托里施虐变本加厉。在她的一个性奴隶，同时也是孩子家庭教师的建议下，伯爵夫人开始绑架女孩，虐待和杀害。起初，她抓了当地农民的女儿，以工作机会诱骗她们。后来，她开始绑架那些到自己办的礼仪学校学习的富家女孩。

> 阴影会吞噬你，你有很长时间来后悔你那野兽一般的生活。
>
> ——乔治·沙佐伯爵

那时，有关伯爵夫人的流言四起。一个路德教会的高官谴责巴托里为恶棍。1610年，巴托里的一个受害者逃离了恰赫季采城堡。

听了女孩证词后，匈牙利国

参见：油脂杀手 206~207页，莉兹•波登 208~211页，泰德•邦迪 276~283页，伊恩•布雷迪和迈拉•辛德利 284~285页。

王马蒂亚斯二世命令乔治•沙佐（Gyorgy Thurzo）伯爵开始调查。

1610年12月30日，沙佐伯爵下令突击检查城堡。调查员找到至少一名死去的女孩，女孩的血被吸干了，另一个女孩奄奄一息。在搜查中还发现地牢里有7名活着的女孩，约50名被埋在城堡地下。

在由沙佐主导的审判中，巴托里和她的女仆被控在1585—1609年虐待并杀害了几百名女性，她们将被害人殴打、焚烧、冷冻，甚至吸干被害人的血，这是最臭名昭著的。一个仆人称看到巴托里详细记录了650多名被害人的情况。

巴托里的4个共犯被斩首，尸体被烧成灰。巴托里因贵族身份而免于死刑，1614年在囚禁中死去。一些人称这个厉害的寡妇实际上是当权的哈布斯堡君主甚至她自己后代的阴谋的牺牲品。■

伊丽莎白•巴托里通常被称为“血腥女伯爵”或“女德古拉”。她的恶名自其死后就一直存在，传说她用处女之血沐浴，以使自己永葆青春。

中世纪酷刑

从12世纪起，酷刑就在欧洲升级，无论作为让犯人认罪的普遍手段，还是作为对违法现象的惩罚。

1252年，教皇诺森四世下令调查员用酷刑来让异端嫌疑人认罪。这些在威逼之下得到的供词尤其可以用来指控人们犯下信仰罪。信仰罪在困扰欧洲中世纪的宗教动乱中是一种主要罪名。

公共酷刑旨在消除犯罪，维护社会秩序。中世纪历经战争、饥荒和疾病，犯罪是社会应当去除的一种威胁。

惩罚犯人的普遍方法包括火烧、肢解和斩首。酷刑通常让公众观看。人们经常会观看公开的鞭刑，犯人的脖子被用铁链锁着。作为惩罚手段的酷刑，通常是公开展示的死刑序幕。在死刑之后，罪犯尸体会被钉在城墙的柱子上。

我会再给你们寄块内脏

开膛手杰克，1888年

背景介绍

地点

英国伦敦白教堂

主题

妓女接连被杀

此前

1866年 法国仓库搬运工约瑟夫·菲利普（Joseph Philippe）在巴黎杀害6名妓女。他称自己处于恍惚或无意识状态。

此后

1975—1980年 “约克郡开膛手”彼得·萨克利夫（Peter Sutcliffe）杀害了包括妓女在内的13名女性。

1982—1998年 被称为“绿河杀手”的加里·里奇韦（Gary Ridgway）在华盛顿州杀害至少48人。

1983—2002年 百万富翁罗伯特·皮克顿（Robert Pickton）杀害多名6～49岁的妓女，并把部分埋在其位于温哥华的家庭养猪场里。

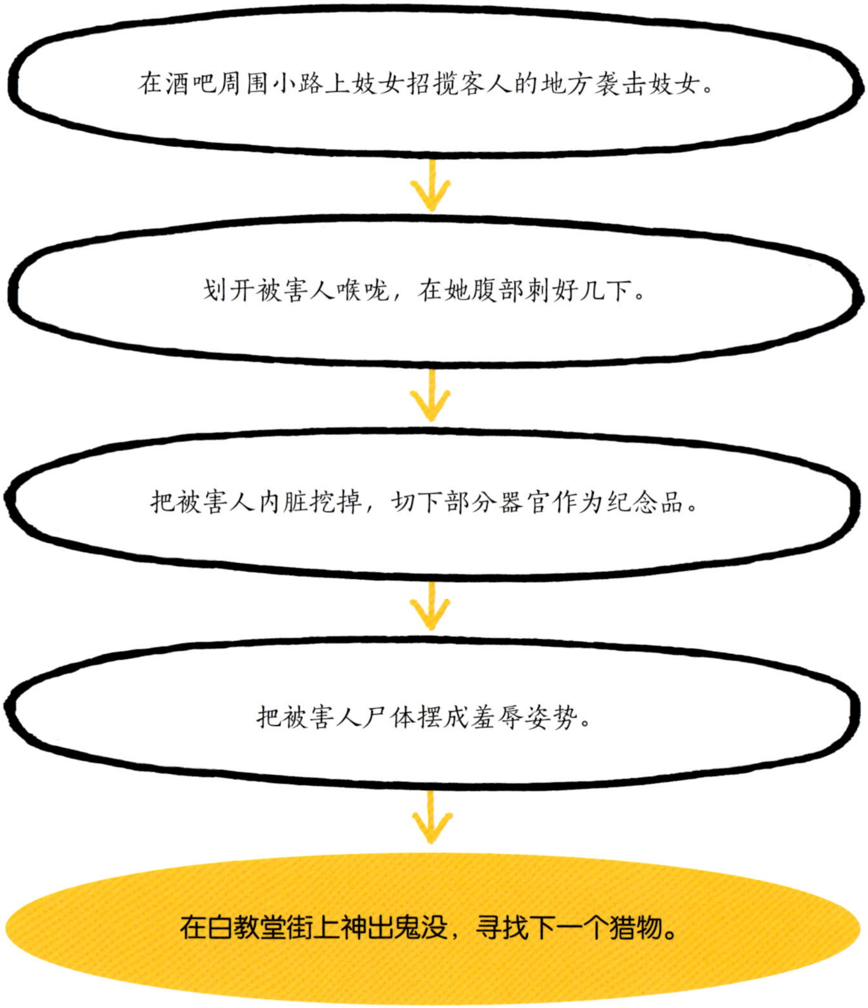

1888年8月7日，星期二，约凌晨3点30分，车夫阿尔伯特·克罗（Albert Crow）回到位于伦敦白教堂路乔治场的家，这个地方位于白教堂和斯皮塔佛德之间。克罗看到一个女子倒在楼梯平台上，裙子被撩起，以为是个女流浪汉晕倒了。凌晨5点，租客约翰·桑德斯·里弗斯（John Saunders Reeves）才意识到真相：这名陌生女子被杀了。

蒂莫西·基利恩（Timothy Killeen）医生在尸检中发现被害人喉咙和腹部被刺了近40刀。被害人丈夫称其是39岁的玛莎·塔布连（Martha Tabram），以性工作为生。调查员发现，房客约瑟夫·马奥尼（Joseph Mahoney）和伊丽莎白·马奥尼（Elizabeth Mahoney）夫妇在凌晨2点回家的时候，楼梯平台上还没有玛莎的尸体。凶手一定是在2点到3点30分之间作的案。

形成模式

24天后，又一起残酷的女性遇害案发生了，第二名被害人被杀的方式和玛莎惊人相似。8月31日凌晨3点40分，两名工人在巴克街一个马厩外发现了尸体，被害人的生殖器暴露出来。凌晨4点到达的外科医生亨利·卢埃林（Henry Llewellyn）发现两处致命划伤，横贯整个咽喉。被害人死后，腹部还被刺了好几下。由于身上和腿部还有余温，

参见: 黑色大丽花遇害案 218~223页，伊丽莎白•巴托里 264~265页，泰德•邦迪 276~283页。

卢埃林推断被害人遇害不到半小时。从衬裙上的兰贝斯区洗衣房的标签可以看出被害人名叫玛丽·安·“波莉”·尼古拉斯（Mary Ann “Polly” Nichols）。

9月8日早上6点，市场工人约翰·戴维斯（John Davis）在斯皮塔佛德汉伯里街29号的住所后院发现第三名被害女性的尸体。残忍的凶手取出了被害人内脏，把直肠搭在肩膀上。像前两个被害人一样，这次遇害的安妮·查普曼（Annie Chapman）也是妓女。她的尸体被摆成双腿叉开状，暗示她是妓女，凶手甚至在其死后也要羞辱她。

医生乔治·巴格斯特·菲利普（George Bagster Phillips）在半小时后赶到，他注意到死者的手帕紧紧缠着她的脖子，造成窒息。凶手再次从左到右划开死者的喉咙。更加全面的检查显示，她的一部分子宫被切除了。菲利普估计死亡时间是4点30分或更早。

初期证据

关于三起谋杀的证据很少。证人伊丽莎白·朗（Elizabeth Long）说她在早上5点30分看到查普曼和一名男子在犯罪现场附近交谈。据她描述，这名男子40岁左右，黑色头发，不像本地人，有种“穷酸”相。她说，这个人戴着

1891年，《小巴黎人报》（Le Petit Parisien）的这幅画描绘了警方发现开膛手杰克的一个被害人的场景。这位神秘凶手不仅在英国臭名昭著，在全世界也恶名昭彰。

棕色猎鹿帽，穿着大衣。警方发现查普曼遇害的地方有一件皮围裙。

当地人添油加醋传出了“皮围裙”的故事，说希伯来杀人狂专找英国妓女下手。当地制靴商约翰·皮泽（John Pizer）是波兰犹太人，倒霉的他绰号叫“皮围裙”，因此被媒体认为是凶杀案的嫌疑人。9月10日，在没有证据的情况下，皮泽被捕了。皮泽提供了两起谋杀案的不在场证明，于是获释。他后来状告当地报纸诽谤。

由于线索微乎其微，白教堂的居民开始自己解决问题。当地商人担心凶杀案给商业活动带来不利，组织了白教堂警戒委员会，每晚在大街上巡逻。当地建筑商乔治·勒斯克（George Lusk）被选为委员会主席。每天晚上9点，委员会成员在皇冠酒吧集合，安排巡逻员巡逻。这些巡逻员是无业人员，委员会给他们支付少量薪酬，让他们拿着棍棒去巡逻。

二连杀

凶手消停了一段时间，白教堂的人开始松懈。或许由于警方提高警惕，警戒委员会采取行动，因此凶手被震慑住了。但是，1888年9月30日发生了“二连杀”，一小时前后接连发生两起命案。

> 我恨死了妓女，我要一直杀她们，直到被抓为止。
>
> ——开膛手杰克

白教堂东，凌晨1点，工人俱乐部管理员路易斯·迪姆舒茨（Louis Diemschutz）驾马车驶向

白教堂和相邻的斯皮塔佛德位于伦敦东部。19世纪，白教堂是工人阶级、移民和犹太人住的地方，这些人蜗居在廉价住房里。

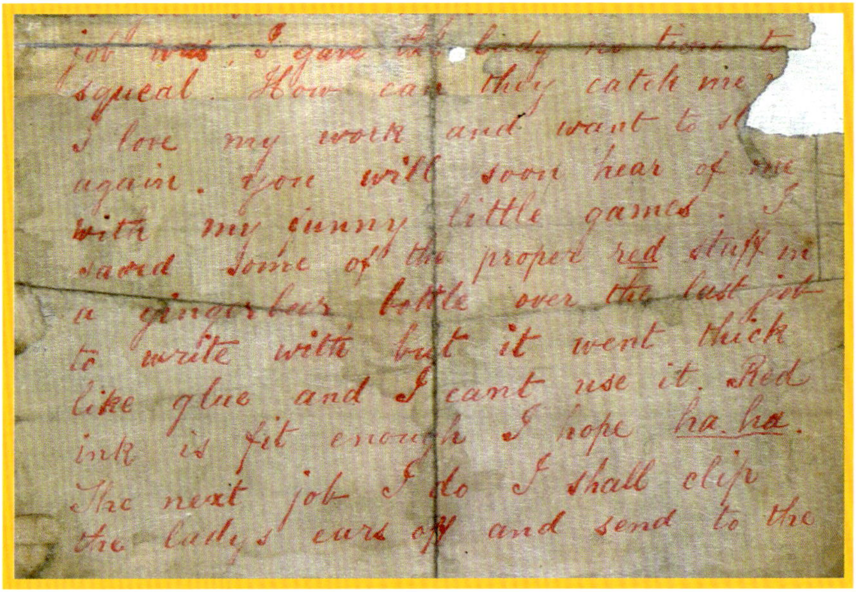
job was. I gave the lady no time to
squeal. How can they catch me
I love my work and want to s
again. You will soon hear of me
with my funny little games. I
saved some of the proper red stuff in
a ginger beer bottle over the last job
to write with but it went thick
like glue and I cant use it. Red
ink is fit enough I hope ha. ha.
The next job I do I shall clip
the ladys ears off and send to the

"亲爱的老板"信是在1888年9月27日寄到伦敦中央新闻社的，说明凶手希望自己恶名远扬。凶手甚至给自己起了个名字：开膛手杰克。

杜特菲尔德场。马突然举止怪异起来，迪姆舒茨点了根火柴，蹑手蹑脚地走进暗处。在闪烁的火光中，他看到一个女人的尸体倒在血泊中，手上抓着一袋口香糖——用来清新口气的糖。显然，这名女子是遭到了突然袭击。后来，迪姆舒茨说他认为自己发现尸体的时候，凶手仍然躲在附近。被害人是伊丽莎白·史泰德（Elizabeth Stride），一名44岁的妓女。

然而，这天夜晚的杀戮才刚刚开始。一小时内，另一名女子被发现横尸主教广场南角，距离杜特菲尔德场有15分钟路程。医生弗雷德里克·布朗（Frederick Brown）在凌晨2点来到现场。

和查普曼一样，这名被害人的肠子被搭在右肩上，双腿被分开。这次，开膛手用刀划她的脸，切掉鼻尖和眼睑，在脸颊上划了三角形的伤口。在尸检中，布朗医生发现左肾和一部分子宫不见了。约翰·凯利（John Kelly）从报纸上得知在尸体上发现两张当票，因此认出第二名被害人是其46岁的同居女友凯瑟琳·艾道斯（Catherine Eddowes）。

笔记和涂鸦

"二连杀"当晚，警员阿尔伯特·朗（Albert Long）凌晨3点在高斯顿街搜查时，发现一个楼梯井里扔了一片血迹斑斑的围裙。墙上用白色粉笔草草写下神秘信息："犹太人是会遭到无端指责的。"

托马斯·阿诺德（Thomas Arnold）警长是最先到达现场的人之一。他害怕涂鸦引发反犹太暴乱，下令把"高斯顿街上的涂鸦"擦掉。

凶杀案引起了媒体高度关注，有大量诈骗信被寄到警局。一封9月27日寄到的用红墨水写成的信开始也被认为是诈骗信，后来却发现它对破案有重要作用。信中说，这封信是凶手本人写的，凶手放话要把下一个被害人的"耳朵割掉"。由于在对凯瑟琳·艾道斯尸检的时候发现她的耳垂破损，因此警方开始严肃对待这封用红墨水写成的信。他们把信印在传单上，发给民众，希望找到线索。信的签名首次使用了"开膛手杰

妓女遇害

社会上一直认为卖淫是见不得人的，这通常意味着妓女得不到家人认可，和警察的关系也很恶劣。妓女失踪后，人们也不会像对待其他女性那样积极地为她们伸张正义。而且，由于生活漂泊，她们会悄悄从一个城市到另一个城市，即使突然失踪也不会引起媒体注意，直到一切无法挽回。

妓女的职业可以给凶手带来扭曲的道德正义感。"绿河杀手"加里·里奇韦对警方说他杀的是妓女，他说："我还以为帮了你们忙呢，帮你们杀掉妓女。"

妓女和陌生人打交道时通常占下风。客户扭曲的自尊心通常会让她们处于危险之中，而且这样的客户还不知道有多少。卖淫和药物上瘾联系密切，一些妓女会因为药瘾发作而降低警惕或铤而走险。

克”这个绰号，很快吸引了公众想象。更多线索接踵而来。10月16日，一个包裹被送到白教堂警戒委员会主席乔治·勒斯克家门口。包裹中有一封信，上面写着“来自地狱”，还有一个人体器官。伦敦医院外科医生托马斯·霍洛克·奥彭肖（Thomas Horrocks Openshaw）检查后发现，那是经过酒精保存的人体肾。10月19日，《每日邮报》（*Daily Telegraph*）报道这个肾属于一个40多岁的酗酒女性，但奥彭肖医生称无法判定。最终，大部分警察和外科医生都认为肾是医学生搞的恶作剧。

最后一个被害人

1888年11月9日，开膛手的最后一次杀戮发生在米勒大院13号，25岁的爱尔兰妓女玛丽·凯利（Mary Kelly）家。托马斯·鲍耶（Thomas Bowyer）是给凯利的房东约翰·麦卡锡（John McCarthy）收房租的，他在上午10点45分来到凯利家，因为房东让他向凯利收29先令的滞纳租金。他敲了敲门，没有回应，于是拉开简易窗帘往里面看，吓得退了好几步。他看到凯利赤裸身体摊在床上，已经面目全非了。下午1点30分，警长阿诺德命令手下强行进入凯利家。

检查尸体的腐烂程度后，医生托马斯·邦德（Thomas Bond）和乔治·巴格斯特·菲利普两人都推断谋杀发生在早上2点到8点。尸体残缺程度无可比拟：皮肤被从腿上剥下，胸部和内脏器官被移除，放在躯干周围，面部严重破损，伤痕累累，只有心脏没有受破坏。

凯利尸体残缺程度比其他被害人严重得多，而且她相当年轻。警方认为这一案件也是开膛手犯下的，但也有人猜测凯利是被试图模仿开膛手的凶手所杀——也许是她的男友约瑟夫·巴奈特（Joseph Barnett）。然而，巴奈特在凯利死后接受了几小时的警方讯问后，没有受到指控就被释放了。这一次，警方还是没能找到能证明开膛手杰克真实身份的证据。接着，

> **我把从一个女人那儿拿的一半肾给你，另一半我炸着吃了，真好吃。**
>
> ——开膛手杰克

就像突然开始一样，杀戮突然停止了。虽然此后一些相似谋杀案被怀疑是开膛手做的，如1891年2月弗朗西斯·科尔（Frances Cole）被杀案，但凯利通常被认为是开膛手杰克所杀的最后一人。

困难重重的调查

今天的人们似乎难以想象警方会一连好几周抓不到开膛手，此案一直破不了更是天方夜谭。然而，在当时的调查中，由于谋杀是深夜在危险地区发生的，证据缺乏和目击者不足阻碍了破案，媒体的过分渲染更使破案难上加难。

起初，警方认为“白教堂谋杀案”是当地犯罪团伙所为，这在很大程度上是因为艾玛·史密斯（Emma Smith）遇害，她在1888年4月3日被当地团伙袭击，并被伦敦警察厅错误地归到开膛手卷宗里。

警方调查每次都受阻。1888年9月，伦敦警察厅派出探长弗雷德里克·乔治·艾博兰（Frederick George Abberline）进行调查，他在被调离白教堂之前曾在该区工

先进探案技术

开膛手杰克是现代连环杀手的鼻祖，而执法部门创造出了连环杀手的克星：犯罪剖绘。玛丽·凯利被杀后，伦敦警察厅A处外科医生托马斯·邦德博士给苏格兰场提交了一份关于“五名典型死者”（尼古拉斯、查普曼、史泰德、艾道斯和凯利）的报告。这份报告的内容在当时十分超前。

邦德运用了如今叫“连锁分析”的方法，通过识别出凶手的标志性手法来在不同案件之间建立联系，说明一系列犯罪都是同一人所为。

这五名女性的喉咙都被划开，死的时候身体姿势也都相似。邦德从中发现，被害人尸体都残缺不全，是由凶手扭曲的淫欲所致，而且是同一名凶手所为。他对凶手心理的关注，对当时流行的剖绘犯罪分子形象的颅相学来说是极大的进展。

画家华特·席格（*Walter Sickert*，左）、克拉伦斯公爵阿尔伯特·维克托（*Albert Victor*）王子（中）和威廉·古尔爵士（右）都因为糟糕的不在场证明而被现代的“开膛手研究家”认为是嫌疑人。

作14年。他们希望获得和凶手有关的信息。但事与愿违，开膛手如果是当地已知的罪犯，就不可能单独作案。当地没有一个罪犯能够为艾博兰的调查提供有用线索。

开膛手也是媒体头条。关于凶手的报道给警方增加很多麻烦，他们必须处理错误线索、模仿罪犯的行为和居民的恐惧情绪。记者为了调查谋杀案也走极端，有的在警察办案的时候尾随，有的甚至打扮成妓女等待开膛手出现。

超过125年以来，不计其数的侦探、作家和“安乐椅侦探”都对嫌疑人身份做出了自己的猜测，有克拉伦斯公爵（Duke of Clarence）和他的医生威廉·古尔爵士（Sir William Gull），有受到心理折磨的可怜虫，如波兰理发师亚伦·柯斯米斯基（Aaron Kosminski）。今天的我们比1888年更容易发现开膛手的真实身份。

在调查安妮·查普曼之死时，菲利普医生指出，开膛手可能是个懂医的人，因为他切除被害人器官的手法说明他懂解剖学。然而，邦德医生不同意，在凯利被杀案发生后，他说凶手在解剖被害人时的准确度甚至比不上一个屠夫。

> **凶手可能是安静的、看起来无害的人。**
>
> ——托马斯·邦德医生

由于媒体塑造了开膛手拿着医学专业人士通常使用的格莱斯顿式轻便旅行提包的形象，因此开膛手一直被认为是一名医生或外科手术师。

刻画开膛手

现代社会科学家大多同意开膛手是伦敦东区的居民。虽然可能永远不知道开膛手的真实姓名，但对连环杀手的不断了解可以让我们获得证明此人性格的强有力证据。

凶手很可能患有长期或间歇性阳痿，这种症状可能源于或造成了其不正常的、暴力的性冲动。就像其他“开膛手”，比如安德烈·奇卡提罗和罗伯特·纳珀那样，他很可能喜欢刺杀、切割或把被害人致残所带来的刺激感。由于受到孤立，他很可能努力尝试和别人，尤其是女性建立亲密关系。这些推理可能解释为什么凶手专挑妓女下手。■

他们宁死也不愿意跟我在一起

哈维·格拉特曼，1957—1958年

背景介绍

地点

美国加利福尼亚州洛杉矶

主题

纪念品杀人犯

此前

20世纪50年代 威斯康星州农民埃德·盖因（Ed Gein），用被害人的身体器官做碗等日常用具。此人是罗伯特·布洛克（Robert Bloch）小说和后来希区柯克电影《惊魂记》（*Psycho*）主人公的原型。

此后

1969年 警方在俄勒冈州逮捕了连环杀手、恋鞋癖杰罗姆·布鲁多斯（Jerome Brudos）。他后来因为谋杀三名女性被判终身监禁。

1996年 在乌克兰，警方逮捕杀害52人的安纳托里·奥诺普林科（Anatoly Onoprienko）。奥诺普林科选择独居者下手，无论被害人是男是女，他都把内裤拿走作为纪念品。

哈维·格拉特曼（Harvey Glatman）公寓的工具箱里锁着一系列照片。其中一些照片上，女人双手被反绑，害怕得圆睁双眼，身体被摆成特定姿势。

这些照片是20世纪50年代一个最恐怖的连环杀手的标志。正是由于这些照片，他最终被定罪。

少年强奸犯

哈维·格拉特曼在科罗拉多州长大，他长着龅牙，瘦骨嶙峋，经常孤身一人。小时候，他就开始表现出反社会行为和奇怪的性倾向。少年时期，他开始潜入女性公寓，把她们绑起来强奸，然后拍下照片作为纪念品。

1945年，格拉特曼在破门而入时被抓，以入室盗窃罪被起诉。被保释后，他强奸了一个女人，因此被监禁8个月。

格拉特曼被释放后，搬到纽约奥尔巴尼，很快就因一系列行凶抢劫行为被定罪。他被投入监狱，并被诊断为精神病患者。在狱中，格拉特曼是个模范囚徒，因此在

给摆出被绑姿势的模特拍照。

↓

拍照的时候捆绑并性侵这些模特。

↓

把模特勒死后，把她们摆成自己喜欢的姿势，然后拍照。

↓

保留所有照片，重现每个阶段的犯罪场景。

参见: 开膛手杰克 266~273页，伊恩·布雷迪和迈拉·辛德利 284~285页，杰夫瑞·达莫 293页。

洛杉矶警官因格拉特曼在圣安娜市奥兰治县附近侵犯洛兰·维吉尔将其逮捕审讯。格拉特曼痛快坦白了所有罪行。

1951年得到假释。接下来7年，他在科罗拉多州丹佛市当电视修理工。

假装摄影师，诱骗女性

1957年，格拉特曼搬到洛杉矶。他换了个假名，假装成摄影师，谎称可以给漂亮的年轻女性提供做模特的机会，以此来诱骗她们。

他假意帮被害人联系模特中介，引诱她们到酒店房间，付钱让她们摆出被捆绑的姿势，称照片是为了给侦探杂志用。拍照的时候，格拉特曼把朱迪斯·达尔（Judith Dull）和露斯·梅尔卡多（Ruth Mercado）两人捆绑起来强奸，然后勒死她们。他拍下尸体照片，把尸体扔到沙漠里。第三个被害人是雪莉·安·布里奇福德（Shirley Ann Bridgeford），她是通过分类广告联系上格拉特曼的。

1958年10月27日，一个摩托车骑警看到格拉特曼试图绑架一名叫洛兰·维吉尔（Lorraine Vigil）的女子。当时，警官看到路边停着一辆车，车里一个男人用手枪抵着一个女人的头，试图把她绑起来。警官迅速出手干预，逮捕了格拉特曼。

定罪和判刑

格拉特曼知道警方很快会发现他公寓里被害人的照片，于是承认犯下三起谋杀，并带警方看藏有照片的工具箱。他被以两个一级谋杀罪定罪，判处死刑。1959年9月18日，格拉特曼在圣昆丁监狱的毒气室里被处死。

对格拉特曼在杀人后收集纪念品这种欲望的精神病学研究，改变了美国调查连环杀人案的方式。联邦调查局建立了暴力犯罪逮捕计划，寻找连环暴力犯罪的模式。格拉特曼的强迫症很大程度上解释了其犯罪的连环性，他确实应该被归为“连环杀手”。■

纪念品杀人犯

许多连环杀手都会保留从被害人处得到的纪念品。这些东西通常像战利品一样，可以用来回味杀人的乐趣。精神病学家说，这种行为是对棒球卡、硬币或邮票等普通物品收藏欲望的扭曲。

一些最臭名昭著的凶手都收集过纪念品。在英国维多利亚时代，开膛手杰克据称会收集被害人的身体部位。有的连环杀手，如格拉特曼，会拍下被害人最后一刻的照片。

由于杀人犯对记录自己的残忍罪行有怪异而扭曲的冲动，因此衍生出一个“谋杀纪念品”市场，用来交易和谋杀案有关的物品。这些物品可能是凶手在犯罪时穿过的衣服、用过的凶器，或从监狱寄出的明信片或信件。网上购物平台易趣网在2001年禁止买卖谋杀纪念品，但人们还是可以在其他电商平台上交易。

我就是喜欢杀人

泰德·邦迪，1961—1978年

背景介绍

地点

美国华盛顿、佛罗里达等七州

主题

大学生杀人犯

此前

1966年 理查德·斯贝克（Richard Speck）因在芝加哥勒死、刺死8名学生护士被判终身监禁。

1973年 被称为女学生杀手的埃德蒙·肯珀（Edmund Kemper）因在加州谋杀至少6名女学生，以及谋杀亲生母亲和最好的朋友而被判多个终身监禁。

此后

2004年 DNA证据证明，德里克·陶德·李（Derrick Todd Lee）和在路易斯安那州立大学周围的一系列谋杀案有关，他被以谋杀罪定罪。

在1979年的审判中，老练的泰德（中）与助理公设辩护律师埃德·哈维（Ed Harvey，左）和一名莱昂县的警官在讨论。

法学专业学生泰德·邦迪（Ted Bundy）生得英俊潇洒，魅力十足，看起来阳光开朗，没有人想到他竟然是查尔斯·曼森或丹尼斯·尼尔森那样的连环杀手。泰德的许多被害者也不同。她们大多是非常漂亮的中产阶级白人大学生，而不是连环杀手通常选择的弱势女性。

已经确认的30名被害人在遇到泰德的时候并没有意识到她们处于危险之中。通常她们成为受害者，是因为停下来以某种方式帮助他。泰德会假装自己需要帮助，通常在胳膊上缠个绷带，打个假石膏，或者拄着拐杖一瘸一拐地走着，找人帮忙拿他的玩具帆船或课本。一旦把被害人引诱到自己的大众甲壳虫车跟前，他就从车底拿出拆轮胎的撬棒打她们的头，然后把她们塞进车里，戴上手铐。

精神变态的戏精

泰德喜欢演戏，喜欢设计一个场景作案。他会在深夜走进别人家，甚至学生宿舍，进行绑架并杀人。他尤其对留着棕色中分长发的女大学生情有独钟。这是当时流行的发型，一些人猜测他可能下意识地报复留着这种发型的女友。他们推测前女友也许把他甩了，或看不

参见：开膛手杰克 266~273页，哈维•格拉特曼 274~275页，科林•皮奇福克 294~297页。

> 我觉得自己一点罪过也没有。我很遗憾有些人会觉得自己有罪。
>
> ——泰德•邦迪

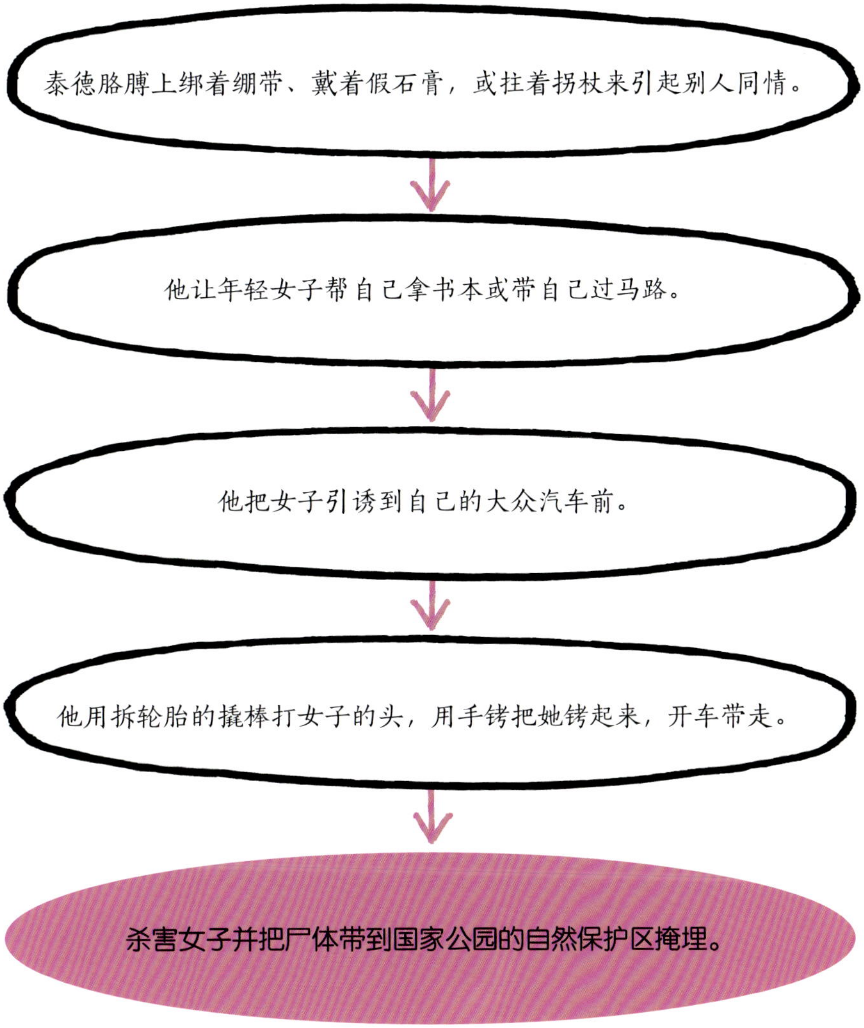

起她。

童年不幸

泰德家庭背景复杂。他成长在费城，一直把祖父母当成自己的父母，而把真正的母亲埃莉诺（Eleanor）当作姐姐。

泰德幼时叫西奥多•罗伯特•考埃尔（Theodore Robert Cowell），当时就喜欢吓唬别人。他家人后来说，这个3岁孩子喜欢把又大又锋利的厨房餐刀趁十几岁的阿姨睡觉时放在她身边。阿姨醒来时吓坏了，这个小婴儿却开怀大笑，十分兴奋。

精神病学家多萝西•奥图诺•路易斯（Dorothy Otnow Lewis）博士研究连环杀手的精神特质和杀人动机。她在死囚牢房里采访过泰德，说他幼年这种行为对这么小的孩子来说“非常古怪”。这暗示泰德可能在很小的时候遭遇过创伤：也许他经历过虐待，或目睹过家人之间的极端暴力行为。

无论因为刀的事件还是其他原因，在泰德四五岁的时候，他和埃莉诺被送走了。他们一路向西，来到华盛顿州塔科马市，和舅舅住在一起。埃莉诺开始用她的中间名露易斯（Louise），并假装成寡妇或离异女性。

1951年，埃莉诺遇到医院厨师约翰尼•邦迪（Johnnie Bundy），后来嫁给了他。他们一起有了四个孩子。泰德现在必须和两个弟弟和两个妹妹分享他和母亲之间少得可怜的亲情了。小泰德被改名叫西奥多•罗伯特•邦迪，以便让他认约翰尼•邦迪为父，并增进亲情。

然而，泰德缺失一些比父亲更重要的东西，如一个需要他的母亲，或一个没有暴力的家庭。泰德

泰德的犯罪工具大众汽车后来被曾任盐湖县警察的朗尼·安德森（Lonnie Anderson）买下，现陈列于美国国家罪与罚博物馆。

> **杀人不是欲望，也不是暴力，而是一种占有。**
>
> ——泰德·邦迪

缺乏同理心，缺乏和别人形成情感联系的能力，缺乏良知。

尝到谋杀的滋味

泰德第一个被害人是8岁的安·玛莉·伯尔（Ann Marie Burr），1961年8月31日清晨，她从华盛顿州塔科马市家中失踪，再也没被找到。安失踪的时候，泰德仅14岁，他一直否认自己和女孩失踪有关。然而，侦探罗伯特·凯珀尔（Robert Keppel）称泰德从未透露第一个被害人的姓名，不免让人猜想他的确杀了这个女孩。

说安是泰德的第一个被害人是有根据的。泰德母亲结婚前，他们和亲戚住在安住的小区。搬家后，泰德经常拜访这些亲戚。虽然塔科马市警方反驳了关于安失踪的猜测，但她的父母没有。此外，路易斯维尔大学司法行政系教授罗纳德·霍姆斯（Ronald Holmes）博士采访了狱中的泰德，说泰德承认在15岁时犯下第一起谋杀。泰德第一起被确认的谋杀是在1974年1月，当时他27岁，两年前从西雅图华盛顿大学毕业，获得心理学学位。泰德向21岁的同校同学琳达·安·希利（Lynda Ann Healy）伸出黑手，从她和朋友合住房子的地下室绑架了她。一年之后，1975年3月，她的头骨在西雅图东部泰勒山被发现。

希利被杀后，泰德一发不可收拾。从1974年2月到1975年8月，他杀了十几个年轻女性，每次作案时间仅相隔短短几周。在那段时间里，泰德搬到犹他州，进入犹他大学法学院学习。

第一次被捕

泰德第一次被捕是在1975年8

泰德在佛罗里达州的被害人包括睡觉时被杀的21岁学生玛格丽特·鲍曼（*Margaret Bowman*，右），以及从学校绑架的12岁女孩金伯利（最右）。

月。凌晨3点，他开着大众汽车穿过盐湖城郊区。在高速公路上，巡逻警官鲍勃·海沃德（Bob Hayward）注意到泰德没有打开汽车前灯。海沃德让泰德停车，但其开车逃跑，一场在住宅街区的追捕开始了。最后，海沃德把泰德逼到一座废弃加油站的死角。海沃德问他为什么不停车，泰德解释，自己是犹他大学的法学生，在当地汽车电影院看完电影出来后迷路了。泰德穿着黑色高领衣服和裤子，看起来像那么回事。但是，海沃德知道他说谎了，因为他说他看的电影《火烧摩天楼》（*The Towering Inferno*）根本没在当地上映。在搜查车辆的时候，海沃德发现了一双撕破的连裤袜、铁撬棍、绳子和滑雪面罩。虽然泰德镇定地解释了为什么会有这些东西，满腹狐疑的海沃德还是以拒捕为由把他登记入册。

然而，最终是一年前发生的一件事导致泰德被定罪。1974年11月，18岁的卡罗尔·德洛克（Carol DaRonch）在犹他州默里市遇到泰德。泰德假装警官，说德洛克的车被偷了，让她跟他去警察局填报告。德洛克上了他的大众汽车，后来发现泰德没往警察局的路开，就问他为什么。泰德露出凶相，试图用手铐把她铐住。德洛克挣扎起来，泰德一不小心把两只手铐铐在了同一只手上。德洛克逃脱，前去报警。她描述袭击者是个长相非常英俊的男子，开着大众汽车，穿着一双时髦的鞋子。

幸运的是，侦探杰瑞·汤普森（Jerry Thompson）在调查当地一些年轻女孩的失踪，他把盐湖城海沃德记录下来的男子相貌和

泰德·邦迪

1946年，泰德的未婚妈妈——22岁的埃莉诺·露易斯·考埃尔（Eleanor Louise Cowell）发现自己怀孕后，到佛蒙特州伯灵顿市伊丽莎白·朗德未婚妈妈之家生下孩子。埃莉诺的父亲塞缪尔·考埃尔（Samuel Cowell）十分暴戾，经常施虐，严密控制妻子和孩子。埃莉诺无法确认谁是其未出生孩子的父亲，谣传塞缪尔是孩子的父亲。

1946年11月24日，西奥多·罗伯特·考埃尔出生。埃莉诺回到家中，却把儿子留在医院里。这是泰德第一次被抛弃。1947年，在她的父亲坚持要求下，埃莉诺回医院领走孩子，给他起名泰德。

几年来，泰德一直把埃莉诺当作姐姐，把祖父母当作父母。据泰德的一个老师后来说，泰德发现自己是私生子的时候“勃然大怒”。他的母亲在1951年结婚时，约翰尼·邦迪在法律上收养了她的儿子。然而，泰德由于继父愚钝而对他十分冷漠，从来不和他亲近。

默里市的德洛克一年前对绑架犯的描述联系了起来。

接着警方搜查泰德的家，发现了证明他去过女孩失踪的几个镇的证据。在他车里还发现女孩的几绺头发。德洛克指认出泰德后，他因绑架和性侵被捕。侦探怀疑他犯下谋杀罪，但需要更有力的证据。

在泰德车里发现被害人卡琳·坎贝尔（Caryn Campbell）的头发，足以证明他杀了人。1976年6月30日，泰德被投入犹他州监狱。10月，他因坎贝尔被杀一案被起诉，被送到阿斯彭的皮特金县法院。

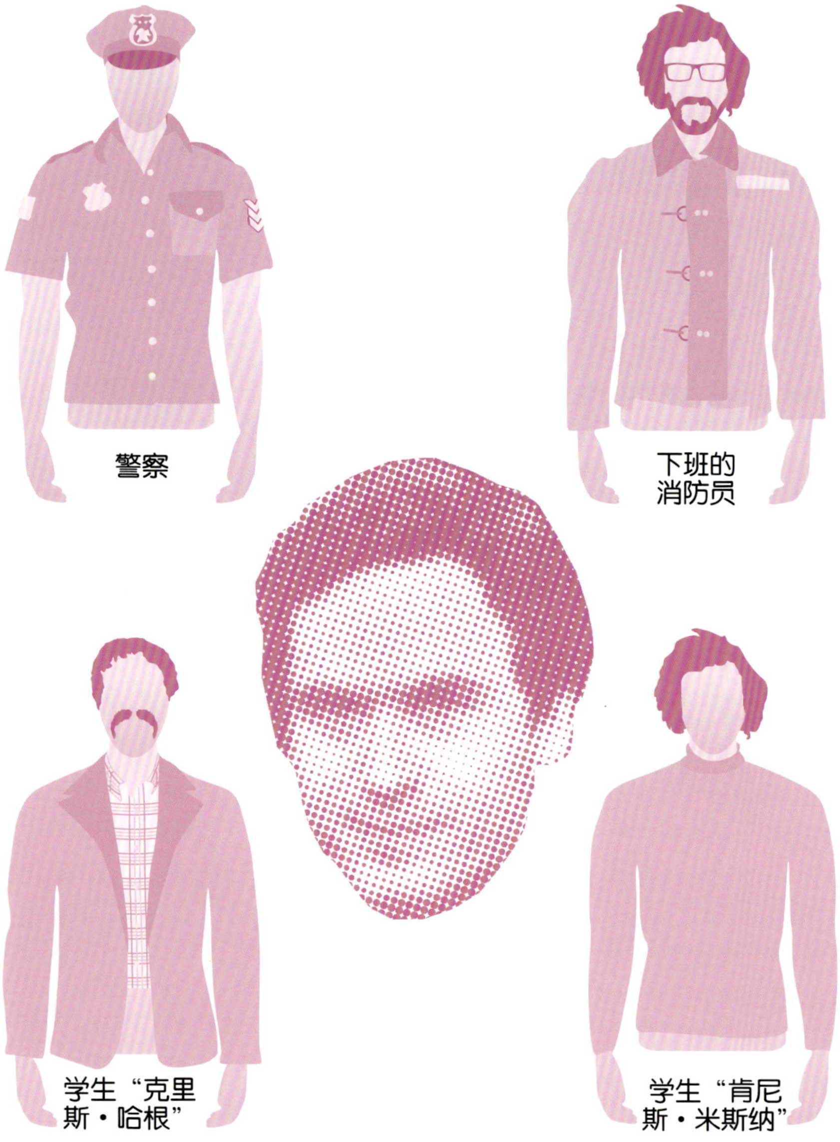

泰德十分热衷于扮演不同角色，还会翻看当地电话簿寻找灵感。他用不同发型、假胡子和假痣、眼镜和衣服，创造了一系列形象。

逃脱制裁

泰德用所学的法律知识为自己辩护。休庭的时候，他被允许使用法庭的法学图书馆。趁只有自己一个人在图书馆的时候，他跳出窗户，跑向阿斯彭山。六天里，泰德沿着山路逃亡，在野营地寄宿，最终警方在一辆偷来的车里发现了这个逃犯。泰德被投入科罗拉多加菲尔德县监狱。

为了再次逃跑，泰德进行了几个月的准备：他从别的犯人那里拿到了监狱的楼层平面图和一把钢锯；他把天花板凿穿，一直减肥，直到瘦得能从开口中挤出去。几次练习逃跑后，泰德在1977年12月30日越狱。他偷车，搭便车，登上飞机，乘火车到佛罗里达塔拉哈西，在佛罗里达州立大学附近租了个房间。到城里一星期后，泰德深夜潜入齐欧美家女生社交联谊会所，袭击了4名年轻女性，杀害2人，然后在附近公寓袭击了第五名女性。

几周后，泰德在学校门口绑架了12岁的金伯利·黛安娜·利奇（Kimberly Diane Leach）。她的尸体后来在一个猪圈被发现。金伯利失踪一周后，泰德因驾驶偷来的车被捕。目击者说他就是在联谊会所和金伯利所在的学校犯案的人。也有物证能证明他和那几起谋杀案有关。泰德被以犯下三起谋杀案为

在泰德受审的时候，尼塔·简·尼尔瑞（*Nita Jane Neary*）说她看到泰德在两名学生被杀的早上离开佛罗里达州立大学附近的齐欧美家女生联谊会所。

由定罪，被判死刑。

死囚牢房

在九年零三个月中，泰德从佛罗里达的死囚牢房和几十人通信，包括安的母亲贝弗莉·伯尔（Beverly Burr）。他娶了忠实粉丝卡萝尔·布恩（Carole Boone），还成了父亲，据称他们贿赂看守让他对他们的行为睁一只眼闭一只眼。泰德还向警方“打听”其他的连环杀手，并配合作家记录他的事迹。

泰德要求重新审判和缓刑的请求被否决了。在死囚牢房的最后几天，泰德承认了自己被怀疑犯下的36起谋杀案，并详细描述了其他之前被认为和他无关的案件，他总共犯了50起谋杀案。然而，法庭委任的精神病学家认为有100名左右被害人，泰德本人告诉罗纳德·霍姆斯博士，他在10个州犯下300起谋杀案。泰德称，如果死刑能延缓几个月的话，他就给出其他失踪女性的细节，但佛罗里达州长鲍勃·马丁内斯（Bob Martinez）拒绝“与凶手谈判”。

1989年1月24日，42岁的泰德被处以电刑。他滥杀女性的原因也许可以从其最后的解释中得出：“我就是喜欢杀人。我想杀人。”■

采访凶手

研究犯罪病理学的科学家、寻找证据的调查员、挖掘独家猛料的记者等都可以采访狱中的连环杀手。因此，采访录像长达几百小时之多，在网上能找到大多数资料。

然而，研究这些采访并不能得出对连环杀手思维的深刻认识。当那些连环杀手有机会在监狱高墙外向公众展示自己和自己的行为时，他们就像在演戏一样，通常会顺着采访者的想法，而采访者就是要理解采访对象，并且为他们所震撼。泰德·邦迪冷漠地假装懊悔，查尔斯·曼森任性疯狂地谩骂，杰夫瑞·达莫的回应惊人地坦诚。由于杀手的“表演”，刻画他们真实的心理形象越来越困难。

精心设计、令人发指、冷血无情的谋杀

伊恩·布雷迪和迈拉·辛德利，1963—1965年

背景介绍

地点

英国曼彻斯特附近沙德伍兹沼泽

主题

恶性人际关系

此前

1958年1月29日 少年查尔斯·斯塔克韦瑟（Charles Starkweather）和卡瑞尔·安·福盖特（Caril Ann Fugate）被捕。他们在美国中西部驾车60天途中杀害11人。14岁的福盖特后来称自己受到斯塔克韦瑟的劫持。

此后

1993年2月17日 加拿大强奸犯、杀人犯保罗·伯纳多（PaulBernardo）被判终身监禁。他的妻子卡拉·霍穆尔卡（Karla Homolka）也参与谋杀，但和警方达成减刑协议。

1963年7月12日，16岁的保利娜·里德（Pauline Reade）在去参加英格兰西北部曼彻斯特附近的一个舞会的路上，遇到凶手迈拉·辛德利（Myra Hindley）。辛德利在路边停车，把里德骗上了车。

21岁的辛德利开车把女孩带到附近的农村，她的男朋友伊恩·布雷迪（Ian Brady）骑摩托车紧紧跟在后面。然后，布雷迪强奸、折磨、性虐待里德，最后割断她的喉咙，把尸体埋在沙德伍兹沼泽。

恶魔之瘾

里德是这对杀人魔的第一个被害人，但不是最后一个。1963—1965年，布雷迪和辛德利还绑架、折磨、虐待、杀害了4个孩子，他们的案件叫作沼泽谋杀案。四个被害人被发现埋在沙德伍兹沼泽，而另一个人再也没有找到。

1961年，18岁的辛德利开始和22岁的布雷迪约会。虽然经常受到男友控制和虐待，辛德利却对他十分迷恋。为了取悦布雷迪，她找那些便于下手的孩子送给他，让他侵犯、折磨、勒死他们。

> 我身上总是有很多淤青和咬痕。他威胁要杀我全家。他完全掌控了我。
>
> ——迈拉·辛德利

里德被杀几个月后，1963年11月的一个星期六下午，两人绑架了12岁的约翰·基尔布赖德（John Kilbride）。布雷迪强奸了他，然后用绳子将其勒死。

现在两人都陶醉在布雷迪的堕落中，两人在曼彻斯特绑架了又一个孩子——12岁的基思·贝内特（Keith Bennett），当时这个男孩在去看他祖母的路上。1964年6月16日，布雷迪和辛德利开车把

参见：泰德•邦迪 276~283页，弗雷德•韦斯特和罗斯玛丽•韦斯特 286~287页，科林•皮奇福克 294~297页。

布雷迪和辛德利的标志性照片是在1966年4月他们因多起谋杀案而受审时拍下的。他们之间反复无常的关系殃及了5名儿童。

贝内特的尸体埋到沙德伍兹沼泽。后来，警方虽然在沼泽进行了大规模搜查，但没有找到贝内特的尸体。

12月26日，布雷迪和辛德利去一个露天市场，他们罪恶的手伸向了10岁的莱斯利·安·唐尼（Lesley Ann Downey）。他们让她帮忙拿一些袋子，趁机绑架了她，用绳子把她捆起来，强迫她摆出淫荡姿势，并拍下照片。这两人还录下唐尼尖叫求饶的声音，长达13分钟。最后，他们把她勒死并掩埋了。

认罪和落网

那时，布雷迪越来越狂妄，还把自己的犯罪秘密告诉辛德利17岁的妹夫大卫·史密斯（David Smith）。1965年10月，布雷迪把17岁的工程学生爱德华·埃文斯（Edward Evans）诱骗到他家，让辛德利去找史密斯，想拉他参与谋杀。布雷迪用斧子砍埃文斯，史密斯在一边惊恐地看着。他帮助布雷迪和辛德利进行清理，然后跑回家找妻子。史密斯夫妇在公用电话亭报了警，并带警方去看埃文斯的尸体。

布雷迪和辛德利都被逮捕。在搜查两人住所的时候，警方发现唐尼的色情照片和录音，以及在沙德伍兹沼泽拍下的大量照片。150名警官奉命对沼泽进行全方位搜查。他们发现了唐尼和基尔布赖德的尸体。

1966年，布雷迪和辛德利被以犯下三起谋杀案为由定罪。定罪后，他们承认杀害里德和贝内特。

后果

1987年，100天的搜查结束，里德腐烂的尸体被发现埋在沼泽中浅浅的坟堆里。凶手之一的辛德利在2002年11月15日死于狱中，当时60岁。1985年，布雷迪被宣布为精神病罪犯，被囚禁在戒备森严的医院。他称自己不想被放出，经常要求被允许自尽。■

虐待关系中的连环杀手

从古到今，没有犯罪史的女性也会和男友或丈夫一起制造令人发指的罪行。在一些案件中，这些女性后来称她们是受到伴侣的控制和操纵。

在虐待关系中，进行操纵的伴侣会试图孤立爱人，摧毁他们的自尊心。这在一些情况下可能导致身体、情感、言语、精神和性方面的虐待。处于控制地位的伴侣会试图操纵对方，阻止对方自主做出决定。

在本案中，辛德利是否受到男友控制引发了人们热议。被害人的家人坚信她是自愿参与谋杀的。然而，在一些采访中，辛德利表示自己没有杀人的冲动，她受到了布雷迪的精神操纵和身体虐待。

可怕到无法用语言描述

弗雷德·韦斯特和罗斯玛丽·韦斯特，1971—1987年

背景介绍

地点

英国格洛斯特

主题

夫妻杀人犯

此前

1890—1893年 澳大利亚夫妇约翰·梅金和萨拉·简·梅金（John and Sarah Jane Makin）在家办孤儿院。他们向未婚妈妈收钱，承诺帮她们照看孩子，但实际上趁机杀死孩子，把尸体埋在家里。

此后

1986—1989年 年迈夫妇费伊·科普兰和雷·科普兰（Faye and Ray Copeland）杀掉那些他们雇来在密苏里农场工作的流浪汉。

1987年1—2月 密歇根同性恋伴侣格温德琳·格雷厄姆（Gwendolyn Graham）和凯茜·伍德（Cathy Wood）杀掉她们工作的养老院中的5名老年女性，并有恋尸行为。

让搭便车的女性上车。

邀请朋友和性工作者去他们家参加派对。

对自己孩子下手。

↓

把受害者困在家中，长期进行性虐待和折磨。

↓

如果受害人威胁要离开或报警，就把她们灭口。

↓

肢解被害人尸体，埋在自家花园和当地田野里。

1972年10月，17岁的卡洛琳·欧文斯（Caroline Owens）在路边搭离开格洛斯特的便车时遇到弗雷德·韦斯特（Fred West）和罗斯玛丽·韦斯特（Rosemary West）夫妇。韦斯特夫妇让她上了他们的灰色福特汽车，和她聊起来，并很快提出雇她当孩子的保姆。欧文斯第二天就搬了进去。夫妇俩邀请她加入他们的“性爱圈”，欧文斯惊慌不已，于是辞职，几周内就离开了韦斯特夫妇家。

12月，韦斯特夫妇看到欧文斯独自一人走在路上。他们让她去

参见: 泰德•邦迪 276~283页, 伊恩•布雷迪和迈拉•辛德利 284~285页, 科林•皮奇福克 294~297页。

家里喝茶，并为之前的轻率而道歉。欧文斯接受了道歉，等待她的却是12小时的恐怖折磨。夫妇俩把这个17岁的女孩绑起来，强奸她。遭受侵犯后，欧文斯崩溃了，大哭。弗雷德•韦斯特有些心软，说她现在可以离开，但必须回来继续当他们的保姆。

痛苦不堪的欧文斯逃回母亲住的地方，报了警。然而，她觉得太羞耻了，没有说自己遭到强奸。于是，1973年，韦斯特夫妇在格洛斯特地方法院被起诉，罪名仅是猥亵这样的轻罪。他们支付100英镑罚款后就被释放了。

1994年6月30日，弗雷德和罗斯玛丽在格洛斯特地方法院受审时，一位艺术家给他们画的像。弗雷德被控12项谋杀罪，而罗斯玛丽仅被控10项谋杀罪。

噩梦继续

这起案件在20年时间里格洛斯特克伦威尔街韦斯特家发生的秘密罪恶勾当中只是个开始。这对夫妇通过雇佣年轻女孩当保姆、出租房给年轻女人，以及虐待自己的孩子来“斩获”猎物。

1992年夏天，由于收到虐待儿童和女孩失踪的报案，社会工作者和警官又一次来到韦斯特家。他们搜查了房屋，把5个孩子带走让别人代养。

然而，一年后，社工人员打电话向警方报告被救孩子说的话，是关于16岁的希瑟•韦斯特（Heather West）的，她是弗雷德和罗斯玛丽的女儿。在搜查房子的时候，孩子们暗示希瑟“在天井下面”。这开启了对英国最臭名昭著的凶手的调查。

> **我16岁时遇到罗斯，把她变成了我想要的样子。**
>
> ——弗雷德•韦斯特

警方在克伦威尔街25号的花园里搜查，发现里面埋的不止希瑟的尸体，还有弗雷德8岁的女儿夏尔曼（Charmaine）的尸体和夏尔曼的母亲凯瑟琳•科斯特洛（Catherine Costello）的骸骨。夏尔曼据说是韦斯特夫妇的第一个被害人，被罗斯玛丽在1971年杀死，为了切断和弗雷德第一任妻子科斯特洛的联系。科斯特洛接下来也被夫妻俩杀死了，因为他们害怕她怀疑他们杀了夏尔曼。弗雷德和罗斯玛丽的女儿希瑟一生都遭到性侵和殴打。最终，在1987年6月，一番“激烈争吵”过后，希瑟被罗斯玛丽杀害，当时弗雷德不在。

总共有9具尸体被发现埋在克伦威尔街25号。还有一具在韦斯特夫妇在格洛斯特的旧居中发现，还有两具埋在偏远的野地里。这对夫妇被控在20年内一共杀害了12人。

弗雷德承认罪行，在受审10个月前在监狱里用毯子闷死了自己。罗斯玛丽坚称自己清白，但最终被以10项谋杀罪定罪，被判终身监禁。■

这是黄道十二宫在同你们讲话

黄道十二宫杀手，1968—1969年

背景介绍

地点

美国加利福尼亚州旧金山

主题

表达性/转化性连环杀人

此前

1945—1946年 “口红杀手”威廉·海灵斯（William Heirens）在芝加哥犯罪时把信息留在犯罪现场的口红里。

此后

1976—1977年 纽约布朗克斯区的连环杀手大卫·伯克维兹（David Berkowitz）把署名为“山姆之子”的手写信留在被害人尸体旁。

1990—1993年 模仿黄道十二宫杀手的赫里伯托·塞达（Heriberto Seda）在纽约杀害3人。

1969年7月4日，迈克尔·马高（Michael Mageau）和22岁的女友黛勒妮·费瑞恩（Darlene Ferrin）在约会。两人把黛勒妮的车停在瓦列霍蓝岩泉附近，坐在车里。这时，一辆车在他们旁边停下，司机下车用手电筒照他们的眼睛，朝他们开枪。黛勒妮死了，马高活了下来。不久，有人打电话对瓦列霍警察局说：“我想报告一起谋杀案。你们沿着哥伦布大道向东走一英里，会发现一辆棕色车里有对小情侣。他们被9毫米鲁格尔手枪击中。我去年也杀了一些小情侣。再见。”

加密信息

7月31日，《旧金山纪事报》《旧金山观察者报》和《瓦列霍时代先驱报》三家报社收到信件和加密消息：如果下午报纸头条上没有刊登信中的密码，作者就会进行大屠杀。信件作者称对黛勒妮被杀案和1968年12月瓦列霍

表达性/转化性暴力

在社会心理学基础上，犯罪学家李·梅勒（Lee Mellor）提出表达性/转化性暴力理论。该理论指出，和警察沟通的罪犯，无论通过寄信，还是在犯罪现场留下信息，或把被害人的尸体摆成有象征意义的姿势，都参与了身份协商的过程。由于社交能力有缺陷，罪犯无法建立可接受的自我意识，长期以来遭受身份危机之苦。罪犯希望假借杀人犯的身份把自己碎片化的人格拼凑完整，甚至穿奇装异服，给自己起“黄道十二宫”这样的绰号。在十个表达性/转化性暴力罪犯中，梅勒发现90%是独自作案，绝大多数罪犯觉得自己从来没有真正长大，通常不阴不阳，没有稳定工作，并痴迷警察或军队文化。

参见: 林德伯格幼子绑架案 178~185页，黑色大丽花遇害案 218~223页，泰德•邦迪 276~283页。

旧金山警方分发根据三个目击者描述制成的黄道十二宫杀手画像，这三个目击者是在1969年10月斯泰恩被杀后不久被询问的。

的另一起谋杀案负责，这两起案件的谋杀方式相似。犹豫过后，报纸刊登了密码。第二封信在8月4日寄到《瓦列霍时代先驱报》，作者称自己为“黄道十二宫”。

致命终曲

1969年8月8日，萨利纳斯一对夫妇破解了密码，原来作者称自己猎杀人。“黄道十二宫”说杀人是一种非常刺激的体验，而被害人会在阴间成为自己的奴隶。8月27日下午，布莱恩•哈特纳尔（Bryan Hartnell）和西西利亚•谢巴德（Cecelia Shepard）在纳帕县伯耶萨湖度假。这时，一个头戴黑色面罩、身穿奇装异服的持枪男子接近他们。他用绳子捆绑他们，用刀刺了好几下。哈特纳尔幸存下来，回忆出了细节。凶手离开前，在他们的车门上画了黄道十二宫符号。

最后一起确定和黄道十二宫杀手有关的谋杀案发生在旧金山，1969年10月11日。当晚，出租车司机保罗•斯泰恩（Paul Stine）被一名乘客枪击头部。凶手把斯泰恩上衣沾血的部分剥除，拿了他的钱包和钥匙，把车擦干净。三个目击者看到了凶手，但对其外貌和肤色描述不一致，因此凶手没有被捕。虽然警方在车中找到带血指纹和黑色手套，仍然无法确认凶手身份。两天后，凶手把一封信和斯泰恩上衣带血的部分寄给《旧金山纪事报》。此后到1978年，一直有类似信件寄到报社，但黄道十二宫杀手一直没被抓获。

头号嫌疑人

在破案过程中，亚瑟•利•艾伦（Arthur Leigh Allen）的名字在嫌疑人中被提到的次数最多。1969年，艾伦向警察承认母亲最近给他一块“苏地亚”（Zodiac，意即黄道十二宫）牌手表，这个牌子的商标就是交叠圆圈和十字。艾伦的一个朋友说，他收到手表后，表示想随机杀死那些成双成对的人，并用画有圆圈十字架的信件戏弄警察。艾伦就住在1968—1969年几起谋杀案犯罪现场附近，并且有1968年谋杀案中使用的相同子弹。

2002年，艾伦死后10年，其DNA被和凶手寄出的信封上的唾液样本进行比较，结果并不匹配，因此被警方排除。然而，警方后来发现，艾伦让别人为他舔信封，因为他认为舔信封很恶心。■

嫌疑人亚瑟•利•艾伦

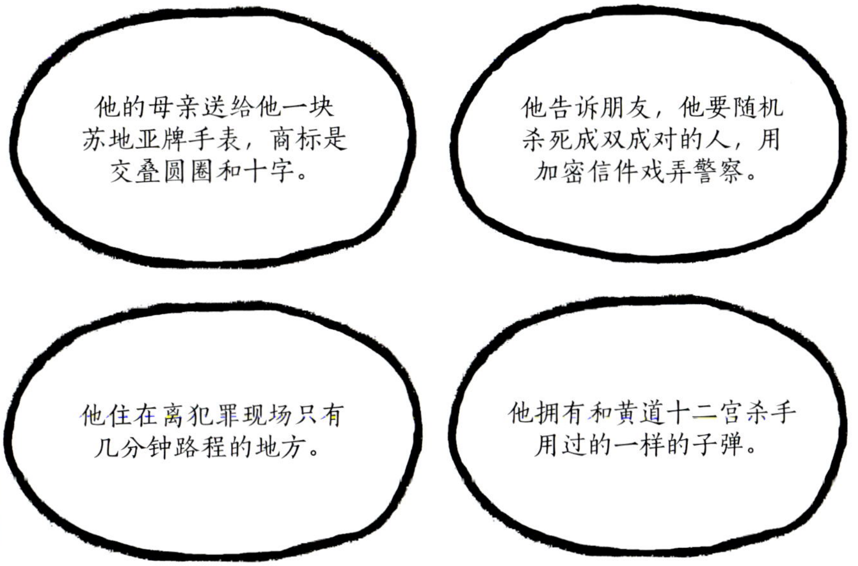

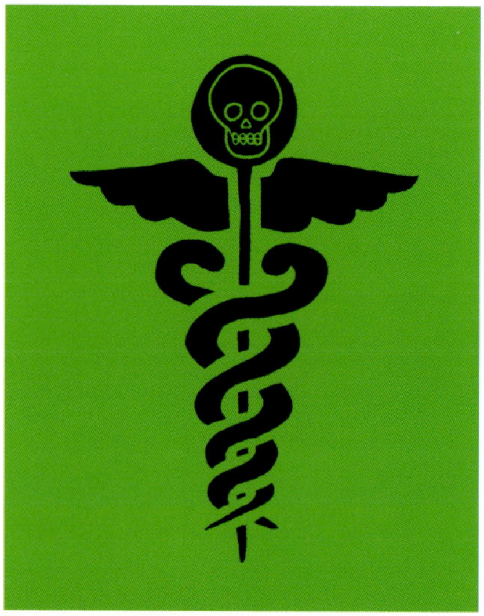

他自认为是医学之神

哈罗德·希普曼，1975—1998年

背景介绍

地点

英国曼彻斯特市郊海德镇

主题

医护人员杀人

此前

1881—1892年 加拿大人托马斯·尼尔·克里姆（Thomas Neill Cream）在当医生期间毒杀多名女性。

1895—1901年 马萨诸塞州护士简·托班（Jane Toppan）毒杀近30人，包括其父母和亲戚。

1970—1982年 “死亡天使”唐纳德·哈维（Donald Harvey）在不同医院用多种方法杀害37~57名病人。

此后

1988—2003年 查尔斯·卡伦（Charles Cullen）在新泽西当护士期间杀害40名病人。

2001—2002年 男护士科林·诺里斯（Colin Norris）在苏格兰格拉斯加杀害许多年迈的病人。

哈罗德·希普曼（Harold Shipman）博士20岁结婚，是四个孩子的父亲。在人们眼中，他是个友善的医生。1975年，他捅了个娄子，人们发现他伪造处方来满足自己对哌替啶这种麻醉剂的药瘾。后来，他付了600英镑罚款，并去了戒瘾所，他的这个不当行为很快就被淡忘了。

然而，他的病人频频意外死亡却无法掩人耳目。希普曼治疗的老年女性当中，大量病患选择死后被火化，比例高得不同寻常。一个殡仪馆员工注意到这一点，把自己的疑虑告诉了海德镇布鲁克诊所的林达·雷诺兹（Linda Reynolds）医生，雷诺兹把这些人的尸体送到南曼彻斯特去验尸。然而，验尸官只是草草检查一番，没有发现任何犯罪证据。

希普曼博士被捕后的入案照。他的和善模样掩盖了其犯下的恶行。这位医生的罪恶勾当秘密进行了好几年。

名誉受损

出租车司机约翰·肖（John Shaw）经常载着希普曼的病人去他的诊所看病，和他们中的很多人成了朋友。1995年3月，内特·阿什克罗夫特（Netta Ashcroft）的突然死亡让肖感到有些不对劲。但是，他深知这位医生在当地口碑很好，警察不会相信自己一面之词。随着希普曼的病人越来越多地死去，肖默默忍受着煎熬。直到1998年8月，

参见: 伯克和黑尔 22~23页，约翰·爱德华·罗宾逊 298~299页，毒杀亚历山大·利特维年科 326~331页。

肖确信希普曼谋杀了21名病人，最终向警方道出了自己的疑虑。

那时，希普曼已经露出马脚。1998年6月24日，富有的海德镇前镇长，81岁的凯瑟琳·格伦迪（Kathleen Grundy）被发现在家中死亡。格伦迪的女儿安吉拉·伍德芙（Angela Woodruff）律师发现遗嘱中格伦迪将财富留给希普曼医生，而不是家人，这引起了她的警惕，就报警称遗嘱是伪造的。格伦迪的尸体被出棺检验，发现有二乙酰吗啡和用于止痛的类鸦片物质残留。但是，希普曼却把她的死因归为“年迈”。希普曼在9月7日被捕。警方在他的诊所中发现的打字机和用来伪造格伦迪遗嘱的打字机属同一型号。在遗嘱上也发现到处都有他的指纹。

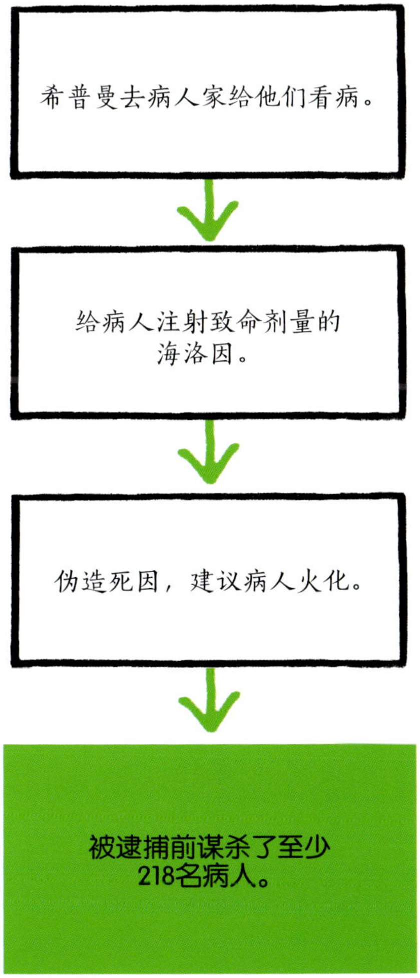

狂妄自大，拒不承认

根据证据，警方指控希普曼谋杀另外15名病人。2000年1月31日，他被定罪。希普曼非但没有拿到格伦迪遗嘱中所说的38.6万英镑，反而被判15项终身监禁。

接下来的调查发现希普曼造成至少218起死亡，而实际数目可能超过250起。

面对铁证，希普曼拒绝承认。在几小时的审讯中，他只是背对警方。

结果，在58岁生日前一天，希普曼在监狱窗户上上吊自尽。狱友说，希普曼最近接到对他表示完全支持的妻子普丽姆罗斯（Primrose）的一封信，让他“无论发生了什么都告诉她”。

希普曼的动机很大程度上被认为是对主宰生死的权力的痴迷，他试图获得金钱利益的愚蠢行为最终导致其落网。警方在希普曼家缴获了100件珠宝，普丽姆罗斯只能证明其中66件属于她。■

> **他只是喜欢控制生死的感觉。**
>
> ——验尸官约翰·波拉德（John Pollard）

谋害老人

2006年，英国犯罪学家大卫·威尔逊（David Wilson）指出，老年人在英国被害人口中占有很大比例。这一数字由于希普曼的大量杀人案件而极大地升高。

威尔逊指出，老年人——尤其是和家人疏远或没有家人的——经常独自生活几周或几个月，没有任何人来照看他们。由于社会服务不充分，依赖退休金的穷苦老人通常居住在条件简陋的房子里，容易被非法进入。而且，这些地方往往人情淡薄。和其他人群相比，老年人死亡更可能被归因于自然死亡，更不容易受到调查。

值得注意的是，希普曼的很多被害人都是工薪阶层或中下阶层，但只有富有公众人物的死亡才最终引发人们的怀疑。

天性使然

安德烈·奇卡提罗，1978—1990年

背景介绍

地点

苏联

主题

连环分尸杀手

此前

1994年　洛杉矶人奥托·威尔逊（Otto Wilson）为满足自己的变态性欲，杀害妓女并挖出她们的内脏。

此后

1985—1999年　彼得·都帕斯（Peter Dupas）在澳大利亚墨尔本杀害至少三名女性。他把被害人的胸部切下来当战利品。

1992—1993年　罗伯特·纳珀（Robert Napper）在伦敦东南部性侵十几名女性，并杀害其中三人。他把被害人的身体部位留下来作为战利品。

官方口径称在苏联没有连环杀手，但从1983年初，大量年轻女性和儿童残缺的尸体在罗斯托夫的荒野里被发现，当局被迫重新评估犯罪形势。那些尸体伤痕累累，残破不堪，十分惊人，警方被迫承认，有一名凶手对至少6起谋杀案负责。

经过广泛调查之后，警察逮捕了安德烈·奇卡提罗（Andrei Chikatilo）。他带着刀和绳子，模样十分可疑。警方从他的血液中采集样本，检测出来是A型；而凶手的精液显示血型是AB型，所以奇卡提罗被释放。

1990年，谋杀案发生率大幅上升，警方加强调查行动。11月6日，奇卡提罗被发现离开敦列斯克霍兹车站附近的森林。他的膝盖和胳膊肘脏兮兮的，脸上沾了血迹。便衣警察检查了他之前的档案后提交报告。一个年轻女人的尸体在同一片森林被发现，奇卡提罗成了怀疑对象。警方逮捕他，采集了他的精液样本。检测出来是AB型——原来奇卡提罗天生特殊，血型和精液血型不同。奇卡提罗坦白了罪行，1994年2月被处死。■

1993年，苏联连环杀手奇卡提罗受审。审判发现他犯下52起残忍谋杀，引起了公众震惊。

参见：开膛手杰克 266~273页，泰德·邦迪 276~283页，科林·皮奇福克 294~297页。

我要么是病人，要么是恶人，或既是病人，又是恶人

杰夫瑞·达莫，1978—1991年

背景介绍

地点

美国俄亥俄州和威斯康星州

主题

恋尸癖杀手

此前

1947—1952年 埃德·盖因从威斯康星州墓园盗尸，并拿走尸体上的器官作为纪念品。

1964—1973年 埃德蒙·肯珀在家乡加州疯狂杀人、奸尸和食人。

1978—1983年 丹尼斯·尼尔森（Dennis Nilsen）在英国伦敦自己家里勒死了约12人。他把一些尸体藏在地板下面。

此后

1994—2004年 肖恩·吉利斯（Sean Gillis）在路易斯安那州强奸并杀害了8名女性。他无法解释自己的暴行。

1991年7月22日午夜前，在密尔沃基，一个年轻人戴着手铐，慌慌张张走向两个警官。他说有个“变态”试图囚禁他。三人一起去袭击者家，开门的是房客杰夫瑞·达莫（Jeffrey Dahmer）。

达莫试图狡辩，但尸体的恶臭出卖了他。在达莫卧室，一个警官发现裸体男性尸体的照片，这些尸体都被不同程度地截肢了。照片背景说明，照片就是在这个房间拍下的。达莫立即被捕。警方接着搜查了他的家，发现几只箱子、一个容量215升的桶和一个冷冻柜，还有一个装满人体器官的冰箱。淋浴喷头上挂着几个涂了颜料的头骨和一具人体骨架。

回到警局，达莫承认杀了17个年轻男子，并且奸尸。达莫还承认自己吃掉了被害人的身体器官。

审判和死刑

对达莫的审判开始于1992年1月30日。审判目的是确定他是否对其行为负有刑事责任。双方都有理，达莫最终还是被宣布精神失常，被判15个终身监禁。1994年11月28日，他被同监狱的克里斯托夫·斯卡沃（Christopher Scarver）用金属棍打死。■

> 我按照我的幻想行动——一切都跑偏了。
>
> ——杰夫瑞·达莫

参见： 开膛手杰克 266~273页，泰德·邦迪 276~283页。

对年轻女性的威胁

科林·皮奇福克，1983—1986年

背景介绍

地点

英国莱斯特郡

主题

用DNA证据定罪

此前

1968—1972年 塞缪尔·P. 埃文斯（Samuel P. Evans）在39年后被以两项谋杀罪定罪，这是使用DNA证据解决的时间最久的案件之一。

此后

1987年 强奸犯汤米·李·安德鲁斯（Tommie Lee Andrews）成为美国首个以DNA证据被定罪的人。

1988年 谋杀犯蒂莫西·威尔逊·斯宾赛（Timothy Wilson Spencer）被以DNA证据定罪。

2003年 威斯康星州的史蒂文·艾弗里（Steven Avery）由于DNA证据而得以昭雪，服刑18年后终获自由。

1986年8月2日，纳伯勒这个英国小村庄有了一桩惊天发现——一名15岁女孩的尸体。唐·阿什沃斯（Dawn Ashworth）两天前在从朋友家回家的路上失踪。她遭遇强奸，被勒死。她的尸体在她走过的路附近的田地里被发现。法医分析鉴定精液样本，结果显示：罪犯性别男，血型A型，酶图谱罕见。

阿什沃斯被杀三年前，1983年11月21日，琳达·曼恩（Lynda Mann）的尸体也在纳伯勒村她走过的路上被发现。

和阿什沃斯一样，琳达也是

参见：斯特拉顿兄弟 212~215页，柯克·布鲁沃斯 242~243页，哈维·格拉特曼 274~275页。

15岁，遭到强奸，最后被勒死。警方一直没有侦破这个案子，但琳达案件中采集到的精液样本显示，凶手的血型和酶图谱跟阿什沃斯案件中凶手的血型和酶图谱一致。

由于两个女孩被杀环境的相似和两起案件中凶手在基因上的联系，调查阿什沃斯案件的警方相信两起案件都是同一人所为。当地报纸头条报道了这一事件，标题为"如果我们不抓住他，下一个死的可能是你的女儿"，说明村民十分害怕凶手迟早会再次出手。

这是法庭画家画的皮奇福克像。2009年5月，他向伦敦上诉法庭上诉要求减刑，30年刑期减少了2年。

基因指纹分析

当地警方联系了遗传学家亚历克·杰弗里斯（Alec Jeffreys）博士，向他咨询关于两起谋杀案的事情。他们希望用他新近发现的基因指纹分析技术来进一步调查。警方拘留了一名犯罪嫌疑人——17岁的理查德·巴克兰（Richard Buckland），此人有学习障碍。巴克兰的供词让警方感到困惑。他承认犯

DNA和法医证据

DNA是一种分子，储存并承载我们所有的生理信息。每个个体的DNA形态都不完全相同。1981年，英国莱斯特大学遗传学家亚历克·杰弗里斯教授，在研究家族遗传病时发现基因指纹技术，用这种技术可以通过物证检验证明人的身份。这种技术对现代犯罪学来说非常重要。

纳粹战犯约瑟夫·门格勒（Josef Mengele，下图）在"二战"后逃到南美洲。1979年，67岁的他在巴西游泳时意外身亡。然而，世界各地都有报道称看到过门格勒，人们不相信他已经死亡，要求制裁他的呼声很高。杰弗里斯把门格勒出棺的尸骨上大腿骨的DNA和他的儿子洛夫（Rolf）的进行对比，这位"死亡天使"才得以被确证死亡。

下第一起谋杀案，但不承认犯下第二起。然而，琳达遇害的时候，巴克兰只有14岁。当然，小孩子有时也会杀人，但警方推迟了对巴克兰的指控，因为他们掌握的关于第二起谋杀的信息还不够。第二起会是别的凶手模仿所为吗？

杰弗里斯博士把从两起谋杀案现场采集到的精液样本和巴克兰的血液样本进行比较，证明两个女孩都是同一人所杀，但不是巴克兰，于是他被释放。警方开始进行搜捕。在附近三个城镇，警方让5000名居民提供血液或唾液样本。杰弗里斯很惊讶警方对他这种DNA指纹分析新技术如此信任。他花了6个月时间来处理5000个样本，但没能找到匹配的。

通往正义之路

当地有个烘焙师叫科林·皮奇福克（Colin Pitchfork），先前警方询问过他在琳达遇害的那天晚上的行踪。他信誓旦旦地告诉他们自己和儿子在一起，警方没有继续询问。他也是警方检查的5000人之一，提供了自己的DNA样本。但是，他的样本和其他样本一样，都和凶手的不匹配。然而，DNA检查后几个月，皮奇福克的一个同事伊恩·凯利（Ian Kelly）在当地酒吧酒后夸口时被无意中听到。凯利说，他代替皮奇福克接受了DNA检查。

皮奇福克让凯利帮他做DNA测试，他谎称自己已经以一个朋友的名义做过了，这个朋友因为露阴而被定罪。凯利同意了这个非法请求。皮奇福克伪造了一张许可证，好让凯利用他的身份去其中一个检查站做检查。

六周后，一个女人无意中听到酒吧里的对话，于是报警。皮奇福克被立即逮捕。杰弗里斯博士把他的DNA和在两个被害人身上采集到的精液进行对比，结果完全匹配。皮奇福克承认犯下强奸和谋杀罪，因此没有进行审讯。他说琳达被杀当晚和儿子在一起确实是真的，只是他把儿子留在车里，自己跑出去犯罪。

> **我一点也不怀疑，如果不是因为DNA证据，巴克兰会被认为有罪。**
>
> ——杰弗里斯教授

转变为凶手

询问凯利后，警方和法官认为，凯利非常容易轻信别人，因此“几乎”有可能是被皮奇福克的谎言欺骗了。皮奇福克最终被定罪后，他会遭到另一项起诉，就是通过操纵凯利来干涉司法。

在审问中，皮奇福克吐露了自己从一个暴露狂转变为凶手的过程。在他10岁出头的时候，他就无法控制地将私处暴露给上百个女人和女孩看，他对这段经历回味无穷。为了便于警方核实，皮奇福克欣然描述了一些看到过自己露阴的女孩。他坦然说出犯罪细节，又遭

英国遗传学家杰弗里斯在莱斯特大学实验室里研究DNA编码。他的开拓性技术改变了犯罪调查。

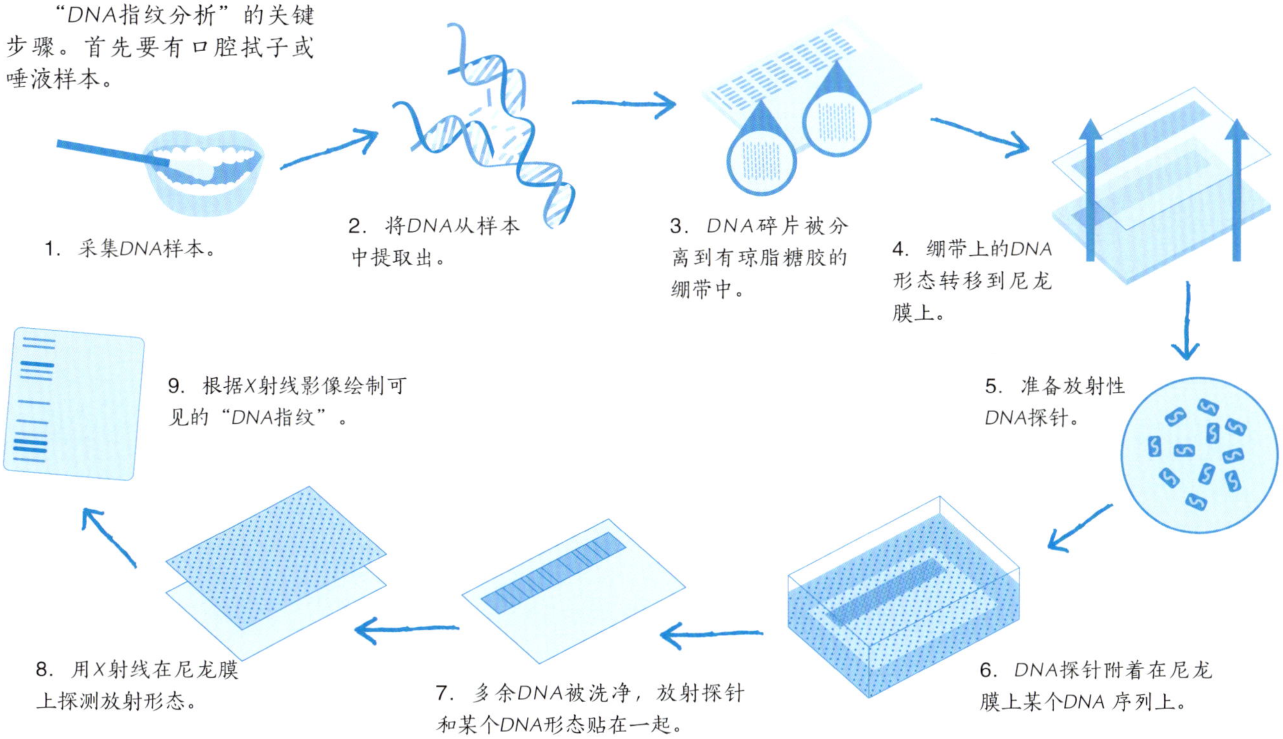

到两项性骚扰的指控。

皮奇福克说，他起初是向女孩露阴，不久后开始跟踪她们。强奸琳达和阿什沃斯纯粹是为了试试运气，因为他是在非常僻静的地方发现她们的。两个少女的尸体状况表明，她们在被皮奇福克勒死前遭到殴打。

在审问中，皮奇福克丝毫不觉得自己的行为残忍，一点也不觉得难过，这是因为他有精神病。他说勒死两个被害人只是为了保护自己的身份不被暴露。

皮奇福克是世界首个因为DNA指纹而被定罪的谋杀罪犯。他被判终身监禁，至少服刑30年。在审判中可以明显看到，皮奇福克对女性有无法控制的暴力倾向。只要有机会，他一定会再次杀人。

上诉要求宽恕

2009年，皮奇福克提出上诉。法院听说他很好地适应了监狱生活。他训练自己把乐谱转化为盲文的能力，还承诺出狱后帮助盲人。他努力学习，变得知书达理，在狱中从没和别人发生争执，狱卒还放心让他帮助别的囚犯适应监狱生活。被害人家属对此无动于衷。"终身监禁就应该让他一辈子待在监狱里。"一位被害女孩的母亲说。

皮奇福克的刑期被减到28年，但必须保证"公共安全得到保障"。在狱中，他成为艺术家。2009年4月，他创作的一件作品在伦敦皇家节日音乐厅展出。雕塑名叫"赋予音乐生命"，通过折叠、剪裁贝多芬第九交响曲的乐谱精心细致地制作，展现了管弦乐队和合唱队的缩影。雕塑售价600英镑。然而，英国报纸报道这一消息后，公众怒不可遏，这件作品被从展览中撤走了。

2016年，阿什沃斯谋杀案过去30年后，皮奇福克的假释被拒，但他被转移到了开放式监狱。■

看看广告吧，我们来谈谈

约翰·爱德华·罗宾逊，1984—1999年

背景介绍

地点

美国堪萨斯州和密苏里州

主题

网络分类广告杀手

此前

1900—1908年 贝拉·冈尼斯（Belle Gunness）杀了十几个通过分类广告和她见面的追求者。

1947—1949年 玛莎·贝克（Martha Beck）和雷蒙德·费尔南德斯（Raymond Fernandez），被称为"寂寞芳心杀手"，通过交友广告寻找猎物。

此后

2005年 日本大阪的前上博勒死了在网上自杀俱乐部认识的3名网友，以获得性满足，被判死刑。

2011年 理查德·比斯利（Richard Beasley）在网上发布诱骗招工广告，他和16岁的布罗根·拉弗蒂（Brogan Rafferty）杀害了3名中年男子。

1984年，19岁的葆拉·戈弗雷（Paula Godfrey）接受了在Equi-II公司当销售代表的工作。这个公司的创始人是秃顶男子约翰·爱德华·罗宾逊（John Edward Robinson）。9月1日，罗宾逊来到戈弗雷家，接葆拉去得克萨斯州圣安东尼奥市培训。两天后，葆拉的父母收到一封据称是来自葆拉的手写信，信上说葆拉很安全。但是，她父亲起了疑心，报了警。葆拉的名字被列在失踪者名单上。接着第二封来自葆拉的信寄到警局，信上说她不想回家见父母，警方以为这封信是真的，就没有再追究。

罗宾逊通过在线BDSM（绑缚与调教、支配与臣服、施虐与受虐论坛）来寻找猎物。

另外三个被害人

同年，罗宾逊收下2000美元的费用，帮他无子的弟弟办理收养事宜。1985年1月10日，他给自己起假名约翰·奥斯本（John Osborne），引诱19岁的莉萨·斯塔西（Lisa Stasi）和她的孩子蒂凡妮（Tiffany）去一家汽车旅馆。第二天，罗宾逊和弟弟、弟媳在机场见面，把婴儿和一些伪造的收养证明交给他们。而莉萨·斯塔西消失了。

1987年，罗宾逊再度出手。27岁的凯瑟琳·克兰皮特（Catherine Clampitt）回应了他在报纸上刊登的广告，把孩子留在得克萨斯州，自己搬到堪萨斯城。她的家人再也没有见到她。

参见: 哈维•格拉特曼 274~275页，泰德•邦迪 276~283页，安德烈•奇卡提罗 292页，杰夫瑞•达莫 293页。

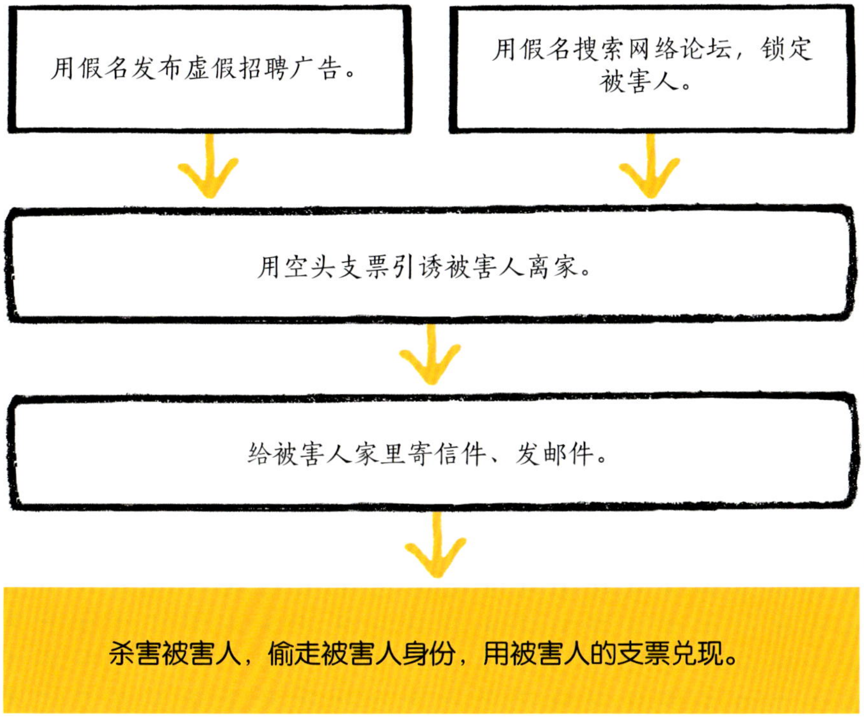

1987—1993年，罗宾逊因为几项诈骗罪服刑。在西密苏里监狱，罗宾逊和监狱图书馆管理员贝弗莉•邦纳（Beverly Bonner）交了朋友。罗宾逊在1993年得到假释后，49岁的邦纳离开了丈夫，搬到堪萨斯城，在罗宾逊的一家公司工作。当她母亲开始把离婚赡养费支票寄到罗宾逊的信箱时，邦纳就失踪了。

网络诱骗

20世纪90年代初，罗宾逊是秘密施虐狂与受虐狂组织“国际性奴主人委员会”中的一员。在网上寻找猎物的时候，他主要对那些喜好受虐的人下手。罗宾逊以“性奴主人”为用户名，在网络论坛留言板上搜索那些自称为性奴的女人。1994年，他在论坛上遇到了45岁的希拉•费思（Sheila Faith）。他自称非常富有，给希拉提供了一份工作，并承诺给她残疾的女儿黛比（Debbie）支付医疗费。

希拉相信自己遇到了白马王子。那年夏天，她和黛比去堪萨斯见罗宾逊。她们的社会保险支票很快被转寄到堪萨斯城的信箱。圣诞节，希拉的姐妹们收到了希拉签名的打印信件，但她那时已经死了。

罗宾逊继续用工作机会和性奴/主人关系引诱女人去堪萨斯城。一些女人在被要求签署空白文件时起了疑心，或当罗宾逊在床上的行为变成直接性虐的时候逃跑了。

但是，其他人可就不那么幸运了。波兰移民伊莎贝拉•勒维卡（Izabela Lewicka）和27岁的苏赛特•特鲁藤（Suzette Trouten）都成了他的猎物。苏赛特是让罗宾逊落马的人。她和母亲约好定期打电话，但在3月1日，电话却变成了邮件。这些邮件不像是苏赛特写的，她的姐姐唐（Dawn）在2000年3月25日报了警。

罗宾逊的罪恶勾当很快被发现了。在他的拖车储物柜中发现属于莉萨•斯塔西、贝弗莉•邦纳和费思母女的财务文件、苏赛特事先签好的白纸、伊莎贝拉被绑起来的照片、罗宾逊和被害人在进行BDSM时的录像、性奴合约等。

第二天早上，警犬在罗宾逊位于林恩县的农场发现大塑料桶里有苏赛特和伊莎贝拉的尸体。贝弗莉•邦纳和费思母女的尸体也很快被发现在密苏里州雷莫尔的储藏柜里。斯塔西、葆拉和克兰皮特的尸体一直没有找到，但罗宾逊还是被以8项谋杀罪定罪，被判死刑。■

> **任何人都可以创建邮箱账号并假装是你，打电话让我更放心。**
>
> ——安德鲁•勒维克
> (Andrew Lewicki)

ASSASSINATIONS AND POLITICAL PLOTS

行刺和
政治阴谋

公元193年

罗马帝国禁卫军刺死皇帝佩蒂纳克斯，将帝位卖给出价最高的人。

12—13世纪

什叶派穆斯林阿萨辛派的一名武装分子命令暗杀塞尔柱土耳其人和其他逊尼派反对者。

1865年

演员、邦联支持者约翰·威尔克斯·布斯在华盛顿一家剧院刺杀亚伯拉罕·林肯。

1894年

法国军队长官阿尔弗雷德·德雷福斯被以向德军泄密为由定罪。

1916年

俄罗斯皇室秘密顾问格里戈里·拉斯普京遭下毒、枪杀，然后被扔进莫伊卡河。

随着时间推移，政治阴谋家和刺客的手段会发生变化，但动机不改。发动政治阴谋通常是为了夺权。政治阴谋家或者对无能领导、争议政策表达抗议，或者试图挑战权威。罗马帝国禁卫军在公元193年推翻佩蒂纳克斯大帝后，他们就能自主挑选罗马帝国的下一任统治者。

本章所述的政治阴谋都有深远影响。推翻某个重要人物要不改良社会治理和政府管理，要不带来大规模混乱。政治阴谋通常通过行刺来实现。行刺是指有目的地杀害一个有影响力的人物，通常是经过秘密策划的。密谋者要想成功，必须谨慎。突袭通常是成功的关键。在历史上，如果密谋者还没实施阴谋就被抓了，那么后果非常严重。1605年，盖伊·福克斯（Guy Fawkes）参与叛国分子的“火药阴谋”，试图炸掉英国议会。结果失败，福克斯被判绞刑，之后被挖出内脏并分尸。

行刺导致一些历史上主要的转折点出现：秘密组织“黑手”（Black Hand）行刺弗朗茨·斐迪南大公，经常被认为是第一次世界大战的催化剂。有的行刺事件产生了与刺客所预期的相反结果，因为遇刺者成了英勇献身的烈士。

全球影响

政治阴谋通常不是由个人因私人恩怨而发动的。即使刺客只有一个，通常还有更大的力量在幕后操纵。这股力量有时是秘密组织——激进团体、游击队或恐怖分子，有时是政府机构或其他政客的权力大本营。

正如一般不会只有一个密谋者一样，也不会只有一个遇刺者。刺杀能带来深远影响。意大利前总理阿尔多·莫罗被红色旅恐怖分子绑架55天后遇难，结束了意大利共产党和基督教民主党之间的妥协局面。2006年，前俄罗斯间谍亚历山大·利特维年科在伦敦一家酒店遭毒杀，据称是俄国人所为，这导致俄国和英国政府相继驱逐对方国家外交官。

1963年

李·哈维·奥斯瓦尔德在乔治·F.肯尼迪总统乘敞篷车驶过达拉斯时开枪行刺。

1978年

在罗马，意大利前总理阿尔多·莫罗遭遇伏击，后被左翼非法军事组织红色旅开枪打死。

2002年

曾为哥伦比亚总统候选人的英格丽德·贝当古遭游击队绑架。

2006年

前俄罗斯间谍亚历山大·利特维年科在伦敦一家酒店被人用钋毒死。

保护措施

制裁政治阴谋者通常非常困难。虽然发生行刺事件后当局可以逮捕某个罪犯，但阴谋的秘密性使当局难以找出同谋者。李·哈维·奥斯瓦尔德行刺肯尼迪总统时似乎是单独行动，但大量阴谋论称他也许是某个组织的棋子，如中情局或苏联政府。同样，亚历山大·利特维年科遇刺案背后的真相也没有完全水落石出，虽然证据明确指向安德烈·卢戈沃伊。英国政府在2007年5月要求引渡卢戈沃伊，但遭到俄国拒绝。

近年来，由于技术进步，政府机构，如美国联邦调查局、中情局和国家安全局可以发现并预防政治阴谋。这些秘密机构曾经靠间谍来截获文件，搜寻行刺阴谋的物证，如今靠更加先进的技术和设备，如监听无人机和窃听技术。

许多国家都没有实施特定的法律来防止政治阴谋。在法律上，主要对阴谋家的具体手段，如谋杀、贿赂、绑架等做出了禁止性规定，因为这些属于犯罪行为。行刺在法律上一直是违法的，因为这属于谋杀，但通常谋杀有权人会面临更严峻的刑罚。

许多国家都会用叛国罪来惩罚那些背叛国家或君主的人。英国君主在1351年之前可以自由界定叛国罪，当时，叛国罪在法律中有明确规定。美国1788年通过的宪法第三条，将叛国定义为或者对国家发动战争，或者帮助、庇护本国的敌人。■

欲壑难填，贪得无厌

佩蒂纳克斯遇刺案，公元193年

背景介绍

地点

意大利罗马

主题

刺杀国家首脑

此前

公元44年 罗马独裁者尤利乌斯·恺撒遭元老院成员刺杀，因为他们对恺撒的社会和政治改革不满。元老院是罗马共和国的行政和顾问委员会。

此后

1610年 法国国王亨利四世遭天主教狂热分子弗朗索瓦·拉瓦莱克（François Ravaillac）杀害，因为他不相信这个新教国王会皈依天主教。

1984年10月31日 印度总理英迪拉·甘地（Indira Gandhi）身中数弹身亡，凶手是她的两名锡克保镖。遇刺案和她当年6月6日下令袭击阿姆利则的锡克教圣地有关。

佩蒂纳克斯（Helvius Pertinax）在康茂德（Commodus）皇帝被杀之后，公元193年1月成为罗马帝国统治者。前任灾难性的统治使得国库亏空，佩蒂纳克斯开始削减国家开支。这个举动不得民心，尤其令保卫皇室的罗马禁卫军不满，他们密谋推翻佩蒂纳克斯。

出售帝国

禁卫军觉得佩蒂纳克斯给他们的俸禄太低。他们不相信国库里的钱不足以给他们提供更高的薪水，于是在3月28日发动暴乱。300名禁卫军横扫皇宫，佩蒂纳克斯受到警告，被要求离开，但他决定对抗叛军。佩蒂纳克斯希望能镇压暴乱，最终却被乱刀砍死。

随即出现了权力真空。禁卫军下令，未经他们批准，不许选新皇帝。佩蒂纳克斯的岳父，提尔皮西阿努斯（Flavius Sulpicianus）给每个士兵5000银币，让他们任命他当皇帝。但是，士兵决定把帝位卖给出价更高的人。元老尤利安努斯（Didius Julianus）抓住了这一机会。他前往禁卫军军营，士兵要求他在外面等候，他在城墙脚下大声喊出自己的报价。他在竞标中获胜，最终帝国被以每个士兵6250银币的价格出售给了尤利安努斯。尤利安努斯当上了皇帝，但仅仅过了66天，他也被谋杀了。■

> 我知道你们需要一个统治者，我本人最适合不过了。
>
> ——尤利安努斯

参见：亚伯拉罕·林肯遇刺案 306~309页，约翰·肯尼迪遇刺案 316~321页。

精心安排的谋杀

阿萨辛派，11—13世纪

背景介绍

地点

西南亚波斯和叙利亚

主题

政治和宗教原因的刺杀

此后

1336–1600年 日本的秘密特工叫忍者，被雇佣为间谍、突袭者或刺客。

1948年 印度抗英民族运动领袖圣雄甘地（Mahatma Gandhi）被一名和极端组织有联系的年轻印度教徒刺杀。

1965年 民权运动家马尔科姆·X（Malcolm X）在纽约演讲时遭伊斯兰民族组织三个成员刺杀。几年前，他与美国黑人运动领袖产生纠纷，因为后者把伊斯兰元素和黑人民族主义混为一谈。

阿萨辛派（Hashashin）也称“暗杀者”，这是一个军事宗教组织，由哈桑·沙巴（Hasan-i-Sabbah）在波斯（今伊朗）建立。沙巴是伊斯兰教尼查里派（Nizari Ismailites）的领袖，该派别属于伊斯兰什叶派。1090年，他决定扩大尼查里派的利益，对抗攻克波斯的塞尔柱土耳其人（Seljuk Turks），也就是逊尼派穆斯林。沙巴前往塞尔柱帝国德莱木地区的阿剌模式堡。进入古堡后，他偷偷说服重要人物皈依他的信仰，并发动血腥政变，占据整个古堡。

沙巴把传教士从阿剌模式送到敌国领土，让更多的人皈依什叶派。如果宣礼吏坚持就要被杀掉，以防其举报传教士的所作所为。然而，塞尔柱的大臣很快发现情况，处死了传教士的领袖。因此，沙巴派遣刺客杀掉这名官员，刺客用的是阿萨辛派的惯用兵器——无声并容易隐藏的匕首。这名官员是众多著名波斯人、塞尔柱人，以及后来的十字军战士中第一个因为反对阿萨辛派而被杀害的人。

哈桑·沙巴在阿剌模式堡下令进行两次暗杀。阿萨辛派总共刺杀了至少14名公众人物，包括皇室成员。

暗杀在阿萨辛派的历史上是一个政治工具。1228年，在蒙古人侵入波斯后，阿萨辛派开始式微。■

参见：亚伯拉罕·林肯遇刺案 306~309页，约翰·肯尼迪遇刺案 316~321页，阿尔多·莫罗绑架案 322~323页。

这就是暴君的下场！

亚伯拉罕·林肯遇刺案，1865年4月14日

背景介绍

地点

美国华盛顿

主题

政治刺杀

此前

公元前336年 马其顿国王腓力二世被卫兵鲍舍尼亚斯（Pausanias）刺杀，凶手动机不明。他的儿子亚历山大大帝继位。

此后

1995年 以色列总理伊扎克·拉宾（Yitzhak Rabin）在参加和平集会时被一名犹太极端分子刺杀。

2007年 巴基斯坦前总理贝娜齐尔·布托（Benazir Bhutto）和另外二十几人在选举中的一个政治集会上遭自杀式炸弹袭击身亡。

马里兰州的著名演员约翰·威尔克斯·布斯（John Wilkes Booth）在弗吉尼亚州工作后开始支持奴隶制。1861年，美国民权运动爆发后，布斯支持南方邦联制，利用在剧院巡回演出的时间秘密给邦联军队运送物资。南北冲突升级后，布斯越来越憎恨北部联邦支持废除奴隶制的人士，尤其是亚伯拉罕·林肯总统。

1865年3月，内战双方进入最后的痛苦挣扎阶段。布斯和几个华盛顿的同伙秘密策划绑架总统，把他带到邦联首府——弗吉尼亚州里士满。计划在1865年4月9日失败，因为邦联将军罗伯特·E. 李

参见：约翰·肯尼迪遇刺案 316~321页，阿尔多·莫罗绑架案 322~323页。

布斯携带德林格手枪和猎刀，在约晚上9点30分到达福特剧院，他先在附近酒吧喝了一杯，然后去行刺总统。

（Robert E. Lee）率剩余部队投降了尤利西斯·S. 格兰特（Ulysses S. Grant）领导的联邦军队，结束了内战。布斯三天后得知邦联崩溃的消息，怒火中烧，誓要除掉总统。

死于剧院

4月14日早上，布斯得知林肯当晚要去福特剧院观看喜剧演出《我们的美国兄弟》（*Our American Cousin*）。他联系同伙，告诉他们一个大胆的计划——在市中心制造混乱，同时刺杀林肯总统、副总统安德鲁·约翰逊和国务卿威廉·西沃德（William Seward）。布斯自己去刺杀总统，两个同伙负责杀掉其他政客。

当晚在福特剧院，布斯前往舞台上方一个私人包厢，林肯和妻子玛丽·托德·林肯（Mary Todd Lincoln）和两个客人一起在包厢里看演出。他发现包厢没有守卫。华盛顿警察约翰·F. 帕克尔（John F. Parker）陪同林肯到了包厢，但布斯来的时候帕克尔没有守在林肯身边。有人说帕克尔可能溜去喝酒了。晚上10点15分，布斯走进包厢，闩上门。这时，舞台上一个非常有趣的场景逗得观众大笑，布斯趁机用他那把点四四德林

行刺动机

“行刺”一词指的是以突袭方式谋杀一个人（通常是公众人物）。行刺政治领袖的动机是要把他们赶下台，因此行刺通常是为了对付暴君统治。

行刺因此通常发生在社会和意识形态强烈分化的社会里，孤胆刺客从大众中挺身而出，用暴力手段表达他们对现状的不满。有的刺客单独行动，有的以叛乱团体为单位行动，他们的目的都是制造混乱。

有的刺客由于不赞成某些公众人物的信念而对他们下手。1968年，詹姆斯·厄尔·雷刺杀马丁·路德·金就是因为种族主义动机。有的刺客和被害人之间没有私人宿怨，也没有意识形态的严重分歧，他们只不过是武器，被有权有势者或组织雇来清除异己。

> 选票比子弹更有力量。
>
> ——亚伯拉罕·林肯

布斯计划绑架林肯总统，要挟他释放邦联士兵。

他没能实施自己的绑架计划。

林肯发表演讲支持给予黑人一定的选举权，布斯非常生气。

林肯在1864年11月连任。

1865年4月，南部向联邦投降，结束了内战。

布斯想出了刺杀林肯总统的计划。

格手枪朝林肯后脑勺开了一枪，子弹射入总统右耳后部，卡在右眼后部。布斯，这个曾经的演员，扔掉手枪，高兴地大叫："Sic semper tyrannis!"。这句拉丁文意思是"这就是暴君的下场"，完整句子是"这就是我会给暴君带来的下场"，是布斯的第二故乡弗吉尼亚州的格言。观众里一些人说布斯还大喊："给南方报仇了！"

趁布斯作秀的时候，包厢里的客人迅速做出反应。一个客人冲向刺客，布斯挥刀砍伤了他的手臂，然后纵身从包厢跳到舞台上，没想到却因靴刺被一面旗子挂住而尴尬摔倒，摔断了左腿胫骨。不过，他还是跑了出去，成功与外面的同伙接头，骑马逃走。马是剧院工人，他的同伙埃德曼·斯潘格勒（Edman Spangler）事先准备好的。

受伤的林肯总统被送到街对面，他的家人和六个医生为他守夜。林肯一直昏迷，再也没有醒来。第二天早上7点22分，遇刺9小时之后，总统离世了。

举国上下悲痛万分，当局开展了对布斯的大搜捕，赏金100万美元。刺客正在潜逃。他先是去塞缪尔·穆德（Samuel Mudd）医生那里，医生给他接了骨。军队在华盛顿周围搜索，布斯和同伙塞缪尔·穆德在马里兰一个沼泽附近躲了几天，然后前往弗吉尼亚。

约翰·威尔克斯·布斯出生于戏剧世家，曾是美国最受欢迎的演员之一，以激情表演、经常抢戏而著称。

> 所有在场的人都站起来，冲向舞台……
>
> ——美联社

著名逃犯

躲起来的布斯每天都看给他送的报纸。他期待读到公众对他的同情，但失望地发现人们把他视为暴徒，而不是英雄。布斯很快得知一些同伙被抓了。乔治·阿泽罗德（George Atzerodt）本来要刺杀副总统的，却临阵畏缩，反而把自己灌醉了。而迈克尔·欧拉伦

（Michael O’Laughlen）本来要行刺战争部长埃德温·斯坦顿（Edwin Stanton），同样因为害怕而掉了链子。路易斯·鲍威尔（Lewis Powell）本来要刺杀威廉·西沃德，虽然给国务卿的面部和背部造成重伤，但没能杀死他。布斯是唯一行刺成功的人。

当局通过布斯同伙追踪他，判断玛丽·苏拉特（Mary Surratt）的一处出租房是凶手的窝点。巧的是，路易斯·鲍威尔在苏拉特被询问的时候来到这所房子，两人都被逮捕。

4月26日，布斯和大卫·赫洛德（David Herold）被联邦军队追踪到弗吉尼亚波特罗亚尔外面农场的烟草仓里。赫洛德投降，但布斯选择待在仓里。军队点燃了谷仓，希望能把布斯逼出来。

> **我的灵魂太伟大，不能像个犯人一样死去。啊，愿上帝宽恕我，让我慷慨就义。**
>
> ——约翰·威尔克斯·布斯

火越烧越旺，一个士兵开枪打中布斯的脖子，据说是因为凶手举起枪好像要射击。无论谁开的最后一枪，结果都是确定的：布斯被从谷仓里拖出来，几小时后死去。

审判和行刑

1865年5月和6月，林肯总统遇刺案8名被告由军事委员会审判。其中几人密谋绑架总统未遂，但在行刺中也没发挥什么作用。在七周的审判中，有371名证人作证，有7名被告被以至少一项罪名定罪。

玛丽·苏拉特、路易斯·鲍威尔、乔治·阿泽罗德和大卫·赫洛德被判死刑。塞缪尔·穆德医生被判终身监禁。迈克尔·欧拉伦被判终身监禁，服刑两年后死于黄热病。埃德曼·斯潘格勒被判6年徒刑。■

布斯的4个同伙在1865年7月7日被处以绞刑。其中玛丽·苏拉特是第一个被联邦政府处死的女性。

德雷福斯是无辜的。我发誓！我用性命和荣誉发誓！

德雷福斯事件，1894年

背景介绍

地点

法国巴黎

主题

冤枉

此前

1431年 圣女贞德因巫术和异端被判刑，英国人把她烧死。该指控后来被推翻，法国人追封她为圣女。

此后

1974年 格里·康伦（Gerry Conlon）和另外三人被英国法院冤枉为爱尔兰共和军成员，被控在英格兰吉尔福德的一家酒吧实施爆炸案。他们在1989年被释放。

1984年 达里尔·亨特（Darryl Hunt）再次被冤枉在北卡罗来纳杀害黛博拉·赛克斯（Deborah Sykes），服刑近20年后才被释放。

1999年 在爱尔兰，曾为修女的诺拉·沃尔（Nora Wall）被冤为强奸犯，判终身监禁。服刑四天后，冤情得雪。

1894年，阿尔弗雷德·德雷福斯（Alfred Dreyfus）是法国军队上尉。他是犹太裔，出生在法国的德语区阿尔萨斯。当时，德国驻巴黎大使馆的一名法国间谍发现一大片写有笔记的碎纸，笔记详细说明了一名匿名法国军官出售军事机密的事，这就是所谓“德雷福斯事件”的开端。

当局很快对德雷福斯起了疑心，因为他经常去德军控制的米卢斯。法军情报机构“统计处”找来一个笔迹学家来检查字条上的笔迹。这名专家称字条上的笔迹和德雷福斯的大相径庭，肯定是“自己伪造”的，也就是说德雷福斯故意伪装自己的笔迹。虽然听起来十分可疑，警方还是逮捕了德雷福斯。这起案件引发了公众和媒体对犹太人的强烈反感。

德雷福斯接受军事法庭审判，被以向德国人泄露机密为由判罪。但是，法庭一直不允许他查看指控他的证据。为了让他在人民面前无地自容，政府要求德雷福斯在公众面前游行，游行的时候围观群众大喊：“犹太去死！犹太人去死！”然后，他被判终身监禁在法属圭亚那臭名昭著的魔鬼岛上。

> 至少给我看一件能证明我犯下你们所说的恶行的证据。
>
> ——阿尔弗雷德·德雷福斯

证据不充分

从事件开始，人们就分成了两派，一派坚信德雷福斯是间谍，另一派认为仅根据犹太人的身份判他有罪太草率。德雷福斯被定罪两年后，新的情报机构主任乔治斯·皮卡尔（Georges Picquart）发现指向另一个法国军官的证据，少校费迪南·沃尔申·埃斯特拉齐（Ferdinand Walsin Esterhazy）

参见：让·卡拉斯 203页，莉兹·波登 208~211页。

1895年，在巴黎，阿尔弗雷德·德雷福斯上尉被冤为叛徒后投入监狱。军队用扯掉他制服上的勋章等方式来羞辱他。

才是真正的叛徒。皮卡尔被要求三缄其口，很快被送往国外，并因莫须有的罪名入狱。然而，关于埃斯特拉齐可能犯罪的传闻越来越多。1898年，他受到军事法庭秘密审判，但很快被判无罪，并被允许逃到国外。

这时，作家爱弥尔·左拉开始调查德雷福斯一案。他写了一封公开信给法国总统，详述德雷福斯的清白，并大胆控告军队掩盖事实，排斥犹太人。

军事法庭第二次审判

巴黎《震旦报》（*L'Aurore*）发表了左拉的信件，头版大标题为“我控诉……”。左拉想让政府逮捕并起诉他，这样德雷福斯案件真相就能水落石出。他的愿望成真了，左拉被捕，被因诽谤定罪。之后，左拉逃到英格兰，继续为德雷福斯辩护，直至入狱。1899年，由于来自左拉和其他学者的压力，德雷福斯第二次走上军事法庭。他再次被判有罪，但“可以减轻罪行”。

为了挽回面子，新任法国总统埃米勒·卢贝赦免了德雷福斯，表示其可以重获自由，条件是不能说自己是清白的，而且不能在军队里恢复原职。由于不想再回到魔鬼岛，德雷福斯同意回去与家人团聚。

德雷福斯在官方口径中仍然有罪，但冤屈开始得到昭雪。1906年7月，民事法庭最终宣布对德雷福斯的判决无效，德雷福斯无罪。德雷福斯在军事法庭一直没有得到无罪判决。但是，1918年，就在他被剥夺制服和军刀的同一地点，他得以恢复原职，并被授予荣誉军团勋章。■

军事法庭

军事法庭是军队里用来伸张正义、执行军纪的法庭。军事法庭可以追溯到古罗马，当时举行了一些最早的军事审判来向罗马军队严明纪律。在美国，军事法庭是最古老的法庭，可以追溯到美国革命之前。国会在1775年根据英国军事条令实施了《军法条例》。在英国，几个世纪以来，军事行为一直通过英国王室总管和典仪大臣组成的法庭得到规范。军事法庭在2009年才成为常设法庭。

军事法庭在战争时期更加普遍，用来审判士兵在战场上的行为。查尔斯·李（Charles Lee）将军在1778年蒙茅斯战役中因为畏缩不前而被审判，威廉·卡利（William Calley）中尉因在越南美莱村组织大规模屠杀无辜越南平民而被审判。

如果沾了我的血，他们的手就会永远肮脏

拉斯普京遇刺案，1916年

背景介绍

地点

俄罗斯圣彼得堡

主题

无政府主义者行刺

此前

1909年 无政府主义者西蒙·拉多维茨基（Simón Radowitzky）用自制炸弹炸死阿根廷国家警察局长拉蒙·洛伦佐·法拉康。

1911年 左翼革命分子德米特里·博格罗夫（Dmitry Bogrov）在基辅剧院刺死君主主义者、俄国总理彼得·阿尔卡季耶维奇·斯托雷平。总理之死拉开了俄国革命的序幕。

此后

1919年 德国民族主义者安东·阿尔科瓦里（Anton Arco-Valley）刺死巴伐利亚社会主义领袖库尔特·艾斯纳（Kurt Eisner），结果却导致巴伐利亚苏维埃共和国成立。

1916年12月19日，格里戈里·叶菲莫维奇·拉斯普京（Grigori Yefimovich Rasputin）的尸体在俄罗斯首都圣彼得堡大彼得桥以西140米处被发现。这位神秘的治疗师死后不久，沙皇尼古拉二世及其家人也被残忍杀害。

年轻时，拉斯普京被认为孤僻古怪。他因酗酒、打架、性骚扰村里姑娘而受到指控，但却拥有能够使激动的动物平静下来的能力，有一次还用“千里眼”发现一个偷马贼。23岁时，拉斯普京离家前往维尔霍图里耶的一个修道院，在

参见：佩蒂纳克斯遇刺案 304页，德雷福斯事件 310~311页，毒杀亚历山大•利特维年科 326~331页。

格里戈里·叶菲莫维奇·拉斯普京出身于塞尔维亚一个农民家庭，凭借自己的男性魅力、感召力和高超的信仰治疗术一举成为俄国社会颇具影响力的人物。

那里自学读写，成为一名教徒。从此，他成了一名有信仰的流浪者。

当时，罗曼诺夫王朝最后一位沙皇尼古拉二世在位，社会尤其动荡。他的麻烦开始于1896年的“贺登灾难”。在郊外广场上举行的加冕仪式狂欢中发生了踩踏事故，造成1389人死亡。尼古拉不想参加在法国大使馆举行的吊唁逝者活动，但其叔叔强迫他参加。因此，公众认为沙皇冷血，不通人情。当尼古拉拒绝和支持君主立宪制的人谈判时，他的名声再次一落千丈。

声名鹊起，势不可当

拉斯普京在1903年到达圣彼得堡。古鲁（精神导师）和神秘主义在当时非常流行，人们纷纷邀请这位神僧参加社交宴会。在那些宴会上，拉斯普京用他的灵媒术博得了贵族妇女的青睐。

但是，尼古拉的好运气已经耗尽。俄国在1904—1905年日俄战争中失败，失去了整个海军和对中国东北的控制。1905年1月22日，皇家卫队士兵朝手无寸铁走向冬宫的示威者开枪，造成约1000人死亡。这一事件被称为“流血星期日”，引发了一系列武装起义、大规模袭击和自杀性爆炸。尼古拉决定暴力镇压这些起义，这对他摇摇欲坠的名声来说无疑雪上加霜。

1905年，尼古拉和拉斯普京终于见面了。当时，这位神秘主义治疗师被引荐给亚历山德拉皇后。皇后认为信仰治疗和招魂可以治愈患有先天性血友病的儿子阿列克谢（Alexei）。拉斯普京以巨大的魅力很快得到罗曼诺夫家族的宠爱。他自称能够治愈王子，因此获得了不可或缺的地位。皇后尤其为他着迷，她给拉斯普京写信倾诉自己如火的热情，这些信件后来被认为是赤裸裸地表达性欲。拉斯普京总是吹嘘他和罗曼诺夫家族的特殊关系，还拿着亚历山德拉的信

> 拉斯普京的出现和他造成的影响导致了俄国社会的堕落。
>
> ——米哈伊尔·罗江科
> (Mikhail Rodzianko)

尼古拉二世家族是罗曼诺夫王朝的末代皇室。沙皇、皇后、儿子阿列克谢和女儿（从左到右）玛丽（*Marie*）、奥尔加（*Olga*）、塔季扬娜（*Tatiana*）和阿纳斯塔西娅（*Anastasia*）被一起处死。

到处炫耀。

因此，拉斯普京很快成为俄罗斯所有问题的替罪羊，人们说他给皇室造成了邪恶的影响，导致皇室堕落。1914年夏，一名叫辛妮亚·古塞娃（Chionya Guseva）的女子认为他反基督，持刀划破拉斯普京的腹部，留下一个36厘米的伤口，肠子都流出来了。

拉斯普京在医院恢复的时候，欧洲形势越来越紧张，协约三国和同盟国的战争一触即发。拉斯普京给沙皇发了一封凶兆电报，警告说他预见到一片泪水的汪洋，他们终将落得惨死的下场。然而，沙皇没听他的话，在8月1日开启了与德国和奥匈帝国的战争。

敌军向东前进，几百万俄国士兵被杀。公众又一次把这归咎于拉斯普京。

拉斯普京继续预言。1916年，拉斯普京坚信自己很快会死。他在12月7日写了一封慷慨激昂的信给罗曼诺夫家族，说如果他死于皇室成员之手，那么没有一个皇室子嗣或贵戚能比他再多活两年。

可怕的预言

这封信寄出9天后，沙皇唯一侄女的丈夫、亲王费利克斯·尤苏波夫（Felix Yusupov）来到拉斯普京家。亲王向拉斯普京求助，说他妻子伊琳娜（Irina）公主头痛欲裂，需要立即治疗。先前内政大臣亚历山大·普洛特波波夫（Alexander Protopopov）听闻了一些针对这位神僧的阴谋，因此警告他务必待在家里，但拉斯普京还是同意跟尤苏波夫走。

到达尤苏波夫的家莫伊卡宫时，亲王把拉斯普京带到“游艺室”。这个房间其实是酒窖的一部分，经过装饰，看上去像经常使用的样子。尤苏波夫告诉拉斯普京，他妻子在主持一个宴会，让他先等着，给他马德拉葡萄酒和蛋糕享用。然而，食物和饮料里被掺了氰化物。宫殿里的其他客人只有德米特里大公（Grand Duke Dmitri Pavlovich）、普利希克维奇议员（V. M. Purishkevich）和斯坦尼

毒理学

毒理学的先驱是16世纪的帕拉塞尔苏斯（Paracelsus），这是一门研究毒物和药物的科学。毒理学报告可以给警方提供证明死因的线索，从而佐证或驳斥嫌疑人的陈述。

法医毒理学和临床毒理学不同，前者研究尸体，后者研究仍然在世的、有药物或毒物相关症状的病人。法医毒理学测试检测尿样和来自身体不同部位的血样。来自股静脉的血液和来自心脏的血液毒物浓度不同，这可以让毒理学家有全面的认识。组织样本可以从肝脏、大脑、肾脏和玻璃体（位于眼球）中采集。胃含物和胆汁也要检查。通过免疫测定等技术可以让抗体找到毒物。这些技术可以用来筛查所有样本，并确定每种物质的浓度。

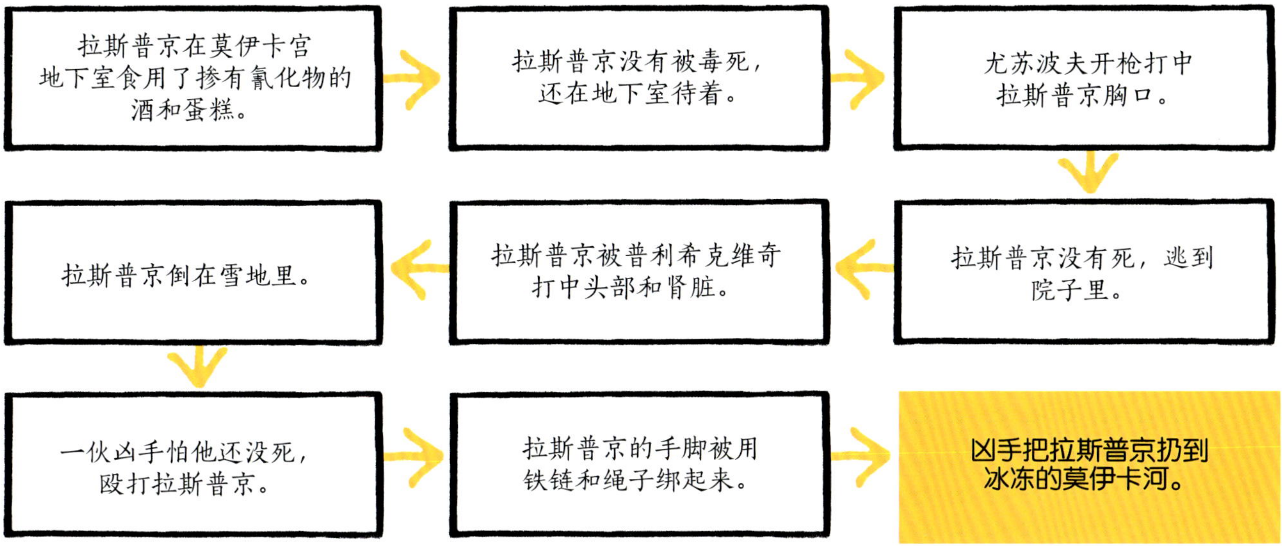

斯拉斯·德·拉佐维特（Stanislas de Lazovert）医生，这三人都想终结拉斯普京对王室的控制。

尤苏波夫走了，让拉斯普京一个人待在房间里，但他回来时神僧还活着，毒杀计划失败了。于是，尤苏波夫再次离开，来到楼上。大公给他一把左轮手枪。尤苏波夫回到地下室，开枪打中神僧的胸口。拉斯普京倒在地板上。尤苏波夫大喜过望，冲上楼宣布拉斯普京已死。

几人兴高采烈地前往地下室查看，却发现拉斯普京不见了。他们循着血迹追到院子里，发现他朝门口一瘸一拐地走去。普利希克维奇举起左轮手枪连发四枪，打穿了他的肾脏。拉斯普京倒在雪地里，一人开枪打穿了他的头。四人对拉斯普京拳打脚踢，把他绑起来扔到半冻的河面上一个冰窟窿里。

预言成真

第二天，拉斯普京的女儿玛利亚（Maria）联系皇后，说父亲昨天去尤苏波夫宫治疗伊琳娜的头痛后再也没回来。亚历山德拉知道伊琳娜不在城里，于是立即开始调查神僧失踪案。

在尤苏波夫宫，警方在后门附近发现血迹，尤苏波夫说那是一条狗的。在大彼得桥边的护墙上发现更多血迹，以及拉斯普京的一只胶套鞋。12月18日，用“乌氏检血法”检测后，显示后门台阶上的血来自人类。尤苏波夫和德米特里大公被软禁。

拉斯普京的尸体在12月19日被发现。尸检发现，在第三颗子弹穿过大脑额叶后，他立即毙命。然而，尸体中没发现有氰化物残留。

一周后，尼古拉二世没有经过审判就将尤苏波夫和德米特里大公流放。他们杀了拉斯普京，却没能挽救罗曼诺夫家族。1917年，尼古拉被迫退位，同年10月，布尔什维克掌权。罗曼诺夫家族被软禁在圣彼得堡一所房子中。1918年7月17日，罗曼诺夫家族成员遭行刑队射杀。拉斯普京的黑暗预言成真了。■

> 没有拉斯普京，就没有列宁。
>
> ——亚历山大·克伦斯基（Alexander Kerensky）

一定另有隐情

约翰·肯尼迪遇刺案，1963年11月22日

背景介绍

地点

美国得克萨斯州达拉斯

主题

枪杀美国总统

此前

1881年 詹姆斯·A.加菲尔德总统就职4个月后，被伊利诺伊州作家和律师查尔斯·J. 吉特奥（Charles J. Guiteau）枪杀。

1901年 曾在密歇根州当钢铁工人的里昂·乔戈什（Leon Czolgosz）枪杀总统威廉·麦金莱，同年被处死。

1912年 西奥多·罗斯福在连任竞选时被理发店老板约翰·F. 施兰克（John F. Schrank）开枪打中，口袋里的演说笔记救了他的命。

此后

1975年 萨拉·简·穆尔（Sara Jane Moore）朝杰拉尔德·福特开枪，差一点击中。

1963年11月22日中午12点30分，总统约翰·菲茨杰拉德·肯尼迪和第一夫人，得克萨斯州州长约翰·康纳利（John Connally）和康纳利的妻子内莉（Nellie）乘坐敞篷豪车穿过达拉斯迪利广场。得克萨斯州内对总统有些怨言，因此肯尼迪这两天的访问非常重要，他热切希望尽可能消除人们的恐惧。他的车队沿着埃尔姆大街下行的时候，枪声响起。一枚子弹打中肯尼迪的颈部，接着另一枚打穿了他的头。肯尼迪下午1点在帕克兰纪念医院被宣布死亡。市民亚伯拉罕·泽普鲁德（Abraham Zapruder）用家用摄像机录下这一场面，后来几百万人得以见证这令人震惊的事件的过程，但围绕肯尼迪之死仍然流传着许多谣言和猜测。

> 上帝啊，他们想把我们杀光！
>
> ——康纳利州长

官方口径

官方称，当时坐在街对面教科书仓库大楼的目击者霍华德·布雷南（Howard Brennan）看到一名手持步枪的男子从大楼十六层角落的窗户开枪射击。开枪几分钟后，布雷南走到警察跟前告诉他所看到的景象。五楼的员工哈罗德·诺曼（Harold Norman）也向警方报告，说他听见枪声和子弹从楼上射出的声音。六楼因为在铺新地板而空无一人。

根据这些线索，达拉斯警察局在12点30分到12点50分封锁了大楼。约下午1点3分，警方开始对仓库大楼员工进行点名，发现曾叛逃到苏联的临时工李·哈维·奥斯瓦尔德（Lee Harvey Oswald）不见

李·哈维·奥斯瓦尔德

在不同人眼中，奥斯瓦尔德的形象不同。有人觉得他天真易受骗，有人觉得他心理有问题，渴望出风头，还有人觉得他是为政府机构执行阴谋行动的特工。奥斯瓦尔德于1939年10月18日在新奥尔良出生。17岁之前，奥斯瓦尔德住过22个不同的地方，转过11次学。

奥斯瓦尔德17岁加入海军陆战队，成为一名雷达操作员。他的童年不幸，但在海军陆战队的生活也没好到哪里。他两次受军事法庭审判，并因为擅自使用点二二手枪误伤自己被降级。

1959年10月，奥斯瓦尔德到达苏联。他透露了自己在海军陆战队得知的机密，希望苏联能以热情接待回报他。然而，他很快厌倦了在莫斯科边缘化的生活，1962年回到美国。1963年，据说他决定通过行刺右翼将军埃德温·沃克尔（Edwin Walker）表达自己马克思主义的政治观点。那次行刺失败了，但他行刺总统却成功了。

参见: 丹尼尔•马克诺顿 204~205页，亚伯拉罕•林肯遇刺案 306~309页，拉斯普京遇刺案 312~315页，阿尔多•莫罗绑架案 322~323页。

了，人们最后一次看见他在大楼里是12点33分。点名过去9分钟后，调查员在六楼东南窗口附近发现三个空弹壳。下午1点22分，卡尔·戴伊（Carl Day）注意到一些箱子中间藏了一把曼利夏-卡尔卡诺栓式步枪。1点15分，达拉斯警官J. D. 蒂皮特（J. D. Tippit）在奥克克利夫东10街遭枪杀。目击者看到凶手匆匆逃离犯罪现场，没停下买票就躲进了得克萨斯剧院。

根据线索，警方来到剧院，他们发现一个和目击者对犯罪嫌疑人的描述吻合的人坐在后排。当警官麦克唐纳德（McDonald）接近那人时，那人跳起来袭击他，还试图掏出枪，但被警官本特利（Bentley）从后面抓住。警官们制服了他，并给他戴上手铐。钱包里的物件证明这人是李·哈维·奥斯瓦尔德，也就是点名时不在教科书仓库大楼里的员工。

> 他们杀了杰克！他们杀了我丈夫！
>
> ——杰奎琳•肯尼迪

泽普鲁德录下的行刺经典画面中，身穿粉色衣服的杰奎琳·肯尼迪坐在豪车后座查看受到致命伤的丈夫的情况。

致命伏击

奥斯瓦尔德立即被捕，并在晚上7点10分被以杀害蒂皮特警官为由指控。第二天凌晨1点，他也被以杀害肯尼迪总统为由指控。11月24日上午，奥斯瓦尔德在达拉斯警察局总部的地下停车场遭到伏击。在他正被转移到县监狱的时候，夜店经理杰克·鲁比（Jack Ruby）近距离击中他的腹部。在他那著名的被害人死去后，奥斯瓦尔德在几天后也以同样的方式被杀。

在达拉斯停车场，杰克·鲁比从等着见奥斯瓦尔德的记者和摄像师中挤出来。一个摄影师抓拍到鲁比杀奥斯瓦尔德之前的画面。

鲁比一会儿说他杀奥斯瓦尔德是为了不让前第一夫人杰奎琳·肯尼迪（Jacqueline Kennedy）出席审判，免得再受痛苦，一会儿说是因为他对奥斯瓦尔德深感愤怒，一会儿又说是为了救赎达拉斯城。鲁比被以谋杀定罪，后来被推翻，但他在新庭审之前在狱中死于肺栓塞。

后果

林登·B. 约翰逊在肯尼迪死后立刻在“空军一号”专机上宣誓就职。在他开始担任武装部队总司令的头几天，围绕达拉斯事件的猜测蔓延开来。约翰逊立刻任命沃伦委员会调查刺杀案，安抚公众情绪。调查10个月后，委员会得出结论说奥斯瓦尔德是单独行动的，他用那把曼利夏-卡尔卡诺栓式步枪从仓库大楼的窗户开枪，8秒内连发三枚子弹。三枚子弹都是从被害人后方发射的：第一枚没打中；第二枚从总统上背部射入，从喉咙射出；第三枚打中后脑勺，是致命一击。然而，公众对调查结果并不满意。

> 头部右后那一块不见了，掉在车后座。他脑浆四溅……
>
> ——克林特·希尔

阴谋论

肯尼迪遇刺案无疑是20世纪以来，甚至也许是有史以来，引发了最广泛和热烈争论的案件。2013年美联社组织的投票显示，59%的美国人认为总统遇刺背后隐藏着涉及多人的大阴谋，24%认为奥斯瓦尔德是单独行动的。10年前，盖洛普民调显示，75%的美国人相信阴谋论。美国政府内部甚至也意见不一。

1979年，美国众议院为调查肯尼迪和马丁·路德·金遇刺案而成立的特别调查委员会得出了和沃伦委员会不同的结论。虽然特别调查委员会同意沃伦委员会报告的大部分内容，但他们确信除奥斯瓦尔德之外还有一个人发射了第四枚子弹，暗示案件背后有更大的阴谋。

阴谋论指向官方口径中的一些漏洞。其中一个主要论点怀疑政府关于所有子弹都由一个枪手从被害人后方射出的说法。很多人发现，泽普鲁德录像中总统的头向后并向左倒，说明致命一击来自右前方。

一些阴谋论者称在迪利广场的“草丘”里还有第二个枪手。阴谋论者还说，第二枚子弹——打中肯尼迪和康纳利州长的那枚——是“魔术子弹”，因为它的路径似乎不符合物理定律。

阴谋论者的异议得到了8名医生的支持，他们说观察到肯尼迪喉

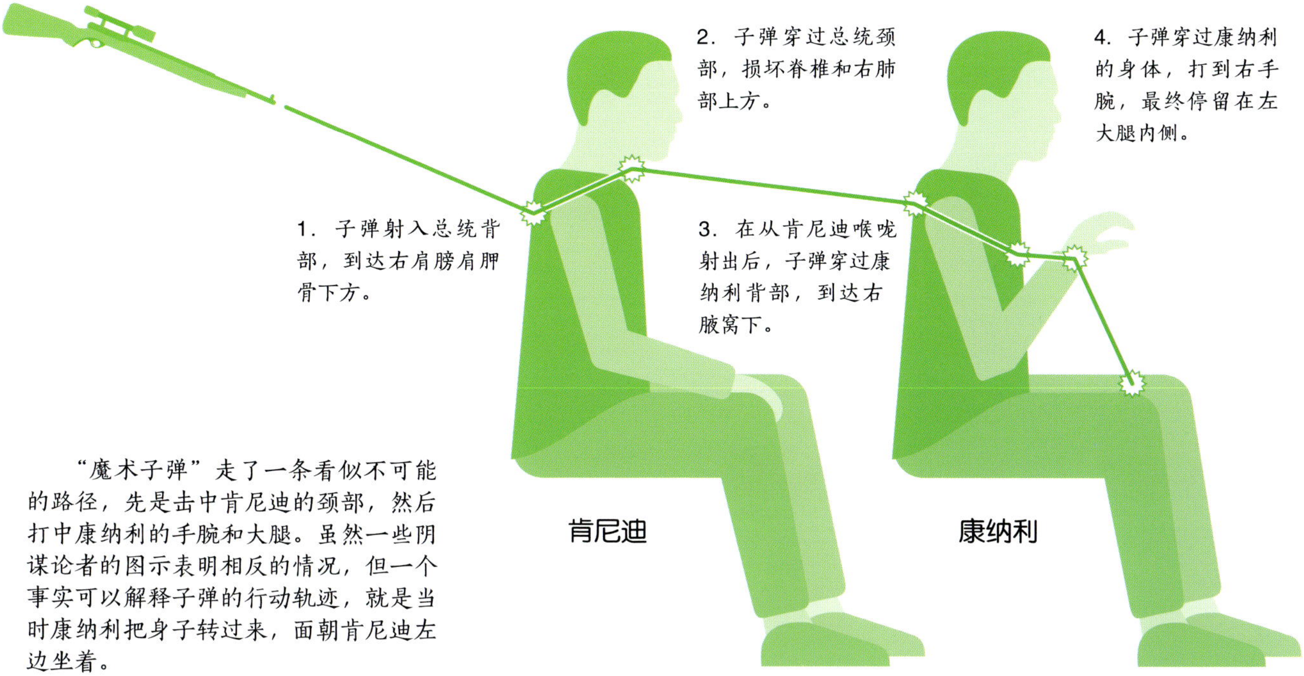

“魔术子弹”走了一条看似不可能的路径，先是击中肯尼迪的颈部，然后打中康纳利的手腕和大腿。虽然一些阴谋论者的图示表明相反的情况，但一个事实可以解释子弹的行动轨迹，就是当时康纳利把身子转过来，面朝肯尼迪左边坐着。

咙下前方有个射入口，而颅骨后部有个出口。该论断被得克萨斯州创伤治疗中心的一名急诊室护士、一名放射技师和两名验尸官证实，由于经常治疗枪击案被害人，他们擅长分析子弹伤口。

特勤局特工克林特·希尔（Clint Hill）当时在肯尼迪车队里驾驶，他起初向沃伦委员会报告说：“血太多了，除了后脑勺那个大大的伤口外，看不出有没有其他伤口。”希尔后来改变了想法，认为可能有第二个伤口。

一些人相信奥斯瓦尔德是单独作案，但仍认为其中有阴谋。中情局、特勤局，以及外国政府都被认为组织了谋杀案。■

“公众一定会对奥斯瓦尔德是刺客这个事实满意。”

——尼古拉斯·卡岑巴赫（Nicholas Katzenbach）

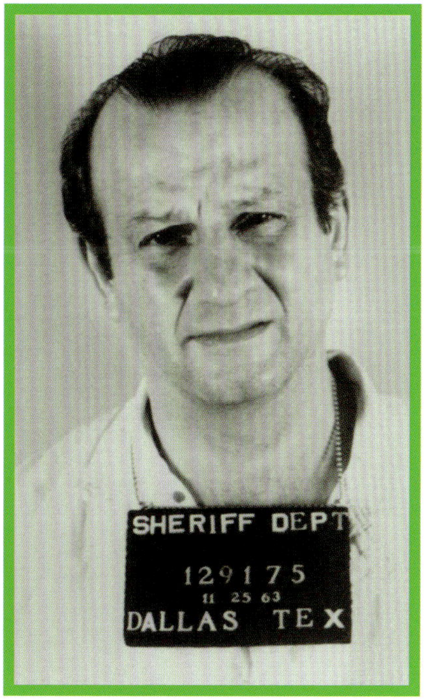

杰克·鲁比的入案照。他枪杀了奥斯瓦尔德。阴谋论者认为他枪杀奥斯瓦尔德是为了阻止其泄露关于更大阴谋的秘密。

我最后一次吻你

阿尔多·莫罗绑架案，1978年3月16日

背景介绍

地点
意大利罗马

主题
激进组织杀人

此前
1881年3月 俄国沙皇亚历山大二世被民意党（Narodnaya Volya）成员投掷的炸弹炸死。

1914年6月28日 秘密组织“黑手”（Black Hand）成员，无政府主义者加夫里洛·普林西普（Gavrilo Princip）在萨拉热窝刺杀奥匈帝国弗朗茨·斐迪南大公。

此后
1986年10月 西德外交官杰罗尔德·冯·布劳恩莫尔（Gerold von Braunmühl）遭游击组织刺杀。

1989年8月 黑豹党（Black Panther Party）创始人休伊·牛顿（Huey Newton）被加州奥克兰的黑色游击队家族成员杀害。

1978年3月16日，4个红色旅（Red Brigades）成员在罗马伏击了阿尔多·莫罗（Aldo Moro）的车队。武装恐怖分子用冲锋枪向护送莫罗的车队发射了91枚子弹，其中40多枚打中了保镖和警官，这些人无一幸免。恐怖分子用枪指着莫罗，活捉了他。

莫罗是意大利战后在位时间最长的总理。从1963年到1976年，他五次连任。1978年，为结束政府危机，他提出在自己的基督教民主党和对手意大利共产党之间建立联合政府。这所谓的“历史性妥协”把双方都激怒了。但是，莫罗仍然赢得当年的选举，再次成为总理。

红色旅是极左翼的恐怖组织，希望通过一系列爆炸、刺杀和绑架行动在意大利开启共产主义革命。红色旅元老雷纳托·库乔（Renato Curcio）等被捕后，他

总理性命价值几何？

红色旅在1978年4月提出用雷纳托·库乔等14个左翼囚犯来换莫罗。

参见：林德伯格幼子绑架案 178~185页，亚伯拉罕·林肯遇刺案 306~309页，英格丽德·贝当古绑架案 324~325页。

1978年3月17日，莫罗站在红色旅的旗帜前。那天，红色旅对莫罗进行“人民审判”，有意和在都灵的红色旅囚犯受审时间一致。

们把广受欢迎的莫罗视为下一个目标，于是在莫罗的车队前往下议院的路上绑架了他。

要求遭拒

莫罗绑架案发生一周后，红色旅宣布对此事负责，威胁自己的要求不能得到满足就要撕票。然而，意大利政府的决定惹人争议，他们坚决拒绝谈判。尤其是意大利共产党，公然拒绝接受恐怖分子的要求，宣称如果要求得到满足，他们就不加入联合政府。

莫罗本人写了许多信，请求政府营救他，他的家人、支持者甚至教皇保罗六世都写信呼吁。警方在全国搜寻莫罗的过程中，逮捕了几百名恐怖分子嫌疑人，但无法找到有关莫罗行踪的有力线索。

4月15日，红色旅宣布他们已经判处莫罗死刑。莫罗知道自己必死无疑，给妻子寄了最后一封信。由于落难之时被自己的政党同僚抛弃，他拒绝他们参加他的葬礼。两天后，1978年5月9日，莫罗被红色旅头目马里奥·莫雷蒂（Mario Moretti）杀害。根据匿名人士提供的线索，警方在罗马历史中心区附近的卡车里找到了莫罗的尸体，尸体上满是弹孔，他的胸膛被打了11枪。

找到凶手

莫罗死后，更多恐怖分子嫌疑人被捕。意大利政府为没有解决好此事感到难堪，在1980年采取了抓捕凶手的新措施。对于表示悔过并供出同伙的人，政府给予宽大处理。

尽管有这些措施，杀死莫罗的元凶仍然没有被抓到。直到1981年4月，警方对意大利北部进行大规模搜索，终于在米兰和帕维亚之间的一座农场上抓到了马里奥·莫雷蒂。他被判处6个终身监禁。■

> **他知道一切都结束了。我没骗他。我只是告诉他要自己做好准备，因为我们必须上路了。**
>
> ——马里奥·莫雷蒂

保卫政客

保卫高级别政客、政府官员或军人的保镖要宣誓不惜性命以保卫对方。所有重要政客都会受到保镖的保护，保镖通常由所属政府部门委派，但也有些是政客自己，尤其是退位的政客雇佣的。

一些国家有忠诚的安保队伍来保护最有影响力的公民，如美国特勤局保护总统，瑞士卫队保护教皇。

保镖策划疏散路线、侦察场所的疏散路线和潜在威胁，并在客户日常活动的时候陪伴左右。保镖身强力壮，通常是执法机构成员或退伍军人。他们通常受到使用武器、战斗和急救方面的训练，一些保镖也擅长探测炸弹等领域。

我们身处暴行之中

英格丽德·贝当古绑架案，2002—2008年

背景介绍

地点

南美哥伦比亚

主题

政治绑架

此前

1970年10月 英国外交官詹姆斯·克罗斯（James Cross）和魁北克政客皮埃尔·拉伯特（Pierre Laporte）被魁北克解放阵线绑架。拉伯特被杀，克罗斯在1970年12月获释。

1973年8月 后来成为总统的韩国政治家金大中遭到绑架，被劫持42天。

1981年12月 意大利组织“红色旅”在维罗那绑架了美国詹姆斯·多齐尔（James Dozier）将军。

此后

2010年5月 墨西哥政客迭戈·费尔南德斯·德·塞瓦略斯（Diego Fernández de Cevallos Ramos）被左翼反叛分子劫持7个月。

哥伦比亚丛林深处，一场残酷的游击战争正在进行。一支武装力量——哥伦比亚革命武装力量——暗中谋划着下一场袭击。

6年来，对哥伦比亚前总统候选人英格丽德·贝当古（Ingrid Betancourt）来说，丛林像监狱一样囚禁着她和竞选经理克拉拉·罗哈斯（Clara Rojas），以及其他一小部分人质。这些人质被关在笼子里，在泥地上铺的油布上睡觉，在河里洗澡，周围都是巨蟒、昆虫和致命的食肉动物。他们吃的是粗茶淡饭，因此营养不良。虽然生活艰难，但贝当古从没失去希望，坚信自己总有一天会被救出去和家人团聚。

完美履历

英格丽德在法国长大，1989年在哥伦比亚定居，父亲加布里埃尔·贝当古（Gabriel Betancourt）是一名外交官，曾任哥伦比亚前教育部长和联合国教科文组织助理干

生存原则

无论被恐怖组织、单独绑匪还是敌军劫持，专家称几条基本生存原则可以帮助人质幸存下来。首先是服从绑匪。迅速服从命令可以赢得绑匪好感。无论在多大程度上违反绑匪规定，都会被施以严酷惩罚。

虽然身体通常可以应对极端挑战，精神力量也同等重要。为了在囚禁所处的精神压力中幸存下来，人质可以去发现秘密，在对付绑匪过程中得到一些小小的胜利，或者在被允许和家人交流或写信时传递加密信息。

在囚禁中，人质通常会遭受严重的情感创伤，带来长期的精神影响。不同于英格丽德，有些人质会经历斯德哥尔摩综合征，对绑匪产生强烈的依赖性，甚至拒绝当局对他们的救援。

参见: 宝嘉康蒂绑架案 176页, 帕蒂•赫斯特绑架案 188~189页, 阿尔多•莫罗绑架案 322~323页。

被囚禁在丛林中的时候，英格丽德瘦得像皮包骨，健康很差。这张图片截自营地里拍的录像，是从一个被抓获的游击队员身上缴获的。

事。英格丽德是和平主义者，致力于反腐，1994年当选众议员，1997年创建了自己的政党氧气绿党（Green Oxygen Party），1998年以压倒性胜利当选参议员，2001年开始竞选总统。

竞选人遭俘虏

虽然有人提醒，但英格丽德还是在2002年2月进入反叛分子的领地开展竞选活动。她和克拉拉遭哥伦比亚武装力量游击队绑架。游击队强迫她们弃车，把她们和其他人质绑在一起，从主路带到偏远村庄，并让她们走进雨林。

在6年囚禁中，英格丽德三次尝试逃跑。她沿河游走，然后在雨林里穿行，但没几天又被抓住了。被关押的时候，她遭到殴打，忍受饥饿，在枪口下被迫游行，还经常被以死威胁。

> 这不仅是一场和游击队的战斗，还是和我们自己的战斗。
>
> ——英格丽德•贝当古

英格丽德几乎死于肝炎和疟疾。她身体太差了，甚至2003年7月哥伦比亚武装力量告诉其家人他们会放了她。然而，游击队一直没有履行承诺。

空欢喜，终得救

法国方面的一个救援行动夭折，非但没能把英格丽德带回家，反而激怒了哥伦比亚当局，因为法国没有向他们征求意见。英格丽德的身体状况每况愈下，反叛分子不定时寄出录像带和信件告知其家人她仍然活着。她的丈夫胡安•卡洛斯•勒孔特（Juan Carlos le Compte）害怕哥伦比亚政府的武装救援行动可能逼迫反叛分子杀掉人质，真是度日如年。

同时，在丛林里，克拉拉和一个绑匪好上了，在剖腹产的时候，手术刀仅在烛火上烫了烫以消毒，因此她差点死了。其他人质指控克拉拉和敌人上床，她最终在2008年1月被释放。

英格丽德的自由也马上实现了。2008年7月2日，哥伦比亚军队进入叛军领地，伪装成游击队，甚至穿着标志性的印有切•格瓦拉头像的上衣。他们驾着民用直升机飞入丛林营地，称要带走人质和反叛头子会面，成功在不流血的情况下把英格丽德和另外三个美国人安全带上飞机。

哥伦比亚政府承诺救出其他人质，英格丽德回家了，她的遭遇成为残酷的游击战争的象征。■

凶残无情

毒杀亚历山大·利特维年科，2006年11月

背景介绍

地点

英国伦敦

主题

间谍

此前

1978年9月 乔治·伊万诺夫·马可夫(Georgi Ivanov Markov)在伦敦遇刺,其大腿被凶手用装有蓖麻毒素的雨伞尖刺中。此前,马可夫在1969年从保加利亚叛逃。

1983年 美国中情局特工罗伯特·埃姆斯(Robert Ames)在黎巴嫩贝鲁特美国大使馆爆炸中死亡。

2006年4月 爱尔兰共和军志愿者丹尼斯·唐纳森(Denis Donaldson)的警方线人和军情五处间谍身份暴露,被爱尔兰共和军杀害。

此后

2010年8月 英国军情六处特工加雷思·威廉斯(Gareth Williams)被发现离奇死于伦敦的秘密寓所。

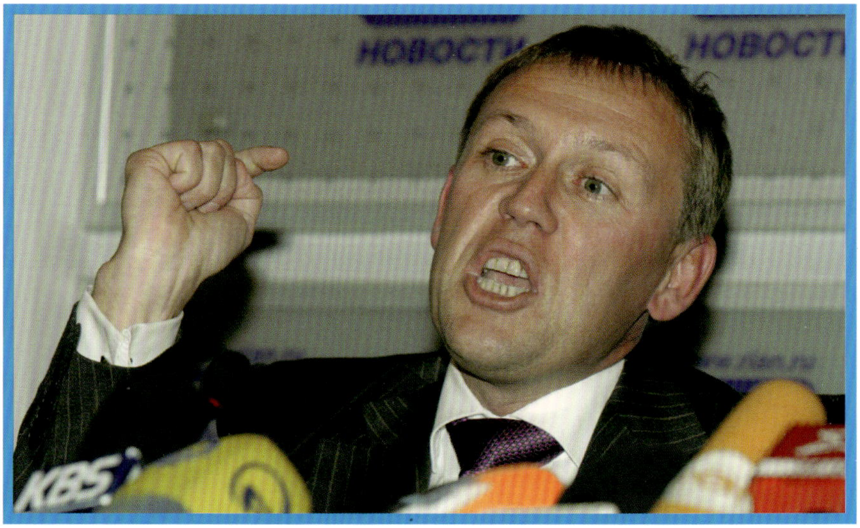

在莫斯科的新闻发布会上,卢戈沃伊的眼神里流露出不服,他坚称自己无辜。他在英国是通缉犯,在俄罗斯却是国家杜马议员。

2006年11月1日,44岁的俄罗斯前特工亚历山大·利特维年科(Alexander Litvinenko)和两名来自莫斯科的男子在伦敦千禧酒店见面。利特维年科下午3点40分到达酒店,两名俄罗斯人已经坐在酒店大堂里松树酒吧的后方,这是酒店闭路电视监控的盲点。

其中一人叫安德烈·卢戈沃伊(Andrei Lugovoi),他点了一壶绿茶,桌子上放着三个空马克杯。卢戈沃伊把剩下的茶递给利特维年科,利特维年科给自己倒了半杯。茶没有加糖,而且很凉,利特维年科只啜饮了几小口。

利特维年科接着和卢戈沃伊及其同伴迪米特里·科夫通(Dmitry Kovtun)简单谈了谈商业投资的事。离开酒店的时候,他还不知道自己必死无疑,因为他刚刚喝下的茶水里掺了放射性毒物钋-210。此时,无论医术多高明的医护人员也救不了他了。

那天晚上,利特维年科感到恶心,开始呕吐。11月3日,他被送到巴尼特医院救治。由于状况迅速恶化,利特维年科11月17日被转送到伦敦大学学院医院。起初,医生认为利特维年科是铊中毒,于是苏格兰场派侦探前去调查。在生命的最后几天,利特维年科在武装警察的守卫下,和警方进行了一系列谈话。他用自己的侦探技能破解了这宗谋杀自己的案件。

国家公敌

曾在俄罗斯联邦安全局任职的利特维年科因批评政府受罚,后来叛逃到伦敦。2000年,他在英国受到政治庇护,被对外军事情报机构军情六处雇佣。

“你要茶的话,这儿还有,你喝点这个吧。”

——卢戈沃伊

参见：平泽贞通 224~225页，哈罗德•希普曼 290~291页，拉斯普京遇刺案 312~315页。

在英国，利特维年科是最直言不讳抨击普京的人。和两个来自莫斯科的人见面时，他在伦敦已经生活了6年。他在那个致命的下午和他们会面交谈，是以为能跟那两人成为商业伙伴。见面后，利特维年科虽然有些怀疑，但还是没有意识到卢戈沃伊和科夫通可能是俄罗斯特工。

临死证词

11月18日，伦敦警察厅专门刑事部的侦缉督察布伦特•海厄特（Brent Hyatt）和探长克里斯•霍尔（Chris Hoar）在伦敦大学学院医院16层的重症监护室询问了利特维年科。

在接下来三天里，利特维年科接受了18场询问，共近9小时。其间，他不得不停下来，因为他的病情越来越严重。

利特维年科自己就是个经验丰富的侦探，他也成了案件的关键目击者。他列出一张嫌疑人清单，排名第一的就是和他一起喝茶的莫斯科人卢戈沃伊和科夫通。那次在酒店的诡异会面令他深感不安。

警方询问了四五个小时后，调查开始有了进展。利特维年科让两位侦探去查看他关于俄罗斯黑帮和普京的重要文件。他确信是俄罗斯总统下达了暗杀他的命令。利特维年科和妻子进行了电话沟通，她在家找到了利特维年科保存下来的卢戈沃伊的照片。卢戈沃伊成了苏格兰场的头号犯罪嫌疑人。

起初，利特维年科没有向警察透露自己军情六处情报员的身份。在向霍尔和海厄特说明自己在本周的活动情况时，他略去了一些事情。被问到后，他不愿意解释自己见了谁、为什么而见，只是给出了助手的电话号码。他的助手马丁（Martin）来到医院，开始调查那两个神秘的俄罗斯人。军情六处的所有调查结果都被列为机密信息。

> **后来我离开酒店的时候，觉得有什么不对。我总感觉他们想杀了我。**
>
> ——利特维年科

利特维年科认为暗杀是受俄罗斯政府指使，他希望至少卢戈沃伊和科夫通会被逮捕，并为他们的所作所为接受制裁。利特维年科想把自己的经历公之于世，他在11月19日接受了《星期日泰晤士报》（*Sunday Times*）记者大卫•莱帕德（David Leppard）的采访。

第二天，利特维年科的情况急剧恶化，心律失常、器官衰竭。奄奄一息的利特维年科最后一次接受警方询问，看来他已经时日无多了。

11月20日，利特维年科让

利特维年科

利特维年科出生于俄罗斯，18岁被外交部录取。1986年，他被苏联国家安全委员会（克格勃）的反间谍部门雇佣。

在苏联解体后，1997年，利特维年科被提拔到俄罗斯联邦安全局机密部门。工作期间，他发现有组织犯罪和腐败已经渗入俄罗斯政府。他做了许多努力向政府官员举报腐败问题，但徒劳无功。后来，利特维年科擅自召开新闻发布会，揭露有关部门的暗杀计划。

利特维年科随即被联邦安全局解雇，并因其言行而多次被捕。1999年11月，他被判无罪，后来逃离俄罗斯，在英国得到庇护。被杀之前，他一直在英国当记者和作家，还是军情六处情报员。

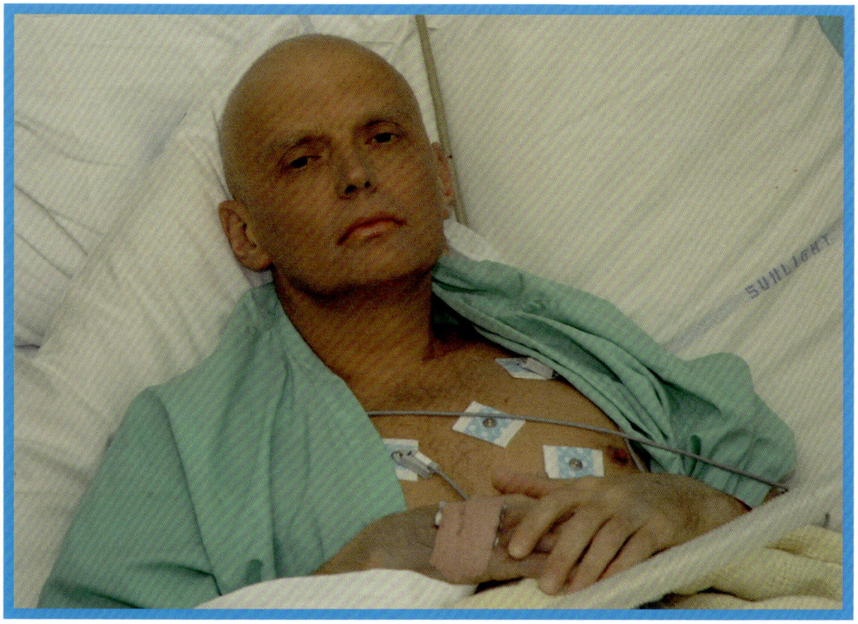

在这张骇人的照片中，处于弥留之际的利特维年科头发掉光，面颊瘦削，但眼神倔强，目光直视镜头。照片被发表在全球各地的报纸上。

媒体摄影师娜塔莎·韦茨（Natasja Weitsz）拍下自己最后一张照片，以警示后人。

当时，医护人员意识到利特维年科不是铊中毒，而是一种毒性更强的物质。他的许多症状都符合铊中毒的标准，唯独缺少一种主要症状——四肢麻木或疼痛。新的尿样测试显示，利特维年科的尿液中存在放射性同位素钋-210，这是一种罕见而且昂贵的毒物，服下后必死无疑。但是，医生认为测试结果异常，并提出关于利特维年科中的是什么毒的五种推测。为了证实推测，他们把利特维年科的尿样送到伯克郡奥尔德马斯顿的原子武器研究机构检测。

11月22日，利特维年科在重症监护室时而昏迷，时而清醒。午夜，他的心脏两次骤停。第二天，他失去了意识，大部分时间都依靠辅助设备，但经历了第三次心脏骤停。11月23日晚上8点51分，医生宣布利特维年科死亡。同一天，奥尔德马斯顿的检测结果认定毒物是钋-210。

法医调查

利特维年科死后，警方愈发怀疑卢戈沃伊和科夫通。警方在一些场所探测到了钋的存在。在千禧酒店松树酒吧，警方发现这种物质到处都有——地板、椅子、三人会面的桌子上、茶壶和洗碗机里。茶壶在不知情的情况下又被别人使用了，幸运的是没有造成更多死亡。

在松树酒吧楼上科夫通的房间里，警方法医小组把浴室水池拆开，发现碎片中含有39万贝可的钋。1万贝可钋就足够杀掉一个人了。看来像是科夫通在和利特维年科见面后回到房间，把剩下的毒药倒进水池来销毁证据。

虽然有这些证据，但卢戈沃伊和科夫通否认对利特维年科之死负有任何责任，并在莫斯科召开新

法外处决

这是指一国特工奉政府之命，以维护国家利益为由进行的谋杀。这些特工在该国法律之外行事，进行谋杀后不用受审。

法外处决通常是秘密任务，由来自军方、情报机构或秘密警察的训练有素的刺客执行。这类谋杀发生在政府希望除掉政治反对派或让其闭口的时候，通常是因为审判会暴露政府不想公开的信息。在极端情况下，有些政府通常把法外处决作为一种手段来铲除异己。

“法外处决”一词有很多别的说法，以便说明其必要性，尤其是“定点清除”越来越成为打击叛乱的合法手段。

和钋-210直接接触的物品

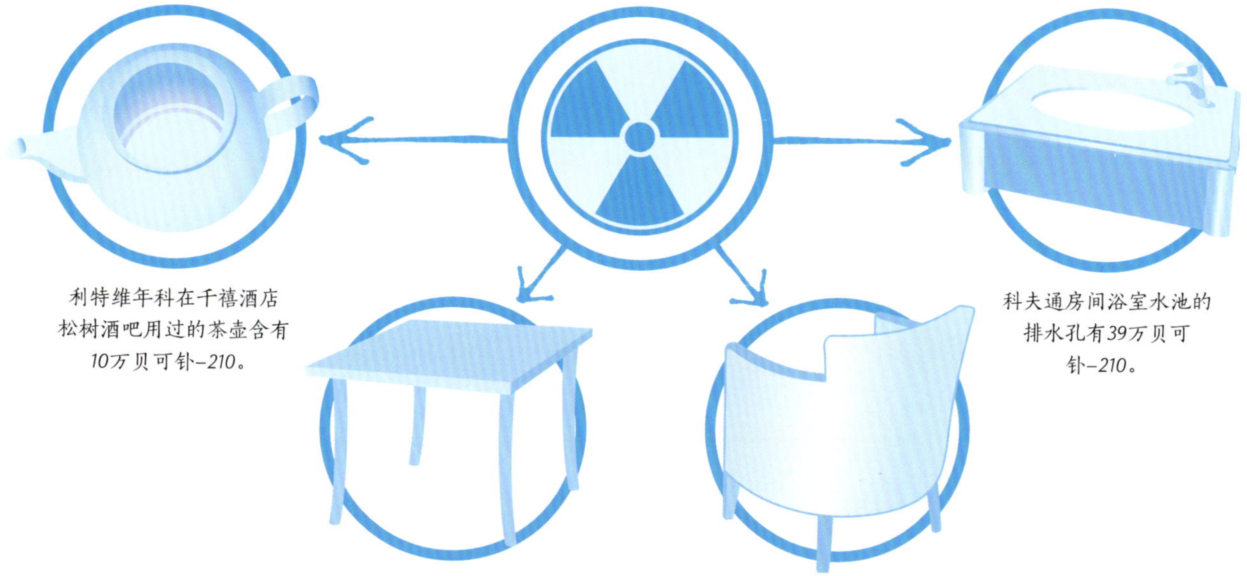

闻发布会，称他们是无辜的。科夫通没有解释他住过的酒店浴室里为什么会发现钋。在经过两个月的调查后，苏格兰场侦探要求以谋杀罪起诉卢戈沃伊。莫斯科官员拒绝将卢戈沃伊送回伦敦，因为俄罗斯宪法禁止把本国公民引渡到海外。

外交后果

8年来，采访利特维年科的文字稿一直被苏格兰场列为机密文件，直至在2015年公开。2016年1月，公开调查得出的结论是，俄国领导人即便没有直接下令，也很可能批准了对利特维年科的暗杀行动。

利特维年科事件给英俄两国关系罩上阴云。2007年7月，英国驱逐俄罗斯驻英国大使馆的4名外交官，接着俄罗斯驱逐4名英国驻俄罗斯外交官作为报复，英国接着中断了与俄罗斯安全局的联系。■

玛丽娜·利特维年科（*Marina Litvinenko*）拿着一份328页的丈夫被杀案报告的复印件。

DIRECTORY

其他知名罪案

其他知名罪案

任何社会都无法根除犯罪。社会越复杂，规范越详尽，越轨情况也就越多。历史上许多著名罪案已经在本书中介绍，但没有一个数据库能大到把所有恶劣犯罪都分类收录进去。下文中的罪犯都在犯罪史上占据特殊地位，他们诡计多端、罪行累累、目无法纪、荒诞不经，因此值得一提。这些案件中的被害人身份特殊，作案手法和动机都十分神秘，展现了罪行的多种形式，也说明有时候真正的犯罪的确比小说描写更离奇。

尤利乌斯·恺撒遇刺案

公元前44年，3月15日

罗马帝国统治者尤利乌斯·恺撒在高卢打了胜仗后声名鹊起，元老院许多元老认为他威胁了现有秩序。由于人民呼吁拥立恺撒为君主，受到刺激的几名元老3月15日在元老院台阶上刺了恺撒20多下，把他杀害。恺撒之死让罗马帝国陷入内战中。

参见：佩蒂纳克斯遇刺案304页，阿尔多·莫罗绑架案322~323页。

理查德·普德里考特

1303年4月24日

债台高筑的伦敦羊毛商人普德里考特的理查德（Richard of Pudlicott）铤而走险，偷走了爱德华一世在威斯敏斯特的"宝贝壁橱"，里面装满的国王个人的珍宝。在一名贪污牧师的帮助下，普德里考特闯入威斯敏斯特大教堂牧师会礼堂下面的地下室，随意窃取了价值高达10万英镑的金银珠宝。当珠宝开始在伦敦当铺泛滥时，调查员追踪到当掉宝物的人是普德里考特。在审判时，普德里考特谎称单独作案，于是那名牧师免受惩罚，而他被处以绞刑并剥皮。

参见：托马斯·布拉德 18页，哈顿花园抢劫案 58~59页。

朱利亚诺·德·美第奇遇刺案

1478年4月26日

朱利亚诺·德·美第奇（Giuliano de' Medici）是文艺复兴时期佛罗伦萨著名的美第奇家族的显要成员。在复活节弥撒时，他在市教堂遭乱刀砍死，凶手是敌对银行家族的贵族弗朗切斯科·德·帕齐（Francesco de' Pazzi）和其他成员。两个家族许多成员在接下来的派系斗争中身亡，而美第奇家族成功维持了权力和影响。

参见：西西里黑手党 138~145页，罗伯特·卡尔维遇害案 241页。

倾奇者

16—17世纪

日本战国时代末期，内战爆发，社会动荡，武士阶层被边缘化，许多全副武装的武士失业。一些人组成了犯罪团体，这些团体叫作倾奇者（奇怪的人）。他们发型和衣着奇异张扬，经常拿着制作精良、装饰华丽或巨大的武器。他们犯下抢劫等重罪或流氓等轻罪。许多人认为这些团体是现代黑帮"极道"的前身。

参见：三合会 146~149页，极道 154~159页。

弗朗索瓦·拉瓦莱克

1610年5月4日

弗朗索瓦·拉瓦莱克（François Ravaillac）是个狂热的天主教徒，几次试图与国王、胡格诺派（法国新教）教徒亨利四世见面，并劝他皈依天主教。

1606年，拉瓦莱克试图加入耶

稣会，但被拒绝。他向耶稣会会士说明自己的宗教“愿景”，但会士认为他是痴人说梦。一次，拉瓦莱克认为上帝告诉他，让亨利四世皈依是他的职责。国王对天主教国家荷兰的敌对行为激怒了拉瓦莱克。由于没能成功让国王皈依，他在巴黎街道上伏击了皇家车队，爬上马车把国王刺死。他因弑君罪而受到酷刑，被车裂而死。他的尸体被愤怒的民众撕碎。

参见：让·卡拉斯 203页，佩蒂纳克斯遇刺案 304页。

凯瑟琳·蒙瓦辛
1677—1682年

预言家凯瑟琳·德赛（Catherine Deshayes），也就是蒙瓦辛夫人（Madame Monvoison），人称“拉·瓦辛”（La Voison）。她领导了一个由自诩为巫师和炼金术士的人组成的团体。在所谓“毒药事件”中，她的手下向法国贵族家庭兜售毒药和护身符，并为贵族举行“黑弥撒”，导致1000多人死亡。她的36名手下被围捕，在“火焰法庭”上被处死。拉·瓦辛自己因巫术于1680年2月被绑在火刑柱上烧死。

这一事件后来有了政治意味。拉·瓦辛的女儿玛丽-玛格丽特（Marie-Marguerite）说，路易十四的情妇蒙特斯潘夫人（Madame de Montespan）是她母亲的一个客户。因为随之而来的丑闻，火焰法庭在1682年被废除。

参见：艾丽斯·凯特尔勒 263页，伊丽莎白·巴托里 264~265页。

格雷戈尔·麦格雷戈
1821—1837年

苏格兰士兵格雷戈尔·麦格雷戈（Gregor MacGregor）在半岛战争中为英国打仗，此后投身委内瑞拉对抗西班牙的独立战争。在军事生涯中，麦格雷戈假装拥有多项头衔，最夸张的是他在1821年回英国后说自己被拥戴为“波亚斯酋长”。波亚斯是他编造的一个中美洲殖民地，酋长身份也是虚构的。麦格雷戈通过出售这个殖民地的土地发了大财，还创造了假的“波亚斯”货币让买家相信他的话。几百名苏格兰人前往“波亚斯”定居，却发现他们未来的家园根本不存在。麦格雷戈在1838年回到委内瑞拉前又干了几票。

参见：克劳福德遗产继承骗局 66~67页，“黑色星期五”黄金丑闻案 101页。

堂
19世纪50年代至今

堂（Tong）在广东话里是“厅堂”的意思，这个字来源于中国移民在北美定居时建立的开会场所。这些原本以互助为目的建立的社团通常会变成犯罪组织。这些团体最臭名昭著的是拐卖妇女。帮派战争，通常叫堂会战争，1880—1920年在旧金山经常发生，20世纪二三十年代在纽约和芝加哥也经常发生。许多堂会今天仍然存在，但变成了社会俱乐部。这些俱乐部为移民提供支持服务，也作为美国各大城市里中国人的聚会见面场所。

参见：啤酒战 152~153页，极道 154~159页。

约翰·梅金和萨拉·梅金
1892年

澳大利亚新南威尔士州酿酒厂运货马车夫约翰·梅金（John Makin）受伤无法工作，因此和妻子当了“婴儿托管员”，收留私生婴儿换取钱财。然而，为了节省开支，梅金和妻子杀害了一些婴儿，并定期迁往新地点，让婴儿母亲难以找到他们的行踪。他们的罪行在1892年10月曝光，当时梅金夫妇在麦克唐纳城住所的新房东修水管时发现两名婴儿腐烂的尸体。最终，12名婴儿的尸体在梅金夫妇住过的三所房子里被发现。约翰·梅金在1893年8月被处以绞刑。他的妻子萨拉（Sarah）被判终身监禁，但在1911年得到假释。

参见：林德伯格幼子绑架案 178~185页，弗雷德·韦斯特和罗斯玛丽·韦斯特 286~287页。

卡西·查德威克
1897—1904年

出生于加拿大的骗子卡西·查德威克（Cassie L. Chadwick）先是犯下一些较轻的伪造罪和诈骗罪，然后进行了最大的诈骗：假装是钢铁大亨、苏格兰裔美国人安德鲁·卡耐基的私生女。由于谎称和卡耐基有血缘关系，她可以贷高达2000万美元的贷款，并用这些钱肆意挥霍。银行确信她会继承大笔遗产，因此有能力还钱。骗局在1904年曝光后，她的诡计被揭穿，卡耐基也说不认识此人。

参见：克劳福德遗产继承骗局66~67页，哈利·多梅拉 70~73页，泰和伯恩冒名案 177页。

文森佐·佩鲁吉亚

1911年8月21日

达·芬奇的杰作《蒙娜丽莎》从巴黎卢浮宫失踪后，诗人纪尧姆·阿波利奈尔和画家巴勃罗·毕加索都曾是怀疑对象。两年后，卢浮宫员工文森佐·佩鲁吉亚（Vincenzo Peruggia）企图把画作卖给故乡意大利佛罗伦萨的画廊。他被乌菲兹美术馆馆长阿尔弗雷德·加里（Alfredo Geri）和主管纪梵尼·波基（Giovanni Poggi）送往警局。佩鲁吉亚在佛罗伦萨受审，被从宽量刑，因为他声称偷窃是因为爱国。这幅画之前在佛罗伦萨展出，后来才回到巴黎。

参见：切利尼盐盒失窃案56页。

亨利·德西雷·兰杜

1915—1919年

亨利·德西雷·兰杜（Henri Désiré Landru）在巴黎报纸上发布征婚广告，把富有的寡妇诱骗至自己家中。他有时被称作“巴黎蓝胡子”，因为他的恶行和民间传说人物相似。兰杜引诱女性骗取钱财，然后杀害她们，把尸体肢解、火化，销毁证据。一名被害人的姐姐开始调查他后，其罪行才暴露。警方发现他家里一些文件上列出了失踪女性的名字，而这些失踪女性就是被他所害。兰杜被以11项谋杀罪定罪，1922年在断头台上被处死。

参见：哈维·格拉特曼274~275页，约翰·爱德华·罗宾逊 298~299页。

内森·利奥伯德和理查德·勒伯

1924年5月21日

从小就是好友的理查德·勒伯（Richard Loeb）和内森·利奥伯德（Nathan Leopold）来自富有的芝加哥家庭，毕业于著名大学。勒伯一直戏称要策划一起完美犯罪，就像玩益智游戏一样，他对此道的痴迷也引起了利奥伯德的兴趣。1924年5月，两人在14岁的鲍比·弗兰克斯（Bobby Franks）放学回家时绑架了他。勒伯用重物把他打死，两人把尸体抛到沼泽地里，浸在酸性物质里，好让尸体身份难以辨认。警方在尸体附近发现利奥伯德的一副眼镜，因此查到了凶手。对他们的审判成为媒体热点，这一事件的高潮是辩护律师克莱伦斯·达罗（Clarence Darrow）为让法院不判死刑而做的情绪激昂的辩护。两人最终被判终身监禁。

参见：詹姆斯·巴尔杰遇害案 244~245页，伊恩·布雷迪和迈拉·辛德利 284~285页。

乔治·C. 帕克

1928年

自从纽约布鲁克林大桥在19世纪80年代开放后，据说很多骗子都会通过出售大桥（更准确地说是收费权）来骗钱。1928年，乔治·C. 帕克（George C. Parker）被捕，被判在纽约州新新监狱（Sing Sing）终身监禁。30年来，他每周骗天真的移民两次。一些人觉得他是美国历史上最伟大的骗子。帕克也“出售”自由女神像和麦迪逊广场花园等纽约著名地标。

参见：埃菲尔铁塔出售案68~69页，康拉德·库肖 90~93页。

智索株式会社

1932—1968年

日本九州岛水俣湾的鱼体内积累了含有汞的有毒物质，食用这些鱼的居民中有数千人死亡，上万人重病。附近的智索株式会社化工厂把含汞有毒物质排到水中。这种病起初叫水俣病（Minamata Disease），导致神经和生理症状，包括神经系统受损、视力损害和听觉障碍等。智索株式会社被勒令清理水俣湾，并被强制向被害人和其家属支付巨额赔偿金。

参见：博帕尔灾难事件110~113页，大众汽车排放丑闻案130~131页。

约翰·迪林杰

1934年7月22日

约翰·迪林杰（John Dillinger）是美国大萧条时期众多的著名银行抢劫犯之一。他出生于印第安纳波利斯，成功制造了20多起抢劫案，越狱两次，最终被联邦调查局探员击毙。击毙这名高调罪犯是埃德加·胡佛对联邦调查局改革后的一个早期成效。

参见：邦妮和克莱德 26~29页，恶魔岛越狱案 80~85页。

汉·凡·米格伦
1937年

一个失败的艺术家却成为非常成功的伪造者。汉·凡·米格伦（Han van Meegeren）擅长祖国荷兰“黄金时代”的绘画。他模仿弗兰斯·哈尔斯、彼得·德·霍赫和其他伟大画家的画深受欢迎，但最大的成功是模仿维米尔的一幅作品。他的仿作以假乱真，被誉为这位17世纪大师最好的作品。但是，这幅画却为凡·米格伦带来祸患，因为在纳粹分子赫尔曼·戈林的财物中发现了这幅画。为避免因向纳粹出售国宝而遭起诉，凡·米格伦承认犯下较轻的伪造罪，被判一年徒刑，但服刑一月后死于心脏病。

参见：切利尼盐盒失窃案 56页，埃尔米尔·德·霍里 74~77页。

露斯·埃利斯
1955年4月10日

28岁的露斯·埃利斯（Ruth Ellis）曾为模特和伦敦一家夜店的老板，因枪杀情人大卫·布莱克利（David Blakely）而闻名。法院只进行了14分钟的审判就判她有罪。埃利斯没有上诉，被判死刑。关于布莱克利对埃利斯家暴行为的传言迅速散布开来，成千上万的人呼吁延缓执行对她的死刑。然而，1955年7月13日，尽管民众呼吁刀下留人，埃利斯还是成为英国最后一个被处死的女性。埃利斯案成为英国废除死刑运动中的标志性案件。2003年，她的家人上诉，请求将其身前罪名改为过失杀人，因为她受到了虐待。请求遭到否决，因为埃利斯实施犯罪时，关于这条细节的法规还没有出台。

参见：卡约夫人 217页，O. J. 辛普森 246~251页。

查尔斯·斯塔克韦瑟和卡瑞尔·安·福盖特
1957年12月—1958年1月

18岁的查尔斯·斯塔克韦瑟（Charles Starkweather）杀了14岁的卡瑞尔·安·福盖特（Caril Ann Fugate）的母亲、继父和同母异父的妹妹后，两人一起私奔了。接下来两个月，两人犯下8起谋杀案，然后被捕。斯塔克韦瑟在1959年被处以电刑，行刑前他十分愤怒，因为福盖特没有受到同样的刑罚。福盖特是美国最年轻的一级谋杀犯，在狱中服刑17年。人们仍然怀疑福盖特到底是与斯塔克韦瑟合伙滥杀，还是受到这位虐待狂男友的奴役。

参见：伊恩·布雷迪和迈拉·辛德利 284~285页。

迪克·希科克和佩里·史密斯
1959年11月14日

罪犯迪克·希科克（Dick Hickock）和佩里·史密斯（Perry Smith）在狱中相遇。他们被释放后，决定抢劫堪萨斯农村霍尔科姆的克拉特一家。一个狱友曾告诉史密斯和希科克，克拉特家有一个保险箱，装了1万美元。两人发现根本没有所谓巨款后，就杀了赫伯特·克拉特（Herbert Clutter）和邦妮·克拉特（Bonnie Clutter），以及他们的两个最小的孩子。史密斯和希科克在6周后被捕，1965年4月14日被处死。受到一篇《纽约时报》上关于谋杀的文章的启发，小说作家杜鲁门·卡波特（Truman Capote）和另一个作家哈珀·李（Harper Lee）一起来到霍尔科姆。他积累了关于被害人、犯罪嫌疑人和住宅区的几千页笔记。他的作品《冷血》（*In Cold Blood*）在1965年9月出版。这部“非虚构小说”是纪实犯罪体裁的首部小说，也是最著名的一部。

参见：斯特拉顿兄弟 212~215页。

弗兰克·卢卡斯
20世纪60年代—70年代初

北加利福尼亚人弗兰克·卢卡斯（Frank Lucas）在20世纪60年代来到纽约市。他最大的“创举”是把毒品直接从金三角（缅甸、老挝和泰国交界地带）进口到美国，而不用通过亚洲贩毒团伙购买。卢卡斯通过与军方的关系利用军用飞机和军事基地走私海洛因。据说，他甚至把走私毒品放在死去军人的棺材里。经过长期调查后，卢卡斯在1976年被判70年监禁。在供出家人、黑手党，甚至纽约警察局和美国缉毒局的腐败官员等同伙的名字后，他的刑期大幅缩减。

1981年，卢卡斯被释放，1984年又被投入监狱，因为贩卖毒品获刑7年。1991年，卢卡斯被释放后，努力补偿因其毒品交易给纽约哈莱姆黑人居住区带来的恶劣影响。

参见：麦德林贩毒集团 166~167页，“高速公路”里克·罗斯 168~171页。

凯蒂·吉诺维斯遇害案
1964年3月13日

昵称“凯蒂”的28岁酒吧经理凯瑟琳·吉诺维斯（Catherine “Kitty” Genovese）在纽约皇后区自家公寓外被刺死。此案通常被认为是“旁观者效应”的典型案例。她死后，一篇报道说30多个邻居目击了袭击案，但没有出手干预。最近的研究对“旁观者”到底能看到或听到多少提出了怀疑，责备《纽约时报》误报了情况。袭击过后，因为入室盗窃而被捕的温斯顿·莫斯利（Winston Moseley）承认跟踪、强奸、杀害吉诺维斯和另外两名女性。

参见：克雷格·雅各布森 252~253页。

雅克·雷内·梅林
1965—1979年

善于伪装的雅克·雷内·梅林（Jacques René Mesrine）被称为“千面人”。他犯下抢劫、入室盗窃、绑架等几百起罪行，作案地点不仅有家乡法国，还有委内瑞拉、加那利群岛和加拿大。梅林被视为罗宾汉式的大盗，声名远扬。因反复成功越狱而出名的梅林在1979年被专门抓捕他的特别行动队击毙。

参见：恶魔岛越狱案 80~85页，泰德·邦迪 276~283页。

恶棍之徒
1966年至今

最初由越南战争老兵唐纳德·钱伯斯（Donald Chambers）在得克萨斯州建立的由摩托骑手组成的团伙很快在美国和欧洲各地有了分支，势力范围甚至扩张到遥远的澳大利亚和东南亚。遍布世界的团伙成员都因为多项犯罪而被捕，尤其是贩毒、性侵和谋杀。这些骑手自豪地把自己标榜为“百分之一者”，也就是说99%的骑手是合法公民，而他们是“法外狂徒”。这些恶棍经常和哥萨克（Cossacks）、地狱天使等敌对团伙进行争夺领地的“骑手战争”。

参见：流寇帮 150~151页，地狱天使 160~163页。

马丁·路德·金遇刺案
1968年4月4日

著名民权运动领袖马丁·路德·金在美国孟菲斯市一家汽车旅馆的阳台上被白人种族优越论者詹姆斯·厄尔·雷（James Earl Ray）枪杀。金遇刺后，联邦调查局发起了史上最大的搜捕之一，一连串种族暴乱在全国发生。1968年7月，雷在英国伦敦被逮捕，并被引渡到美国。大约10年后，1977年6月10日，雷和同监狱的囚犯共6人从田纳西州的灌木山州立监狱越狱，但很快又被逮捕。

参见：恶魔岛越狱案 80~85页，亚伯拉罕·林肯遇刺案 306~309页。

唐纳德·哈维
1970—1982年

唐纳德·哈维（Donald Harvey），这名出生在俄亥俄州的连环杀手利用职务之便实施犯罪。他先是当卫生员，然后当护士——其间据说杀害了50多名病人。哈维作案手法多样，既有复杂的毒杀，也会简单粗暴地把人闷死。

参见：克里平医生 216页，哈罗德·希普曼 290~291页。

埃德温·约翰·伊斯特伍德和罗伯特·克莱德·波兰德
1972年10月6日

埃德温·约翰·伊斯特伍德（Edwin John Eastwood）和罗伯特·克莱德·波兰德（Robert Clyde Boland），这两名粉刷匠来到澳大利亚维多利亚州农村的法拉第学校。他们掏出枪，命令6名女孩和她们的老师上一辆面包车。两人留下一封勒索信，威胁如果没收到100万澳元的赎金，就要撕票。但是，他们的计划落空了，20岁的教师玛丽·吉布斯（Mary Gibbs）逃跑并报案，两名绑匪被捕。波兰德被判17年监禁，伊斯特伍德被判15年监禁。伊斯特伍德在1977年犯下第二起大规模绑架案。

参见：约翰·保罗·盖蒂三世绑架案 186~187页，乔奇拉绑架案 190~195页。

彼得·撒特克里夫
1975—1980年

卡车司机彼得·撒特克里夫（Peter Sutcliffe）潜伏在英格兰北部的布拉德福德、利兹和其他小镇，袭击并杀害女性。他的被害人通常是妓女。在好几起案件中，这位所谓“约克郡开膛手”肢解尸体。西约克郡警察局因为过分关注一个据称是“开膛手”留下的录音带而受到谴责，因为后来发现这是个幌子。最终，撒特克里夫在1981年1月被捕，被以20项谋杀罪定罪。

参见：开膛手杰克 266~273页，安德烈·奇卡提罗 292页。

帕特里克·亨利

1976—1977年

在法国特鲁瓦，1976年1月，7岁的菲利普·伯特兰（Philippe Bertrand）在离开学校时被帕特里克·亨利（Patrick Henry）抓住。亨利打电话给菲利普的母亲，勒索赎金，却很快掐死了男孩，同时继续向男孩父母索要赎金。1977年1月，对亨利的审判创造了历史。当时，被告律师罗伯特·巴丹德（Robert Badinter）说服法院不要执意用断头台行刑，这一审判宣告了法国死刑的终结。

参见：林德伯格幼子绑架案 178~185页，阿尔多·莫罗绑架案 322~323页。

萨林斯火车抢劫案

1976年3月31日

在爱尔兰基尔代尔郡萨林斯的郊外，爱尔兰共和社会党成员伏击并抢劫了一列从科克开往都柏林的邮递火车，抢走约20万英镑。嫌疑人奥斯古尔·布里特纳奇（Osgur Breatnach）、尼基·凯利（Nicky Kelly）和布莱恩·麦克奈利（Brian McNally）三人被判有罪。但是，当局在指控时过度依赖口供，而且涉嫌逼供，因此定罪被推翻。

参见：火车大盗 30~35页，流寇帮 150~151页。

阿兰·拉马尔

1978—1979年

“瓦兹杀手”（Killer of l'Oise）案件震惊法国，并非因为凶手专门袭击年轻女性。凶手有时开车把被害人轧死，让搭车女性上车并杀害她们。后来发现，杀人犯阿兰·拉马尔（Alain Lamare）是参与调查的一名宪兵。由于被诊断为精神分裂患者，他被宣布不适合进行审判，现住在法国一家精神病院。

参见：约翰·伦纳德·奥尔 48~53页，丹尼尔·马克诺顿 204~205页。

琼斯镇惨案

1978年11月18日

900多名男人、女人和孩子喝下一种掺了氰化物的软饮料后死亡。惨案发生在南美圭亚那邪教“人民圣殿教”领袖吉姆·琼斯（Jim Jones）建立的一个居住地。琼斯本人和信徒一起自杀。一些信徒被说服进行“革命性的自杀”，另一些则是被迫喝下毒药。

参见：平泽贞通 224~225页，曼森家族 230~237页。

丹尼斯·尼尔森

1978—1993年

丹尼斯·尼尔森（Dennis Nilsen）把在酒吧遇到的无家可归的年轻男性和男同性恋者带回自己在伦敦马斯韦尔山的公寓，杀害他们。他勒住被害人的脖子直到他们失去意识，然后把他们淹死在自己的浴缸里。这位“马斯韦尔山杀人犯”首先会仪式性地给被害人尸体沐浴更衣，然后奸尸。他肢解尸体，一些尸体被烧毁，另一些藏在地板下面或排水管中。当尸体堵塞了公寓的排水管道时，尼尔森的罪行才暴露。

参见：安德烈·奇卡提罗 292页，杰夫瑞·达莫 293页。

乔治·马科夫遇刺案

1978年9月11日

1969年叛逃到英国后，保加利亚作家乔治·马科夫（Georgi Markov）成为本国政权的一个大眼中钉。一天，马科夫在英国伦敦一个公交车站等车，突然感到腿上被尖锐的东西刺中。他在4天后死去。法医鉴定表明，死因是射进大腿的蓖麻毒素小球。马科夫说他看见一个人拿着一把伞，于是调查员猜想凶手是用一把改装过的“雨伞枪”把小球射进马科夫体内。虽然凶手没被抓到，但许多人怀疑凶手是和保加利亚政府有联系的苏联克格勃成员。

参见：罗伯特·卡尔维遇害案 241页，毒杀亚历山大·利特维年科 326~331页。

弗朗西斯·奥尔默

1979—1997年

“背包客罪犯”弗朗西斯·奥尔默（Francis Heaulme）勒死、刺死至少9名被害人。他被怀疑在全法国杀害了更多的人。奥尔默四处流浪，随机选择被害人，因此警方难以确定他的行踪。奥尔默在警方询问时的答话真假参半，而且和调查员让-弗朗索瓦·阿布格拉尔（Jean-François Abgrall）长期关系紧张。奥尔默有克氏综合征，意味着他多出一个X（女性）染色体，生理上无法进行强奸。但是，他却承认强奸，犯下事实上由同伙犯下的强奸罪行，这大大迷惑了警方。奥尔默在1997年和2004年受审时被判多个终身监禁。

参见： 黄道十二宫杀手 288~289页，科林·皮奇福克 294~297页。

张子强

20世纪80年代—1998年

广西籍黑帮老大张子强在香港犯下一系列很张扬的抢劫案，之后又进行绑架勒索。1996年绑架李泽钜和1997年绑架郭炳湘令他恶名远扬。李泽钜是亚洲第一富豪李嘉诚之子，郭炳湘是香港最大地产开发商郭得胜之子。两人都在家人支付巨额赎金后被释放。张子强在1998年8月被捕，被判犯下抢劫、绑架、走私武器等几项罪行。1998年12月，张子强被枪毙。

参见： 约翰·保罗·盖蒂三世绑架案 186~187页，帕蒂·赫斯特绑架案 188~189页。

科尔·凡·豪特和威廉·霍利德尔

1983年11月9日

国际酿酒公司60岁的CEO弗雷迪·海尼根（Freddy Heineken）和司机一起在公司总部外面遭绑架。他们被关在阿姆斯特丹一个小木屋里，里面有一面秘密的夹壁墙。警方没能找到他们时，海尼根的家人支付了赎金。然后，警方收到一封匿名提示信，指明海尼根所在位置和三个绑匪的名字。绑匪头头科尔·凡·豪特（Cor van Hout）和威廉·霍利德尔（Willem Holleeder）逃到巴黎，同伙马丁·厄坎普斯（Martin Erkamps）、扬·波拉德（Jan Boellaard）和弗朗斯·梅吉尔（Frans Meijer）被捕。凡·豪特和霍利德尔最终在法国被捕，遣送回荷兰。他们因为绑架在狱中服刑11年。

参见： 林德伯格幼子绑架案 178~185页，约翰·保罗·盖蒂三世绑架案 186~187页。

约瑟夫·弗里茨

1984—2004年

在奥地利，伊丽莎白·弗里茨（Elisabeth Fritzl）18岁时，已遭父亲约瑟夫·弗里茨（Josef Fritzl）虐待7年。约瑟夫把她关在家中地下室24年，对她经常虐待和强奸。伊丽莎白还生下了几个约瑟夫的孩子。一些孩子被带上楼与约瑟夫和伊丽莎白的母亲生活在一起。她母亲开始报案说女儿失踪，后来约瑟夫告诉妻子伊丽莎白加入了邪教。2008年，在其中一个孩子不得不被送往医院后，伊丽莎白和孩子们才得以解脱。当时，弗里茨给医护人员提供了“来自伊丽莎白的”可疑的病史记录，引起了医务人员怀疑。医务人员报警后，警方重新调查伊丽莎白失踪案。当弗里茨让伊丽莎白来看孩子时，医护人员再次报警，警方拘留了她，然后得知她受父亲虐待的全部事实。2009年，约瑟夫·弗里茨被判终身监禁。

参见： 娜塔莎·坎普希绑架案 196~197页。

托马斯·斯威特

1985—2005年

在美国华盛顿市和马里兰州，年轻的快餐厨师斯威特（Thomas Sweatt）在房屋、车辆和其他场所纵火，这些财产一般属于他跟踪的英俊男子。由于DNA分析和视频监控追踪到他的车出现在纵火犯罪现场，他最终被捕。斯威特承认制造了近400起纵火案，导致一些伤亡。他的在逃时间比美国任何一个纵火犯都要长。

参见： 约翰·伦纳德·奥尔 48~53页，杰夫瑞·达莫 293页。

阿道夫·康斯坦索

1986—1989年

古巴裔美国人阿道夫·康斯坦索（Adolfo Constanzo）少年时就进行毒品生意，而他对传统的带有巫术色彩的天主教邪教具有同样的兴趣。他和他的“毒枭魔鬼”信徒先是烹煮从墓园里偷来的尸体骨头，接着很快开始在圣埃伦娜牧场的沙漠围场里杀掉献祭者。他们杀了20多人，希望借此获得黑魔法力量。尸体被发现后，康斯坦索和信徒逃到墨西哥城。1989年5月6日，警方在调查一起不相关的案子时搜查了他的住所，康斯坦索十分惊慌，朝警方开火。他不想被活捉，于是命令信徒阿尔瓦罗·德·里昂（Alvaro de Leon）开枪把自己打死。在他死后，其信徒被捕，并因谋杀罪而遭到起诉。

参见：曼森家族 230~237页，伊丽莎白·巴托里 264~265页。

艾琳·沃尔诺斯

1989—1990年

艾琳·沃尔诺斯（Aileen Wuornos）出生于美国密歇根。十四五岁时，这位连环杀手作为妓女在佛罗里达高速公路旁出没。7个被害人都是她在公路揽客时遇到的——第一个是理查德·马洛里（Richard Mallory），在75号州际公路让她上车。所有人都是近距离被枪杀，被捕时，她说那些人试图强奸她。被害人财物开始出现在当地当铺时，沃尔诺斯被捕。警方用她前男友泰瑞亚·摩尔（Tyria Moore）来引她招供。沃尔诺斯被判犯下7宗谋杀罪，判处死刑，2002年10月被注射致命药剂而死。

参见：普兰·戴维 46~47页，伊丽莎白·巴托里 264~265页。

锡纳罗亚贩毒集团

1989年至今

锡纳罗亚集团（Sinaloa Cartel）最初走私大麻，总部在墨西哥西北部的锡纳罗亚州，由佩德罗·阿维勒斯·佩雷斯（Pedro Avilés Pérez）建立。自1989年起，在绰号“矮子”的华金·古兹曼·洛埃拉（Joaquín Guzmán Loera）领导下，集团发展成为世界上最具影响力的犯罪集团。除了大麻外，锡纳罗亚贩毒集团据说还把海洛因、可卡因、脱氧麻黄碱和摇头丸（MDMA）走私到美国。“矮子”曾三次越狱：1993年入狱后，在2001年第一次越狱；2014年再次被捕，在2015年7月越狱；2016年1月再次被捕，11月越狱，成为美国和墨西哥的头号通缉犯之一。

参见：地狱天使 160~163页，麦德林贩毒集团 166~167页。

贝弗利·阿丽特

1991年2—4月

这个杀害儿童的凶手是个护士，在英国林肯郡格兰瑟姆和凯斯特文医院儿童病房工作。在1991年的59天里，她利用职务之便杀害至少4名儿童，还试图杀死另外至少9名儿童。4月22日，贝弗利·阿丽特（Beverley Allitt）被任命照看因哮喘住院的15个多月大的克莱尔·派克（Claire Peck）。派克心脏骤停，死在阿丽特的照看下。医生注意到阿丽特单独照看的孩子经常心脏骤停，于是对她起了疑心。调查员后来发现，这是因为注射胰岛素引起的。1993年5月，阿丽特被定罪，被判13个终身监禁。

参见：伊丽莎白·巴托里 264~265页，哈罗德·希普曼 290~291页。

盖伊·乔治斯

1991—1998年

盖伊·乔治斯（Guy Georges）被巴黎媒体称为“巴士底狱野兽”，因为他在这所著名监狱附近作案。他在19～32岁之间，强奸、折磨、杀害了7名女性。从20世纪70年代开始，乔治斯就沉迷于用暴力勒死、强奸、刺杀年轻女性。他在1991年开始杀人时，已经入狱服刑，因为表现良好而被允许白天外出。1998年被逮捕后，乔治斯马上承认罪行。他被诊断为“自恋型精神病”，但被认为精神正常，可以接受审判。2001年4月，乔治斯被判终身监禁。

参见：开膛手杰克 266~273页，泰德·邦迪 276~283页。

尼克·莱森

1992—1995年

神童尼克·莱森（Nick Leeson）1992年被派到新加坡，为英国历史最悠久的银行之一巴林银行负责衍生品交易业务。他被誉为银行的明星交易员。1995年，由于损失了8.32亿英镑，莱森名誉扫地。莱森在秘密的虚假账户中隐藏了损失，上级合规官从未查到或发现，因此交易额仍旧不断增加。在日本神户地震后，莱森损失惨重，逃离了这个国家。那年晚些时候，他在法兰克福被捕，因为诈骗和伪造罪被判服刑六年半。

参见：伯尼·马多夫 116~121页，杰宏·柯维耶 124~125页。

让-克劳德·罗曼德

1993年1月10日

法国诈骗犯让-克劳德·罗曼德（Jean-Claude Romand）考试失败后，无法继续学习医学课程，但其18年来一直假装合格医生和研究员，虽然没有任何实际职务。他骗妻子说自己是个动脉硬化专家，正把他的收入投资于对冲基金。他靠妻子的钱生活。1993年，他以为自己会暴露，因此精神崩溃，杀害了妻子、孩子、父母和情妇，以确保自己的秘密不泄露。然后，他服用药物并放火点着房屋，试图自杀。但是，药物无效，纵火时机不当，他被救出，而被害人的尸体也被发现了。罗曼德被判终身监禁。

参见：克劳福德遗产继承骗局66~67页，哈利·多梅拉 70~73页。

保罗·伯纳尔多和卡拉·霍默卡

1990—1992年

在安大略省斯卡布罗，这对加拿大夫妇强奸和谋杀少女。第一个被害人是卡拉·霍默卡（Karla Homolka）的妹妹塔米（Tammy），死于1990年。霍默卡向保罗·伯纳尔多（Paul Bernarod）承诺，把她妹妹的贞操献给他作为圣诞礼物。被打了镇静剂的塔米在遭性侵中因呕吐物窒息而死。1991年，两人再次下手，杀害14岁的莱斯利·马哈菲（Leslie Mahaffy）。1992年，他们强奸并杀害15岁的克里斯汀·弗兰奇（Kristen French）。他们的杀戮在1993年终止，警方调查了一系列强奸案，发现伯纳尔多的DNA和罪犯相匹配。霍默卡被伯纳尔多严重殴打后搬走，和家人住在一起。她承认罪行，被判刑12年。霍默卡在2005年被释放，而伯纳尔多仍然在监狱里。

参见：伊恩·布雷迪和迈拉·辛德利 284~285页。

卡尔顿酒店珠宝抢劫案

1994年8月11日

加里·格兰特（Cary Grant）和格蕾丝·凯利（Grace Kelly）1955年主演的电影《捉贼记》（*To Catch a Thief*）的拍摄场地法国戛纳卡尔顿国际酒店，成为史上最大胆的珠宝盗窃案发生地。三名持枪男子闯入酒店珠宝库，用机关枪扫射，携带价值4750万英镑的珠宝逃离。后来，警方发现现场根本没有子弹。抢劫犯一直没被抓到。2013年，酒店又一次成为目标，一名持枪抢劫犯走进大堂旁一个沙龙的珠宝展览室，抢走价值7900万英镑的珠宝。

参见：安特卫普钻石抢劫案 54~55页，哈顿花园抢劫案58~59页。

雷内·考尔本

1996年10月1日

房屋油漆工雷内·考尔本（Rainer Körppen）和儿子斯文（Sven）合谋把百万富翁德国商人雅克布·菲兹曼（Jakub Fiszman）从他在埃施波恩的办公室绑架，勒索赎金。9天后，他的要求得到满足。但是，当警方几周后走进绑匪在山里的藏匿点时，发现了菲兹曼的尸体。他已经死了有一段时间。考尔本父子6年前绑架了菲兹曼6岁的侄子。但是，和他叔叔不一样，男孩在支付赎金后就被释放。

参见：林德伯格幼子绑架案 178~185页。

西梅萨谋杀案

2001—2005年

2009年，11名女性和一个胎儿的遗骸在美国新墨西哥州阿尔伯克基西部广阔的乡村被发现。几年前，她们被埋在浅土堆里。所有被害人都是妓女，所有人都被报道失踪。从法医证据中无从得知她们是怎么死的，以及被谁杀死的。她们的年龄、生活方式和埋葬方式相似，因此调查员猜测她们是被同一连环杀手所杀。

参见：克雷格·雅各布森252~253页，泰德·邦迪 276~283页。

梅瑞迪斯·克尔彻遇害案

2007年11月1日

在意大利佩鲁贾，英国交换生梅瑞迪斯·克尔彻（Meredith Kercher）遭到强奸，被用刀刺，然后窒息而死。克尔彻的尸体在她的房间里被发现。美国室友阿曼达·诺克斯（Amanda Knox）回寝室，看到门被锁住，报了警。诺克斯、她的意大利男友拉法埃莱·索勒西图（Raffaele Sollecito）和当地罪犯鲁迪·居德（Rudy Guede）很快被怀疑参与谋杀，因为三人的血手印在现场被发现。三人都被定罪，但几乎没有证据能证明诺克斯或索勒西图和案子有关。诺克斯也称她是受到操纵，而且在意大利警方审问她时吓坏了。诺克斯在意大利监狱里度过约4年。媒体闹剧持续了几年后，诺克斯和索勒西图洗刷了罪名，但居德仍在狱中。

参见：柯克·布鲁沃斯 242~243页，德雷福斯事件 310~311页。

戴安娜，巴士司机杀手

2013年8月

在墨西哥华雷斯城，一名身穿黑衣、戴着金色假发的中年女子接连两天开枪杀死两名巴士司机。当地新闻社收到一封据称来自“戴安娜（Diana），巴士司机杀手”的邮件，称对袭击负责。当地有100多名女性在搭乘巴士后被强奸和杀害，尸体被扔到停车场或荒漠里。“戴安娜”自己也是受害者，她认为司机是罪魁祸首，把枪杀作为让罪犯受到制裁的手段。虽然警方进行了调查，但没能找到这位“护法者”的真实身份。

参见：普兰·戴维 46~47页，莉兹·波登 208~211页。

奥斯卡·皮斯托瑞斯

2013年2月14日

在比勒陀利亚，南非残奥会短跑选手奥斯卡·皮斯托瑞斯（Oscar Pistorius）在家中朝关闭的浴室门开了4枪，打死了女友瑞娃·斯廷坎普（Reeva Steenkamp）。皮斯托瑞斯称他以为家里有外人进入，是为了保护自己和斯廷坎普才开枪的。他被控犯下“刑事杀人”罪，2015年被判谋杀罪。皮斯托瑞斯仅被判6年监禁，这震惊了控方和女权主义者——在南非谋杀至少应判15年。2016年8月，要求增加其刑期的请求被拒绝。

参见：克里平医生 216页，O. J. 辛普森 246~251页。

德雷克·怀特

2014—2016年

参加美国纳斯卡赛车（NASCAR）比赛的加拿大司机德雷克·怀特（Derek White）是一个走私了价值3.96亿英镑烟草的集团成员。怀特是莫霍克人，住在蒙特利尔奥拉维岛。他把很多从北卡罗来纳州买来的烟草在当地和其他印第安人居住区卖出，这样可以逃掉加拿大政府对烟草征收的高额税收。怀特也贩卖烟草出境。在有其他成员被捕后，怀特在2016年3月自首。同年4月，他被纳斯卡车赛组织者禁赛。

参见：世界杯奖杯失窃案 37页，“高速公路”里克·罗斯 168~171页。

博科圣地

2014年4月14日

这个激进的伊斯兰组织在尼日利亚东北部奇博克镇的中学绑架了276名女学生。女学生被带到更北边的叛军领地。70名女生逃离或被释放，200多人仍然受困，尽管谈判一直在进行。经过一项受到国际红十字会和瑞士政府担保的交易，21名女生被释放。媒体报道说，这些女孩得到释放是以政府释放博科圣地头目为交换条件，或者是交付了大笔赎金，但官方全然否认这些说法。

参见：帕蒂·赫斯特绑架案 188~189页，乔奇拉绑架案 190~195页。

孟加拉中央银行抢劫案

2016年1月5日

1973年建立的环球银行金融电信协会管理着一个秘密的电脑网络，为世界上许多重要银行进行资金转移。2016年，一伙不知名的黑客用协会成员孟加拉中央银行的员工身份发送了几十条非法转移请求，试图把总额6.73亿英镑的资金转移到境外银行。许多转移被阻止或钱款得以收回，但仍有6400万英镑消失。这个案件到底是内鬼还是天才黑客所为，不得而知。

参见：法国兴业银行抢劫案 44页，哈顿花园抢劫案 58~59页。

索引

加粗页码内有关于罪犯、罪行或受害者的详细介绍。

A

阿比盖尔·福尔杰 232,235
阿卜杜勒巴赛特·阿里·迈格拉希 35
阿道夫·康斯坦索 232
阿尔伯特·安纳塔西亚 241
阿尔伯特·勒梅特 217
阿尔多·莫罗 187,302,303,**322～323**
阿尔弗雷德·斯特拉顿和阿尔伯特·斯特拉顿 200,**212～215**
阿尔戈·梅多斯 77
阿尔芒·哈默博士 36
阿尔塔蒙特赛车场免费音乐节 162
阿吉姆·德布鲁克 55
阿里尔·卡斯特罗 196
阿曼达·贝里 196
阿纳斯塔西娅·罗曼诺夫 73
阿努拉德普勒王国的阿努拉 264
阿诺德·杜·蒂勒 177
阿奇博尔德·霍尔 206
阿萨辛派（暗杀者）302,**305**
埃德·盖因 274,293
埃德加·爱伦·坡 88
埃德加·胡佛 85
埃德曼·斯潘格勒 308
埃德蒙·肯珀 278,293
埃德温·萨瑟兰 127
埃德温·斯坦顿 309
埃德温·沃克尔将军 318
埃尔坎·芬迪科格鲁 128
埃尔米尔·德·霍里 62,63,**74～77**
埃菲尔铁塔 68～69
埃里克·赫伯恩 74
埃里克·斯旺森 120
艾伯特·培根·福尔 98,99,**108～109**
艾伯特·斯帕贾里 44
艾德·雷 192,194,195
艾尔·考林斯 248
艾尔·詹宁斯 24
艾尔·卡彭 68,152,153
艾丽斯·凯特尔勒 260,**263**
艾琳·乌尔诺斯 264
艾伦·帕萨罗 163
艾伦·斯坦福 104
艾伦·韦斯特 82,83～84,85
艾米莉亚·戴伊 264
艾赛尔·拉·尼夫 216
爱德华·贝切利 37
爱德华·德拉蒙德 204
爱德华·蒂奇 16,**18～19**
爱德华·多尔尼 109
爱德华·理查德·亨利爵士 215
爱德华·斯诺登 119
爱尔兰共和军 82,328
爱尔兰共和社会党 32,150
爱尔兰人威廉·亨利 90
爱弥尔·左拉 311
安保信银行 241
安伯·海格曼 220
安达信会计师事务所 122,123
安德烈·纪德 73
安德烈·卢戈沃伊 303,328,329,330～331
安德烈·奇卡提罗 261,273,**292**
安德鲁·法斯托 123
安德鲁·卡内基 66
安德鲁·约翰逊 307
安德斯·布雷维克 226
安东·阿尔科瓦里 312
安东尼·迪拉皮 241
安东尼·李 68
安东尼·斯皮洛特罗 241
安东尼奥·贾默那 140
安东尼奥·卡普尼格罗 241
安东尼诺·卡波尼托 142～143,144
安吉拉·戴维斯 40
安吉罗·布鲁诺 241
安纳托里·奥诺普林科 274
安娜·高尔蒂 203
安妮·查普曼 269
安妮·格林尼 238
安妮·林德伯格 180,181,183
安妮女王战争 20,21
安全快车抢劫案 114
安然公司丑闻案 99,**122～123**
安特卫普钻石抢劫案 17,**54～55**
暗网 128,129
奥尔丁顿帮 136
奥拉·默里 220
奥兰多·安德森 256,257
奥斯卡·达尼洛·布兰登 169,170
奥斯卡·皮斯托瑞斯 248
奥唐纳帮 152,153
奥托·威尔逊 292
奥逊·威尔斯 77

B

白领犯罪 **96～131**
绑架和勒索 28,29,47,172～197
巴勃罗·埃斯科巴 135,166,167
巴克·鲁克斯顿 216
巴里·乔治 220
巴林银行 124
巴沙洛缪·罗伯茨（“黑色准男爵”）20
芭芭拉·霍伊特 233,237
芭芭拉·简·马克尔 188
白教堂杀人案 **266～273**
白色恐怖屠杀 149
柏拉图 13
拜维尔公司 122
邦妮·帕克 12,16,**26～29**
帮派战争 256
宝嘉康蒂 174,175,**176**
保镖 323
保罗·肯尼斯·凯勒 50
保罗·沃克尔 237
鲍比·博索莱伊 233,235,236
贝尔·斯塔尔 26
贝尔法斯特北部银行抢劫案 44
贝尔纳多·普罗文扎诺 145
贝基·麦格劳 88
贝克街抢劫案 58
贝拉·冈尼斯 298
贝麦大屠杀 46
贝娜齐尔·布托 306
贝尼托·墨索里尼 90,141
本杰明·霍尼戈尔德 20～21
比尔·克林顿 189
比尔·梅森 **36**
比利·希尔 164
彼得·阿尔卡季耶维奇·斯托雷平 312
彼得·都帕斯 292
彼得·库尔滕 260
彼得·马多夫 119
彼得·萨克利夫 268
彼得·斯宾塞 130
彼得·斯科特 36

蓖麻毒素 328
表达性/转化性暴力 288
波林·帕克尔 244
伯尼·马多夫 98,99,**116～121**
伯莎·海曼 66
博科圣地 192
博帕尔灾难事件 98,99,**110～113**
布赖恩·里德 58,59
布鲁克林大桥 68
布鲁诺·霍普特曼 182～185
布鲁斯·戴维斯 236,237
布鲁斯·雷诺兹 32,33
布鲁斯·李（彼得·丁斯代尔）50
布罗根·拉弗蒂 298
布奇·卡西迪 150～151
钋-210 328,330,331

C

操纵股票市场 101
茶壶山丑闻案 **108～109**
查尔斯·J. 吉特奥 318
查尔斯·惠特曼 201,**226～229**
查尔斯·卡伦 290
查尔斯·李将军 311
查尔斯·林德伯格 180,181,183,184,185
查尔斯·罗斯 180,188
查尔斯·马特森 186
查尔斯·曼森 **232～237**,283
查尔斯·庞兹 **102～107**
查尔斯·皮斯 45
查尔斯·斯塔克韦瑟 284
查尔斯·沃森（“特克斯”）233,234,235,236,237
赤血帮和瘸子帮 256

D

D. B. 库珀 16,17,**38～43**
DNA证据 42,216,242,243,294～297
达里尔·亨特 310
达蒙·鲁尼恩 183
打砸抢暴行 164
大北欧车手战 163
大刀会 46
大规模枪杀 201,226～229
大规模投毒 224～225
大卫·鲍伊 88
大卫·伯克维兹 288
大卫·赫洛德 309
大卫·马尼科斯 115
大希律王 216
大学生杀人犯 278～283
大众汽车排放丑闻案 99,**130～131**
戴安娜，巴士司机杀手 46
黛博拉·赛克斯 310
丹·艾瑞里博士 125
丹尼·琼斯 58,59
丹尼尔·马克诺顿 12,200,**204～205**
丹尼尔·西克尔斯 217
丹尼斯·赖斯 237
丹尼斯·尼尔森 293
丹尼斯·唐纳森 328
丹尼斯·威尔逊 233,234
盗尸 17,22～23
道恩·汉密尔顿 242
得克萨斯塔楼大屠杀 201,**226～229**
德雷福斯事件 302,**310～311**
德雷克·金和亚历克斯·金 244
德里克·怀特 136
德里克·陶德·李 278
德米特里大公 315
德米特里·博格罗夫 312
德意志银行 130
迪克·特平 19
迪米特里·科夫通 328～331
地标出售骗局 68～69
地狱天使 134,135,**160～163**
帝银事件 201,260
蒂莫西·威尔逊·斯宾赛 294
蒂莫西·约翰·埃文斯 242
蒂姆·马斯特斯 242
电脑黑客 13,58,128,129
电信诈骗罪 123
迭戈·费尔南德斯·德·塞瓦略斯 324
丁格犬袭击案 238～239
东城堡街抢劫案 164
毒理学 314
毒品贩运 140,146,147,149,158,161～162,163,
166～171
毒品战争 167
赌博丑闻 94～95
杜巴里夫人 64
杜月笙 148,149
对违法之徒的浪漫化 12,16
多丽斯·佩恩 62,**78～79**
多萝西娅·普恩特 264
多米尼克·努南和德斯蒙德·努南 164

E

俄罗斯-爱沙尼亚伏特加酒走私案 **57**
恶棍之徒摩托俱乐部 160,163
恶魔岛 13,62～63,**80～85**
恶意软件 128～129
儿童杀人犯 201,244～245
儿童遭绑架 178～185,186,188,190～197,220
儿童追踪器 175

F

犯罪集团 146～149,160～163,166～167
法国大革命 62,64,65
法国国王亨利四世 304
法国国王路易十五 64
法国皇室珠宝 18
法国卡奥尔区主教乌格斯·杰拉德 263
法国兴业银行 124～125
法外处决 330
法医毒理学 314
法医面部重建技术 253
犯罪家族 138～145
犯罪明星 29,246～251
范尼·赫斯特 183
贩卖人口 146,149
飞机劫持案 16,38～43
飞贼 36,45,214
非法出售抵押贷款 130
非法贩酒 134,152～153
非法摩托俱乐部 160
菲尼斯·布朗 220
费迪南·沃尔申·埃斯特拉齐 310
费尔南德·莱格罗斯 76～77
费伊·科普兰和雷·科普兰 286
弗兰基·弗雷泽 165
弗兰克·阿巴纳尔 62,63,**86～87**
弗兰克·卢卡斯 168
弗兰克·莫里斯 82,83～85
弗兰克·西纳特拉 135
弗朗茨·斐迪南大公 302
弗朗索瓦·拉瓦莱克 304
弗朗西斯·德雷克 21
弗朗西斯·高尔顿爵士 215
弗朗西斯·加里·鲍尔斯 176
弗雷彻·蔡斯 186,187
弗雷德·韦斯特和罗斯玛丽·韦斯特夫妇 261,
286～287
弗雷德·伍兹 195
弗雷德里克·乔治·艾博兰 272～273
弗雷迪·福尔曼 165
弗雷迪·海尼根 186
伏尔泰 203

G

盖伊·福克斯 302
高速公路抢劫 16,19,25,47
告密者 119
哥伦比亚革命武装力量 324 ~ 325
格尔德·海德曼 91,92,93
格拉汉姆·索恩 180
格雷厄姆·格林 32
格雷戈尔·麦格雷戈将军 66,101
格里·康伦 310
格里高利·阿尔格伦 185
格里戈里·拉斯普京 302,312 ~ 315
格丽塞尔达·布兰科 254
格斯·菲尔波特 95
跟踪者 240
跟踪名人者 240
公司腐败 126 ~ 127
公司犯罪 130 ~ 131
公司疏忽 110 ~ 113
公职人员犯罪 47,135,166 ~ 167
宫川安吉 168
光荣会 140,144
国际商业信贷银行 122

H

哈德利黑帮 136
哈顿花园抢劫案 17,**58 ~ 59**
哈里·F. 辛克莱 109
哈里·汉森 220
哈里·杰克森 214
哈里·马克波洛斯 120
哈利·多梅拉 **70 ~ 73**
哈利·隆格巴（“太阳舞小子”）150,151
哈罗德·G. 霍夫曼 184
哈罗德·希普曼 261,**290 ~ 291**
哈姆扎·本德拉 128,129
哈萨德·梅塔 101
哈桑·沙巴 305
哈维·格拉特曼 260,261,**274 ~ 275**
海盗 20 ~ 21
海登·海特那 94,95
汉·凡·米格伦 74
汉弗莱·基纳斯顿 19
何塞·贡萨洛·罗德里格斯·嘎查 166,167
荷兰艺术博物馆 56
贺登灾难 313
赫里伯托·塞达 288
“黑暗三性格”67
黑帮团伙 26 ~ 29,82,152 ~ 165,256
黑豹党 235,322
黑尔精神病测试表 23,98
“黑胡子”，参见“爱德华·蒂奇”
黑客 13,58,128 ~ 129
黑色大丽花遇害案 200,201,**218 ~ 223**
“黑色星期五”黄金丑闻案 **101**
黑手党
美国黑手党 115,135,140,141,152
运作体系 144
sfregio（丢脸）142
第一次黑手党党派之争 142
第二次黑手党党派之争 142
柯里昂家族控制的黑手党 142,143,145
日本黑社会 154 ~ 159
西西里黑手党 134,135,**138 ~ 145**,241
遵守组织指令（保持沉默）144
“黑手”组织 302,312
亨丽埃特·卡约 200 ~ 201,**217**
亨利·马蒂斯 76,77
亨利·摩根爵士 20,21
红军派 322
红牛车队 37
红色旅 322 ~ 323,324
红衣主教路易斯·德·罗汉 65
“华尔街狼”124
华金·古斯曼·洛埃拉 166
华特·席格 273
化工事故 110 ~ 113
皇室冒充者 71 ~ 72,73
黄道十二宫杀手 13,194,261,**288 ~ 289**
活人祭品 202,232
火车大盗 12,16,17,24,**30 ~ 35**,150
霍华德·休斯 63,88,89
霍克赫斯特团伙 134,**136 ~ 137**

J

J. D. 蒂皮特 319
J. P. 摩根
激进组织杀人 322 ~ 323
激情犯罪 217
吉尔·丹多 220
吉尔贝托·罗德里格斯 166
吉尔福德酒吧爆炸案 310
吉拉德·沙利特 187
吉米·卡特 189
吉姆·琼斯 232
极道 134,135,**154 ~ 159**
集体自杀 232
纪念品杀人犯 274 ~ 275,292
妓女接连被杀 266 ~ 273,292
继承骗局 66 ~ 67
寂寞芳心杀手，参见“玛莎·贝克”“雷蒙德·费尔南德斯”
加夫里洛·普林西普 322
加雷思·威廉斯 328
加里·克里斯特 188
加里·里奇韦 268,271
加里·辛曼 233,235
加斯顿·卡尔梅特 217
假币制造 64
驾车枪击 201,254 ~ 257
间谍罪 326 ~ 331
简·托班 290
“间谍眼”**128 ~ 129**
奖杯失窃 37
教皇诺森四世 265
教皇博义八世 176
劫机事件，参见“飞机劫持案”
杰尔特·杨森 74
杰夫·拉斯特 73
杰夫·斯基林 122,123
杰夫瑞·达莫 261,283,**293**
杰弗里·伦德格伦 232
杰克·拉顿伯里 136
杰克·鲁比 319,320,321
杰克·罗兰·墨菲 37
杰克·米尔斯 33,35
杰克逊街男孩 146
杰奎琳·布拉德肖和马尔科姆·布拉德肖 252
杰奎琳·肯尼迪 319,320
杰罗尔德·布劳恩莫尔 322
杰罗姆·布鲁多斯 274
杰宏·柯维耶 99,**124 ~ 125**
杰西·詹姆斯 12,24,25
杰肖·巴斯金 187
杰伊·古尔德 98,101
杰伊·西布林 232,235
金大中 324
金杰·里奥斯 252
金融犯罪，参见“白领犯罪”
金融泡沫 100
“金字塔”式理财骗局，参见“庞氏骗局”
禁酒令 12,135,152 ~ 153
精神病态 53,63,67
精神失常罪犯的医院 205
军情六处 328,329
军事法庭 311

K

会计欺诈 122 ~ 123
卡尔·李希特 126
卡尔·威廉·农道夫 70
卡尔·夏皮罗 118
卡尔文·柯立芝 109
卡拉·霍穆尔卡 284
卡利集团 166
卡罗·阿尔贝托将军 142
卡洛斯·雷德 166,167
卡戎土地集团 107
卡瑞尔·安·福盖特 284
卡西·查德威克 66
开膛手杰克 13,260,**266 ~ 273**,275
凯蒂·卢特辛格 236
凯洛格·布朗路特公司 126
凯撒·莫里 140
凯瑟琳·艾道斯 271
凯瑟琳·谢尔 237
凯斯·切思曼 115
凯特·韦伯斯特 200,201,**206 ~ 207**
凯文·贝肯 119
康拉德·库肖 63,**90 ~ 93**
康明斯公司 130
柯克·布鲁沃斯 201,**242 ~ 243**
科尔帮 254
科林·坎贝尔·罗斯 203
科林·诺里斯 290
科林·皮奇福克 261,**294 ~ 297**
科伦拜中学大规模枪击案 226
科萨·诺斯特拉，参见“黑手党”
克格勃 329
克拉克·欧佛森 189
克拉拉·罗哈斯 324,325
克拉仑斯公爵阿尔伯特·维克托王子 273
克拉伦斯·安格林 82,83 ~ 85
克莱德·巴罗 12,16,**26 ~ 29**
克劳福德遗产继承骗局 **66 ~ 67**
克勒肯韦尔犯罪集团 164
克雷格·雅各布森 **252 ~ 253**
克里平医生 200,**216**
克里斯·芒斯 94
克里斯蒂安娜·埃德蒙兹 224
克里斯蒂娜·马蒂尼兹 253
克里斯托弗·华莱士 201,**254 ~ 257**
克里斯托弗·罗坎考特 70
克利福德·欧文 63,77,**88 ~ 89**
克林特·希尔 320,321
克莫拉 140
肯尼思·莱 122,123
恐怖主义 187
“口红杀手”，参见“威廉·海灵斯”
库尔特·艾斯纳 312
库里埃雷斯煤矿爆炸 110
酷刑 265
奎库·阿多波利 124
魁北克解放阵线 324

L

连环杀手 13,99,201,258 ~ 299
拉尔夫·巴格 160 ~ 163
拉尔夫·罗伊 83
拉斐尔·米尼基耶洛 40
拉曼德拉·纳拉扬·洛伊王子 177
拉蒙·洛伦佐·法拉康 312
莱昂纳多·诺塔巴尔托洛 54,55
莱昂内尔·泰特 244
莱恩哈特·西卡泽克 127
莱诺·拉比安卡和罗斯玛丽·拉比安卡夫妇 232,235 ~ 236
莱斯利·安·唐尼 261,285
莱斯利·范·霍滕 232,233,235,236,237
兰伯特·西姆内尔 177
蓝领犯罪 98,127
朗姆酒走私犯 57
劳拉·布利恩 150
劳拉·哈内尔 88
勒内·贝尔纳诺 82
勒内·蒂埃里·马贡·德·拉·维尔胡谢特 119
勒索“保护费” 164 ~ 165
雷蒙德·费尔南德斯 298
雷纳托·库乔 322
雷伊·卡鲁斯 248
李·哈维·奥斯瓦尔德 303,**318 ~ 321**
里昂·乔戈什 318
里克·罗斯 134,135,**168 ~ 171**
里诺火车抢劫团伙 46
理查德·尼克松 108
理查德·比斯利 298
理查德·萨斯金德 88,89
理查德·舍恩菲尔德 195
理查德·斯贝克 278
丽贝卡·康奈尔 203
丽贝卡·希弗 240
丽兹酒店 68
利奈特·弗洛姆 233,237
莉莉·林德斯托姆 220
莉兹·波登 200,201,**208 ~ 211**
连锁分析 272
恋火癖 50
恋尸癖杀手 293
列维·戈德曼 94
林德伯格法案 174,182
林德伯格幼子绑架案 174,**178 ~ 185**
林登·B. 约翰逊 320
林恩·多伊尔·库珀 42 ~ 43
琳达·卡萨比恩 233,234,235,236 ~ 237
琳迪·张伯伦 201,**238 ~ 239**
刘彭离 260,**262**
流寇帮 134,135,**150 ~ 151**
龙尼·比格斯 32,33,35
卢·派尔曼 118
卢多维克·肯尼迪 184
卢浮宫 56
路易斯·斯普林格 223
路易斯·鲍威尔 309
露·布朗杰 64
露斯·埃利斯 217
露斯·埃斯曼-施尔 188
露斯·安·莫尔豪斯 233,237
露西尔·约翰逊 214
伦诺克斯威尔屠杀事件 163
伦敦金融城债券失窃案 **114 ~ 115**
罗伯特·埃姆斯 328
罗伯特·福特 25
罗伯特·黑尔博士 23,98 ~ 99
罗伯特·卡尔维 200,**241**
罗伯特·克劳福德 66
罗伯特·雷斯勒 260
罗伯特·曼里 221,223
罗伯特·芒 17,56
罗伯特·梅纳德 21
罗伯特·默顿 134,136
罗伯特·纳珀 273,292
罗伯特·诺克斯博士 22,23
罗伯特·诺思 94
罗伯特·皮尔 204
罗伯特·皮克顿 268
罗伯特·汤普逊 **244 ~ 245**
罗伯特·约翰·巴多 240
罗伯特·佐恩 185
罗杰·泰和伯恩 177
罗科·英菲利斯 241
罗马帝国禁卫军 302,304
罗曼·波兰斯基 232,236
罗纳德·高曼 248,251
罗纳德·里根 240
罗尼·科雷和雷吉·科雷 134,135,**164 ~ 165**
罗尼·奈特 114
洛克希德航天公司 108
吕西安·里维尔 104

M

马德胡卡尔·莫汉达斯·普拉巴卡尔 45
马丁·路德·金 82,307,320
马丁·温特科恩 131
马尔科姆·X 305
马尔科姆·坎贝尔夫人 74
马基雅维利主义 63,67
马可尼公司 108
马克·大卫·查普曼 201,**240**
马克·富尔曼 248,250
马克·汉森 221,222,223
马克·霍夫曼 90
马克·李·奥斯本 114～115
马克·马多夫 119,120,121
马克诺顿原则 205
马里昂·奈特 256,257
马里奥·莫雷蒂 323
马其顿国王腓力二世 306
马塞洛·德里厄提 90
马文·凯西 50～52
玛丽·安·尼古拉斯 269
玛丽·安托瓦内特王后 64,65
玛丽·贝尔 244
玛丽·贝克 70
玛丽·贝特曼 206
玛丽·布伦纳 232,233,235
玛丽·凯利 272
玛丽·苏拉特 309
玛丽·托德·林肯 307
玛利亚·曼宁 206
玛莎·贝克 298
玛莎·塔布连 268
迈克·马歇尔 194
迈克尔·欧拉伦 308
迈克尔·萨博 86
迈拉·辛德利 260,261,**284～285**
麦德林贩毒集团 134,135,**166～167**
曼努埃尔·诺列加将军 167
曼森家族 201,**230～237**
冒名者 70～73,86～87,177
梅尔维尔·莱斯利·麦克纳顿爵士 214
梅勒迪斯·亨特 162
美国联合碳化物公司（UCC）110～113
美国内战 24,101,306,308
美国证券交易委员会（SEC）118,119,120,122,
126～127
美莱村大屠杀 311
蒙古摩托党 160,161
蒙特·达勒姆 204
孟加拉国中央银行 58
米歇尔·奈特 196
密西西比计划 98,100
面相学 12
模仿犯罪 43
摩托车黑帮 160～163
谋杀纪念品 275
谋杀妻子 216
牧羊犬皮克尔斯 37

N

纳特·达特 88
娜塔莎·坎普希 175,**196～197**
南海公司经济泡沫 100
南森·盖尔 240
脑损伤和暴力犯罪 229
内幕交易 101
内文·夏皮罗 118
妮克尔·布朗·辛普森 248,249
妮娜·高维兹 180
尼安德特人杀人案 13,200,202
尼加拉瓜联络人 170
尼克·利森 124
牛顿帮 32
诺拉·沃尔 310

OP

O. J. 辛普森 201,**246～251**
P2 共济会 241
骗术大师（诡计多端的人）60～95,100
帕翠西娅·克伦温克尔 233,235,236,237
帕蒂·赫斯特 174～175,**188～189**
帕特里克·麦肯纳 32
帕特里克·托马斯 115
叛国罪 303
庞氏骗局 98,**102～107**,**116～121**
佩蒂纳克斯大帝 302,**304**
披头士乐队 234,240
霹雳可卡因 168～170
皮埃尔·拉伯特 324
啤酒战 134,**152～153**
骗子交易员 124～125
剽窃 88
平克顿侦探社 25
平泽贞通 201,**224～225**
普迪科特的理查德 18
普尔维·帕特尔 238
普兰·戴维 12,17,**46～47**

Q

强尼·托里奥 152,153
抢劫，参见“土匪和强盗”
抢劫金库 44,54～55,58～59,114
乔·D. 皮斯托尼 115
乔丹·贝尔福 124
乔恩·维纳布尔斯 **244～245**
乔纳森·斯威夫特 12
乔奇拉绑架案 175,**190～195**
乔瓦尼·波吉亚 208
乔瓦尼·法尔科内 144,145
乔治·C. 帕克 68
乔治·阿泽罗德 308
乔治·班内斯 152
乔治·路易斯·奥乔亚 166
乔治·纳尔逊（“娃娃脸”）26,29
乔治·伊万诺夫·马可夫 328
乔治娜·达杰萨斯 196
乔治斯·皮卡尔 310～311
切尔西·曼宁 119
切利尼盐盒失窃案 17,**56**
切萨雷·龙勃罗梭 207
亲王费利克斯·尤苏波夫 314～315
青帮 148,149
倾奇者 156
清白专案 242
情人节大屠杀 153
琼贝尼·拉姆西 208
琼斯镇惨案 232
趋势科技公司 129

R

燃油测试造假 130
让·卡拉斯 200,**203**
让-艾里克·奥尔森 189
让娜·德·拉·莫特 62,**64～65**
人类犯罪学 207
人民圣殿教 232
人为破坏 112
忍者 305
日本黑帮 154～159
儒勒斯·雷米特奖杯 **37**

S

杀人 198 ~ 299
撒谎心理学 125
撒乌耳·阿尔伯恩 118 ~ 119
萨利·克拉克 238
萨姆·巴斯 150
萨提兹-麦克艾兰帮 152,153
塞科利达现金管理公司抢劫案 114
塞缪尔·阿高尔 176
塞缪尔·埃文斯 294
塞缪尔·梅森 24
塞缪尔·穆德医生 308,309
塞西莉王妃 72,73
赛琳娜（特哈诺歌手）240
赛义德·西伯特·哈桑 118
“山一之战”158
“山姆之子”，参见“大卫·伯克维兹”
桑德拉·古德 233
桑迪·霍克小学大规模枪杀案 226
杀婴 264,286
沙皇皇后亚历山德拉 313 ~ 314,315
沙皇尼古拉二世 313,314,315
沙皇亚历山大二世 322
莎朗·塔特 232,235,236
山本广 158
深度网络 128
圣女贞德 310
圣雄甘地 305
施虐与受虐狂 299
食人 202,293
史蒂德·博内特 20,21
史蒂芬·莫尼尔 185
史蒂芬·帕伦特 232,235
史蒂芬·威德 188
史蒂芬·席格 205
史蒂夫·格罗根 233,235,237
史蒂文·艾弗里 294
史蒂文·斯皮尔伯格 87,119
赎金 187
私掠许可证 21
斯德哥尔摩综合征 174 ~ 175,189,324
斯科特·彼得森 216
斯培恩牧场 234,236
斯特拉·里贝克 113
苏格兰大猎巫 263
苏珊·阿特金斯 233,236,237
索布拉·内格拉（黑影）46
索菲亚·罗兰 36
索菲亚·伊万诺夫娜·布莱乌斯坦 78

T

土匪和强盗 **14 ~ 59**
投毒 262,328 ~ 331
泰德·邦迪 13,261,**276 ~ 283**
泰和伯恩冒名案 174,**177**
坦慕尼协会政治腐败案 108
汤米·李·安德鲁斯 294
汤姆·彼得斯 104
唐·金 248
唐纳德·德弗里兹 188,189
唐纳德·哈维 290
唐纳德·谢伊 236
堂会 146
陶氏化学公司 113
特大黄金抢劫案 150
特蕾斯·亨伯特 62,**66 ~ 67**
特里·梅尔彻 234
特里·珀金斯 58,59
特征 23,53
天地会 134,146,147
田冈一雄 158
图帕克·夏库尔 201,**254 ~ 257**
图坦卡蒙 253
托马斯·布拉德 16,**18**
托马斯·法罗和安·法罗 214
托马斯·科默福德 168
托马斯·蒙克·梅森 88
托马斯·尼尔·克里姆 290
托马斯·斯威特 50
托马斯·詹宁斯 214
托马斯·图特 22

W

伪造身份罪 86
瓦尔德马·米勒韦茨 254
网络犯罪 13,58,128 ~ 129
网络分类广告连环杀人案 298 ~ 299
威利·罗杰·霍尔德 40
威廉·安德森 24
威廉·伯克 16,17,**22 ~ 23**
威廉·博伊德 88
威廉·查洛纳 64
威廉·福克斯顿 119
威廉·古尔爵士273
威廉·海灵斯 288
威廉·黑尔 16,17,**22 ~ 23**
威廉·霍亨索伦王子 71 ~ 72
威廉·霍华德·塔夫脱 108
威廉·基德 20
威廉·卡利中尉 311
威廉·理查德·布拉德福特 252
威廉·马尔伍德 207
威廉·麦金莱 318
威廉·麦克劳迪 68
威廉·米勒 104
威廉·莎士比亚 90
威廉·汤普森 100
威廉·西沃德 307,309
威廉·詹姆斯·赫谢尔 215
维多利亚女王 205
维克斯公司 126
维克多·卢斯蒂格 62,63,**68 ~ 69**
维也纳艺术史博物馆 56
伪科学 207
伪造摩门教文件 90
温泉斯佩林赌马丑闻案 94
文学诈骗 88 ~ 89
文身 157,159
沃尔夫冈·普里克鲁皮耶 196 ~ 197
沃尔特·温切尔 183
沃伦·G. 哈定 108,109
沃伦·安德森 111 ~ 112
沃伊切赫·福里科沃斯基 232,235
卧底特工 87,114,115,161,170
乌氏检血法 315
巫术 203,263

X

西奥多·科尔 83
西班牙内战 73
西港谋杀案 22 ~ 23
西格拉姆·米勒 254
西蒙·拉多维茨基 312
西门子丑闻案 99,**126 ~ 127**
吸烟致人死亡 113
希尔赛德盗窃团伙 45
希特勒日记 63,**90 ~ 93**
锡纳罗亚集团 166
席德·维瑟斯 248
洗钱 55,122
肖恩·吉利斯 293
小弗兰克·辛纳特拉 186
小约翰·辛克利 240
筱田建市 158
谢尔顿帮 12,153
辛西娅·鲁滨逊 113

休·特雷弗-罗珀 91,92
休伊·牛顿 322
雪伦·沃特金斯 122
行刺和政治阴谋 47,167,300 ~ 331
行贿 108,109,126 ~ 127
行凶 114
凶杀 200

Y

艺术品
  盗窃 17,36,54,56
  鉴定 75
  伪造 63,74 ~ 77
银行抢劫案 24,25,27,44,150,189
雅克·钱伯林 75
雅克布·菲茨曼 188
亚伯拉罕·林肯 22,306 ~ 309
亚当·兰扎 226
亚历克·杰弗里斯 295,296
亚历山大·利特维年科 303,**326 ~ 331**
亚历山大·帕宁 13,99,128,129
亚历山大·皮丘希金 262
亚历山大大帝 306
亚瑟·奥顿 177
亚瑟·利·艾伦 289
叶继欢 78
叶森打吡赌马丑闻 30
伊迪斯·欧文 88,89
伊恩·布雷迪 260,261,**284 ~ 285**
伊夫·特鲁多 163
伊格纳西奥·德尔·里奥 36
伊丽莎白·巴托里伯爵夫人 260,264 ~ 265
伊丽莎白·弗雷茨 196
伊丽莎白·史泰德 270 ~ 271
伊丽莎白·肖特 **220 ~ 223**
伊莎贝拉·斯图尔特·加德纳博物馆 54
伊斯兰民族组织 305
伊万·伯斯基 101
伊扎克·拉宾 306
以精神失常为借口 12,200,204 ~ 205,217
阴谋论 303,320 ~ 321
尹国驹 149
印钞机 68
英迪拉·甘地 304
英格兰国王理查三世 253
英格丽德·贝当古 303,**324 ~ 325**
英国国王查尔斯二世 18,19
英国国王乔治三世 204
英国航天系统公司 126
英国皇冠珠宝 16,18
英国内战 18
应激暴力 200
尤兰达·萨尔迪瓦 240
尤利塞斯·S. 格兰特 101
尤利乌斯·恺撒 304
油田 108 ~ 109
游说者 108
有组织犯罪 132 ~ 171
郁金香热 100
冤案 201,203,242 ~ 243,294
约翰·F. 肯尼迪 303,**316 ~ 321**
约翰·爱德华·罗宾逊 261,**298 ~ 299**
约翰·安格林 82,83 ~ 85
约翰·巴扎诺 152
约翰·保罗·盖蒂三世 175,**186 ~ 187**
约翰·保罗·斯科特 82 ~ 83
约翰·迪林杰 26
约翰·戈达德 98,114,115
约翰·吉莱斯皮 94 ~ 95
约翰·康登博士 181,183,185
约翰·康纳利 318,321
约翰·柯林斯 58,59
约翰·列侬 240
约翰·鲁福 86
约翰·伦纳德·奥尔 17,**48 ~ 53**
约翰·劳 **100**
约翰·罗尔夫 176
约翰·马尔科维奇 119
约翰·麦克莱恩 **45**
约翰·梅金和萨拉·简·梅金 286
约翰·奈特 114
约翰·尼维森 16,**19**
约翰·诺尔 185
约翰·丘奇 206 ~ 207
约翰·塞尔比·沃森 216
约翰·桑西 214
约翰·史密斯 176
约翰·威尔克斯·布斯 302,**306 ~ 309**
约翰尼·魏斯米勒 36
约瑟夫·菲利普 268
约瑟夫·弗雷茨 196
约瑟夫·福克纳 76
约瑟夫·卡约 217
约瑟夫·麦克斯泰 252
约瑟夫·门格勒 295
约瑟夫·谢依 86
越南战争 311
越狱 80 ~ 85

Z

责任年龄 245
债券失窃 114 ~ 115
詹姆斯·A. 加菲尔德 318
詹姆斯·巴尔杰 201,**244 ~ 245**
詹姆斯·多齐尔将军 324
詹姆斯·厄尔·雷 82,307
詹姆斯·菲斯克 98,101
詹姆斯·费兰 89
詹姆斯·海德菲尔德 204
詹姆斯·克罗斯 324
詹姆斯·雷维斯 86
詹姆斯·罗伯特·梁 131
詹姆斯·舍恩菲尔德 195
詹姆斯-杨格帮 12,16,**24 ~ 25**
詹姆斯敦 176
沼泽谋杀案 **284 ~ 285**
折磨 165,202,203,264 ~ 265
证据保管链 250
政坛腐败 108 ~ 109
政治绑架 176,322 ~ 325
政治阴谋，参见“行刺和政治阴谋”
支票伪造犯 86,87
指纹 212 ~ 215
中情局 171
朱迪·福斯特 240
朱丽叶·休姆 244
朱莉娅·托马斯 206,207
珠宝盗窃 18,36,37,44,45,54 ~ 55,78 ~ 79,164
珠宝诈骗 64 ~ 65
竹中正久 158
自恋 63,67
自杀式炸弹 306
纵火犯 17,48 ~ 53
纵火癖 50
走私 57,136 ~ 137
走私酒 57
钻石抢劫案 54 ~ 55
钻石项链骗局 62,**64 ~ 65**
最高酋长波瓦坦 176
罪犯画像 41,261,272
佐藤宣行 196
佐野房子 196